NATURZEIT MIT KINDERN

SÜDTOSKANA
UND ELBA

Stefanie Holtkamp / Inge Kraus

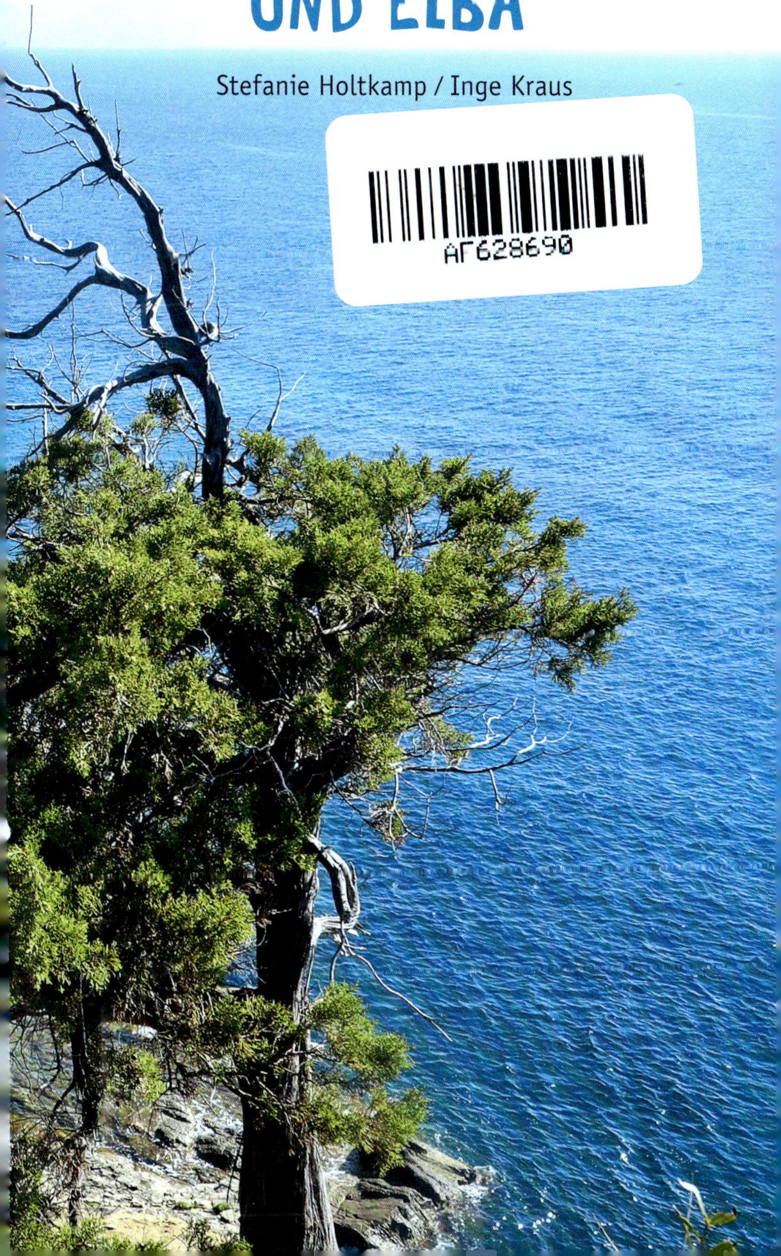

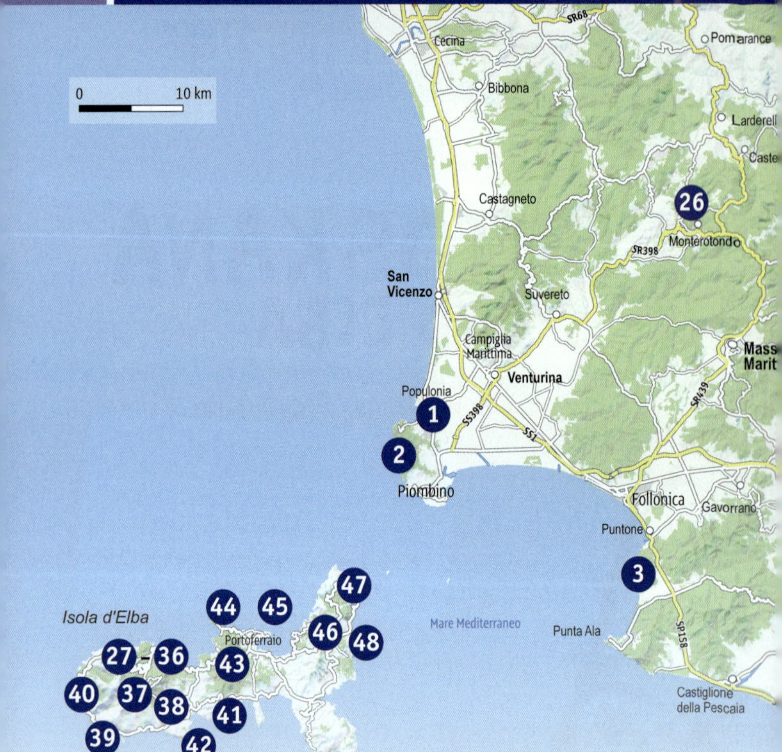

Südtoskana mit Kindern

48 Familientouren

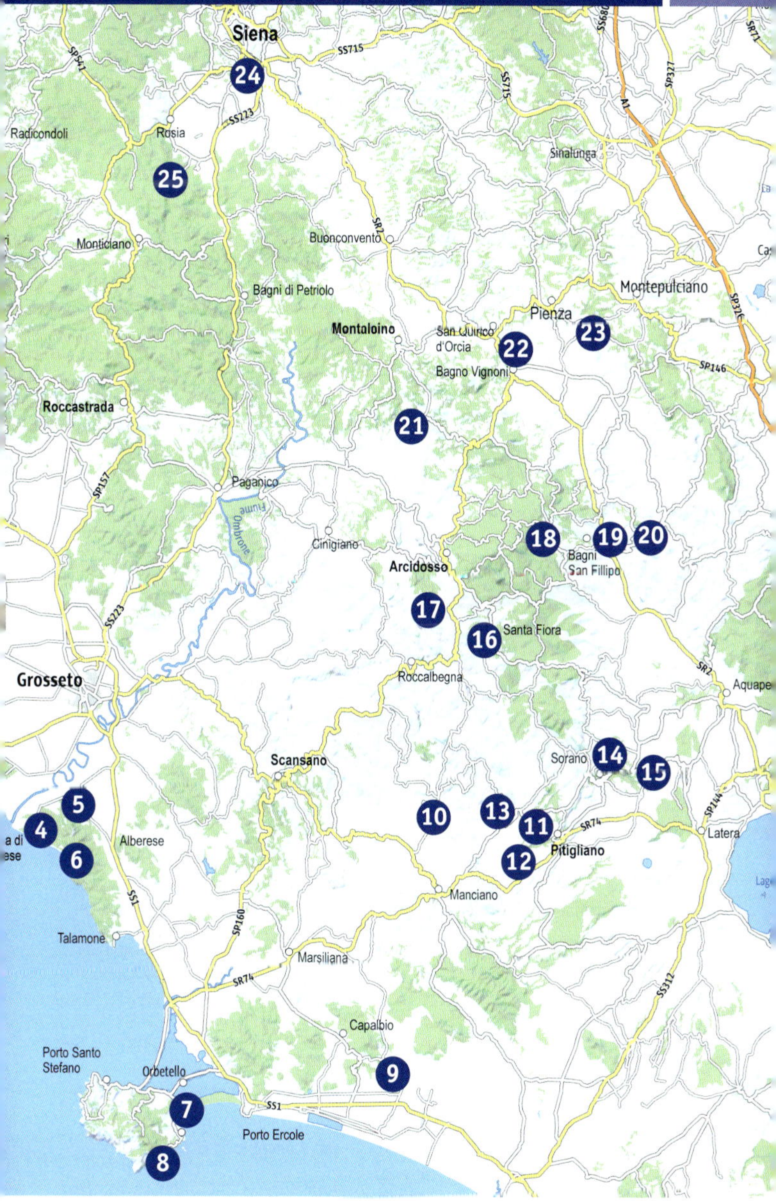
Siena
SS715
SP541
24
Radicondoli
Rosia
SS223
25
SS715
A1
SP327
Sinalunga
Monticiano
Buonconvento
SR2
Bagni di Petriolo
Montepulciano
Pienza
Montalcino
San Quirico d'Orcia
22
23
Bagno Vignoni
SP146
Roccastrada
21
SP157
Paganico
Fiume Ombrone
Cinigiano
18
19
20
Bagni San Fillipo
Arcidosso
17
16
Santa Fiora
SS223
SR2
Grosseto
Roccalbegna
Aquape
Sorano
14
15
Scansano
5
4
6
Alberese
10
13
11
12
SR74
SP144
Latera
Pitigliano
Manciano
SS1
SP160
Talamone
Marsiliana
SR74
SS312
Capalbio
Porto Santo Stefano
Orbetello
9
7
SS1
Porto Ercole
8

Reiseinformationen

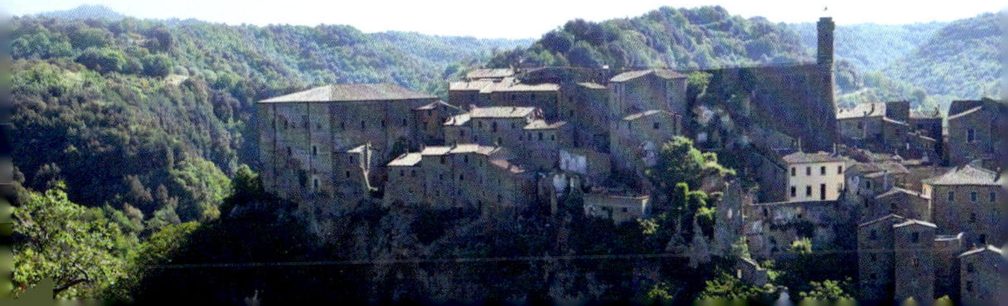

Eine Reise durch die Südtoskana

Der Süden der Toskana ist deutlich stiller als der vielbereiste Norden, und es gibt hier neben etlichen kulturellen Höhepunkten auch viel ursprüngliche Natur zu entdecken. Siena, das Tor zur Südtoskana, ist die einzige der mächtigen toskanischen Städte des Mittelalters, die auf unserem Reisegebiet liegt. Sie war über Jahrhunderte ein gewichtiger Gegenspieler des nahen Florenz. Im Gegensatz zu den herrschaftlichen Plätzen und den prächtigen Renaissancepalästen in Florenz wirken Sienas Gassen eher mittelalterlich. Der größte Teil der Bausubstanz ist gotisch und auch die Traditionen des Palio [› **Seite 126**], des wichtigsten Festes in der Stadt, scheinen direkt dem Mittelalter entsprungen zu sein.

Südwestlich von Siena bietet das liebliche Valle d'Orcia toskanische Bilderbuch-Idylle mit Zypressen, grünen Hügeln und schönen alten Orten wie Pienza oder Montepulciano: Hier werden berühmte Weine wie der Brunello oder der Vino Nobile de Montepulciano angebaut und gekeltert. In dieser Region kommen Kulturfans auf ihre Kosten, man kann wunderbar durch enge Gassen bummeln, und im Frühjahr und Herbst lohnen schöne Touren durch die grünen Hügel. Im Hochsommer wird es hier zum Wandern zu heiß.

Wie Siena mittelalterlich geprägt, aber sehr viel uriger, sind die Città del Tufo, drei kleine Städte ganz im Süden in der Nähe des Lago di Bolsena. Pitigliano ist die größte von ihnen, Sorano und Sovana aber nicht weniger sehenswert. Alle drei existierten schon zu Zeiten der Etrusker, die im Süden der Toskana etliche Spuren hinterlassen haben.

Ein zweiter wichtiger Landschaftsgestalter war noch viel früher am Werk. Es ist schon etwa 300.000 Jahre her, dass der Monte Amiata das letzte Mal Feuer spuckte, und doch

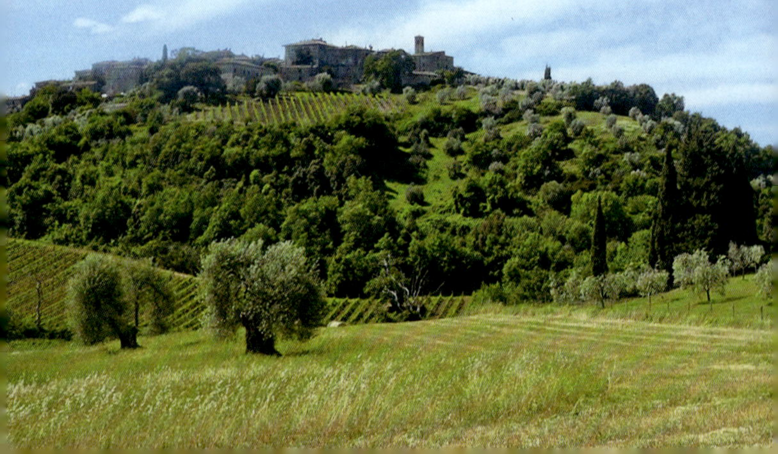

hat der Vulkan die Landschaft südlich von Siena nachhaltig geprägt. Die Hitze im Boden reicht immer noch aus, um das Wasser etlicher Quellen zu erwärmen. Das überaus reizvolle Ergebnis sind Thermalquellen mit Sinterbecken, in denen man baden kann – draußen in der Natur, nicht etwa in einem Schwimmbad. Die Cascate del Mulino in Saturnia und der Fosso Bianco in Bagni San Filippo sind die schönsten Naturbadeplätze, aber es gibt noch weitere heiße Quellen. Die Wälder rund um den erloschenen Vulkan sind außerdem das beste Wandergebiet der Südtoskana und ansonsten noch sehr wenig touristisch geprägt.

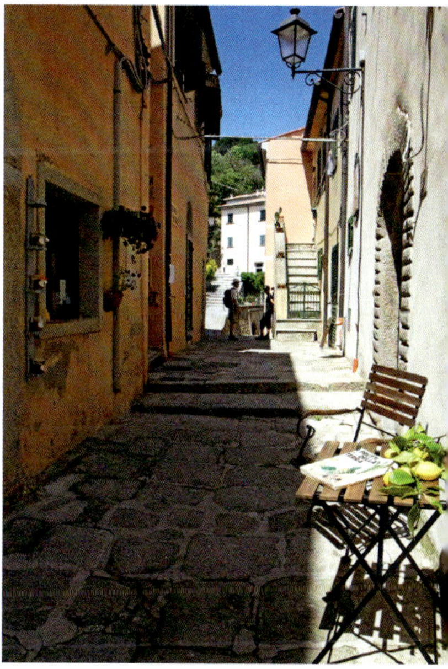

Eine weitere besondere Attraktion der Città del Tufo geht auf die Etrusker und auf den Monte Amiata zurück. Südlich des Berges besteht der Boden aus weichem, vulkanischen Tuffstein. Hier gruben die Etrusker ihre Vie Cave, Hohlwege mit meterhohen Wänden, die wohl Ansiedlungen und die aufwendigen Grabanlagen der etruskischen Nekropolen verbanden.

Eine weitere etruskische Metropole befand sich an der Kü-

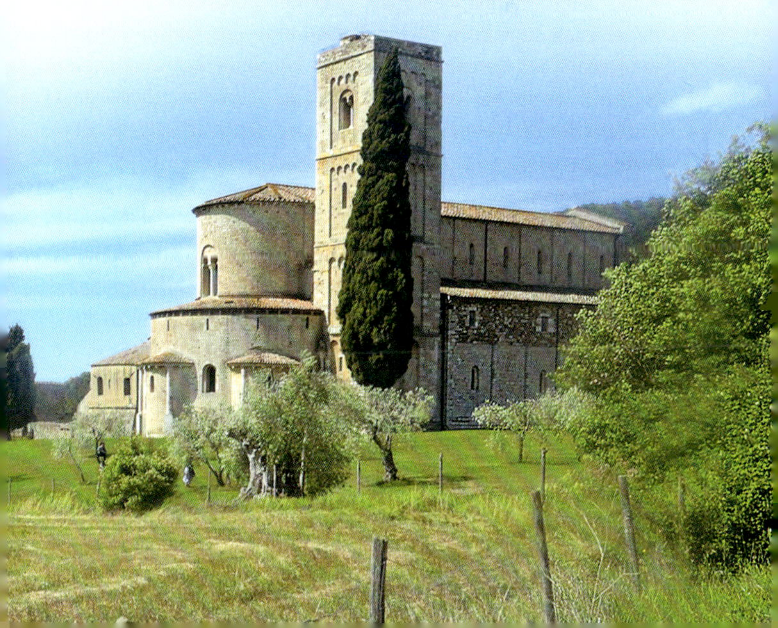

ste bei Populonia. Hier wurde schon 700 Jahre vor unserer Zeitrechnung Eisenerz aus Elba geschmolzen, um den Rohstoff für Waffen und Werkzeug zu gewinnen. Reste der Ansiedlung und der zugehörigen Nekropole kann man heute noch besichtigen. Ansonsten ist die Küste zwischen dem Hafen von Piombino, in dem die Fähren nach Elba auslaufen, und dem mit drei Nehrungen fest an der Küste vertäuten Inselchen Monte Argentario ein beliebtes Badeziel. Es ist unter dem Namen Maremma bekannt. Die schönsten, gut erschlossenen Badestrände finden wir rund um den Ort Castiglione della Pescaia, südlich der Landspitze Punta Ala. An den kleinen Buchten des Monte Argentario geht es dagegen eher nobel zu. Wer es wild und ursprünglich mag, besucht das Meer im Parco Regionale de la Maremma, an den Monti dell' Uccellina, dem Herz der ehemals sumpfigen Küstenlandschaft der Maremma. Hier ist auch noch die Kultur der Butteri, der berittenen Rinderhirten der Maremma lebendig. Ähnlich wie in der französischen Camargue waren hier Pferde- und Rinderzucht immer eng verbunden.

Das schönste Badeziel der Südtoskana ist die Insel Elba. Die Insel ist von Piombino in einer knappen Stunde mit der Fähre erreichbar. An der 175 Kilometer langen Küstenlinie Elbas gibt es etliche lange Sandstrände, die sich gut für Familien eignen, aber auch versteckte romantische Kiesbuchten, die man meist nur zu Fuß erreichen kann.

Das beste Wandergebiet Elbas mit schönen Höhenwegen, Weitsicht und skurril geformten Tafonifelsen befindet sich rund um den Monte Capanne, der mit gut 1000 Metern die höchste Erhebung der Insel ist. Die schönsten Sandstrände und die beliebtesten Badeziele finden wir mit Orten wie Cavoli, Marina di Campo, Locona oder Biodola dagegen eher im Süden und im Zentrum der Insel.

Die Insel Elba gehört außerdem zum Schutzgebiet, »Nationalpark Toskanischer Archipel« das 1996 eingerichtet wurde. Seit 2021 hat die Parkverwaltung eine von Europarc Federation geförderte Charta für nachhaltigen Tourismus übernommen. Ziel dieser Charta ist der Schutz des Natur- und Kulturerbes und die kontinuierliche Verbesserung des Tourismusmanagements zugunsten der Umwelt, der Einheimischen und Gäste. So werden ganzjährig Aktivitäten zur Umweltbildung angeboten, die meisten davon sogar kostenlos. Es ist für alle Altersgruppen was dabei. Das aktuelle Programm »Vivere il Parco« ist auch auf Deutsch erhältlich. Ihr bekommt es bei den Tourismusinformationen in Portoferraio und Lacona oder oder online unter www.islepark.it

Klima und Reisezeit

Die besten Jahreszeiten zum Wandern in der Toskana sind Frühjahr und Herbst. Im März und April muss man noch mit ergiebigen Regenfällen und kühlen Tagen rechnen, und auch das Meer ist noch ziemlich kalt. Aber schon Mitte Mai beginnt die Badesaison und man kann Baden, Wandern und Kultur zu einer abwechslungsreichen Reise kombinieren. Im Frühsommer steht die Landschaft, wie überall im Süden, in voller Blüte. Spätestens ab Juli ist dann alles trocken und Wiesen und Felder färben sich in Braun- und Ockertönen. Im Parco della Maremma darf man ab Juni wegen Waldbrandgefahr nur noch mit einem Guide auf die Wanderwege. Kühler bleibt es in den Wäldern am Monte Amiata, auf Elbas Höhenwegen, und auch eine Via Cava kann man an heißen Tagen noch gut durchwandern. Der Hochsommer ist trotzdem vorrangig Badezeit und euer Basisquartier sollte in der Nähe des Meeres liegen. Besonders geeignet für Ferien mit Badeschwerpunkt ist die Insel Elba.

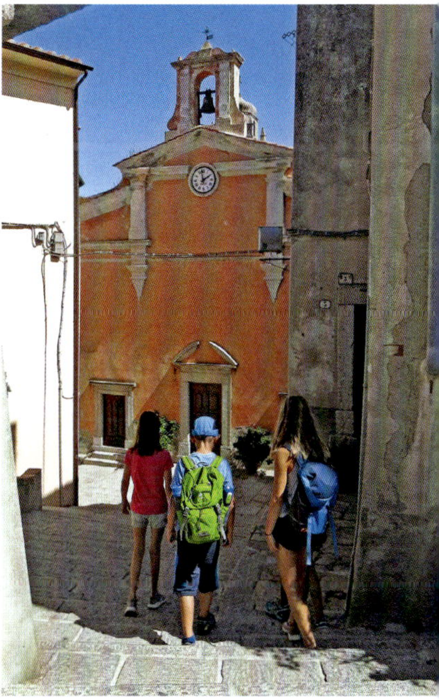

Im Herbst bleibt das Meer dann noch einige Zeit gut aufgeheizt. An warmen Oktober-Tagen könnt ihr noch baden. Auch diese Zeit eignet sich gut für einen abwechslungsreichen Bade- und Wanderurlaub.

Zwischen November und März kann es dann auch in der Toskana ungemütlich kühl werden. Es bleibt zwar meist etwas wärmer als bei uns, Schnee und Frost sind im Norden Italiens aber keine Seltenheit.

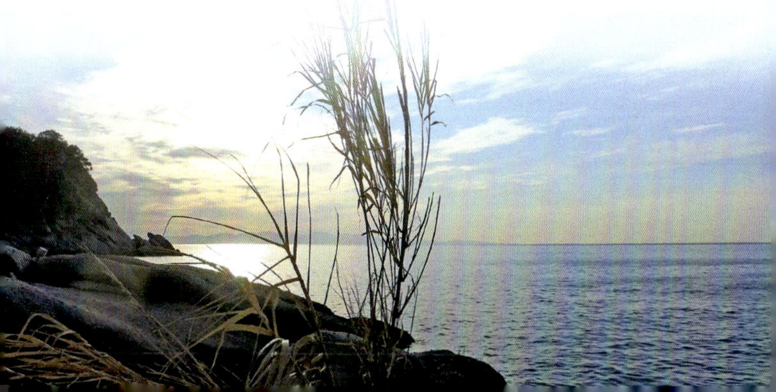

Baden

An der Küste der Maremma gibt es oberhalb von Piombino im Golfo di Follonica, nördlich der Punta Ala, um den Ort Castiglione della Pescaia und bei Grosseto lange Sandstrände. Sie sind im Sommer meist gut besucht und nicht unbedingt idyllisch. In den mit Schirmen und Liegen ausgestatteten

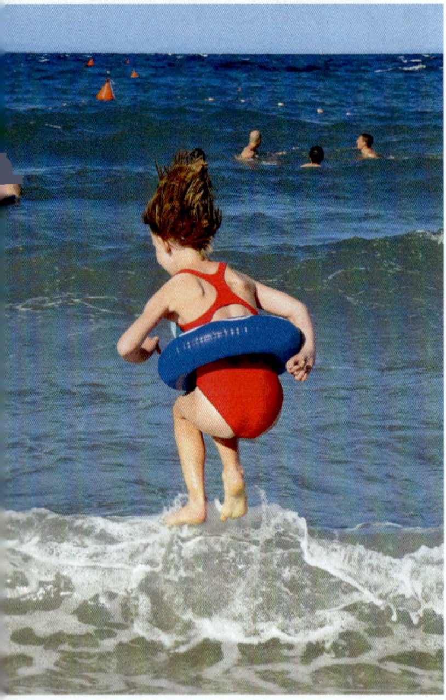

Bagni, die rund um die Badeorte üblich sind, zahlt man Eintritt. Freie Strandabschnitte findet man eher zwischen den Badeorten. Hinter allen Sandstränden bieten auch Campingplätze Quartier.

Ein besonders reizvolles Ziel für den Badeurlaub ist die kleine Insel Elba. Hier habt ihr die Wahl zwischen versteckten, abgelegenen Kiesbuchten und kleinkindfreundlichen Sandstränden mit der üblichen Infrastruktur.

Ein ganz besonderes Erlebnis ist, vor allem in der kühleren Nebensaison, das Bad in einer heißen Quelle. Die Becken in Saturnia, Bagni San Filippo oder Petriolo sind frei zugänglich und man sitzt in nach Schwefel duftenden Naturpools mitten in der Landschaft. Ein einmaliges Erlebnis – auch für Kinder!

Schnorcheln

... ist unkompliziert und macht großen und kleinen Kindern Spaß. Selbst an Sandstränden

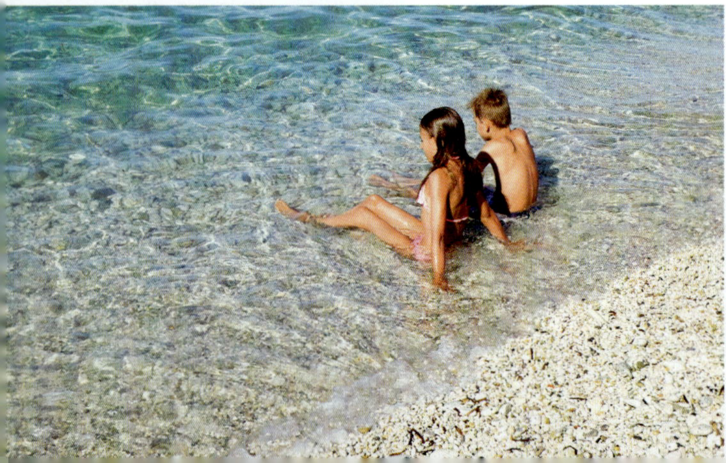

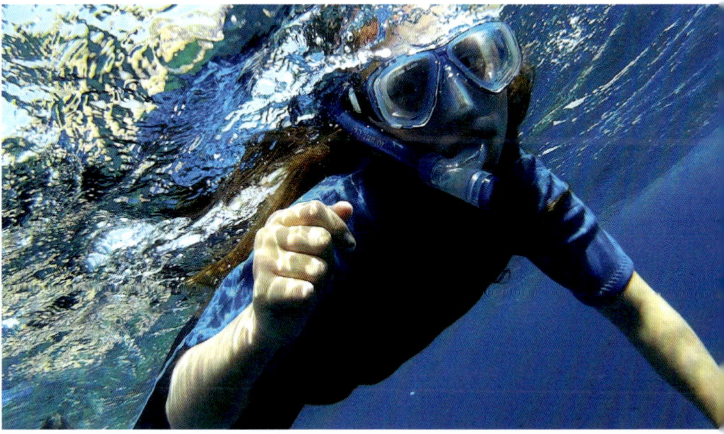

kann man manchmal Schwärme kleiner Fische beobachten. Größere Exemplare schwimmen im etwas tieferen Wasser, meist in der Nähe von Felsen.

Damit das Schnorcheln wirklich Spaß macht, muss die Brille gut sitzen. Ein einfacher Test hilft bei einem ersten Urteil: Die Brille vor das Gesicht halten und tief einatmen. Eine passende Brille »klebt« jetzt auch ohne zusätzliche Fixierung mit dem Band am Gesicht. Flossen sind für die Jüngeren erst mal nicht nötig und überfordern am Anfang sogar meist. Üben können Kinder das Schnorcheln prima beim Spielen im flachen Wasser am Strand. Erst wenn sie sich sicher fühlen und sich ungezwungen bewegen, nimmt man sie mit ins tiefere Wasser. Weil man mit dem Kopf unter Wasser Entfernungen schlechter beurteilen kann und leichter die Orientierung verliert, sollten Kinder nie alleine losziehen! Erst wenn sie sehr sicher schwimmen und ihre Kraft gut einschätzen können, brauchen sie keine Begleitung mehr.

Ein echtes Schnorchelparadies sind die Kiesbuchten der Insel Elba. In der Nähe von Pomonte können wir sogar zu einem stets von Fischschwärmen umgebenen Wrack hinuntergucken, das nur knapp zehn Meter unter der Wasseroberfläche liegt. [› **Tour 40**]

Tauchen

Für Taucher ist die Insel Elba ebenso wie das Gebiet zwischen dem Monte Argentario und den Inseln Giglio und Giannutri das interessanteste Revier.

Tauchen mit Flasche muss man lernen. Entweder man belegt schon zu Hause einen Tauchkurs und kann dann im Urlaub in einer einzigartigen Unterwasserwelt seine Kenntnisse einsetzen, oder man entscheidet sich direkt für einen Urlaub, in dem das Tauchenlernen die wichtigste Rolle spielt. Mit ein paar Stunden ist es hier nämlich nicht getan. Will man

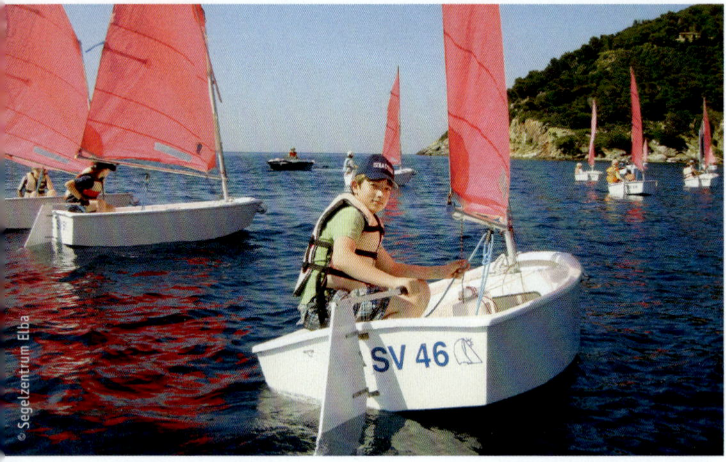

© Segelzentrum Elba

Kinder mit einbeziehen, braucht man eine Tauchschule, die über die passende Ausrüstung verfügt. PADI-Tauchschulen arbeiten nach einem speziellen, vom Verband entwickelten Lehrprogramm, das auf Kinder ab acht Jahren ausgerichtet ist. An Schnuppertauchgängen dürfen meist Kinder ab zehn Jahren teilnehmen. Die Sprachbarriere ist bei diesen kurzen Ausflügen in die Wasserwelt nicht ganz so entscheidend. Tauchschulen, wie zum Beispiel Careno Diving oder Diving Pomonte auf Elba [› **Seite 148**] unterrichten auch auf Englisch. Das deutschsprachige **Campese Diving Center** (cdc-giglio.de) auf Giglio bildet Kinder ab zwölf Jahren aus. Es gibt auch Kurse in Zusammenarbeit mit dem dort ansässigen Institut für Meeresbiologie.

Surfen, Segeln, SUPs

Segel- und Surffreunde kommen auf Elba wahrlich nicht zu kurz. Es gibt viele Segelschulen, darunter auch einige deutschsprachige. Für Kinder ab acht Jahren werden klassische Segelkurse auf dem »Opti«, einem speziell für die Kinderschulung entwickelten Boot, angeboten. Erwachsene können ihre Kenntnisse vom Segelschein bis zum Sportküstenschifferschein erweitern.

Die meisten Windsurfschulen an der Maremmaküste verleihen auch Boards und SUPs für Kinder und bieten Kurse dazu an – allerdings kaum in deutscher Sprache, sodass zum Surfen möglichst schon Grundkenntnisse und solide englische Sprachkenntnisse vorhanden sein sollten. Angebote findet man an vielen touristischen Stränden oder an größeren Ferienanlagen und Campingplätzen.

Ausflüge mit dem Boot

Ein absolut familientaugliches Vergnügen sind dagegen Schiffsausflüge aller Art. Am Festland starten die meisten Ausflugsboote von Castiglione la Pescaia. Sie fahren vorrangig zur Isola del Giglio. Vom benachbarten Talamone kann man mit dem Fischer auf das Meer fahren und auf Elba mit einem Glasbodenboot zum Wrack von Pomonte schippern, die Insel Pianosa besuchen oder gleich einmal die komplette Insel umrunden.

Paddeltouren

Sportlicher lassen sich Elbas Küsten mit einem Kajak erkunden. Etwas Paddelerfahrung kann jedoch nicht schaden, wenn man sich mit Kindern im Kajak weiter vom Strand entfernt. Ihr findet unter den Touren auf Elba eine kurze und einfache Einsteigertour [› Tour 39] und eine etwas längere Route, die sich nur für erfahrene Paddler eignet [› Tour 32]. Auf Elba werden hauptsächlich die flachen Sit-on-Top-Kajaks vermietet, die sehr stabil im Wasser liegen. Auch Unfälle beim unfreiwilligen Ausstieg sind in diesen Booten so gut wie ausgeschlossen.

Kinder müssen für eine Kajaktour bereits sicher und ausdauernd schwimmen können und außerdem an Bord immer eine gut sitzende Schwimmweste tragen. Hinaus aufs Meer kann man nur an windstillen Tagen mit sehr stabiler Wetterlage.

Neben dem Verleih von Booten gibt es auf Elba auch begleitete Paddeltouren. Kajaks mietet man für etwa € 10 pro Stunde, geführte Touren kosten ab € 20 pro Person. [› Seite 147]

Fahrradtouren

... sind für »Normalradelnde« auf Elba und in vielen Regionen der Toskana wegen der Höhenunterschiede ein zweifelhaftes Vergnügen. Gut geeignet ist das Fahrrad als Transportmittel in der relativ ebenen Maremma [› Tour 4 und 5].

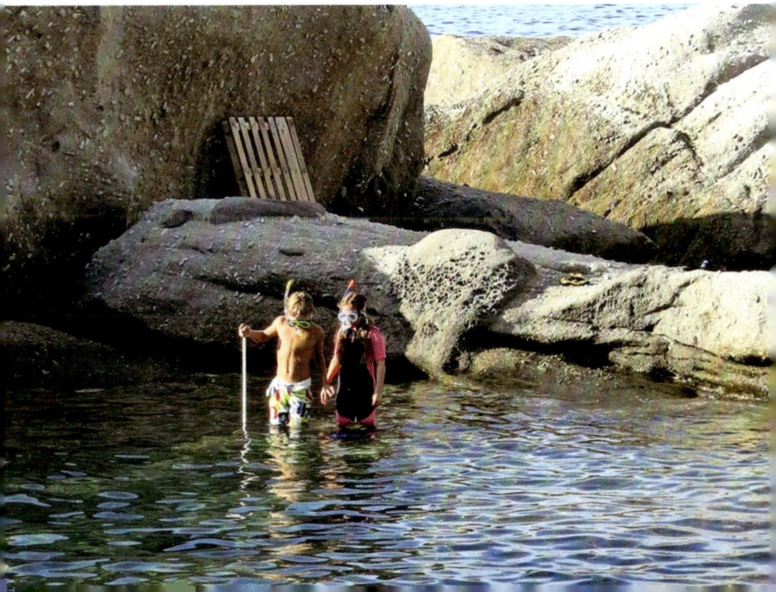

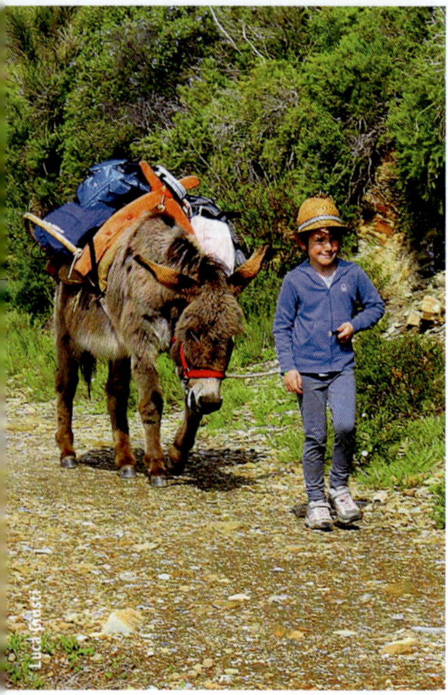

Reiten

Reitställe gibt es in vielen Regionen der Maremma und auch auf Elba. Sie sind jedoch meist nicht unbedingt auf Familien eingestellt. Das bei uns gängige Ponyreiten für die Kleinsten ist in Italien nicht üblich. Ausritte und Unterricht werden eher für größere Kinder und Erwachsene angeboten. Englische oder italienische Sprachkenntnisse sind hierzu jedoch meist notwendig.

Wanderungen

Die interessantesten Wandergebiete der Südtoskana liegen am Monte Amiata und auf der Insel Elba, die sogar durch den 72 Kilometer langen Fernwanderweg GTE (Grande Traversata Elbana) erschlossen ist. Er führt von Cavo im Nordosten bis nach Pomonte ganz im Westen der Insel. Weitere Fernwanderwege gibt es in den sonnigen Hügeln südlich von Siena, die sich aber weniger zum Wandern mit Kindern eignen, da man oft auf breiten Schotterwegen und schmalen Asphaltstraßen unterwegs ist.

Ein perfektes Kinder-Wander-Abenteuerland findet man dagegen ganz im Süden der Maremma rund um die urigen Città del Tufo. Die spannenden Hohlwege, kleine Höhlen, die über Jahrhunderte bewohnt waren, etliche Burgen und Dörfer mit Mittelalterflair – da sind auch Kinder leicht zum Laufen zu begeistern. Schöne Wege gibt es auch im Naturpark Maremma zwischen den Monti dell'Uccellina.

Wandern mit Esel

Esel wurden schon immer zum Transport von Waren eingesetzt. Die Idee, die sympathischen Vierbeiner bei Wanderungen den Gepäcktransport übernehmen zu lassen, lag daher nahe. Das Eselwandern ist vor allem in Frankreich weit verbreitet, aber auch auf Elba haben wir einen Stall gefunden, der Eseltrekking anbietet **[› Seite 148]**. Esel sind bestens geeignet für solche Touren: Sie sind freundlich, besonnen und außerdem besonders trittsicher. Auch ängstliche Kinder fassen schnell Vertrauen zu den sanften Langohren und die Motivation zum Laufen ist plötzlich kein Thema mehr.

Wandern mit Kindern

Kinder wandern anders

Wer mit Kindern unterwegs ist, muss umdenken. Erwachsene laufen zielorientiert. Kinder begeistern sich nicht für das Laufen an sich. Sie wollen beim Wandern spielen und klettern und alles bestaunen, anfassen und einsammeln, was rechts und links am Wegrand wächst und krabbelt. Will man sich nicht ärgern, sollte man sich einlassen auf diesen besonderen Zauber der Kinderwelt. So verändert sich dann für uns Erwachsene nicht nur das Wandertempo, sondern auch der Blickwinkel.

Auf Kinderart zu wandern braucht Zeit. Vor allem mit den Jüngsten geht es eher gemächlich vorwärts. Die Wanderstrecke darf daher erst mal nicht zu lang sein und gefährliche Routen sind für die Kleinsten zunächst tabu.

Von breiten Wegen und schmalen Pfaden

Kinder langweilen sich auf breiten, ebenen Forstwegen – ein schmaler steiniger Pfad weckt dagegen schnell neue Lebensgeister. Felspassagen, an denen man klettern kann, Treppchen oder enge Durchgänge zwischen Felsbrocken sprechen Spieltrieb und Fantasie an und sorgen schnell für Begeisterung. Manche dieser Pfade sind gefahrlos auch mit jüngeren Kindern zu begehen, es gibt auf Bergpfaden aber auch riskantere Stellen, an denen Eltern einen wachen Blick auf ihre Kinder haben und gegebenenfalls unterstützend eingreifen müssen. Unsere Touren enthalten nur wenige und auch nur leicht ausgesetzte Passagen, die im Text immer erwähnt sind.

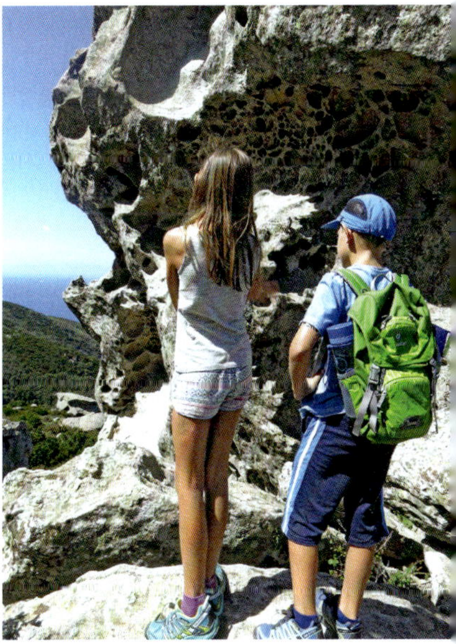

Planung und Motivation

Als Ziel einer Kinderwanderung eignen sich Plätze, an denen man gut spielen kann – und das wird selten der von Erwachsenen anvisierte Berggipfel sein. Ein zünftiges Picknick am See oder Bachufer oder eine abgelegene Bucht zum Baden sind eher nach Kindergeschmack. Viele unserer Strecken berühren daher irgendwo Wasser. Ein ebenso attraktives Wanderziel sind die etruskischen

Ausgrabungsstätten mit ihren Höhlen und Felsenwohnungen und die mittelalterlich anmutenden Dörfer und Städte. Oft gibt es dort auch eine alte Festung und, so gut wie immer, eine Gelateria – schließlich sind wir in Italien.

Kinder motiviert ein erreichbares Ziel. Unterteilt die Strecke in mehrere überschaubare Etappen und macht öfter eine Pause. Ein Stopp am Bach oder am Kletterfelsen oder ein kleiner Snack an einem Platz mit toller Aussicht sorgen für schnell erreichbare Zwischenziele.

Alle, die mit Kindern unterwegs sind, kennen nicht nur fröhlich laufende Kids. Durststrecken lassen sich mit Spielen oder Singen überbrücken. Ältere Kinder kann man auch an der Planung beteiligen. Unterwegs die Richtung mit dem Kompass überprüfen, Markierungen suchen, Karte lesen oder auch mal die Führung der Gruppe alleine übernehmen ist spannend und macht aus lustlosen »Mitläufern« aktive, begeisterungsfähige Wandernde.

Ausrüstung

Für alle Touren in den Bergen sind Wanderschuhe unbedingt notwendig, auch für Kinder. Auch die Wege durch die Vie Cave sind oft rutschig und uneben und erfordern Wanderausrüstung. Bei den Touren an der Küste reichen meist Halbschuhe oder Trekkingsandalen mit griffigem Profil. Normale Sandalen sind jedoch völlig ungeeignet! Wer Rücken und Knie schonen will oder ein Kind in der Trage trägt, ist mit Wanderstöcken gut beraten.

Nehmt außerdem auf jede Tour reichlich Wasser mit und lasst die Kinder vor allem im Sommer regelmäßig trinken. Der Wasserbedarf ist an heißen Tagen sehr hoch. Die Möglichkeit zur Einkehr besteht unterwegs nur selten. Packt lieber ein leckeres Picknick ein. Wer seine Kinder fürs Wandern begeistern will, sollte dabei ruhig auch zur Lieblingssüßigkeit greifen. So lässt sich die Zeit zu Fuß mit einem gemütlichen Stopp auf Felsen, an einem Bach oder im Schatten eines Baumes sehr gut auflockern

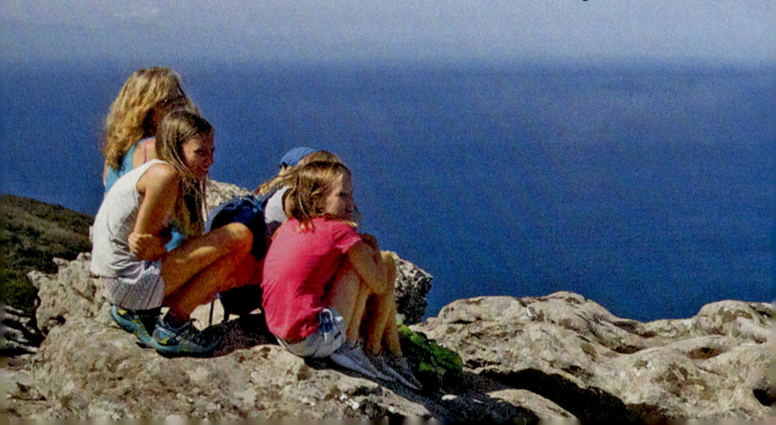

und die Motivation für den weiteren Weg erhöhen.

Im Sommer sind ein gut sitzender Sonnenhut und Sonnencreme mit hohem Lichtschutzfaktor wichtig. An kühleren Tagen und bei Wanderungen in den Bergen müssen unbedingt eine wind- und wasserdichte Jacke und ein Pulli für die Wanderpausen in den Rucksack.

Kinder in der Kraxe

Kinder unter drei Jahren können im Tragesack oder einer Kraxe mitgenommen werden. Kinder, die in der Kraxe transportiert werden, müssen bereits sicher über längere Zeit frei sitzen. Für größere Touren sollten sie mindestens ein Jahr alt sein.

Eine gute Kraxe hat, wie ein Tourenrucksack, einen gepolsterten Hüftgurt, damit das Gewicht nicht an den Schultern hängt. Auch Kinder in der Kraxe brauchen regelmäßige Pausen mit der Möglichkeit, sich zu bewegen. Außerdem müssen sie besonders gut vor Sonne und Kälte geschützt werden.

Altersgrenzen und Schwierigkeitsgrad

Für jede Tour gibt es im Infokasten auf der ersten Seite eine Altersempfehlung. Alle Altersgrenzen sind durchschnittliche Werte. Eine Familie mit Bergerfahrung kann bei der Auswahl der Touren mutiger sein als Wanderneulinge. Wanderwege an der Küste sind meist einfach zu gehen, und auch die Berge im Landesinneren sind nicht alpin, trotzdem muss man dort mit etwas anspruchsvollerem Gelände rechnen. Beginnt auch mit älteren Kindern mit technisch nicht zu schwierigen Touren. Wichtige Hinweise auf den Anspruch einer Tour gibt die Beschreibung unter »Anspruch und Charakter« im Tourensteckbrief. Auch die Anzahl der Wanderstiefel im Balken des Steckbriefes kennzeichnet den technischen Schwierigkeitsgrad: Ein Stiefel markiert eine Einsteigertour, für Wanderungen mit drei Stiefeln sollte man schon Bergerfahrung gesammelt haben.

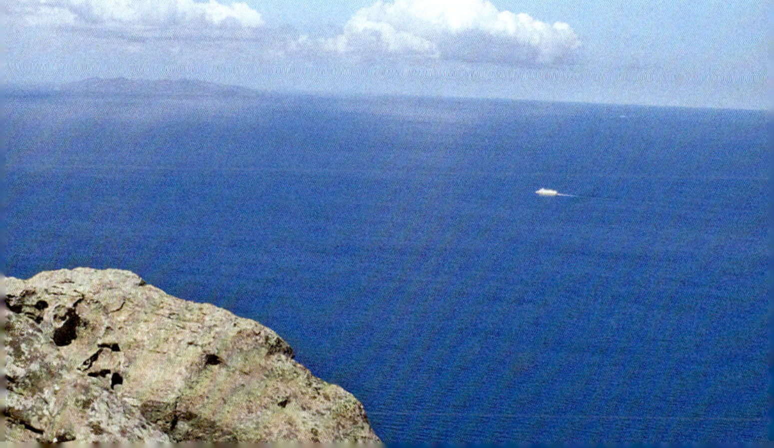

Gehzeiten

Um Länge und Anspruch einer Tour möglichst überschaubar zu halten, geben wir immer Strecke und Höhenmeter sowie eine ungefähr zu erwartende Gehzeit an. Da die Geschwindigkeit von Kindern selbst innerhalb einer Altersgruppe recht unterschiedlich ist, sind die angegebenen **Gehzeiten großzügig am Tempo eines Erwachsenen gemessen**. Mit Kindern zwischen vier und sechs Jahren solltet ihr mindestens 50 Prozent dazurechnen. Da sie zusätzlich Zeit für Pausen brauchen, wird aus einer Tour mit einer reinen Gehzeit von einer Stunde mit Kindern im Vorschulalter schnell ein vollwertiger Halbtagesausflug.

Auch mit Grundschulkindern sollte man noch mit etwas längeren Gehzeiten kalkulieren. Mit der Zeit werdet ihr dann ein Gefühl für das individuelle Tempo eurer Familie entwickeln.

Orientierung

Die Wanderungen in diesem Buch führen alle über markierte Wanderwege. Sie sind mit Farbpunkten an Bäumen und Steinen und in baumlosem Gelände auch mit Steinmännchen markiert. An Abzweigungen stehen in der Toskana meist zusätzlich Holzwegweiser. Die Beschreibung und die Karte im Buch sollten zusammen mit der Markierung vor Ort ausreichen, um unsere Wanderungen sicher zu finden. Zusätzliche Karten sind nicht notwendig.

GPS-Daten

Um den Parkplatz an einer Wanderroute zu lokalisieren, könnt ihr die in der Anfahrtsbeschreibung genannten GPS-Daten in ein normales Navigationsgerät im PKW oder auf dem Handy in Google Maps eingeben und euch dann von diesem bequem zum Start lotsen lassen.

Außerdem stellen wir zu allen Wanderungen unter **www.naturzeit-verlag.de** auch GPS-Tracks zur Verfügung, die kostenlos heruntergeladen werden können. Die Daten unterstützen mit Hilfe von GPS-Gerät oder einer Handy-App die Orientierung unterwegs.

Hier geht's zum Download:

Passwort: GPX524ST510

Höhenprofile

Höhenprofile eignen sich besonders gut, um einen schnellen Überblick über eine Tour bekommen. Wenn eure Kinder unterwegs genau wissen wollen, wie weit es noch ist, wo ihr gerade seid und ob es noch lange bergauf geht, findet ihr hier schnell die passende Auskunft.

UNTERWEGS IN DER SÜDTOSKANA UND AUF ELBA

48 Wander- und Entdeckertouren zwischen Gebirge und Meer

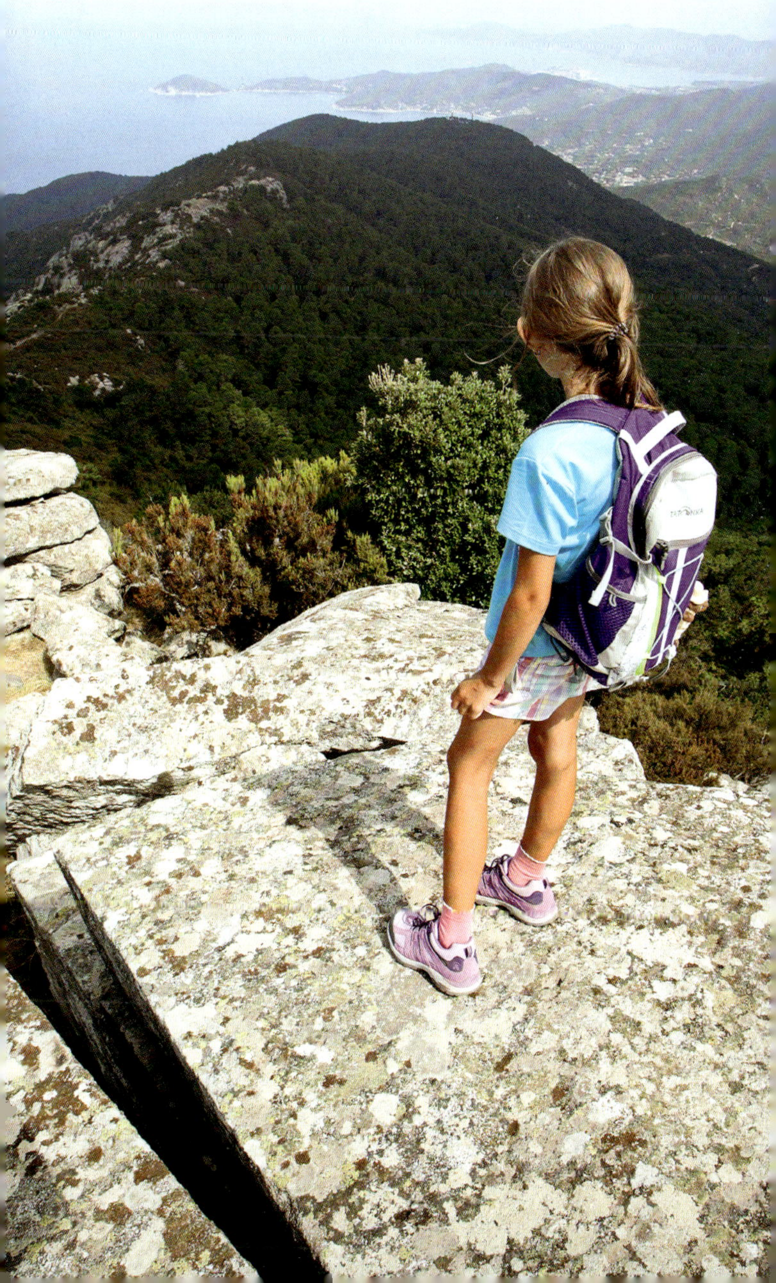

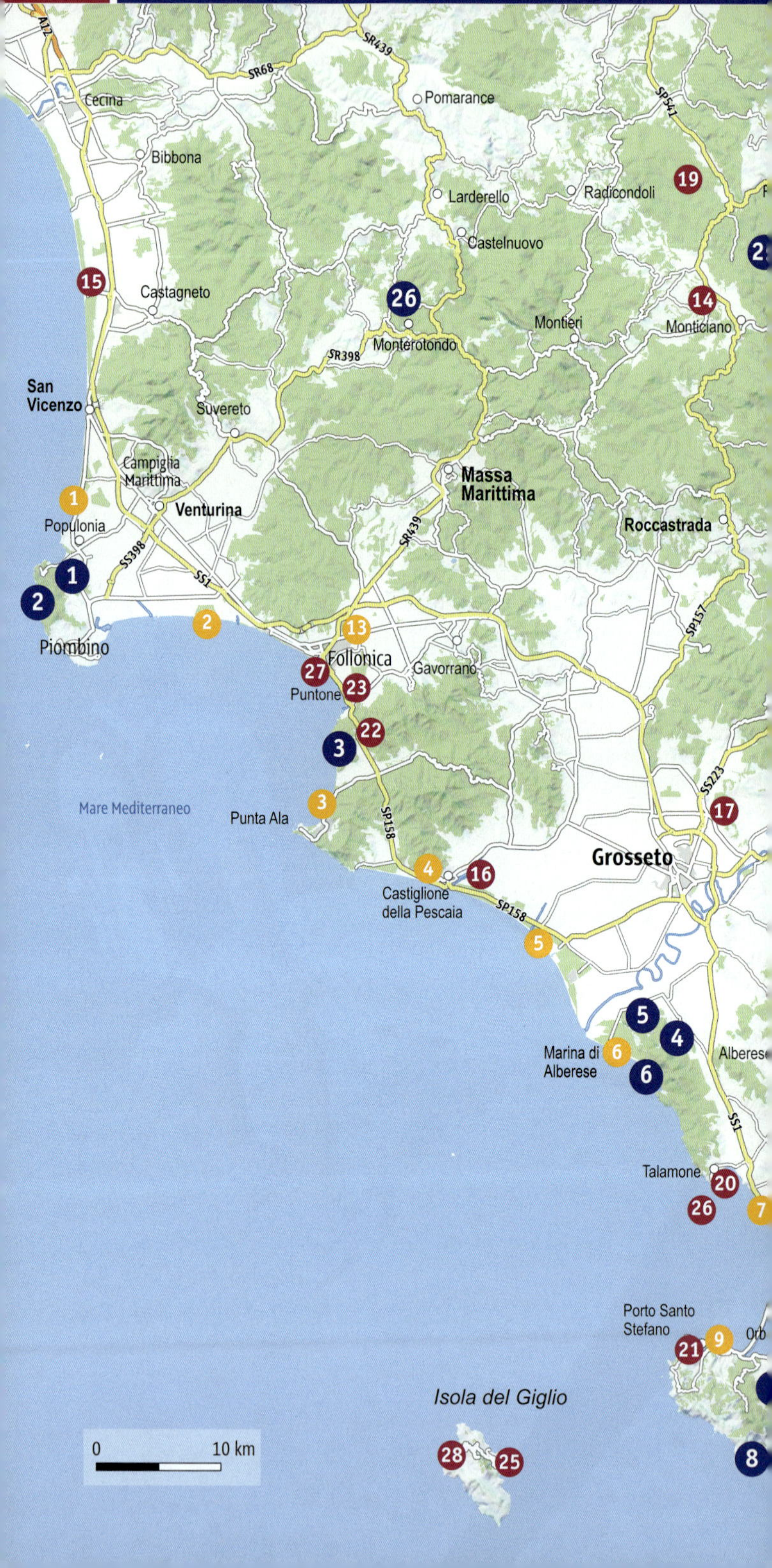
Cecina
Pomarance
Bibbona
Larderello
Radicondoli
Castelnuovo
Castagneto
Monterotondo
Montieri
Monticiano
San Vicenzo
Suvereto
Campiglia Marittima
Massa Marittima
Venturina
Populonia
Roccastrada
Piombino
Follonica
Gavorrano
Puntone
Mare Mediterraneo
Punta Ala
Grosseto
Castiglione della Pescaia
Marina di Alberese
Talamone
Porto Santo Stefano
Isola del Giglio
0
10 km
A12
SR68
SR439
SP541
SR398
SS398
SS1
SP157
SS223
SP158

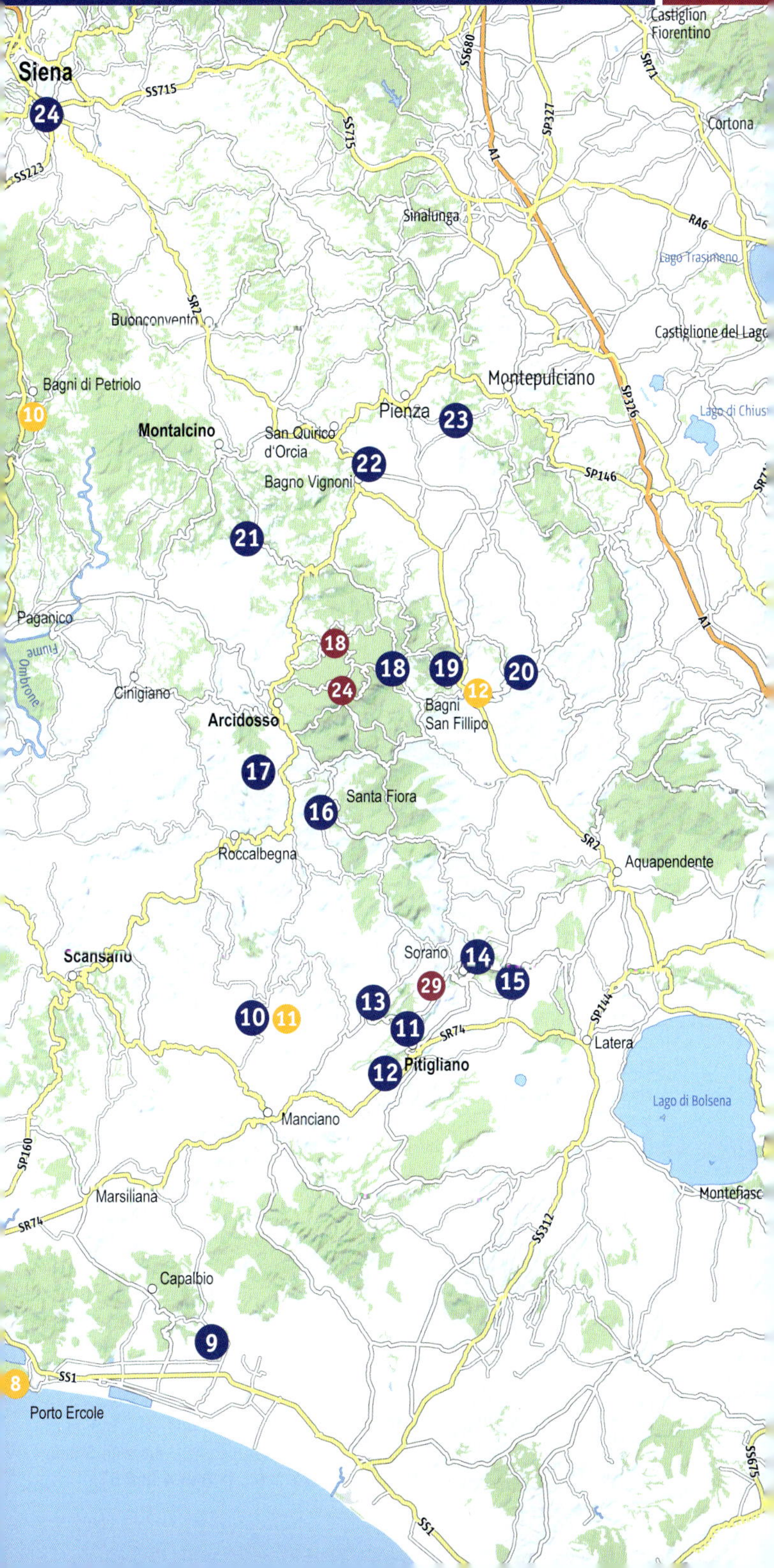
Siena
Castiglion Fiorentino
Cortona
Sinalunga
Lago Trasimeno
Castiglione del Lago
Buonconvento
Montepulciano
Bagni di Petriolo
Pienza
Lago di Chiusi
Montalcino
San Quirico d'Orcia
Bagno Vignoni
Paganico
Fiume Ombrone
Cinigiano
Arcidosso
Bagni San Fillipo
Santa Fiora
Roccalbegna
Aquapendente
Scansano
Sorano
Latera
Pitigliano
Lago di Bolsena
Manciano
Marsiliana
Montefiasc
Capalbio
Porto Ercole
SS715
SS680
SR71
SP327
SS223
A1
RA6
SR2
SP326
SP146
SP144
SR74
SP160
SS312
SS1
SS675
24
10
23
22
21
18
19
12
20
17
16
14
15
29
13
11
9
8

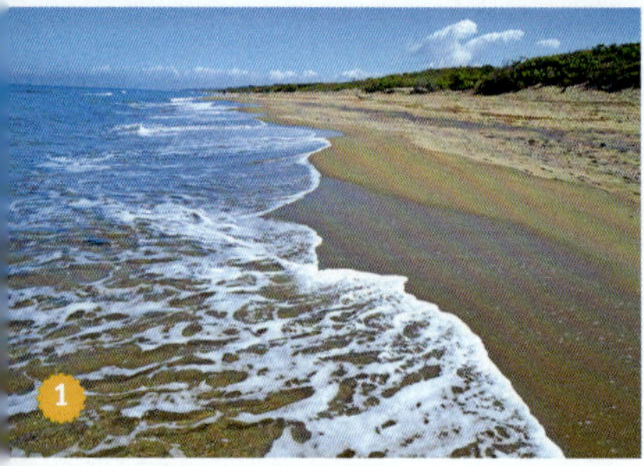

Badestrände

1 Spiaggia di Rimigliano
Biegt man von der Via Aurelia in Richtung Populonia ab, verläuft eine Straße, gesäumt von Parkplätzen, an der Strandpineta entlang. Etliche Pfade führen durch den Wald zum Meer und zu einem rötlichen, mehrere Kilometer langen Sandstrand, der in der Bucht von Baratti endet und auch im Sommer nicht überfüllt ist.

2 Bucht von Follonica
Zwischen Piombino und Follonica zieht sich ein langer Sandstreifen am Meer entlang, der aber bei Piombino schon wegen der weithin sichtbaren, geringelten Schornsteine einer Industrieanlage wenig einladend ist. Schöner und auch beliebter ist der Strandabschnitt vor der malerischen Kulisse des **Torre Mozza** etwa 5 km nördlich von Follonica. Der massige Wachturm steht direkt im Sand und wurde hier etwa um 1500 errichtet, um den Seeweg zu den wichtigen Eisenerzminen auf Elba zu überwachen. Etwa zehn Meter im Wasser markieren die Reste einer römischen Straße den Rand des Nichtschwimmerbereiches. Das Wasser in der Bucht ist glasklar, und es geht recht langsam ins Tiefe – optimal für Familien mit jüngeren Kindern. Zufahrt von der SP 39 an der Abfahrt Torre Mozza bis zum gebührenpflichtigen Parkplatz.

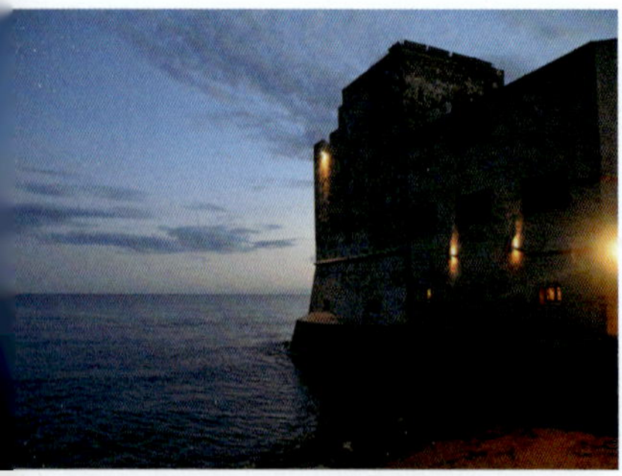

Abendstimmung am Torre Mozza

3 Spiaggia di Casetta Civinini
Langer Sandstreifen nördlich der Punta Ala. Die dort aufgestellten Sonnenschirme sehen mit ihrem Schirm aus Reisig netter aus als andere. Zugang hat man über die Stichstraße zur Punta Ala von einem großen Parkplatz oder von den hinter dem Strand liegenden Campingplätzen.

4 Castiglione della Pescaia
ist der beliebteste und tatsächlich einer der schönsten Badeorte an der Küste der Maremma. Auf der Höhe des Ortes Castiglione stehen am sanft ins Wasser führenden Strand die Liegen der Bagni. Freie Strandabschnitte finden wir am nördlichen Ende des Strandes bei La Rocchette. Südlich des Ortes zieht sich der breite Sandstreifen bis Grosseto. Zwischen den Orten sind ebenfalls frei zugängliche Badeplätze ohne Liegen zu finden. Man erreicht den kaum hinterbauten Strand von der SP 158 zu Fuß quer durch den Küstenwald. Die Strecke wird von Castiglione mit dem Bus befahren, von jeder Haltestelle führt ein Pfad zum Meer.

5 Grosseto
Stadtstrand vor den Häusern mit üblicher Infrastruktur und in der Hochsaison brechend voll.

6 Marina di Alberese
Die schöne und vollständig naturbelassene Bucht von Alberese liegt im Naturpark Monti dell'Uccellina und ist nur über eine Mautstraße zugänglich. Der Strand ist etwas rauer und oft windig, Gäste haben hier zeltartige Unterstände aus Schwemmholz gebaut. Die Straße ist nur für PKW freigegeben, mit einem Wohnmobil muss man auf dem Stellplatz in Alberese parken und den Bus oder das Fahrrad nehmen, um zum Strand zu kommen. [› Tour 4 und 5]

7 Spiaggia di Osa

Südlich des Parco Regionale de la Maremma liegt zwischen Talamone und Albinia noch einmal ein schmaler, aber angenehmer Sandstreifen. In der Pineta hinter dem Strand reihen sich die Campingplätze.

8 Tombolo de Feniglia

Langer naturbelassener Sandstreifen an der Meerseite der südlichsten Nehrung zwischen dem Festland und dem Monte Argentario. Außerhalb der Badesaison perfekt für einen Strandspaziergang.

9 Monte Argentario

Die Küste des Monte Argentario ist felsig. Es gibt auf der Insel nur versteckte Buchten mit Kiesstrand, wie die Spiaggia Le Viste, die Spiaggia Lunga oder die Cala Acqua Dolce [› Tour 8] in der Nähe von Porto Hercole. Weitere Buchten, wie zum Beispiel die Cala Grande und die Cala Moresca bei Santo Stefano sind ebenfalls mit einem kurzen Fußmarsch zu erreichen. Alle Badeplätze sind eher für Schwimmer als für Kleinkinder geeignet. Die Parkplätze in ihrer Nähe sind im Sommer schnell überfüllt.

Thermen und Bäder

10 Bagni di Petriolo

Der Thermalort liegt direkt an der S223 zwischen Siena und Grosseto. Die frei zugängliche heiße Quelle im Bett der Farma liegt neben einer alten Brücke und unterhalb der hohen Brückenpfeiler der nahen Schnellstraße. Das bis zu 40 Grad heiße Wasser strömt in mehrere Felswannen am Hang. Daneben spuckt ein Rohr heißes Wasser in die darunter liegenden, mit Steinen einfassten und leicht schlammigen Badebecken am Fluss. Unterhalb kann man sich in der Farma wieder abkühlen.

Oben an der Straße gibt es auch ein kleines öffentlich zugängliches Thermalbad. Die Ausrichtung ist eher therapeutisch mit Massage und Fango. Für Kinder ist nicht allzu viel geboten.

Geöffnet Mo bis Fr 9–17.30 Uhr. €15. Am WE 17.30 bis 24 Uhr €20. termepetriolo.it

11 Terme di Saturnia

Neben den frei zugänglichen Becken an der alten Mühle [› Tour 10] gibt es auch in Saturnia ein öffentliches Thermalbad mit großem Außenbecken und Badelandschaft. Das benachbarte luxuriöse Spa-Hotel hat auch ein eigenes Schwimmbad.

Geöffnet täglich 9–19 Uhr, November bis März nur bis 17 Uhr. Mo bis Fr €19, WE €27 (online günstiger), Kinder 4 bis 12 €5, Jugend 13 bis 18 Jahre €10. www.termedisaturnia.it

12 Terme San Filippo

Auch in Bagni San Filippo gibt es neben den frei zugänglichen Becken [› Tour 19] ein kleines Thermalbad.

Geöffnet von März bis Oktober von 9–19 Uhr, Di geschlossen. Eintritt €12 (am WE €14) pro Tag, Kinder €8 (WE €10), günstigerer Tarif am Nachmittag. Badekappe obligatorisch. www.bagnisanfilippoterme.it

13 Acqua Village Follonica

Spaßbad mit Sprudelbecken, kleinen Wasserfällen und verschiedenen Riesenrutschen. Für jüngere Kinder gibt es die Moku-Kinderinsel und ein Zirkus-Animationsprogramm. Am südwestlichen Stadtrand von Follonica.

Geöffnet Mitte Juni bis Mitte September. Tagesticket €24, Kinder 3 bis 11 Jahre €19, Nachmittagsticket 3–5 Euro günstiger. www.acquavillage.it

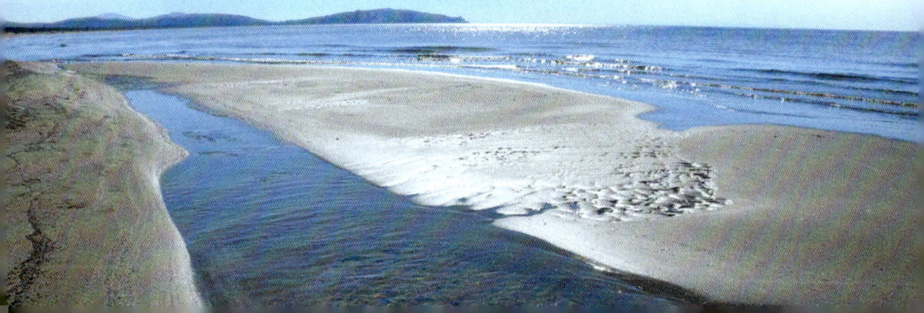

8

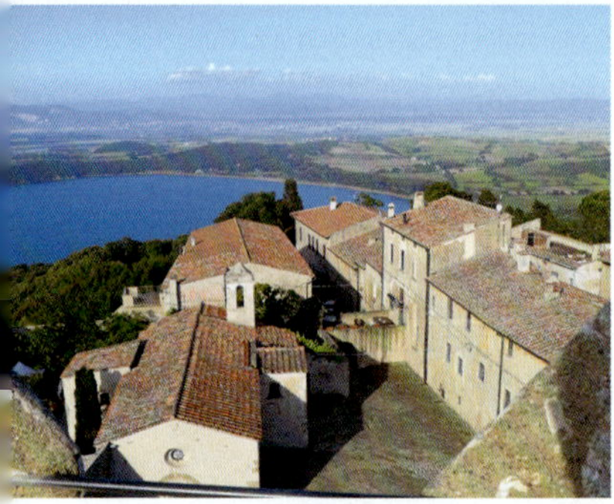

Blick vom Turm der Fortezza in Populonia

Sehenswerte Orte

Populonia Alta

Das eigentliche Dorf Populonia lag schon seit der Zeit der Etrusker hoch über dem Golf von Baratti und den Eisenhütten und der Nekropole [› **Tour 1**] unten am Meer. Auch heute gibt es hier neben der Ausgrabungsstätte der etruskischen Akropolis ein kleines Dorf mit einer massigen Festung. Die wenigen engen Gassen sind schnell durchschritten, vom Turm der Festung hat man dann einen grandiosen Weitblick über die Küste. Der Aufstieg kostet eine kleine Gebühr und lohnt sich unbedingt.

Castiglione dell Pescaia

Im Hafen des Fischerortes an der Mündung der Bruna liegen immer noch einige Fischerboote. Den Fang kann man am späten Nachmittag im Hafen frisch vom Kutter erwerben. Oberhalb des Hafens staffeln sich die Häuser des mittelalterlichen Ortskernes. Hinein geht es durch die Porta Urbica aus dem 17. Jahrhundert. Besonders sehenswert ist die alte Kirche Madonna del Giglio. Die Festung La Rocca Aragonese ganz oben auf dem Berg ist ebenfalls malerisch anzusehen, aber in Privatbesitz und nicht zu besichtigen.

Monte Argentario

In der Antike war der über 600 Meter hohe Berg im Meer eine Insel. Die schmale Landenge entstand erst im Laufe der Zeit durch den vom Fluss Albegna angeschwemmten Sand und Schlick. Heute ist der Monte Argentario durch drei schmale Landzungen mit dem Festland verbunden. Dazwischen liegen flache Lagunen, in denen viele Wasservögel zu Hause sind. Auf zwei von drei Landzungen gibt es Ansiedlungen und Zufahrtsstraßen, nur die südlichste ist unbebaut [› **Tour 7**]. Sehenswert sind außerdem die beiden Küstenorte Porto Hercole und Porto Santo Stefano, von dessen Hafen auch die Fähren zur nahen Insel Giglio starten. Zum Baden ist die bergige Insel weniger geeignet, da es nur wenige Buchten gibt. Ein guter Teil der Küste ist außerdem in Privatbesitz. Auf der Insel stehen etliche große Villen.

Isola del Giglio

Die Insel liegt etwa 18 Kilometer vom Monte Argentario entfernt und ist mit einer Küstenlinie von gerade einmal 28 Kilometern nicht sehr groß. Der höchste Berg auf Giglio ist der Poggio della Pagana mit fast 500 Metern Höhe. Die Fähren erreichen die Insel in Giglio Porto, der Hauptort der Insel liegt jedoch etwas weiter oben. Giglio Castello gehört mit seiner intakten Stadtmauer, engen Gassen und alten Steinhäusern, sowie einer Festung der toskanischen Familie Aldobrandeschi zu den prämierten

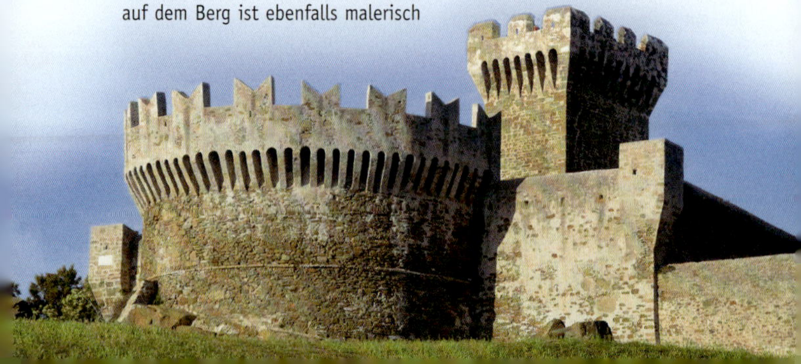

schönsten Orten Italiens (borghi più belli d'Italia). Die meisten Unterkünfte der Insel liegen auf der anderen Seite im winzigen Ort Giglio Campese, der hinter einer schönen, aber im Sommer gut mit Bagni bestückten Sandbucht liegt. Ansonsten ist die Küste eher felsig. Es gibt aber auf Giglio einige schöne, gut markierte Wanderwege. Die Insel ist mit der Fähre von Porto Stefano, aber auch im Rahmen von Tagesausflügen von Castiglione dell Pescaia erreichbar.

Pitigliano

Nicht nur der Felsen, auf dem Pitigliano steht, ist aus Tuffstein, auch die Häuser der Stadt sind aus diesem Material gebaut. Betrachtet man sie von der auf dem gegenüberliegenden Hügel gelegenen Kapelle Madonna delle Grazie, scheint die Stadt direkt aus dem Felsen zu wachsen. Im Inneren der Stadtmauer spaziert man durch eine mittelalterliche Szenerie mit einigen hübschen Cafés und Restaurants. Am Stadtrand gibt es Reste eines Aquäduktes aus dem 16. Jahrhundert zu sehen und im alten Palazzo der Orsini ist das Museum für religiöse Kunst untergebracht. Die älteste Kirche in Pitigliano ist San Rocco aus dem 13. Jahrhundert. Die Stadt existierte aber wohl schon zur Zeit der Etrusker. Im Umfeld sind besonders viele ganz unterschiedliche Vie Cave zu finden. **[› Tour 11 und 12]**

Sorano

Die zweitgrößte der drei Città del Tufo ist ganz besonders urig – vor allem wenn man sie mit **[› Tour 14]** durch die Porta dei Merli betritt. Hier sind die Gassen schmal und oft menschenleer. In der Nähe des Stadttores wird es lebendiger. In einigen Häusern gibt es kleine Läden und auf dem Platz vor dem Tor das unumgängliche Gelato für die Kids und eine kleine Bar. Die gegenüberliegende **Festung der Orsini** kann besichtigt werden. Die Führung durch das historische Museum beinhaltet auch den spannenden Weg durch die finsteren Gänge unter der Burganlage.

Geöffnet Di bis So 10–12 und 16–19 Uhr, im Winter nur am WE. Eintritt inkl. Führung €5, Kinder bis 9 Jahre frei. Kombiticket mit dem archäologischen Park in Sovana €10. www.cittadeltufo.com

Sovana

Durch den kleinen Tuffsteinort Sovana führt eigentlich nur eine einzige Straße. Im Herzen des Ortes weitet sie sich zur Piazza del Pretorio mit schön restaurierten Häusern. Am westlichen Ortsende steht eines der ältesten Gebäude des Dorfes: Die Kathedrale St. Peter stammt aus dem 11. Jahrhundert. Kunsthistorisch Interessierte sehen hier ein äußerst seltenes Baudenkmal – eine Kathedrale im romanisch-gotischen Stil – weniger Versierte bewundern einige Figuren an den Kapitellen der Säulen und den stimmungsvoll kargen Innenraum der alten Kirche (10–13 und 14.30–19 Uhr, Eintritt €2,50).

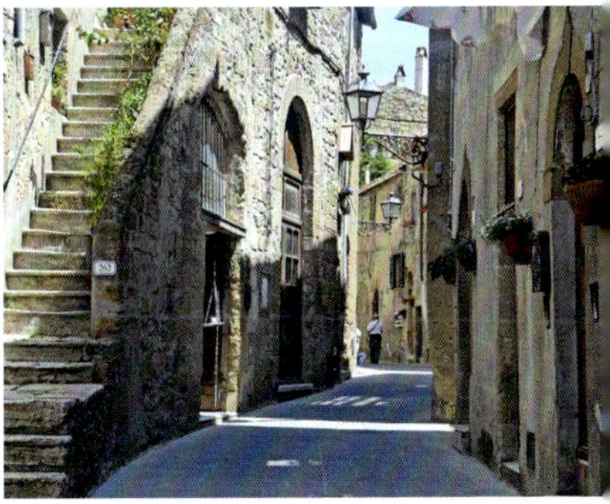

In den Gassen von Pitigliano

Ebenfalls verschachtelt und auf einem Felssporn erbaut, wirken die Städte des Val d'Orcia doch ganz anders als die düster mittelalterlichen Città del Tufo. Sie sind so heiter wie die Landschaft, die von grünen Hügeln und Weinbergen geprägt wird.

Pienza

Das heutige Stadtzentrum wurde im Auftrag des Papstes Pius II. auf dem Reißbrett geplant. Die zentrale Piazza Communale mit Rathaus, Dom und Palazzi erbaute man innerhalb von drei Jahren zwischen 1459 und 1462.

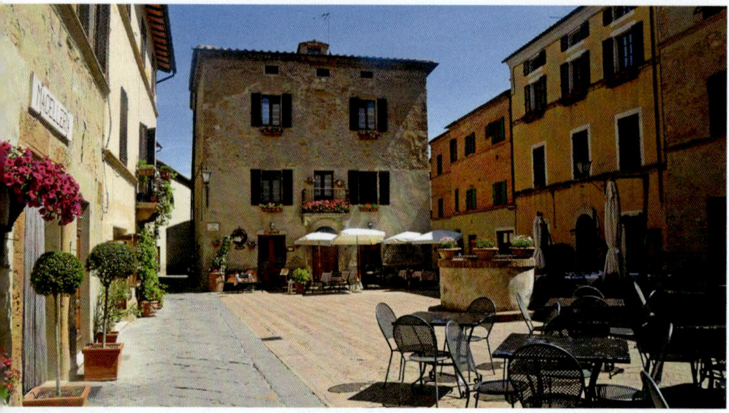

Pienza wurde als humanistische Stadt auf dem Reißbrett geplant.

Die Idee war der Aufbau einer idealen, menschengerechten Stadt. Die Straßen im Zentrum führen sternförmig zur einladenden Piazza, in deren Mitte ein oft kopierter Brunnen aus Travertin zu finden ist.

Pienza hat sich als einziger Ort der Region nicht dem Wein verschrieben. Die örtliche Spezialität ist ein harter aromatischer Käse: der Pecorino di Pienza, den man in vielen Geschäften vor Ort erst probieren und dann natürlich auch kaufen kann.

Montepulciano ist der Inbegriff eines Weinortes, es gibt sogar eine Traube mit diesem Namen. Die Stadt selbst liegt auf einem 600 Meter hohen Hügel, was ihr Wachstum schon immer ganz natürlich begrenzt hat, und ist von einer mittelalterlichen Stadtmauer umgeben. In den Gassen stehen, neben der Kirche und der Burg aus dem 13. und 14. Jahrhundert, vor allem prachtvolle Renaissance-Palazzi. Montepulciano war ein beliebter Wohnsitz bei wohlhabenden Kaufleuten, die sich aus Siena oder Florenz aufs Land zurückzogen.
Wie Siena ist Montepulciano in Contraden unterteilt, die am letzten Sonntag im August gegeneinander antreten. Aber beim Wettlauf der Stadtteile von Montepulciano kommen keine Pferde zum Einsatz. Die jungen Männer, die die einzelnen Contraden vertreten, rollen ein schweres, hölzernes Weinfass über eine 1650 Meter lange Strecke die steile Straße der Piazza Savonarola zur Piazza Grande hinauf.

Montalcino

Sechs Stadttore führen durch die historische Mauer in die Altstadt von Montalcino. Der Ort ist umgeben von Weinbergen und liegt schon seit Jahrzehnten mit Montepulciano im Wettstreit um den nobelsten Wein. Der in Montalcino gekelterte rote Brunello gehört auf jeden Fall zu den teuersten und begehrtesten Weinen der Toskana.
Hinter den Stadtmauern von Montalcino stehen etliche Kirchen und ein Dom. Am obersten Punkt der Altstadt trifft man auf das Castello di Montalcino. In der Festung gibt es – was auch sonst – eine Enoteca, in der man Wein verkosten und kaufen kann.

14 Abbazia di San Galgano

GPS N 43°09'09.1", E 11°09'07.5"
Die alte Kirche ohne Dach gehört zu den wichtigsten Sehenswürdigkeiten der Südtoskana. Ihr gotischer Baustil ist in Italien wenig verbreitet, was vor allem Kunstexperten interessiert. Ansonsten ist es gerade der ungewöhnliche Blick aus dem gut erhaltenen Gebäude, wenn man zwischen den hohen Wänden steht und direkt in den meist blauen Toskanahimmel schaut, der der Kirche eine fast mystische Aura verleiht und ihr zu neuem Glanz als Touristenattraktion verholfen hat. Die historische Glanzzeit des Klosters war dagegen eher

kurz. San Galgano wurde 1224 von Zisterziensermönchen gegründet und wuchs zunächst schnell, verlor aber schon im 14. Jahrhundert wieder an Einfluss. Durch die Pest starben viele Mönche, dann wurde die Abtei 1346 von florentinischen Söldnern überfallen, was ihr beinahe den Rest gab. Im 16. Jahrhundert verkaufte der zuständige Abt das Bleidach der Kirche, worauf das Gebäude verfiel und bald als Steinbruch genutzt wurde. In den kommenden Jahrhunderten wurde die Anlage mehrfach notdürftig restauriert. Da die Mittel nie ausreichten, behielt die Kirche dabei jedoch ihr schönes Himmelsdach.

Parks und Museen

15 Freizeitpark Cavalino Matto

GPS N 43°10'53.4", E 10°33'03.6"

Großer klassischer Freizeitpark am Rand einer Ferienanlage in Marina di Castagnetto. Mit großer und kleiner Achterbahn, Schiffschaukel, Minizug, Pferdchenbahn, Mini-Autos und etlichen Karussels.

Geöffnet April bis Anfang Juni Fr bis So 10.30–18.30 Uhr, Mitte Juni bis Mitte September täglich 10.30–18.30 Uhr. Tagesticket ab 1,30 m Körpergröße €30, Kinder von 1–1,29 m €23. Nachmittagsticket ab 14 Uhr €23, bzw. 21. www.cavallinomatto.it

16 Casa Rossa Ximenes

GPS N 42°46'07.6", E 10°53'58.7"

Am Ortsrand von Castiglione della Pescaia südlich des Flüsschens Bruna steht in einem Feuchtgebiet auf Brückenpfeilern über zwei Kanälen das aus rötlichem Stein errichtete ehemalige Schleusenhaus Casa Rossa aus dem 18. Jahrhundert. In seinem Inneren ist eine Ausstellung über die Tiere und Pflanzen im Naturschutzgebiet und über die Trockenlegung der Maremma-Sümpfe zu sehen. Vom Museum führt ein Fußweg über mehrere Brücken zu Vogelbeobachtungshütten. Alternativ kann man sich auch in einem flachen Boot auf einem der Kanäle zu den flachen Lagunenseen, in denen Flamingos und andere Wasservögel zu sehen sind, fahren lassen. Fernglas nicht vergessen!

Museum geöffnet vom Mitte Juni bis Mitte September Di bis So 16–20.30 Uhr. Eintritt €3, Kinder 6 bis 18 Jahre 1–1,50. Bootstouren nur nach Reservierung info@intomaremma.com. In der Nebensaison ist von Mi bis So nur das Museum geöffnet April bis Mitte Juni 15.30–19 Uhr, restliche Zeit 15 Uhr bis Sonnenuntergang.

17 Archäologischer Park Roselle

GPS N 42°49'39.2", E 11°09'48.5"

In Roselle stand im 7. Jahrhundert v. Chr. eine der wichtigsten etruskischen Siedlungen der Region. Sie lag damals an einem See, der inzwischen ausgetrocknet ist. Aus dieser Epoche sind auf dem Ausgrabungsgelände die drei Kilometer lange Stadtmauer und einige Wohnhäuser und Werkstätten zu sehen. 500 Jahre später übernahmen dann die Römer die Stadt. Reste ihrer Besiedlung sind die ehemalige Therme, Straßen und das Amphitheater. Auch die kunstvollen Mosaikfußböden einiger Villen sind gut erhalten. Die Ausgrabung findet ihr bei Roselle einem Stadtteil am nördlichen Rand von Grosseto.

April bis Oktober 10.15–18.45 Uhr, November bis März 8.15–16.45 Uhr. Eintritt €4, Kinder bis 18 Jahre €2.

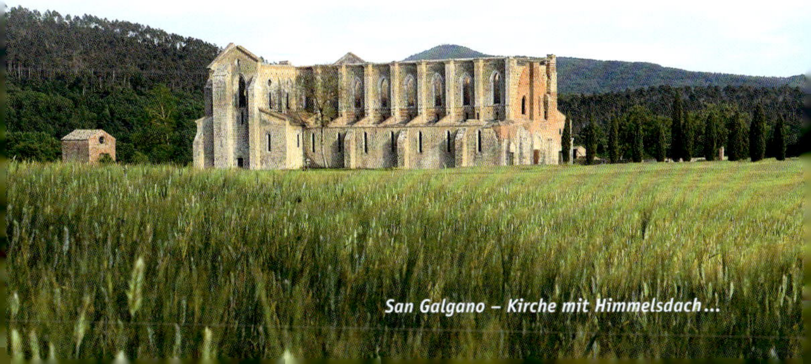

San Galgano – Kirche mit Himmelsdach …

18 Giardino Daniel Spoerri
GPS N 42°55'17.7", E 11°34'10.9"
Der Schweizer Künstler und Regisseur wurde 1930 in Galati in Rumänien geboren. Die aus der Schweiz stammende Mutter floh 1941, nachdem der Vater wegen seiner jüdischen Herkunft ermordet wurde, mit ihren Kindern in die Schweiz. Spoerri studierte Tanz und Pantomime und machte sich einen Namen als Objektkünstler, einer Kunstform, die mit vorgefundenen Gegenständen arbeitet. Ab 1990 lebte der Künstler zeitweise in der Toskana und schuf dort einen Skulpturengarten. Nur einige der 112 Exponate, die auf dem 16 Hektar großen Grundstück bei Seggiano in der hügeligen Wiese stehen, sind seine eigenen Arbeiten. Für Kinder ist hier im Freien viel Platz, auch wenn für sie die Aussage vieler Kunstwerke nur schwer nachvollziehbar ist.
Aktuelle Öffnungszeiten auf www.danielspoerri.org. Eintritt €12, Kinder ab 8 Jahre €9.

19 Dreamwoods
GPS N 43°14'48.3", E 11°10'13.2"
Trockensteinbauten der ganz besonderen Art sind im Skulpturenpark in Casole d'Elsa zu entdecken. Aus großen und kleinen Steinen, den »Knochen der Erde« und »dem ältesten Material der Welt«, hat der aus Deutschland stammende ehemalige Meditationslehrer Deva Manfredo fantasievolle Steinskulpturen und Steinbilder geschaffen. Die Steine sind unbearbeitet und nur mit Gleichgewicht, Schwerkraft und sorgfältiger Auswahl komponiert.
Geöffnet März bis November Sa, So und Feiertage 10–18.30 Uhr, Di und Fr 13 Uhr bis Sonnenuntergang. Zufahrt über fünf Kilometer Schotterstraße, die bei von der SS 541 südlich von Colle di Vall d'Elsa abzweigt. www.devamanfredo-stoneart.com

20 Aquarium Talamone
GPS N 42°33'17.7", E 11°07'55.3"
Das Zentrum kümmert sich um verletzte oder kranke Meeresschildkröten, die nach Genesung wieder freigelassen werden.
Geöffnet Juni bis September. Eintritt €3, Kinder 6 bis 14 Jahre €2.

21 Aquarium Santo Stefano
Kleines Aquarium im Hafen von Santo Stefano unter der Leitung eines Biologen, der hier nicht nur zeigt, was so alles im Mittelmeer schwimmt, sondern auch mit Filmen und Requisiten über die Geschichte des Tauchens und die Natur auf dem Boden des Meeres informiert. Infos gibt es auf Italienisch und Englisch.
Ganzjährig geöffnet, teilweise nur am Wochenende. Eintritt €5, Kinder 5–12 Jahre €2. www.acquarioargentario.org

Hochseil-, Klettergarten

22 Il Tasso Scatenato
Hochseilgarten im Wald mit vier für Kinder ab einem Meter Körpergröße reservierten Parcours in überschaubarer Höhe und weiteren Parcours für Teenager und Erwachsene, darunter auch der »Bandita«, eine 100 Meter lange Seilrutsche.

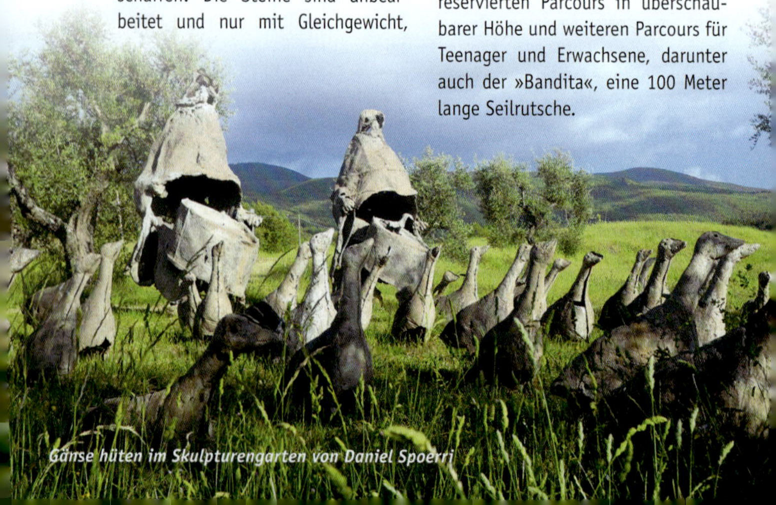
Gänse hüten im Skulpturengarten von Daniel Spoerri

Geöffnet Juni bis August täglich 10–20 Uhr, März bis Mai und September, Oktober Sa, So 10 Uhr bis Sonnenuntergang. Kletterzeit maximal 2,5 Stunden.
Ab Körpergröße 1,40 m € 18, Kids von 1 m bis 1,40 m. € 12.
Vialle Cipressi in Marina di Scarlino. iltassoscatenato.it

23 Parco Acquatico Splash

Am Strand von Scarlino zwischen Follonica und Portiglioni schwimmt im Sommer eine riesige Gummi-Insel mit Rutschen, Hüpfburgen und schmalen Wackelstegen im Meer. Jeder Gast bekommt eine Schwimmweste und ein farbiges Armband. Dann geht es raus zur Insel. Kinder von 6 bis 9 Jahren müssen von einem Erwachsenen begleitet werden.
Geöffnet täglich 10.30–18.30 Uhr. Eintritt € 10 für 1 h. www.parcoacquaticotoscana.com

24 Indiana Park Amiata

Überschaubare, familiengerechte Anlage am Monte Amiata mit zwei Parcours für Kinder von fünf bis neun Jahren und fünf weiteren für mutige Kids ab 1,30 Meter Körpergröße und Erwachsene.
Geöffnet Mitte Juni bis August 10–19 Uhr. Ab September nur WE. Ab 12 Jahre € 20, Kinder 8–12 Jahre € 18 für 2,5 h, Kinder 5–9 Jahre € 12 für eine Stunde Kletterzeit. amiata.indianapark.it

Ausflüge auf dem Wasser

25 Minikreuzfahrt nach Giglio

Im Hafen von Castiglione legen im Hochsommer gleich mehrere Ausflugsboote zur Tagestour nach Giglio und auf die kleine Insel Giannutri ab. Auf Giglio sind etwa drei Stunden Aufenthalt eingeplant, die zur Besichtigung des Ortes Castello genutzt werden können. Der Stopp auf Giannutri ist mit 90 Minuten deutlich kürzer.
€ 45 pro Person,
für Kinder 5–12 Jahre € 18.
www.toscanaminicrociere.it

Die gleiche Tour wird von Castiglione aus auch von Bluenavy angeboten.
www.blunavycrociere.com

26 Mit dem Fischer aufs Meer

Etwa fünf Stunden seid ihr mit dem Fischer Paolo Franciulli und seinem Boot Sirena unterwegs. Er zeigt euch nicht nur umweltverträgliche Fischereimethoden, sondern erklärt auch gerne, welche Fische ins Netz gegangen sind. Frühstück inklusive. Das Boot liegt im Hafen von Talamone. Abfahrt um 7 Uhr.
Anmeldung und Informationen auf Deutsch unter Tel. 0039 33 57 069603. paoloilpescatore.it

Wassersport

27 Puntone Beach

Kurse im Windsurfen, Kitesurfen und einen SUP- und Kanuverleih findet ihr bei Surf Relax am Strand südlich von Follonica.
Windsurfunterricht kostet € 40 pro Stunde. puntonebeach.com

28 Campese Diving Center

Deutschsprachige Tauchschule (Barakuda) auf Giglio, die auch Schnupperkurse und Tauchkurse für Kinder ab 12 Jahren anbietet.
Schnuppertauchen 2 h € 50, Jugend € 40. www.cdc-giglio.de

Reiten

29 Maneggio Belvedere

Der Reitstall bei Sorano hat sich auf Reiterferien und Ausritte zu den archäologischen Stätten rund um Sorano spezialisiert. Mit einem Tagesritt ist es möglich, Sovana oder Vitozza zu besuchen, es gibt aber auch mehrtägige Ritte.
In Sorano Richtung Pitigliano und nach 4,5 km rechts zum Maneggio Belvedere fahren. Für die Jüngsten von 3–6 Jahren wird 15 Minuten Ponyreiten (€ 10) angeboten. Private Reitstunde auf deutsch 45 min € 30, Halbtagesritt € 50, Tagesritt mit Picknick € 90.
www.maneggiobelvedere.it

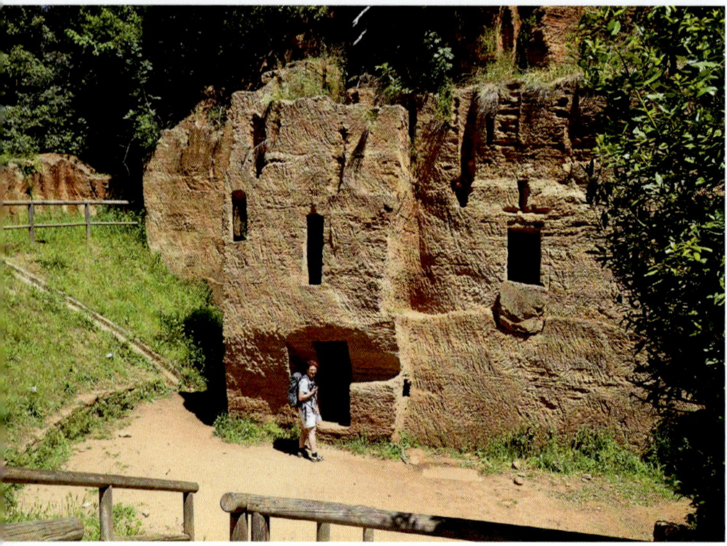

130 m

STRECKE 5,5 km

2 h

ab 4

Tour 1: Die Nekropole von Populonia

In den Grabhöhlen der Etrusker

In der Ebene unterhalb der alten etruskischen Siedlung Pupluna, in der bereits im 9. Jahrhundert vor unserer Zeitrechnung Eisenerz aus dem nahen Elba verhüttet wurde, hat man die Reste einer großen Nekropole entdeckt. Sie besteht aus Grabhöhlen in einem mächtigen Felsen und runden Tumuli in verschiedenen Größen. Die Geschichte der etruskischen Siedler interessiert wahrscheinlich eher die Erwachsenen. Die düsteren Höhlen mit geheimnisvollen Gängen und die begehbaren Steinhäuser, die wir über schmale Waldpfade erreichen, machen aber auch jüngeren Kindern Spaß. Je nach Ausdauer der Kids können wir die Runde durch den Park kurz halten oder etwas weiter ausdehnen.

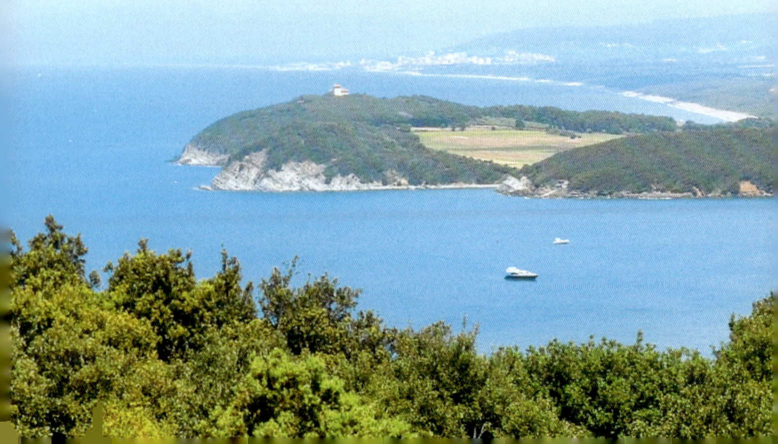

TOUREN-STECKBRIEF

Anfahrt: Von der SS 1 dem Wegweiser Populonia nach rechts folgen. Nach zwei Strandparkplätzen mit Höhenschranken folgt links bei **GPS N 42°59'27.6", E 10°30'39.7"** ein Platz mit Schranke und einem für die Ausgrabungsstätte reservierten Bereich. Er ist für Gäste kostenlos, ihr müsst euer Ticket nach dem Besuch am Visitor Center freischalten lassen. Etwa 500 Meter Fußweg führen vom Parkplatz dort hinauf. Hier bekommt ihr das Ticket für den Park. Außerdem gibt es ein Restaurant und eine Snackbar. Eintritt €11, Kinder 6 bis 14 Jahre €9, 10 Uhr bis zum Sonnenuntergang. Tickets auch online unter www.parchivaldicornia.it

Anspruch und Charakter: Schmale, teilweise auch etwas steilere Pfade zwischen den einzelnen Stationen, Wege meist schattig und daher auch im Hochsommer gut begehbar.

Highlights: Das große Höhlengrab, Picknick im Schatten, Weitblick über die Küste

Einkehr: Snackbar am Eingang.

In der Nähe: Fortezza in Populonia Alta.

Die kleine Runde: Vom Informationszentrum folgen wir der rot markierten **Via delle Cave** auf einem breiten Weg nach links, laufen über eine große Wiese und stehen an deren Ende am **Centro di archeologia sperimentale** ①. In dem flachen Gebäude, vor dem viele Tische stehen, können Kinder an den Wochenenden im Sommer (Juli bis Anfang September) Keramik und Mosaike herstellen. Dahinter befindet sich ein überdachter großer Picknickbereich, an dem rechts die blau markierte **Via del Ferro** abzweigt – eine schöne Erweiterung der Runde für Familien mit größeren Kindern.

Doch jetzt folgen wir zuerst weiter dem Pfad der **Via delle Cave**, der sanft ansteigend durch den Wald führt. Wir erreichen einen Platz mit einem **Steinbruch** und drei Gräbern und wenig später liegt rechts des Weges ein **Aussichtspunkt,** von dem wir einen ersten Blick auf die eindrucksvolle **Nekropoli delle Grotte** werfen können, aber auch einen guten Blick weit über das Meer haben. In einem Bogen geht es dann wieder hinunter zu einem schönen Platz mit drei Bänken im Schatten einiger Bäume und Blick auf den großen Felsen der **Nekropole** ②. Hier ist der perfekte Platz für ein Picknick. Unten am Felsen ist eine der Grabhöhlen zugänglich.

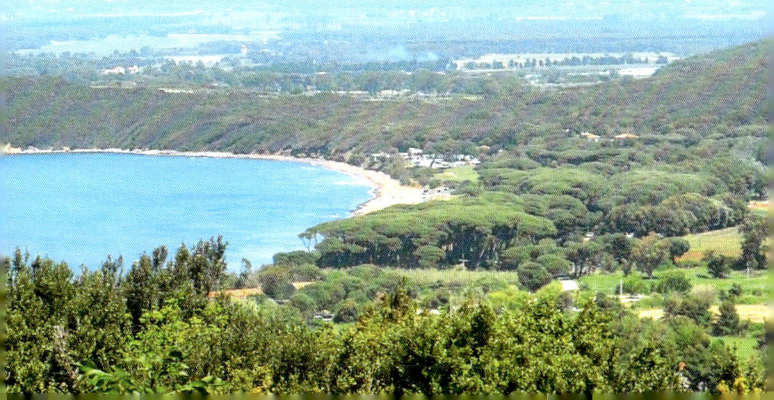

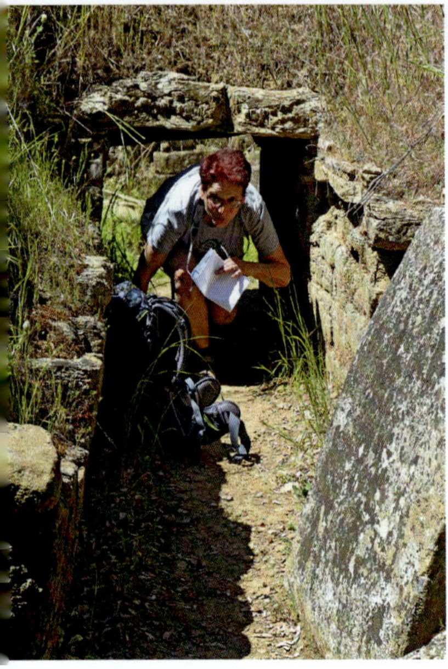

Am großen Sandsteinfelsen vorbei geht es dann weiter auf die andere Seite des Hügels, der sich als komplett durchlöchert erweist. Hier liegt eine **Grabhöhle** neben der anderen. Die ersten sind abgesperrt, in einige können wir aber sogar hinuntersteigen. In Serpentinen spazieren wir zwischen den Höhlen wieder hinab zum Hauptweg und folgen diesem links zurück zum **Picknickgelände** ①. Mit kleineren Kids geht es jetzt über die Wiese zurück zum Visitor Center, an dem noch eine Reihe Rundgräber besichtigt werden können.

Nicht vergessen: Das Ticket für den Parkplatz ist inklusive, muss aber nach dem Besuch im Visitor Center gescannt werden. Von diesem Zeitpunkt hat man eine Stunde Zeit zum Verlassen des Parkplatzes. Restaurant und Snack-Bar, sowie Eis am Stiel gibt es neben der Info.

Die komplette Runde: Am Picknickgelände biegen wir links in die Via del Ferro ein, die uns auch zur Ruine einer etruskischen Eisenhütte bringt. Ein Pfad führt abfallend durch den Wald bis zu einer **Kreuzung**. Hier folgen wir dem Abzweig nach links, der nach etwa 200 Metern an einem runden **Tumuli Grabhaus** ③ endet. Durch ein niedriges Tor kann man hineinkrabbeln, was Kindern deutlich leichter fällt als den Erwachsenen. Zurück auf dem Hauptweg folgen rechts zwei weitere Gräber in ganz anderer Form. Man nennt sie Sarkophag oder Steinkistengräber. Das eigentliche rechteckige Steingrab wurde mit Steinplatten abgedeckt.

Hinter diesen geht es rechts ab und über eine Wiese zu den Resten der **antiken Industrieanlage** ④, in der das auf Elba abgebaute und per Schiff zum Golf von Baratti transportierte Eisen in Brennöfen auf bis zu 1300 Grad erhitzt wurde. Der Schmelzpunkt von Eisen liegt bei 1536 Grad, alle weiteren Bestandteile des Erzes verflüssigen sich früher. So blieb nach dem

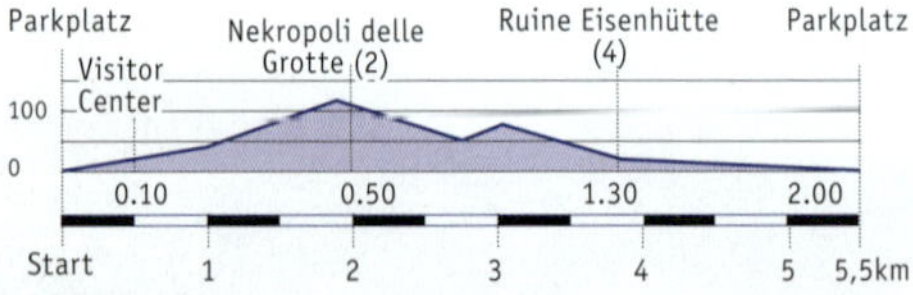

Brennen ein mit Kohle gemischter Metallklumpen – Eisenschwamm genannt – übrig, der in etruskischer Zeit das Grundmaterial zum Schmieden von Waffen und Werkzeugen war. Diese Methode zur Gewinnung von Eisen aus Eisenerz wurde noch bis ins 14. Jahrhundert eingesetzt.

Auf einem Wiesenweg laufen wir hinter den Grundmauern der Eisenhütte zurück zum Visitor Center am Eingang.

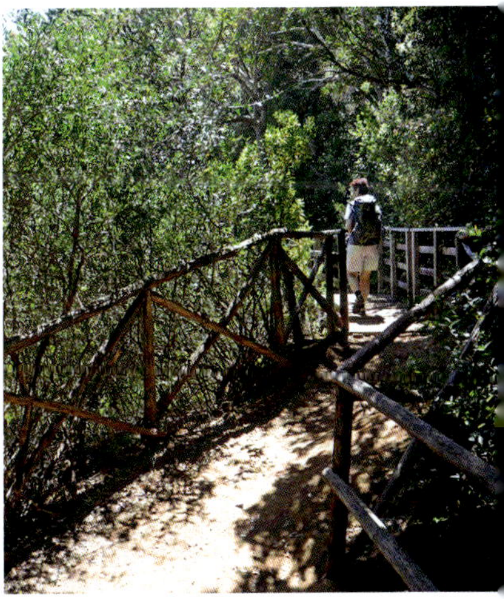

Rundweg über die Wiese: Auf der Wiese vor dem Visitor Center stehen weitere Exemplare der typischen runden **Grabhäuser** ⑤. In die kleineren kann man hinein, das ganz große Rundgrab kann nur mit Führung besichtigt werden. **[› Seite 74]**

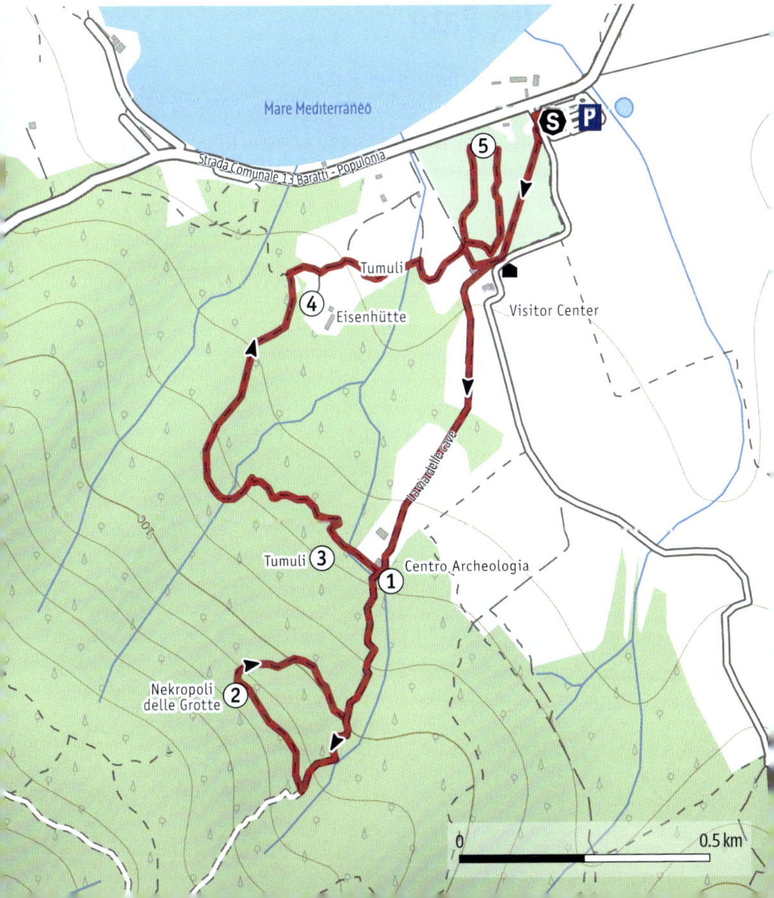

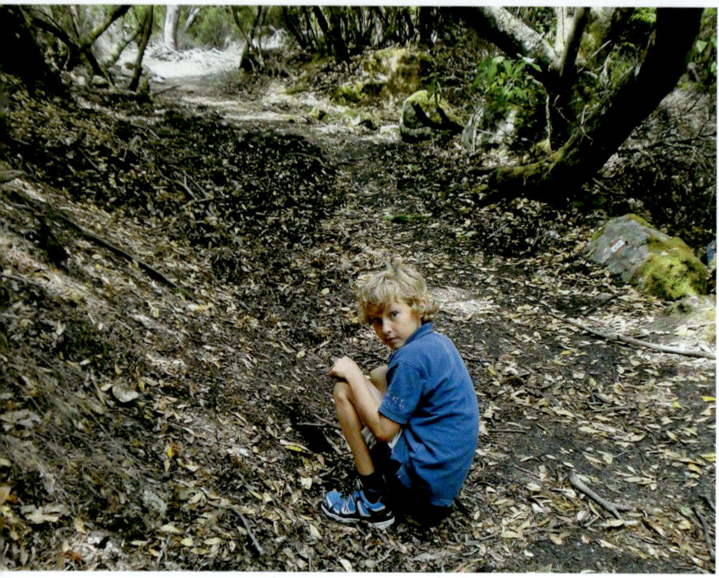

125 m

STRECKE 3 km

1 h 30

ab 4

Tour 2: Buca delle Fate

Ein Aussichtsplateau über dem Meer

Auf einem schattigen Waldpfad geht es vom Hügel, auf dem die alte Stadt Populonia steht, hinunter zum Meer. Die Küste ist felsig und neben der Buca delle Fate, einem Plateau mit tollem Weitblick, ist hier unten auch eine kleine Kiesbucht zu finden, in der man prima klettern, Steinmännchen bauen und picknicken kann.

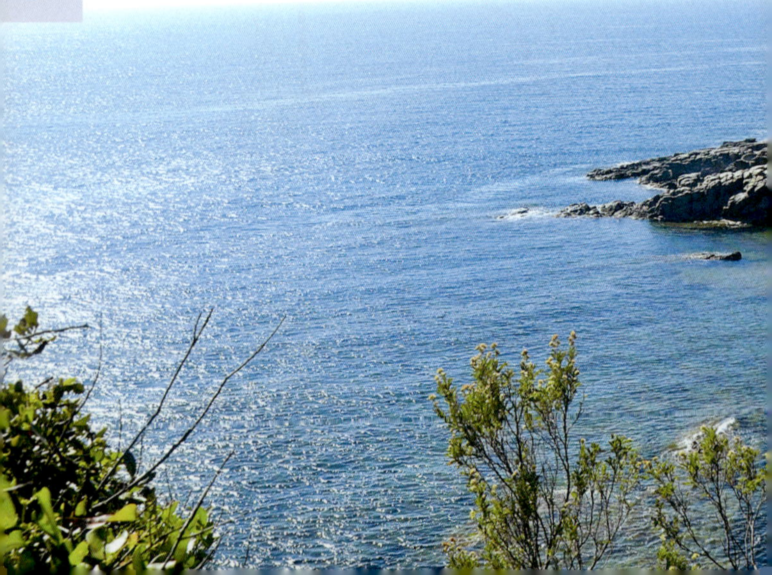

Wanderung: Am Parkplatz führt eine Holztreppe über den Drahtzaun. Dahinter steht ein Wegweiser, dem wir rechts auf den **Weg 301** in Richtung Buca delle Fate folgen. Zuerst geht es relativ eben durch einen knorrigen Mittelmeerwald, in dem es nach Zistrosen duftet. Dann verzweigt sich der Weg und wir halten und links. Es geht mal sanft, mal steiler abfallend auf die Küste zu. Nach etwa 20 Minuten Gehzeit kommen wir zu einem **Platz mit Picknicktischen** ①. Rechts am Weg sind hier mehrere etruskische **Grabhöhlen** zu sehen.

Dann wandern wir weiter bergab bis zu einer weiteren **Wegkreuzung** ②. Links geht es hier zur Nachbarbucht Cala San Quirico. Wir wählen zunächst den Weg rechts, passieren einen weiteren Abzweig zur Cala Bugatti und stehen kurz darauf auf einem **Plateau** ③ hoch über dem Meer mit einigen Holzbänken, die zum entspannten Picknick einladen. Links führt ein Pfad hinunter zu

TOUREN-STECKBRIEF

Anfahrt: Vom Hafen der Straße nach Populonia den Berg hinauf folgen und auf halber Strecke in einer 90-Grad-Rechtskurve links zum großen geschotterten Parkplatz bei **GPS N 42°59'02.2", E 10°29'32.7"** hinunter fahren.
Anspruch und Charakter: Kurze Wanderung auf einem schattigen, zeitweise etwas steilen Waldpfad. Feste Schuhe mit rutschfesten Sohlen notwendig.
Highlights: Ausblick von der Buca delle Fate, Spielen, Steintürmchen bauen und Picknick in der Cala San Quirico.
Einkehr: Keine.
In der Nähe: Aufstieg zum Festungsturm in Populonia.

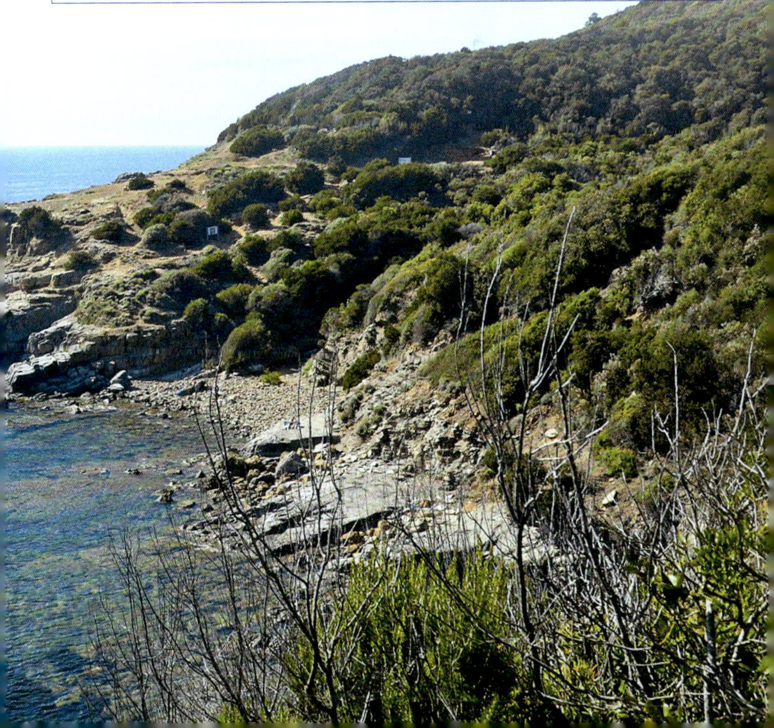

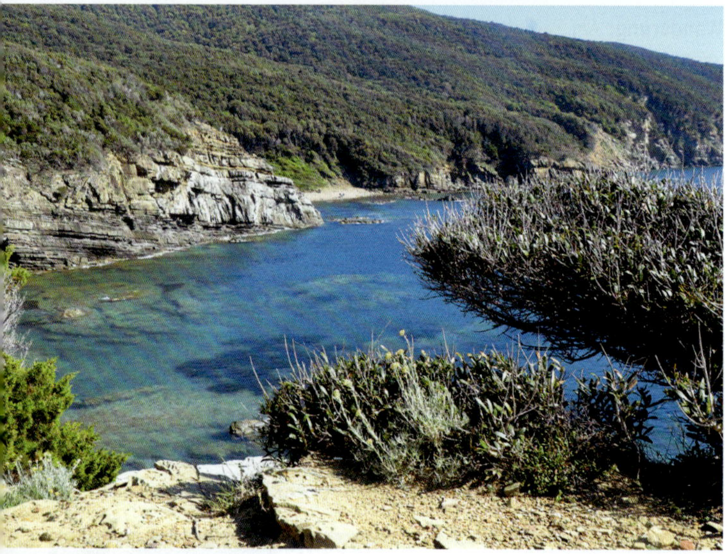

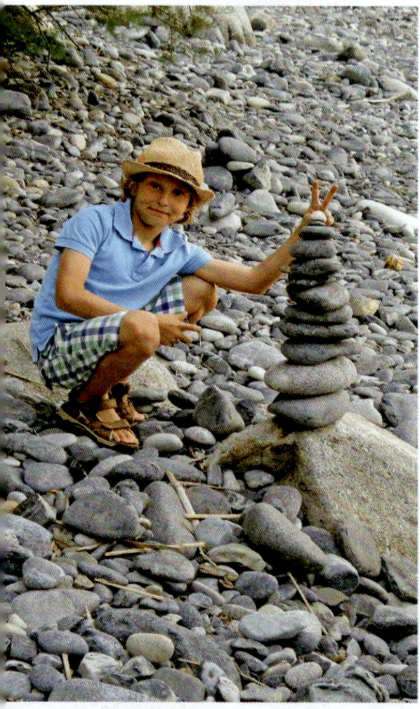

einer Felsenbucht, in der wir uns ebenfalls ein Plätzchen suchen könnten. Etwas weiter südlich an der Küste sehen wir bereits den benachbarten Kiesstrand, der unser nächstes Ziel ist.

Wir laufen **zurück zur zweiten Kreuzung** ② und gehen jetzt parallel zur Küste auf dem rechten Weg weiter. An einigen Stellen können wir hier weit über das Meer schauen. Wir passieren einen **Abzweig** ④ bergauf mit verblichener rot-weißer Markierung, den wir später für den Rückweg nutzen, und erreichen nach gut zehn Minuten erst einen kleinen Picknickplatz im Schatten des Uferwaldes und dann die **Cala San Quirico** ⑤, eine Bucht mit dicken Steinen. Zum Baden ist sie mäßig geeignet, aber auf den Felsen am Rand kann man gut klettern und am Strand nach ungewöhnlichen Steinen suchen oder Steinmännchen bauen.

Dann kehren wir auf dem bekannten Weg zum bereits erwähnten **Abzweig** ④ zurück und steigen hier auf dem gut sichtbaren

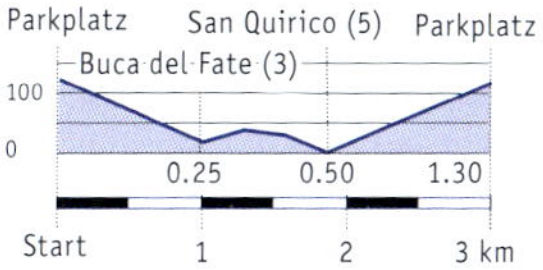

Pfad, der sich durch einen Steineichenwald schlängelt, wieder hinauf. Es ist nie sehr steil und der Weg ist gut zu gehen. An der einzigen Kreuzung halten wir uns links und stehen kurz darauf wieder an der Holztreppe zum Parkplatz.

Zur Mühle am Fosso San Quirico

zusätzlich 600 m, etwa 15 min.

Wer die Wanderrunde etwas verlängern möchte, wählt von der Bucht San Quirico den Pfad der hier an einem trockenen Bachlauf in ein grünes Tal führt. Wir bleiben dabei immer links neben dem Graben, überqueren einen ebenfalls meist trockenen einmündenden Bach und sehen etwas später rechts im Bachbett die Mauern einer **alten Mühle** ⑥.

Knapp 200 Meter weiter treffen wir auf eine **T-Kreuzung** und biegen links ab. Sanft ansteigend geht es durch den Steineichenwald wieder hinauf. Auf halber Strecke überqueren wir ein Bachbett und treffen an der nächsten **Kreuzung** ⑦ auf den Hauptweg, dem wir nach rechts folgen.

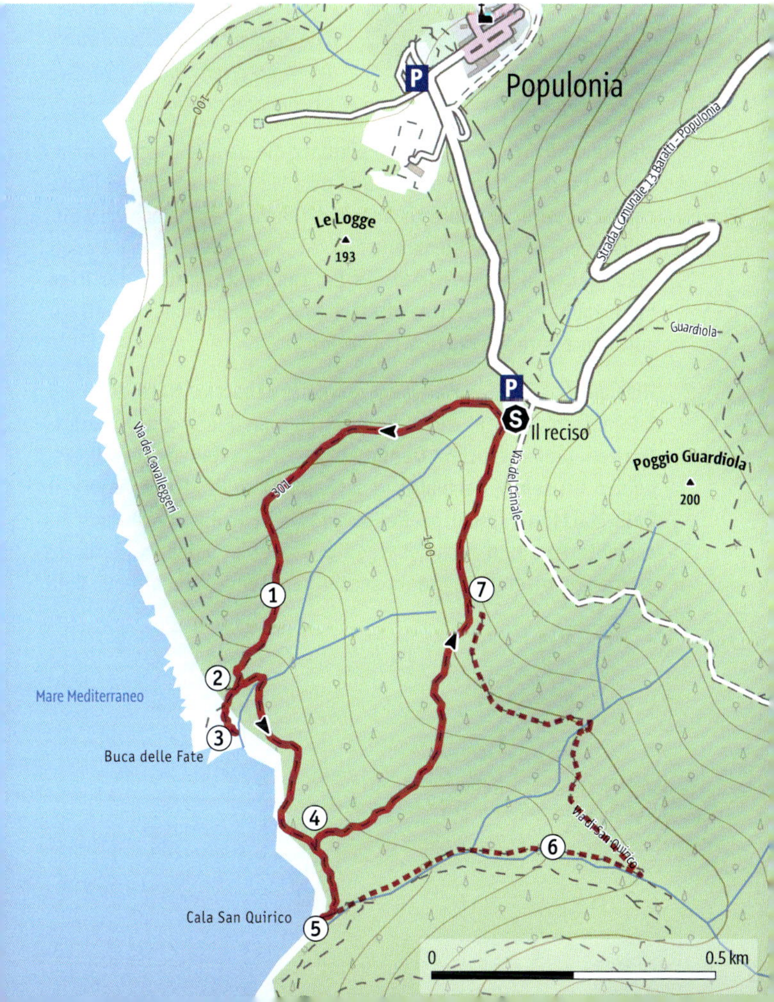

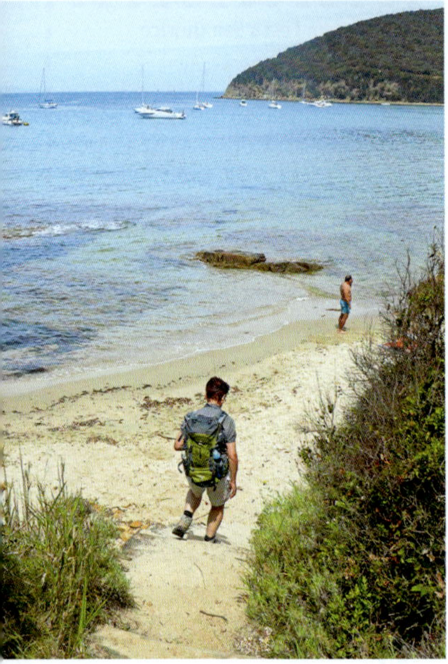

Tour 3: Küstenweg zur Cala Violina

Küstenspaziergang zur Badebucht

Die Cala Violina ist eine der schönsten Buchten in diesem Abschnitt der Küste. Der Strand ist feinsandig und fällt nur langsam ins glasklare Wasser ab und durch die geschützte Lage ist das Wasser meistens recht ruhig. Da die schöne Bucht nur vom Wasser, zu Fuß oder mit dem Fahrrad einmal quer durch den Wald erreichbar ist, wird es hier nur im Hochsommer und an Wochenenden richtig voll.

100 m

STRECKE 8,5 km

3 h

ab 6

Wanderung: Wir laufen vom Parkplatz die Straße weiter hinauf, am Restaurant vorbei, und folgen dem Weg, der am an die Küste des Naturparks Bandite di Scarlino führt. Es geht zuerst weitgehend eben an der Küste entlang. Ab und zu führt ein Trampelpfad rechts hinunter zum Meer. Ein **rechts abzweigender Pfad** ① erlaubt es, eine Kurve abzuschneiden, dann marschieren wir auf dem breiten Schotterweg weiter.

Hier am Anfang des Weges ist es meist schattig. Nach etwa 2,5 Kilometern treffen wir auf einen kleinen Platz mit Picknicktischen. Links steht ein **Denkmal** ② für den italienischen Volkshelden **Giuseppe Garibaldi**, rechts führt ein Pfad zur Kiesbucht **Cala Martina I** hinunter. Der Strand besteht dort unten aus dicken Steinen, und auch der Weg ins Wasser ist mühsam. Dafür ist es hier recht einsam. Wenig später könnten wir rechts zur **Cala**

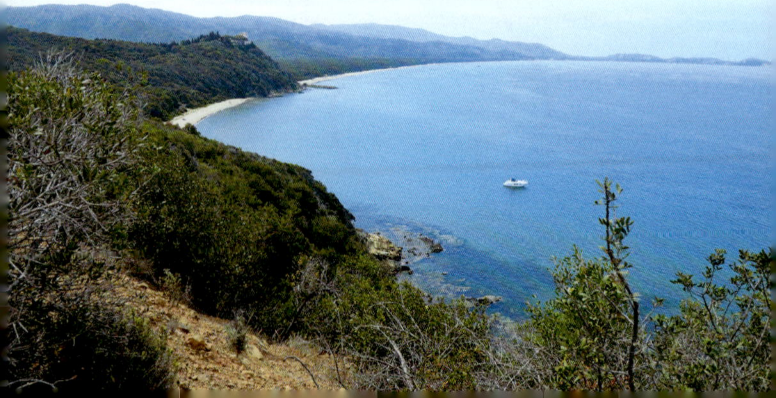

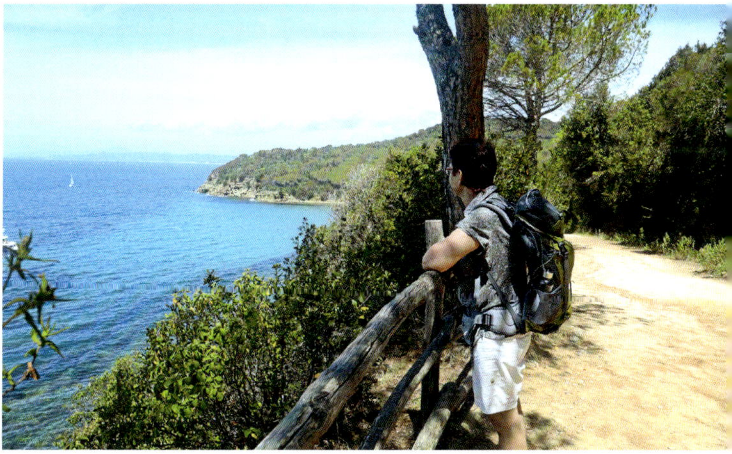

Martina II hinuntersteigen, die noch etwas rauer ist als die erste Bucht.

Ab hier wird der Küstenweg hügelig. Einige schöne **Aussichtspunkte** ③ erlauben einen Blick weit über das Meer. Es geht hinauf zur **Punta Martina** und um eine letzte Landspitze, dann schauen wir von weit oben auf eine lang gestreckte Sandbucht in gut geschützter Lage. Meist liegen hier einige Boote vor Anker, die Bucht ist bei schönem Wetter recht gut besucht. In einem Bogen geht es hinter der **Cala Violina** ④ entlang, bis wir links im Wald im Schatten unter den Bäumen auf einen riesigen **Picknickbereich** treffen. Hier führt rechts ein bequemer Weg in die Sandbucht hinunter. Die Cala Violina ist feinsandig und

Die Cala Violina mit dem Fahrrad

Der Küstenweg ist als Mountainbikeroute ausgezeichnet und auf weite Strecken auch für jüngere Kinder mit etwas Fahrpraxis gut befahrbar. Erst kurz vor der Cala Violina geht es deutlich hinauf und steil wieder hinunter.

Wer zu Fuß unterwegs ist, könnte für jüngere Kids, neben denen man noch herlaufen kann, die Fahrrädchen mitnehmen. Bis zur Cala Martina ist der Weg auch gut mit einem Kinderwagen passierbar. Wollt ihr bis zum Sandstrand, braucht es für den letzten Abschnitt sportliche Kinderwagenschieber und, weil der Weg unebener wird, auch einen geländegängigen Wagen mit großen Reifen.

TOUREN-STECKBRIEF

Anfahrt: Im Ort Portiglioni am Jachthafen vorbei immer parallel zur Küste weiterfahren. Vorbei am Cala Felice Beach Club geht es hinauf zum Ristorante Il Cantuccio. Der Parkplatz liegt kurz vor dem Ristorante bei **GPS N 42°52′48.7″, E 10°46′45.8″**, weitere Parkmöglichkeiten am Rand der Zufahrtsstraße oder unten am Hafen.

Anspruch und Charakter: Bequemer und meist breiter Fußweg im Halbschatten, mehrere schöne Aussichtsplätze, aber vom Weg kein Meerblick. Zur Mittagszeit liegt der Weg in der Sonne.

Highlights: Großer Picknickplatz im Schatten, Baden an der Cala Violina

Einkehr: Picknick und ausreichend Wasser mitnehmen.

In der Nähe: Parco Avventura il Tasso Scatenato.

Die Cala Violina für Zwerge:
Gehzeit einfach 45 min, etwa 75 hm
Die Cala Violina ist auch über einen Stichweg von einem unweit der Strada Provinciale gelegenen Parkplatz zu erreichen. Der Parkplatz ist an der SP 156 mit braunem Schild und Cala Violina beschildert. Zum Meer laufen wir dann auf einem breiten, gut befestigten Forstweg. Halten wir uns kurz vor dem Ziel rechts, führt der schmalere Waldweg direkt ans obere Ende der Sandbucht, an dem es meist etwas leerer ist, und an dem Steinblöcke zum Klettern einladen.

es geht sanft ins Wasser. An der geschützten Bucht ist das Wasser meist auch dann ruhig, wenn anderswo der Wind pfeift. An Sonnentagen können wir hier schon in Frühjahr am Strand liegen und im Wasser planschen.

Zurück wandern wir nach einer ausführlichen Badepause am traumhaft schönen Strand auf dem gleichen Weg.

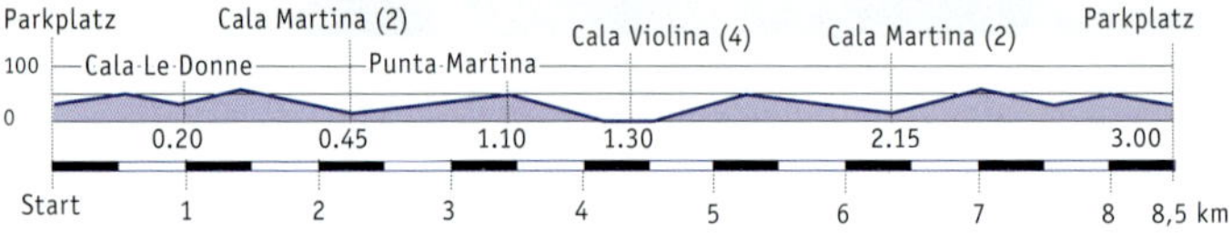

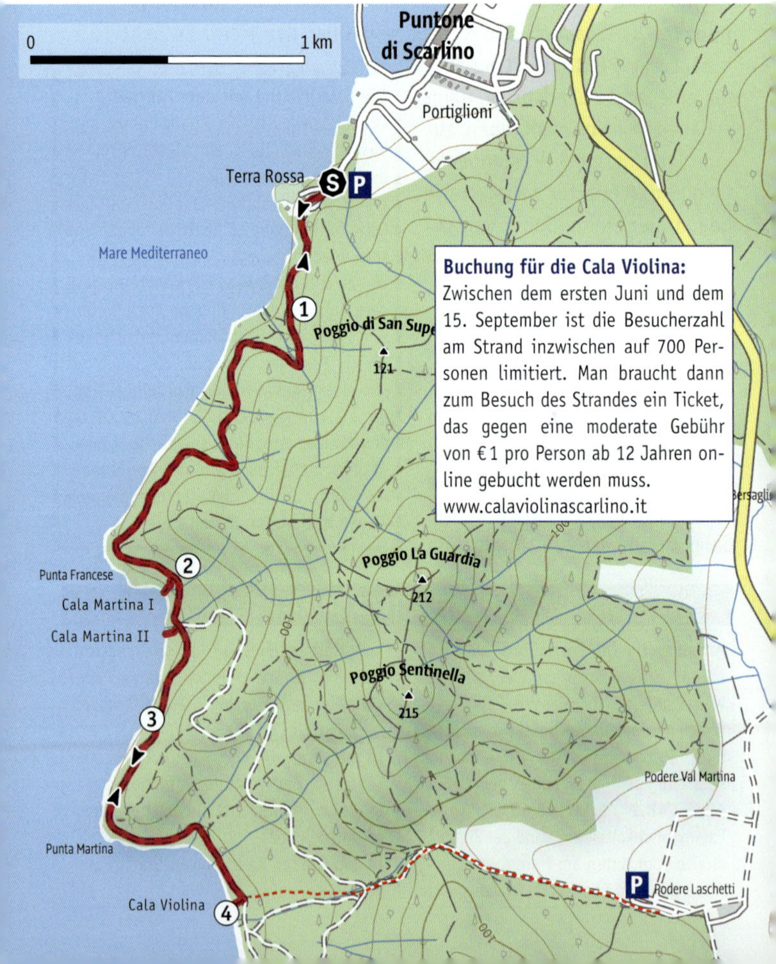

Buchung für die Cala Violina:
Zwischen dem ersten Juni und dem 15. September ist die Besucherzahl am Strand inzwischen auf 700 Personen limitiert. Man braucht dann zum Besuch des Strandes ein Ticket, das gegen eine moderate Gebühr von € 1 pro Person ab 12 Jahren online gebucht werden muss.
www.calaviolinascarlino.it

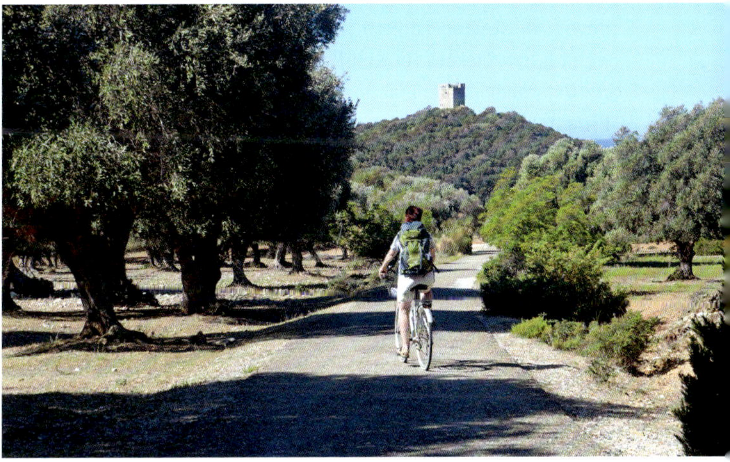

Tour 4: Grüne Berge und Sumpfland

Mit dem Fahrrad durch die Monti dell'Uccellina

Das Fahrrad ist das beste Transportmittel den weitläufigen Naturpark zu erkunden und auch ins Zentrum des Parks und zu den beiden Wachtürmen zu kommen. Auf einer gut asphaltierten Berg- und Talbahn geht es in den Park hinein und zum wilden Sandstrand unterhalb des Torre Collelungo, der von der Route mit einem kurzen Fußmarsch erreichbar ist. Hinter der Marina di Alberese wechselt dann die Landschaft. Hier ist es sumpfig und topfeben und im Mündungsdelta des Ombrone können wir verschiedene, teilweise auch recht seltene, Wasservögel beobachten.

130 m

STRECKE 26 km

3 h

ab 8

TOUREN-STECKBRIEF

Anfahrt: Von der SS 1 nach Alberese abbiegen und bis zum großen Parkplatz bei **GPS N 42°40'12.2", E 11°06'13.0"** am Ortseingang fahren. Die Naturpark-info mit Ticketverkauf befindet sich gegenüber.

Anspruch und Charakter: Landschaftlich ausgesprochen abwechslungsreiche, sehr schöne Radtour, die durch die Höhenunterschiede schon ein bisschen Kondition erfordert. Der größte Teil der Wege ist asphaltiert, ein längerer Abschnitt zwischen den Stränden muss auf einem leicht sandigen Waldweg gefahren werden. Die gekürzte Variante ohne den ins Schwemmland an der Flussmündung führenden Weg A7 hat 22 Kilometer.

Naturpark: Der Zugang zum Naturpark kostet Eintritt. Das Ticket für diese Tour kostet €10 pro Person, Kinder 6–14 Jahre €5. Im Hochsommer sind die Fußwege nur mit Führung eines Rangers zugänglich. www.parco-maremma.it
Die kostenlose App »Parco Maremma« bietet Beschreibungen und Offline-Karten für alle markierten Wege im Park.

Fahrradverleih: In Alberese gibt es mehrere Verleihstationen, die auch Kinderfahrräder und Anhänger anbieten. Die Tagesmiete für ein Fahrrad liegt etwa bei €20.

Highlights: Alte Olivenbäume, der tolle wilde Strand, Aufstieg zu zwei Türmen.

Einkehr: Snack-Bar Marina di Alberese.

Bevor wir starten können, ist ein Besuch im Infozentrum notwendig, um Tickets für den Park zu kaufen. Ohne den Abstecher zur Ombronemündung ist unsere Runde die offizielle **Fahrradroute Pinastrellaia**. Diese Runde kann online gebucht werden und kostet dann nur €5 pro Person. Wer aber von der Runde abweichen will, um zu Fuß zu den Türmen zu gehen oder dem A7 zum Ombrone zu folgen, braucht das teurere Ticket für den ganzen Park. Ganz ohne Parkeintritt kommt **[› Tour 5]** aus.

Radtour: Die Strecke ist durchgängig als Radweg markiert. Sie beginnt am Fahrradverleih neben dem Informationszentrum und führt von dort zuerst an der Straße entlang. Nach knapp 200 Metern geht es dann zwischen Häusern links hinauf. Der Asphalt ist hier unten ordentlich löchrig, wird aber später besser. Die Straße steigt regelmäßig sanft an. Links liegt der Abzweig zum A5, dem **Itinerario Faunistico** ①. Unser Weg führt weiter geradeaus und zum **Tor** ②, neben dem es durch einen Durchlass in den Park geht. Ab hier ist dann ein Naturpark-Ticket erforderlich.

Es geht noch ein Stück weiter bergauf und hinter der ersten Kuppe sausen wir flott wieder bergab. Die Berg- und Talbahn mit mäßigem Gefälle wiederholt sich zwei bis drei Mal, dann kommen wir zu einem

Der Besuch im Parco Maremma

Das »Tarifsystem« des Naturparks ist ungewöhnlich, auf den ersten Blick nur schwer durchschaubar und auf den zweiten Blick etwas befremdlich. Es gibt keinen standardisierten Eintritt für den Park, gebucht wird eine einzelne Tour, von der man dann nicht abweichen darf. Man muss sich also schon beim Ticketkauf festlegen, welche Route man wandern oder radeln möchte – es sei denn man ersteht ein **Biglietto intero** für €10 pro Person, das dann auf allen Wegen gilt. Tickets gibt es vor Ort ausschließlich in der Naturpark-Info in Alberese. Nur in der Saison scheint mittags auch eine kleine Info am Strandparkplatz (neben der Snack-Bar) zu öffnen. Alternativ kann man alle Touren auch am Vortag online buchen. Hunde sind im Park nicht erlaubt.

Kostenlos darf mit dem Fahrrad der Radweg von Alberese zum Strand befahren werden und auch der Zugang zum Meer ist ohne Ticket erlaubt. Der Strand an der Marina di Alberese ist auch mit dem Auto erreichbar, die Zufahrt kostet im Sommer aber eine Gebühr von 2€ pro Stunde. Bei der Einfahrt wird das Kennzeichen registriert, bei der Ausfahrt muss am Automat bezahlt werden. Es gibt außerdem einen Shuttle-Bus. Für Wohnmobile ist die Zufahrt von April bis Oktober verboten. Am Infozentrum in Alberese gibt es dafür inzwischen einen gut ausgestatteten Wohnmobilstellplatz. *www.parco-maremma.it*

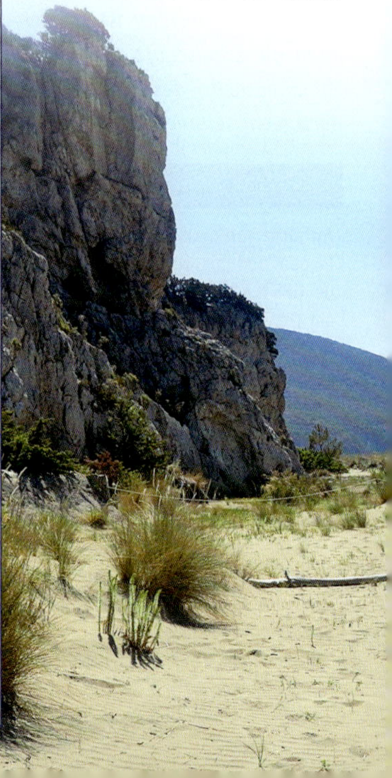

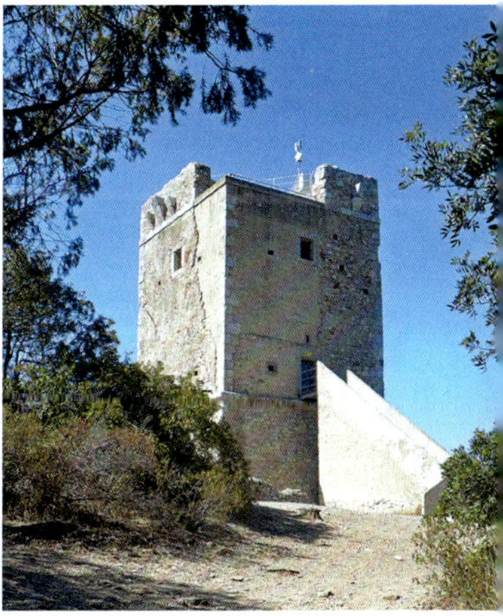

Sandplatz mit dem Namen **Pratini** ③, an dem der A1 in die Berge abzweigt. Hier befand sich bis 2016 der Wendepunkt des Wanderbusses, der seit 2017 nur noch die Stationen Pinottolai und Marina di Alberese an der westlich gelegenen größeren Straße anfährt.

Jetzt geht es nur noch knappe 100 Meter sanft aufwärts, dann ist der höchste Punkt erreicht und die letzte Steigung geschafft. Dann radeln wir auf guter Asphaltdecke bergab. In einer Linkskurve zweigt rechts ein erster **Zugang zum A2** ④ ab, dem Rundweg, der die beiden weithin sichtbaren Türme verbindet. Wir fahren hier noch vorbei.

Kurz darauf durchqueren wir ein weiteres Tor. Dahinter windet sich die Straße durch die malerische **Olivenplantage von Collelungo** ⑤. Dann taucht am Ende der Straße der erste Torre auf und macht die Idylle perfekt.

Kurzwanderung zu den Wachtürmen

Die beiden Türme sind vom Radweg mit einer kurzen Wandereinlage zu erreichen. Der richtige Platz für den Start ist leicht zu erkennen: Die Straße führt hier durch einen **Durchbruch in einer Feldsteinmauer** ⑥**.** Von hier aus sollt man zumindest den kurzen Abstecher (etwa 15 Minuten) nach links zum **Torre di Collelungo** nicht auslassen. Der steinige Pfad hat nur wenige Höhenmeter und der Blick vom Turm ist fantastisch. Etwas mehr Zeit und Energie benötigt der Aufstieg nach rechts zum spektakulär auf einem Felsen gelegenen **Torre di Castel Marino**. Der Weg hinauf ist im unteren Teil nicht markiert, gehört aber zum A2. Wir gehen vor der Mauer rechts unter den Bäumen bergauf, vorbei an einer Infotafel und mehreren Aussichtspunkten mit

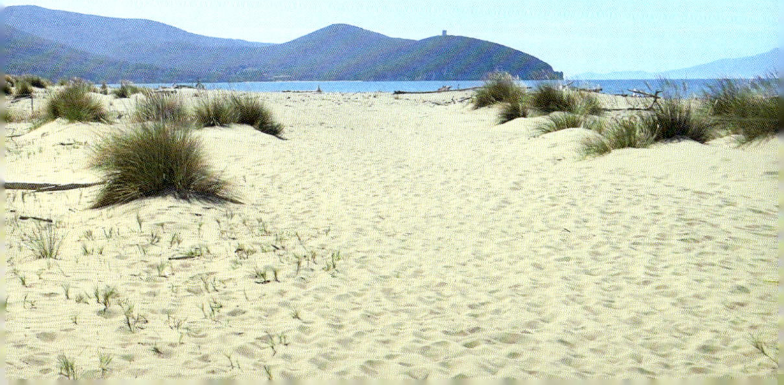

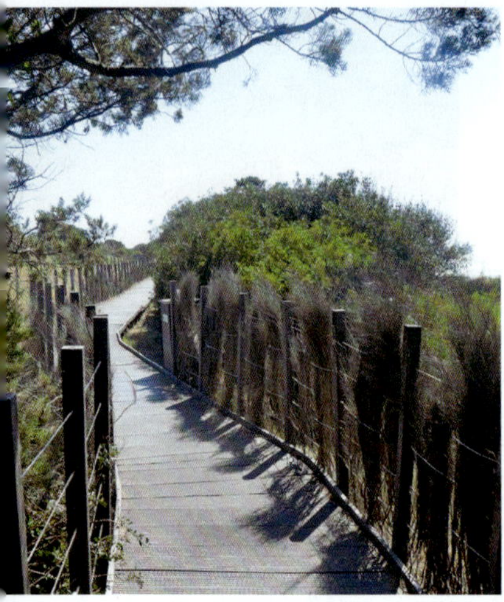

Holzzaun. Am Waldrand wird die undeutliche Spur zum Pfad und führt zuerst durch eine Holztor und dann zur **Kreuzung Bivio Serrata** mit vier Wegen. Wir biegen hier links auf den mit **A2** markierten Pfad ab und steigen bis zum Turm hinauf. Zurück geht es auf demselben Weg.

Wieder auf dem Fahrrad sausen wir das letzte Stück der Straße bergab, dann ist es mit dem glatten Asphalt erst einmal vorbei. Wir folgen dem links abknickenden Waldweg. Der Boden wird schnell sandiger, was verrät, dass wir uns dem Meer nähern. Rechts am Weg steht ein **toller Kletterbaum** und kurz darauf passieren wir ein **Holzgatter**, das Weidetiere vom Strand fernhält. Hinter dem Gatter treffen wir auf einen großen **Fahrradparkplatz** ⑦ und einen Sandweg zum Strand. Der Weg zum Meer lohnt hier allemal, da der Platz nur zu Fuß oder mit dem Rad erreichbar ist. Halten wir uns am Meer links, kommen wir zu einem besonders idyllischen Platz vor der durchlöcherten Felswand, auf der der Torre di Collelungo steht.

Der nächste Wegabschnitt zwischen dem Strandparkplatz und der Marina di Alberese wartet mit neuen Herausforderungen auf. Kleine und größere Sandlöcher machen das Radeln etwas mühsam. Dafür ist der Weg jetzt ganz eben und am Ende der gut drei Kilometer langen Strecke warten Eis, Kaffee und Burger an der Strandbar im knallgelben **Snackbar-Bus** ⑧. In einem zweiten Bus stehen noch Crèpes und Calzone zu Wahl. Der Strandzugang einige Meter weiter links ermöglicht eine zweite Badepause.

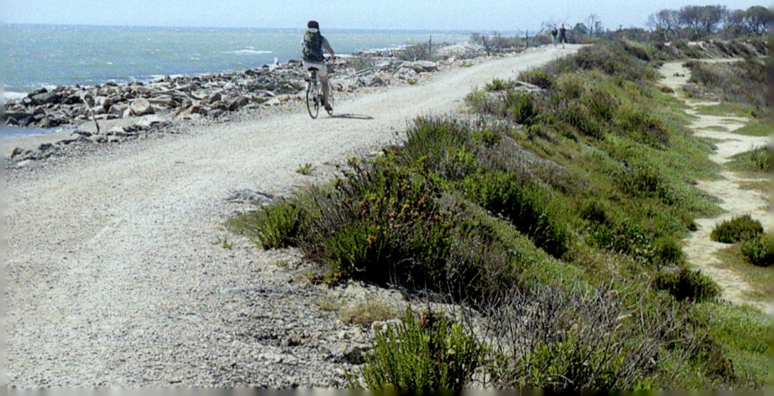

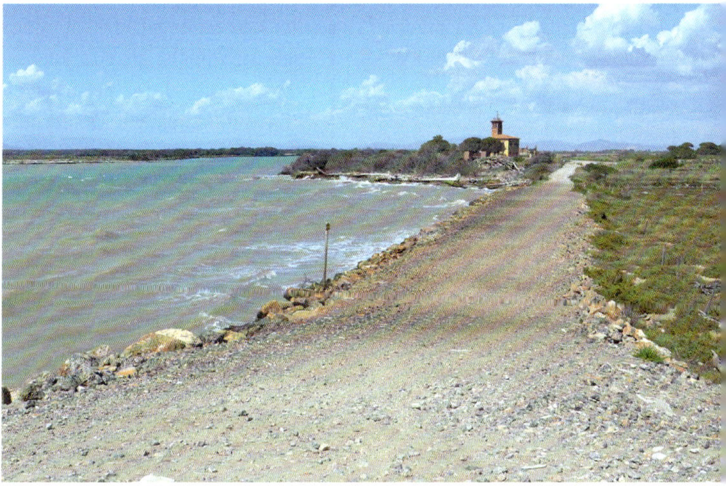

Hier ist es jedoch meist deutlich voller, weil der Platz auch über eine Mautstraße mit dem Auto erreichbar ist.

Auf dem A7 zur Mündung des Ombrone

Wer fit ist, kann hier noch den **Rundweg A7** anhängen. Die knapp fünf Kilometer lange Runde beginnt direkt gegenüber der Snack-Bar. Wir manövrieren die Räder dazu durch den Durchlass neben dem Tor. Der Weg führt im großen Bogen links, über eine Holzbrücke und steil hinauf auf den Damm, der das flache Sumpfland an der **Mündung des Ombrone** schützt. Mit weitem Blick über das Meer radeln wir bis zur Landspitze und dann rechts zu einem **Haus mit Turm**. Hier geht es links über die Brücke und auf einem Bretterpfad zum **Beobachtungshaus** ⑨. Die Luken in der Bretterwand geben den Blick über eine Wasserfläche mit viel Schwemmholz frei. Hier leben zum Beispiel Fischadler und etliche Entenarten. Ein Fernglas macht zur Beobachtung durchaus Sinn.

Auf einem mit Hecken geschützten Asphaltweg geht es dann zurück zur Straße, die wir überqueren. Am leicht rechts versetzten Zugang wechseln wir auf den Fahrradweg.

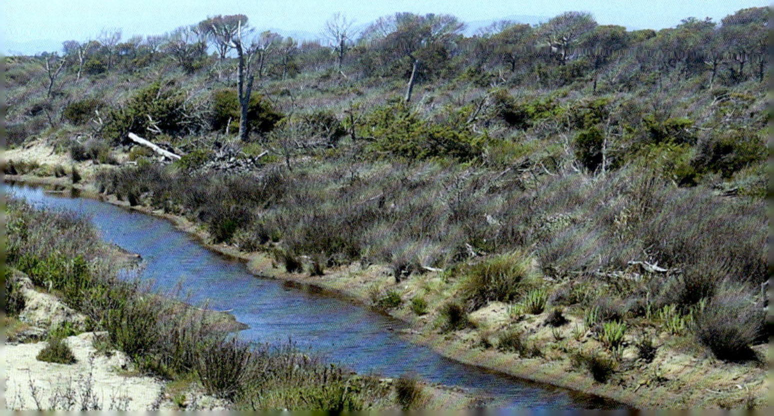

Der Parco della Maremma mit dem Kanu oder auf dem Pferderücken

Im Sommer können bei der Kooperative Silva zweistündige **Kanutouren** in offenen Kanadiern auf dem Ombrone gebucht werden, die sich auch für Paddelanfänger eignen. Wer bereit ist früh aufzustehen, kann sich auch zum Birdwatching im Kanu anmelden.

Die Tour kostet €20 pro Person, Kinder 4–12 Jahre €10. Anmeldung am Vortag bis 14 Uhr für einen Start um 9.30 oder 16 Uhr. Die Touren finden statt, wenn mindestens vier Personen angemeldet sind. www.silvacoop.com

Reiter haben mehrere Ausritte verschiedener Anbieter zwischen zwei und sechs Stunden zur Wahl. Die längeren Ritte sind nur für erfahrene Reiter zugelassen und führen zum Strand von Collelungo oder zum Kloster Sant Rabano. Auf die zweistündigen Ritte durch das Sumpfland und den Wald dürfen auch Anfänger mit. Für eine Tour müssen mindesten drei Personen angemeldet sein, maximal sind es acht Reiter. Anmeldung und Informationen im Visitor Center des Parks. *www.parco-maremma.it*

Der asphaltierte Radweg schlängelt sich leicht abseits der Zufahrtsstraße unter dekorativen Pinien hindurch. Die Landschaft wirkt fast wie eine Parkanlage. Links ist auf der anderen Straßenseite die **Casa Pinotollai** ⑩ zu sehen.

Später wird die Strecke dann schnurgerade und überquert die **Straße**. Ab hier radeln wir zwischen Rinderweiden, treffen dann

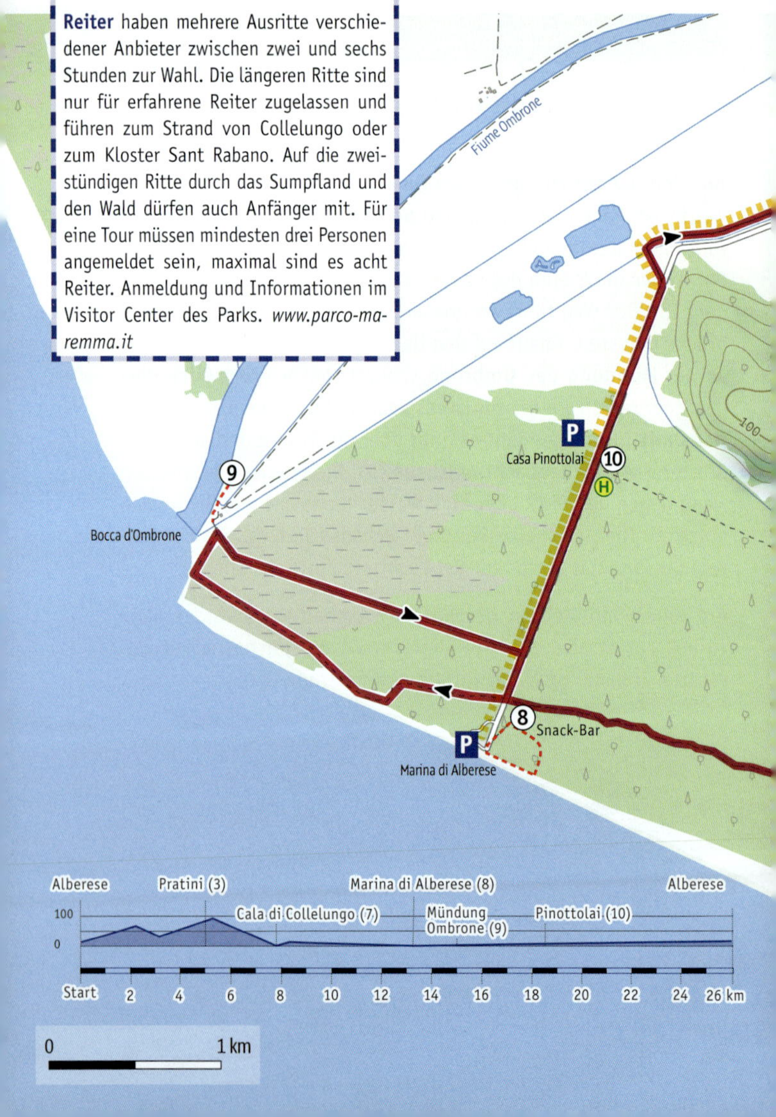

an der **Schranke** ⑪ wieder auf die Zufahrtsstraße, folgen ihr wenige Meter und biegen dann links wieder in den Radweg ein. Links liegen weitere **Weiden**, auf denen fast immer die silbergrauen Maremmarinder mit ihren ausladenden Hörnern grasen. Im Frühjahr sind auch jede Menge Kälbchen zu sehen. Sie sind zuerst einmal hellbraun. In der Nähe der großen **Farm** ⑫ grast meist auch eine Gruppe der dunkelbraunen Maremmapferde. So ist auch der Rückweg nach Alberese noch einmal mit Höhepunkten gespickt. Vorsicht, der Radweg überquert auf den letzten Kilometern mehrfach Querwege und die Straße. Wir folgen einfach immer der Markierung und passen gut auf, dass wir keine Straße übersehen. Ab und zu ist hier doch mit Autos zu rechnen.

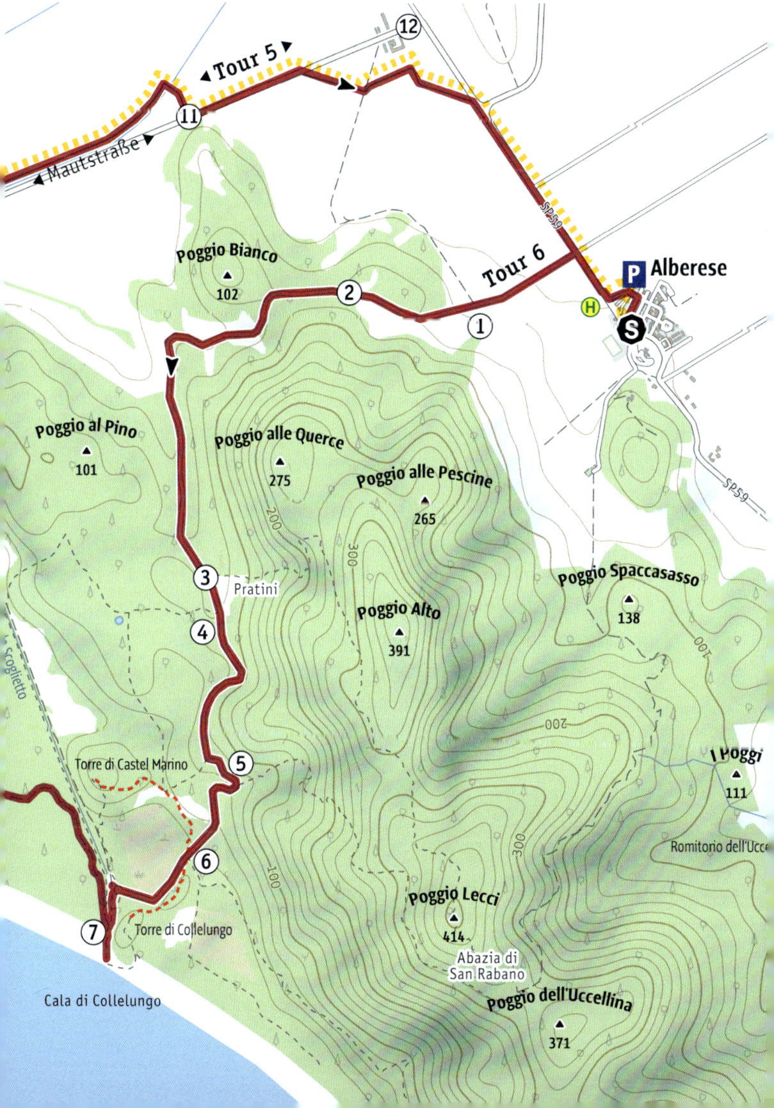

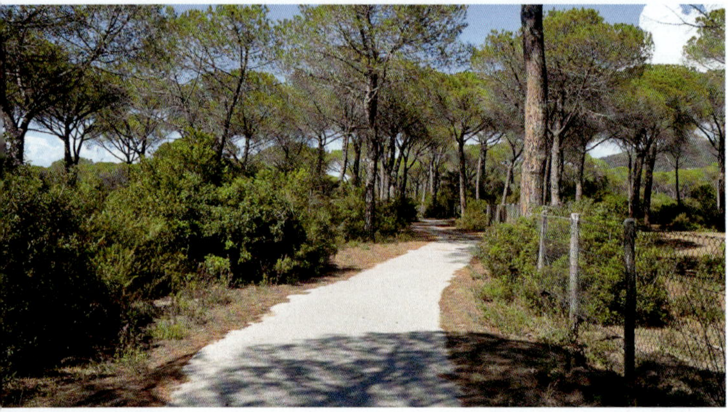

eben

STRECKE 20 km

2–3 h

ab 4

Tour 5: Maremmarinder und ein wilder Strand

Die kleine Fahrradtour im Parco regionale della Maremma

Diese kürzere Radrunde durch den Parco dell'Uccellina ist problemlos zu fahren und eignet sich auch für jüngere Kinder. Vorbei an Kuhweiden geht es zum schönen, aber wilden Sandstrand an der Marina di Alberese. Wer mag, verlängert die Strecke mit der ebenen, aber oft windigen Rundfahrt durch das Sumpfland oder mit einem Abstecher nach links zu den Türmen Castel Marino und Collelungo. Für die Fahrt zum wilden Sandstrand an der Marina di Alberese ist kein Eintrittsticket für den Park erforderlich.

Radtour: Wir folgen vom Informationszentrum dem zuerst parallel zur Straße verlaufenden **Fahrradweg**, der sich jedoch bald von dieser entfernt und durch Wiesen führt. Hier sehen wir gleich zum Beginn der Tour die imposanten silbergrauen Maremmarinder grasen. In der Nähe der **Farm** ⑫ stehen meist auch Pferde auf der Weide. Der Radweg überquert hier mehrmals unerwartet die Zufahrtsstraße zum Strand, jüngere Kinder sollten also nicht alleine vorausfahren.

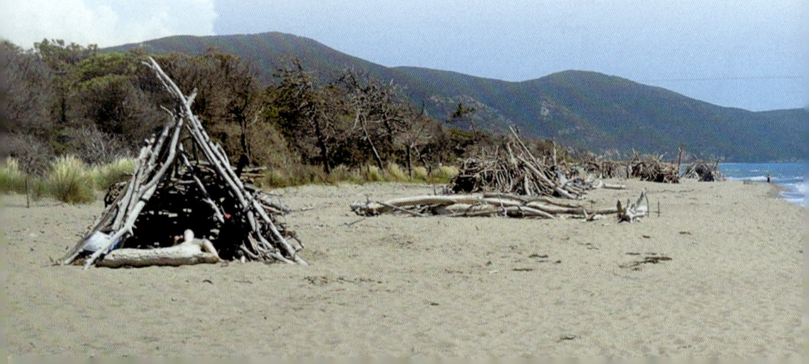

TOUREN-STECKBRIEF

Anfahrt: Von der SS 1 nach Alberese abbiegen und bis zum großen Parkplatz bei **GPS N 42°40′12.2″, E 11°06′13.0″** am Ortseingang fahren. Die Naturparkinfo mit Fahrradverleih befindet sich gegenüber.
Anspruch und Charakter: Einfache Tour auf einem markierten, gut asphaltierten Radweg. Landschaftlich abwechslungsreich geht es zuerst an den Rinderweiden entlang und dann durch den Küstenwald.
Highlights: Maremmarinder mit langen Hörnern am Wegrand, Strand von Marina di Alberese.
Naturpark: Der Weg bleibt am Rand des Naturparks. Ein Ticket ist daher nicht erforderlich.
Fahrradverleih: In Alberese gibt es mehrere Verleihstationen, die auch Kinderfahrräder und Anhänger anbieten. Die Tagesmiete liegt etwa bei €20.
Einkehr: Angenehme Snack-Bar an der Marina di Alberese.
In der Nähe: Kanutouren dem Ombrone.

An der **Schranke** ⑫, welche die Zufahrt zum Park für PKW reguliert, entfernt sich der Radweg noch einmal in die Felder, überquert wenig später erneut die Straße und schlängelt sich dann durch malerischen Pinienuferwald. Auf halbem Weg steht auf der anderen Straßenseite ein Haus, daneben befindet sich ein Parkplatz. Hier an der **Casa Pinotollai** ⑪ hält auch der Naturparkbus und es beginnt der **Wanderweg A2** (Ticket erforderlich), den wir bei **[› Tour 6]** beschreiben.

Kurz vor dem Strand liegt links an der Straße eine nette **Snack-Bar** ⑩, an der man kleine Gerichte, Kaffee und Eis bekommt. Gegenüber der Zufahrt zweigt der **A7** (Ticket erforderlich) ab, der zuerst zu einem Aussichtspunkt zur Vogelbeobachtung an der Mündung des Ombrone führt. Wir fahren hier geradeaus weiter, bis wir die Snack-Bar und ein kleines Infozentrum erreichen. Hier gibt es einen ersten Fahrradparkplatz.

Fahren wir weiter bis zum Meer, treffen wir dort im Uferwald auf weitere Fahrradständer und einen Picknickplatz. Der sanft ins Wasser abfallende wilde Strand mit seinen Bauwerken aus Treibholz ist auch für kleinere Kinder zum Baden geeignet.

Nach einer ausgedehnten Pause fahren wir auf dem gleichen Weg zurück nach Alberese.

Spaziergang an der Marina di Alberese
Der durchlöcherte Felsen unterhalb des Torre di Collelungo lässt sich von der Marina di Alberese mit einem ausgedehnten Strandspaziergang erreichen.
Ebenfalls sehr reizvoll ist der 500 Meter lange Pfad durch den Uferwald, der an den Wasserhähnen vor der Toilette bei der Snack-Bar beginnt. Ein Schild mit der Aufschrift »Spiaggia« weist den richtigen Weg. Zurück zum Parkplatz geht es dann am Strand. So kommt eine etwa einen Kilometer lange Runde zusammen, die auch schon die Kleinsten schaffen.

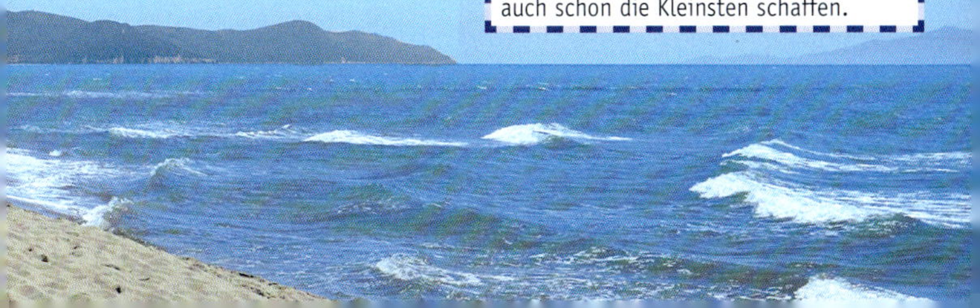

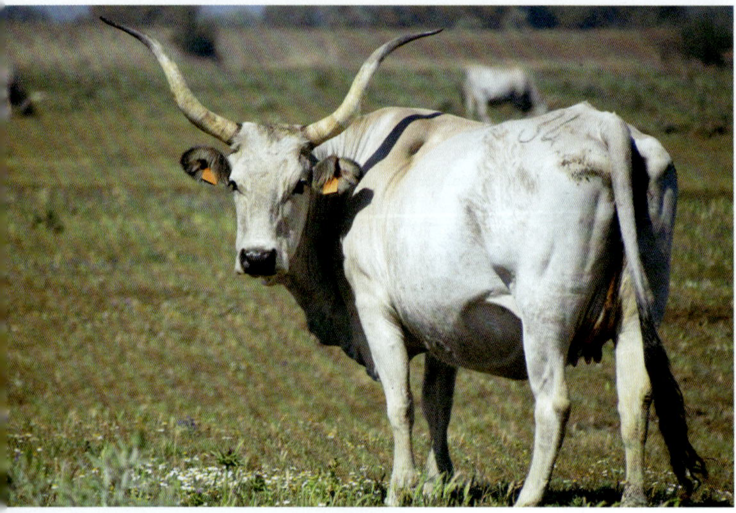

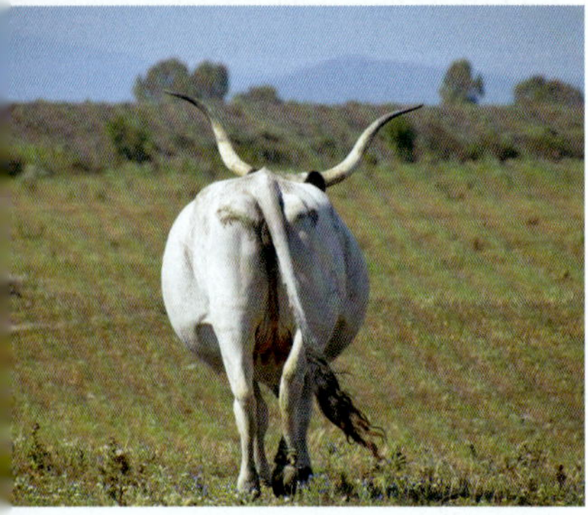

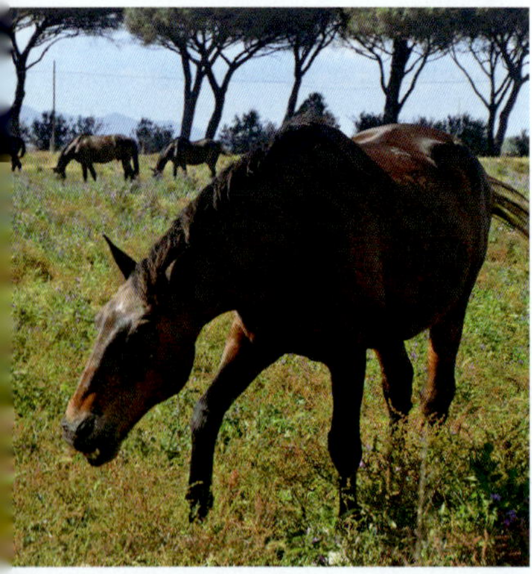

Pferde und Rinder in der Maremma

»Butteri« nennt man die Cowboys der Maremma. Ein breitkrempiger Hut, ein langer Mantel und ein Lasso am Sattel, so sind die Viehhirten der Maremma in den ebenen Wiesen um die Mündung des Ombrone unterwegs. Das Sumpfgebiet wurde erstmals von den Römern trockengelegt und die Rinderhaltung hat hier seit Jahrhunderten Tradition. Erst seit gut hundert Jahren ist die Sumpfregion malariafrei. Heute existiert hier in Alberese noch ein einziger großer Hof, auf dem die Rinderherden noch von Reitern betreut werden.

Sumpfland, Rinder und Pferde – die Maremma ist die toskanische Version der Camarque. Das Gebiet ist jedoch kleiner. Die grauweißen Rinder und die braunen Pferde gehören hier untrennbar zusammen und beide werden seit Jahrzehnten in der Maremma gezüchtet.

Das typische Rind der Maremma ist außergewöhnlich groß, weiß oder hellgrau, hat lange geschwungene Hörner und ist in den kargen Grassteppen der südlichen Toskana zu Hause. Eine besonders ursprüngliche Linie der Rasse ist das Maremmana primitivo mit dunklerem Fell und dickeren, geraderen Hörnern. Es weist einige besondere Merkmale des Urrindes auf, wie ein weiß umrandetes Maul und einen Aalstrich (eine dunkle Linie auf dem Rücken). Maremmanas werden daher im Rückzuchtprogramm des Auerochsen verwendet.

Die typischen Pferde der Maremma sind kompakt und mittelgroß und haben dunkelbraunes bis schwarzes Fell. Sie sollen schon zur Zeit der Etrusker hier zu Hause gewesen sein und wurden kaum mit anderen Rassen gekreuzt. Sie wachsen in der Maremma ausschließlich draußen und in großen Herden auf. Entsprechend robust und widerstandsfähig sind sie. Ursprünglich gezüchtet für die Rinderarbeit ist der Maremmano kurz und wendig und hat einen gelassenen Charakter. Der Bestand liegt heute nur noch bei etwa 4000 Tieren.

Der Biohof und Agriturismo **Azienda Alberese** wurde vor rund 100 Jahren von Mönchen gegründet und ist heute die letzte große Farm im Kerngebiet der Maremma. Der Hof kann besichtigt werden und es gibt dort Zimmer und Ferienwohnungen. Gäste können auch mit den Butteri zu den Rindern reiten.

Apartment für 4 Personen ab €620–1015, Hofbesichtigung €13, Kinder 9–12 Jahre €10. Ausritt zu den Rindern von 7–11.30 Uhr €60. Anmeldung an der Rezeption des Agriturismo loc. Spergolaia, unter Tel. 0039 0564 407100 und 0039 329 2603794 und per mail unter agriturismo@alberese.com. www.alberese.com

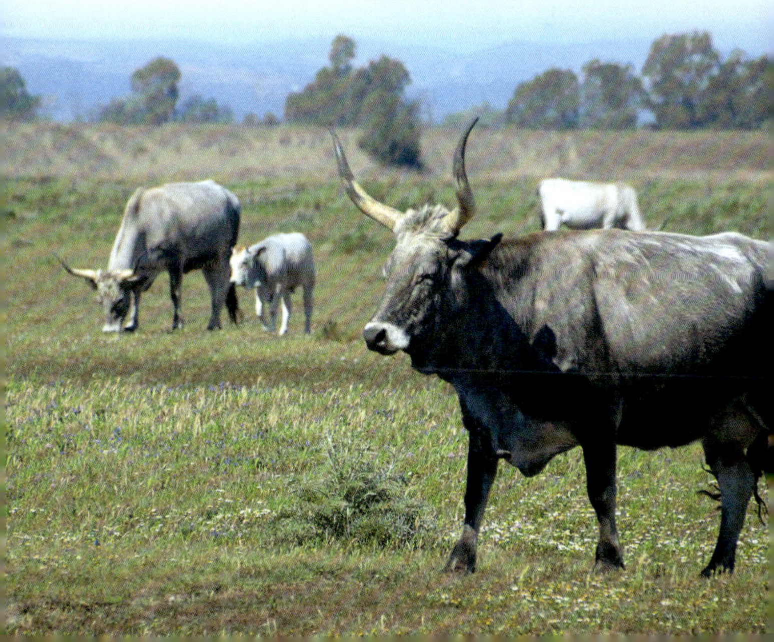

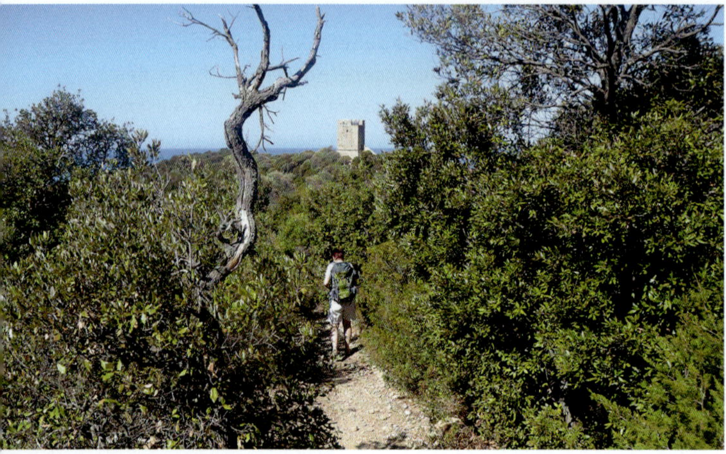

80 m

STRECKE 11 km

4 h

ab 8

Tour 6: Von Turm zu Turm

Auf dem A2 durch den Parco Regionale della Maremma

Die beiden alten Wachtürme Torre di Collelungo und Torre di Castel Marino thronen auf schroffen Felsen nahe am Meer. Davor erstreckt sich ein langer, meist einsamer Sandstreifen mit viel Schwemmholz, die Türme bieten im Hintergrund eine besonders schöne Kulisse. Beide Türme sind über schmale, besonders schöne Wege erreichbar. Von oben haben wir dann den perfekten Blick über die Küste.

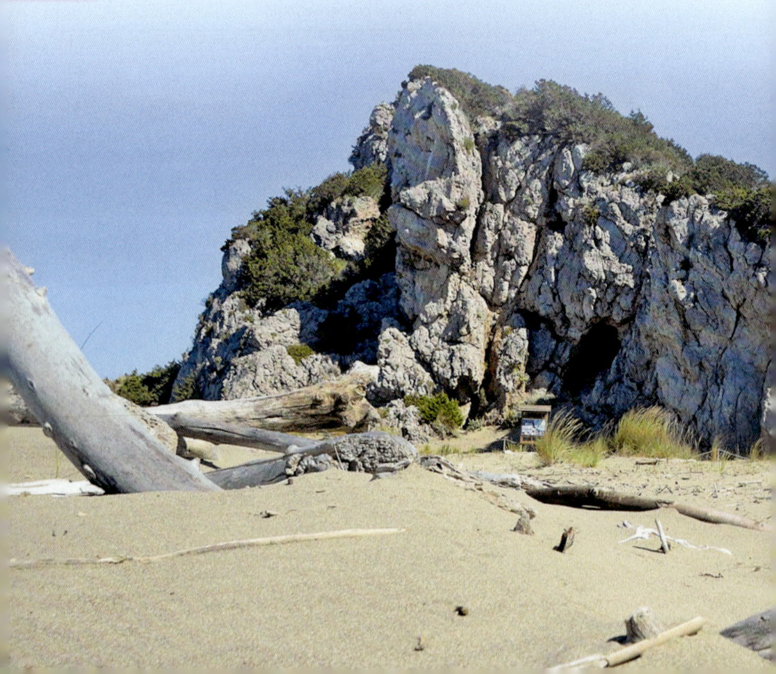

TOUREN-STECKBRIEF

Anfahrt: Von der SS 1 nach Alberese abbiegen und bis zum großen Parkplatz bei **GPS N 42°40'12.2", E 11°06'13.0"** am Ortseingang fahren. Die Naturparkinfo mit Ticketverkauf befindet sich gegenüber. Hier fährt der Bus in den Park. Alternativ ist die individuelle Anreise mit dem PKW auf der Mautstraße (€ 2 pro h) nach Pinotollai möglich. Dazu auf dem Weg nach Alberese rechts durch die Schranke in Richtung Strand fahren. Der Parkplatz liegt auf halber Strecke rechts.

Anspruch und Charakter: Abwechslungsreiche Wanderung auf schmalen und meist schattigen Waldpfaden, im Bereich des Strandes geht es durch tiefen Sand. Der Weg ist gut markiert.

Highlights: Tolle Plätze an den beiden Türmen, wilder einsamer Sandstrand unterhalb des Torre di Collelungo und an der Marina di Alberese.

Naturpark: Für den Zugang zum Parco bezahlt man Eintritt, die Tickets bekommen wir an der Info in Alberese oder wir buchen sie am Vortag online. Diese Tour entspricht dem Weg »A2 Le Torri«, für den € 10 pro Person (Kinder 6 – 14 Jahre € 5) berechnet werden.

Im Hochsommer ist der Weg aus Brandschutzgründen nur mit Führung eines Rangers zugänglich.

www.parco-maremma.it

Einkehr: Angenehme Snack-Bar kurz vor dem Strand Marina di Alberese.

Wanderung: Vom Parkplatz oder vom Bushalt Pinotollai folgen wir auf der gegenüberliegenden Straßenseite dem Zugang zu den Wanderwegen. Die ersten 1500 Meter führt der Weg uns gerade durch den Wald, bis wir zur ersten Wegkreuzung an der **Ponte Tartarughe** (1) kommen. Alle Wege außer dem A1 biegen hier rechts ab, wir auch. Auf einem schönen Pfad geht es an einem **Kanal** entlang. Hier quaken ab und zu die Frösche, und wir sind einer Schildkröte begegnet. Nach dem halben Weg sehen wir links oben zum ersten Mal den **Torre di Castel Marino** auf seinem Felssporn thronen. Dieser ist so schroff, dass man sich kaum vorstellen kann, wie man dort hinaufkommen soll. Geht aber – halt von der anderen Seite. Aber zuerst erreichen wir mal den **Fahrradparkplatz** (2) hinter dem Sandstrand von Collelungo. Wer eine Pause braucht, biegt links ab zum Strand. Der Weg zu den Türmen zweigt am Parkplatz links ab. Wir wandern auf einem Sandweg weiter, durchqueren ein Gatter, hinter dem

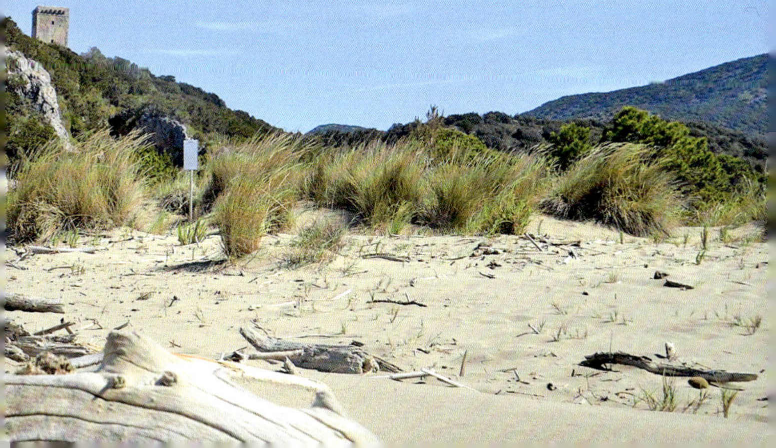

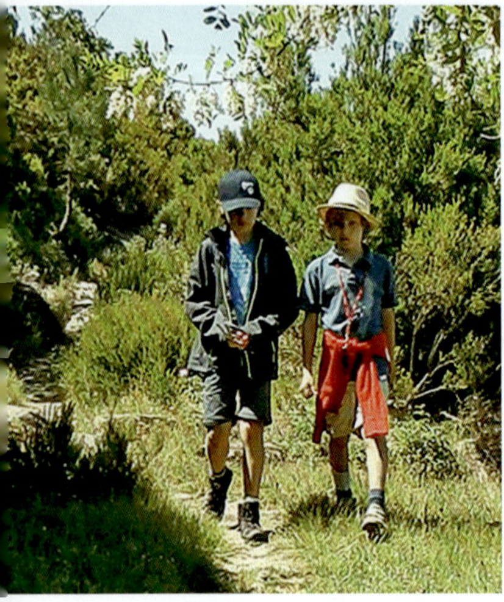

links ein toller **Kletterbaum** über den Weg ragt. Am Ende des Weges geht es dann rechts und ab hier stetig bergauf. Der Boden unter unseren Füßen wechselt zu glattem Asphalt und die Straße führt uns zuerst zu einem **Durchbruch in einer Feldsteinmauer** ③. Dahinter beginnt ein malerischer Olivenhain.

Der Weg zum **Torre di Castel Marino** führt jetzt links an der Mauer entlang zu einer Infotafel und mehreren Aussichtspunkten mit Holzzaun. Unter den Bäumen geht es weiter bergauf. Am Waldrand wird die undeutliche Spur zum Pfad und führt zuerst durch eine Holztor und dann zur **Kreuzung Bivio Serrata** ④ mit vier Wegen. Wir biegen hier links auf den mit **A2** markierten Pfad ab und dann konstant auf steinigem Pfad bergauf bis zum **Turm**. Der Ausblick reicht über den halben Park und weit über das Meer, und man kann hier oben prima picknicken.

Dann geht es auf dem bekannten Weg zurück zur **Kreuzung Bivio Serrata** ④ und auf dem rechten mit A2 markierten Pfad zurück zur Straße. Das letzte Wegstück führt dabei wieder am Rand des Olivenhaines bergab. Der Weg erreicht die Straße an der **Feldsteinmauer** ③. Wir durchqueren die Lücke in der Mauer und biegen, der Markierung A2 folgend, gleich dahinter wieder links ab. Von hier aus wandern wir weitere 15 Minuten mit wenig Höhenunterschieden bis zum **Torre di Collelungo** ⑥, der einen

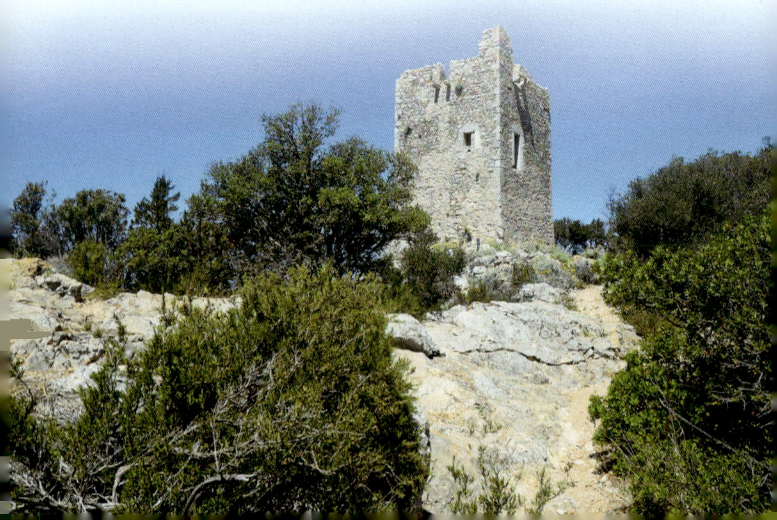

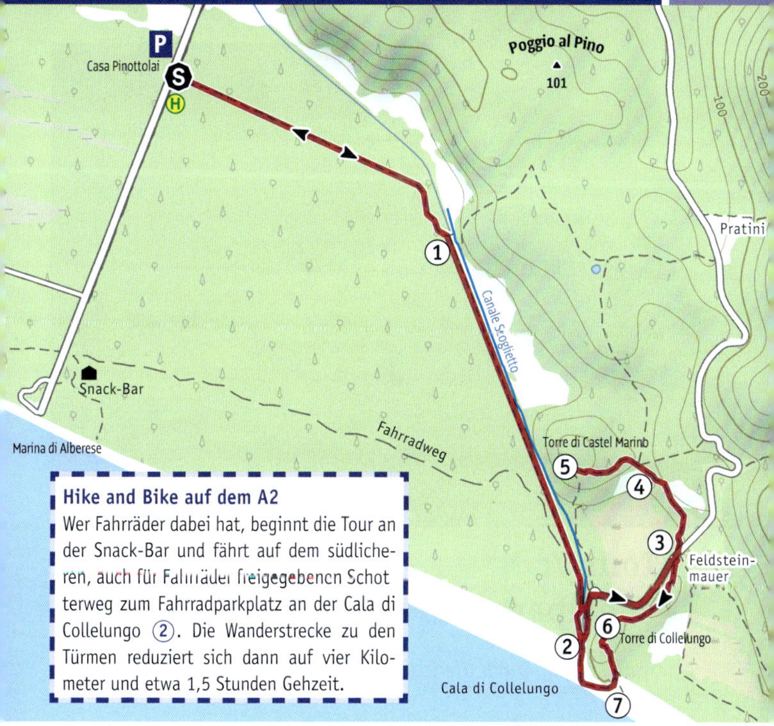

Hike and Bike auf dem A2

Wer Fahrräder dabei hat, beginnt die Tour an der Snack-Bar und fährt auf dem südlicheren, auch für Fahrräder freigegebenen Schotterweg zum Fahrradparkplatz an der Cala di Collelungo ②. Die Wanderstrecke zu den Türmen reduziert sich dann auf vier Kilometer und etwa 1,5 Stunden Gehzeit.

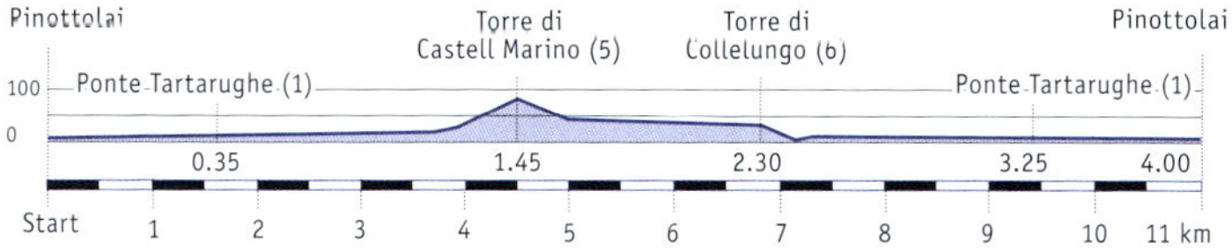

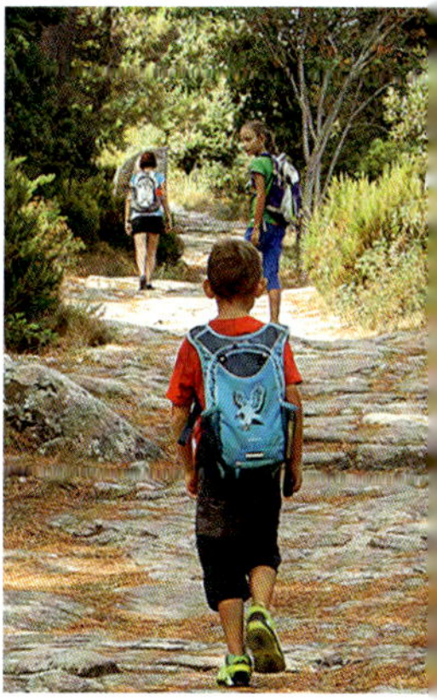

ebenso tollen Blick auf die Küste und den südlichen Teil des Parkes bietet.

Hinter dem Turm führt der rot-weiß markierte A2 in Kehren den Hang hinab. Der Weg wird sandiger und dann stehen wir am Meer. Der wunderbar wilde **Strand** ⑦ ist hier mit Treibholz übersät, das zum Spielen und Bauen einlädt. Es geht seicht und einladend ins Wasser. Im Hintergrund sorgt der Torre auf einer durchlöcherten Felswand für eine besonders malerische Kulisse.

Nach einer Spiel- und Badepause stapfen wir durch den tiefen Sand der Dünen zum **Fahrradparkplatz** ② und treten auf dem bereits bekannten Weg am Kanal den Rückweg zum Bushalt an. Alternativ könnten wir auch am Strand entlang bis zur Marina di Alberese laufen und dort wieder in den Bus steigen.

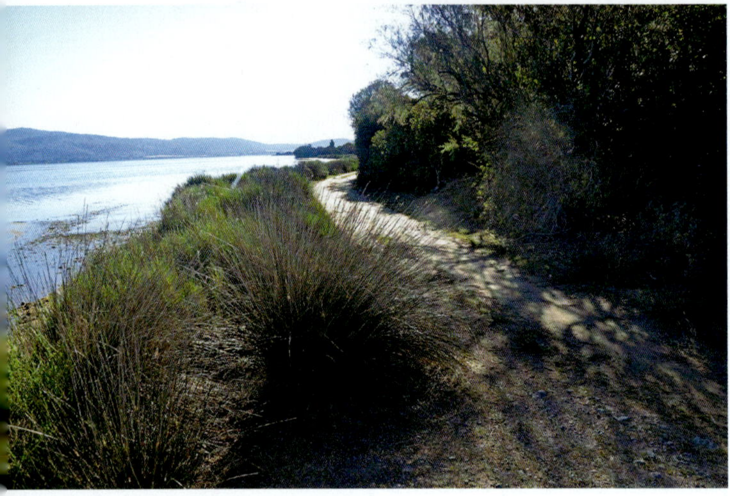

eben

STRECKE 6,5 km

2 h

ab 4

Tour 7: Vogelparadies und wilder Strand

Spaziergang durch die Riserva della Feniglia

Die Landzunge von La Feniglia ist die südlichste von drei Nehrungen, die die Insel Monte Argentario mit dem Festland verbinden. Sie ist die einzige der Landverbindungen, über die keine Straße führt. Die flachen Wasserflächen zwischen den Landarmen sind ein Paradies für Wasservögel. Auf der südlichen Seite, zum offenen Meer gelegen, säumt ein langer Sandstreifen die Küste. So können wir auf dem Weg über La Feniglia zwei ganz unterschiedliche Küstenlandschaften erleben.

Wanderung: Vom Parkplatz geht es durch einen Durchlass neben einem Metalltor auf den **Sentiero ornitologico**. Gleich zum Wegbeginn zweigt links ein **Bretterpfad** ab, der zu der ersten **Beobachtungshütte** (1) führt. Wir haben hier im flachen Wasser zwei Stelzenläufer und Ibisse entdeckt. Infotafeln helfen bei

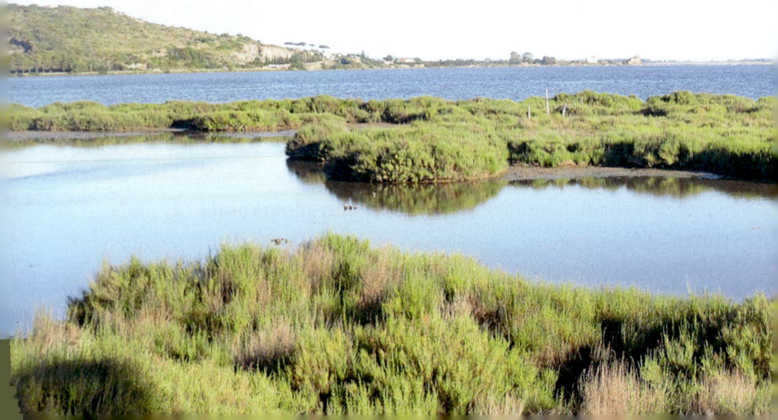

TOUREN-STECKBRIEF

Anfahrt: Über einen der beiden nördlichen Dämme auf die Insel Monte Agentario fahren und auf Höhe des dritten Dammes links in Richtung Campingplatz Feniglia abbiegen. Der beste Ausgangspunkt für die Rundwanderung ist der kostenpflichtige Parking Pineta, der bei **N 42°24‘58.0“, E 11°12‘44.3“** kurz vor dem Campingplatz auf der linken Straßenseite liegt.

Anspruch und Charakter: Ebene, gut ausgebaute Wege an der Nordseite der Nehrung, Rückweg weglos und bei passendem Wetter barfuß am Strand.

Highlights: Ausguck zur Vogelbeobachtung mit Bretterpfad, Rückweg am Strand. Fernglas und Badesachen nicht vergessen.

Einkehr: Keine.

In der Nähe: Aquarium Santo Stefano.

der Bestimmung der Wasservögel – wenn denn welche zu sehen sind. Ein Fernglas tut auf jeden Fall gute Dienste. Unser Pfad gehört zu einem Naturlehrpfad, dessen Stationen sich in Holzkästen zum Aufklappen verstecken. Er führt in einem Bogen zum **Hauptweg** zurück. Wir biegen hier links ab und folgen dem Weg, der zuerst einmal breit und eben unter Pinien verläuft. Immer parallel zur Küste und beinahe schnurgerade geht es mit einigem Abstand zum Wasser weiter. Der Weg wird mit der Zeit schmaler und ist von Wurzeln durchzogen, trotzdem ist das der am wenigsten abwechslungsreiche Teil der Strecke. Nach einem guten Kilometer erreichen wir dann eine **Kehre nach links**, die uns zum zweiten **Beobachtungshäuschen** ② bringt. Wer jetzt genug hat, kann hier nach rechts abkürzen und immer geradeaus zur Meerseite der Nehrung hinüberlaufen. Auf der Lagunenseite verläuft der Weg jetzt näher am Wasser und wir können direkt nach Orbetello auf den Nachbardamm hinüberschauen.

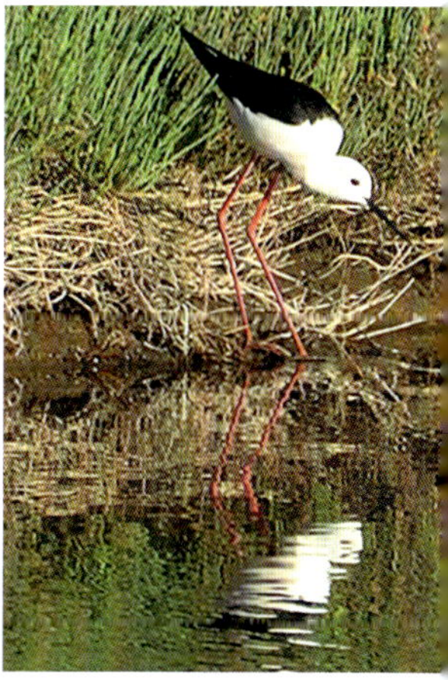

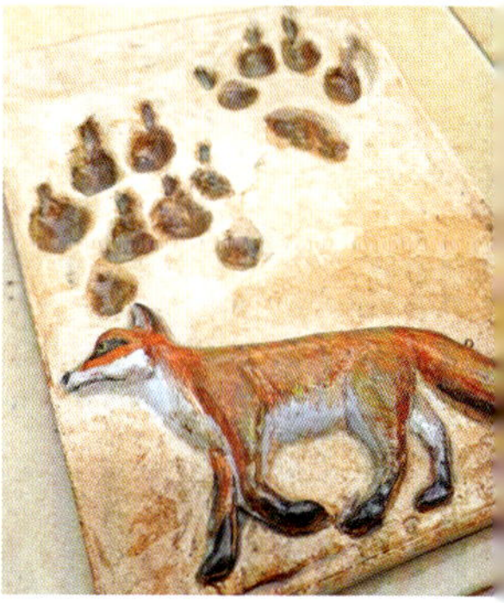

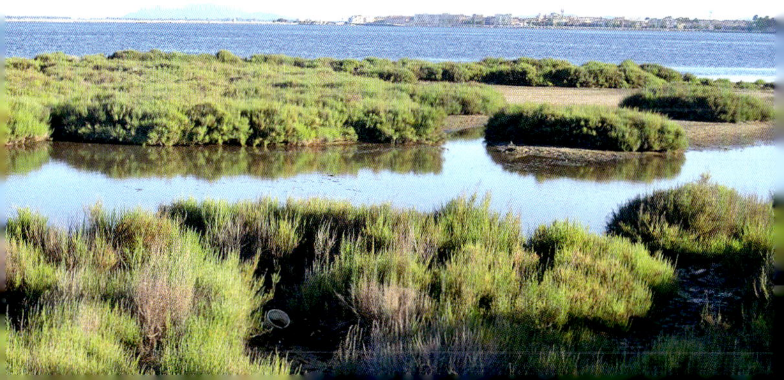

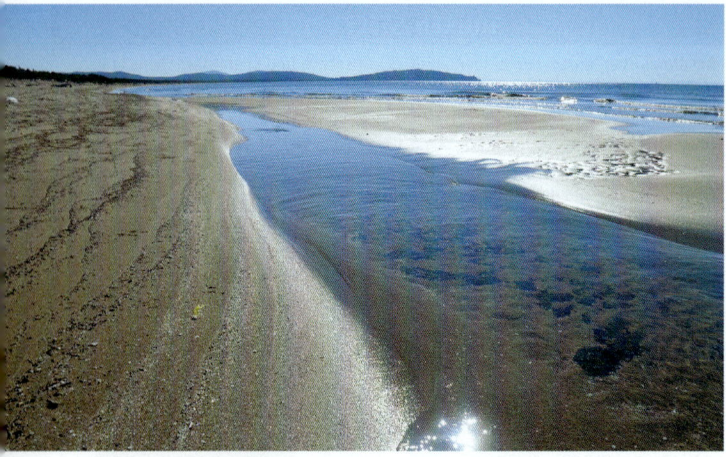

Nach wenigen hundert Metern markieren **niedrige Pfosten** einen weiteren **Pfad zum Ufer** ③. Er endet unter einem Baum an einer schmalen Kiesbucht und erlaubt ebenfalls den Blick über die Bucht. Immer nahe am Wasser geht es dann weiter. Es führen mehrfach Stichwege nach links und oft können wir die Lagune auch vom Weg überblicken. Wir gehen weiter bis zur nächsten **großen Kreuzung** ④. Der Uferweg führt ab hier kurze Zeit direkt an der Lagune entlang. Wir biegen hier rechts ab, um die Uferseite der Nehrung zu wechseln.

Schon am Beginn des Weges sehen wir weit vorne dessen Ende. Auf dem Pfad zum Meer kreuzt zuerst ein angenehmer Waldweg und dann ein breiter, staubiger, geschotterter **Fahrweg**.

Naturlehrpfad an der Lagune

Der Naturlehrpfad, auf dem die ersten Meter dieser Tour verlaufen, dreht nach dem Abstecher an die Lagune eine Runde durch den alten Pinienwald und eignet sich gut für einen kurzen Spaziergang mit den kleinsten Wanderern.

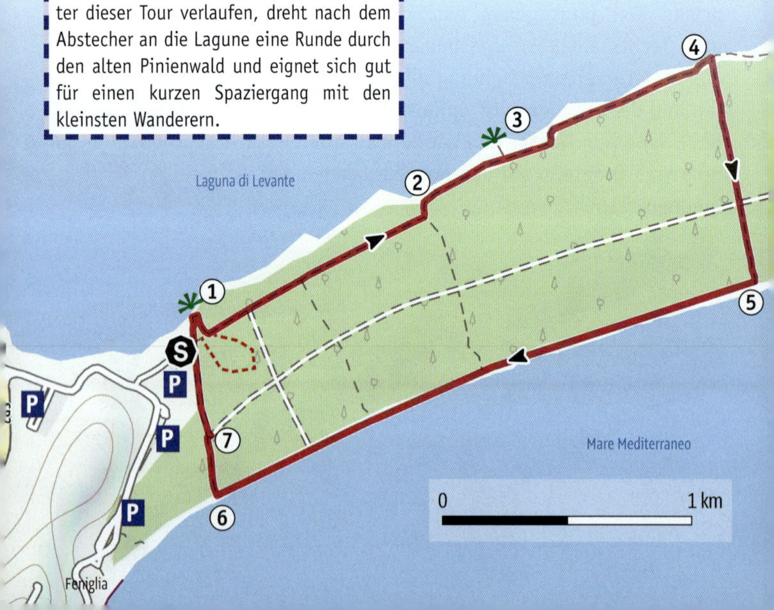

Wir wandern immer geradeaus weiter, bis wir tiefen Sand unter den Füßen haben und kurz darauf am **Strandzugang Drei** ⑤ an einem langen **Sandstreifen** stehen. Treibholz ist zu Unterständen geschichtet und Bambus und dünne Hölzer liegen im Sand – dazu leider auch einige Teile aus Plastik. Das Wasser ist dagegen glasklar und der sanfte Einstieg macht den Strand zum perfekten Kinderplanschbecken. Bei unserem Besuch war das Wasser hier sauberer als nahe am Ort.

Dann spazieren wir im festen Sand des Spülsaumes zurück bis zum Beginn der Nehrung. Kurz vor den Schirmen und Liegen der Strandbar verlassen wir das Meer. Rechts ist ein weißes Schild zu sehen, auf dem der **Strandzugang mit der Nummer sechs** ⑥ bezeichnet wird. Es geht durch einen Durchlass im Zaun, hinter dem sich ein Weg durch den Uferwald schlängelt. Wir kommen zu einem **Picknickplatz** im Wald und laufen geradeaus an der **ornithologischen Station** ⑦ vorbei. Dahinter führt der Weg wieder schnurgerade durch den Wald, bis links unser Parkplatz auftaucht.

Die Riserva de la Feniglia mit dem Fahrrad

Die meisten Wege auf der Landzunge von Feniglia sind auch gut mit dem Fahrrad zu befahren. Auch diese Runde ist bis zum Wendepunkt fahrradtauglich, zurück geht es dann auf dem parallel verlaufenden Waldweg oder auf dem geschotterten Fahrweg. Fährt man den Uferweg an der Lagune weiter, kommt man zum Festland und zum Ort Ansedonia. Direkt am Ende des Weges befindet sich das Restaurant Il Botteghino, in dem man neben einem kompletten mehrgängigen italienischen Essen auch Pizza, Panini und Gelato bekommt. Zurück geht es dann auf dem Hauptweg in der Mitte der Nehrung. Abstecher nach links zum Strand sind an sechs verschieden Zugängen möglich. Die komplette Runde hat 15 Kilometer, es sind durch das dichte Wegenetz aber auch kürzere Varianten möglich.

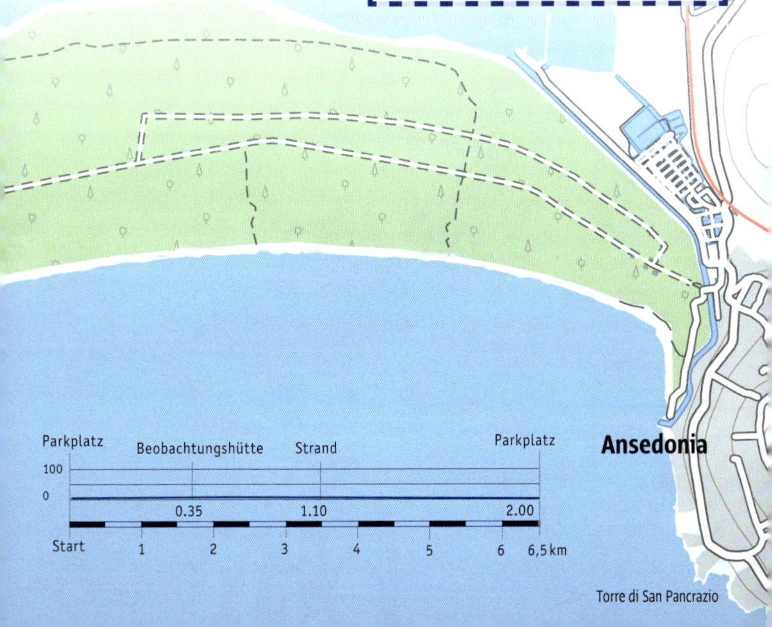

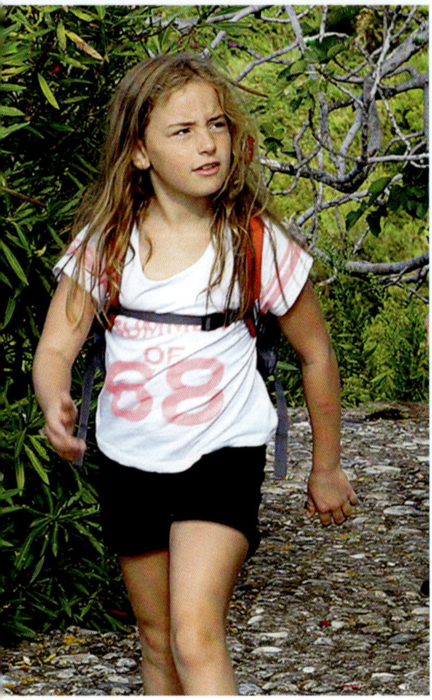

Tour 8: Treppe zum Meer

Abstieg zur Cala Acqua Dolce

Paradiesbuchten mit türkis schillerndem Wasser sind in diesem Küstenabschnitt nicht allzu häufig. Die Cala Acqua Dolce hat zwar nur einen groben Kiesstrand zu bieten, aber das Wasser in der Bucht ist einmalig. Genauso schön ist der Weg hinunter. Beim Abstieg auf dem schmalen Treppenpfad reicht der Blick weit über die Küste und das Meer.

65 m

STRECKE 1,5 km

35 min

ab 6

Wanderung: Vom Parkplatz steigen wir wenige Schritte auf der Zufahrtsstraße hinauf, dann zweigt rechts ein **Treppenpfad mit Holzgeländer** ab. Wir überqueren noch einmal die Straße und wechseln auf der anderen Seite wieder auf die Treppe, die jetzt mit tollen Ausblicken über die Küste den Hang hinabführt. Sie endet auf einer **Straße** ①, die wir links weitergehen.

Links von uns befindet sich jetzt ein massiver **Drahtzaun**, der vor Steinschlag aus der steilen Felswand schützt. Der Weg fällt sanft ab und endet in der **Bucht mit Kiesstrand** ② und besonders klarem, bei Sonnenschein strahlend türkisblau schimmern-

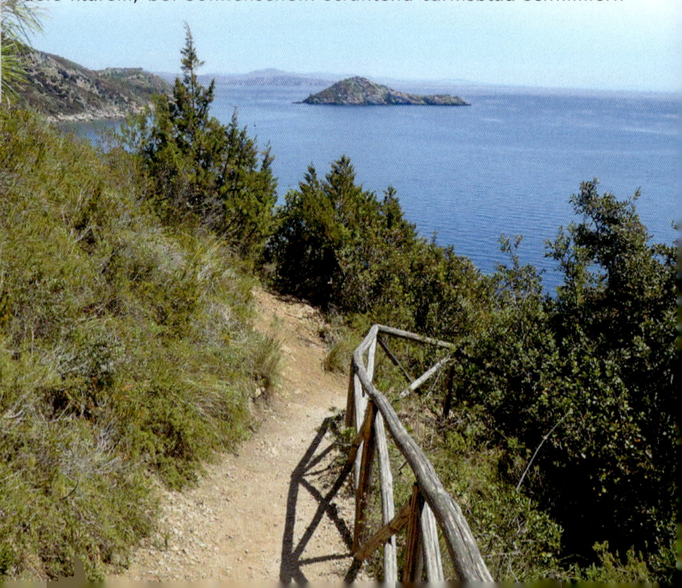

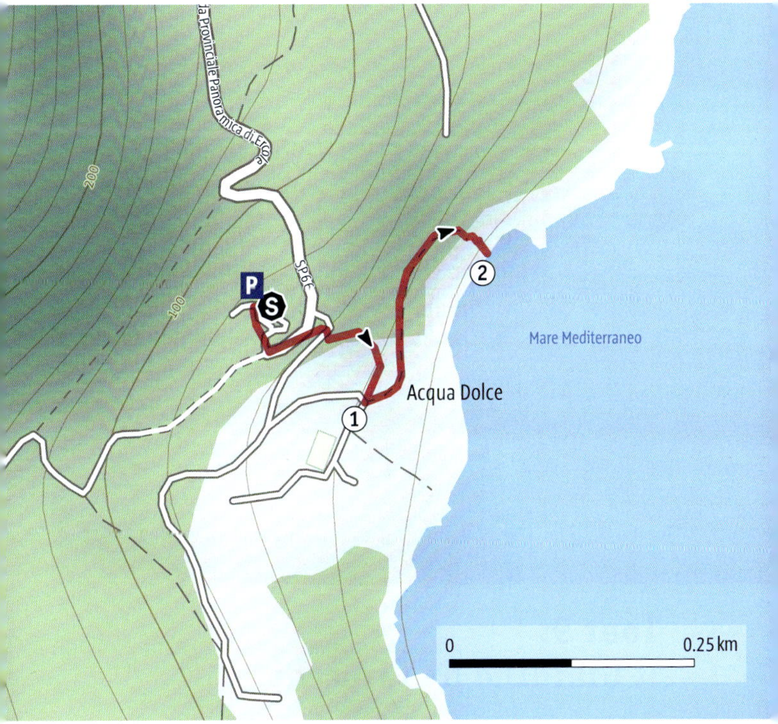

dem Wasser. Der Einstieg ist grobsteinig und das Wasser wird schnell tief. Der Strand eignet sich daher nur für sicher schwimmende Kids. Für den Weg ins Wasser sind außerdem Badeschuhe zu empfehlen.

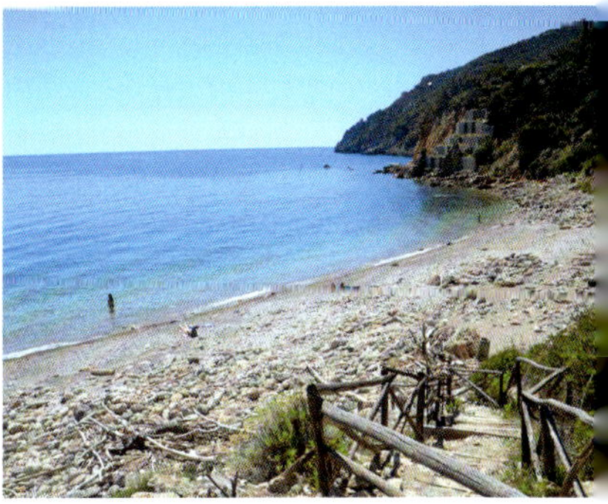

Zurück zum Auto geht es dann auf dem gleichen Weg.

TOUREN-STECKBRIEF

Anfahrt: Über einen der beiden nördlichen Dämme auf die Insel Monte Argentario fahren und der Straße auf der Insel links bis Porto Hercole folgen. Hinter dem Ort geht es schmal und kurvig an der Küste entlang, bis kurz vor dem Ende der befahrbaren Strecke, dort wo sich links die Zufahrt zum Hotel Pellicano befindet, rechts die Zufahrt zum Parkplatz bei **GPS N 42°22'29.8", E 11°11'10.7"** abzweigt. Vorsicht, fahrt vorausschauend! Die Straße ist hier sehr steil und Wendemanöver sind wenig erfreulich.

Anspruch und Charakter: Kurzer Abstieg auf steilem Pfad mit vielen Treppen und Holzgeländer. Die Bucht ist jedoch weniger geeignet für kleinere Kinder, die noch nicht gut schwimmen.

Highlights: Glasklares Wasser, weiter Ausblick über die Küste.

Einkehr: Keine.

In der Nähe: Aquarium Santo Stefano.

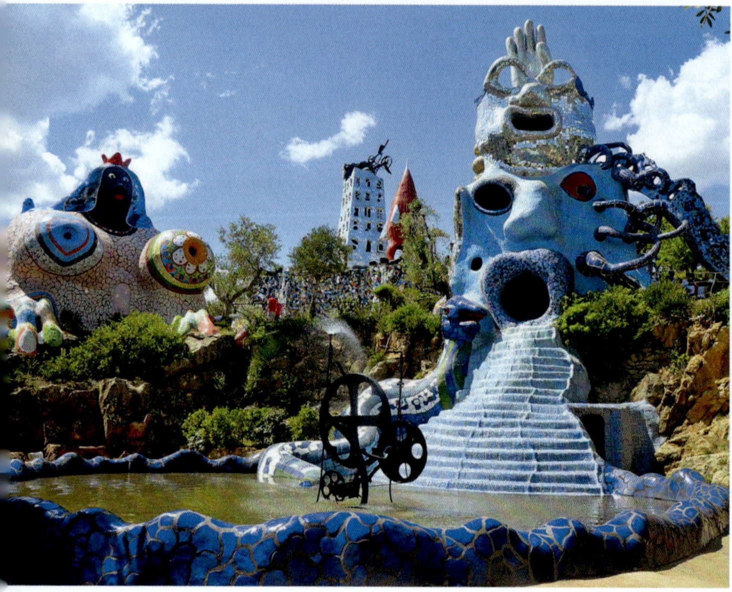

etwa 2 h

ab 4

Tour 9: Il Giardino di Tarocchi

Der magische Garten der Künstlerin Niki de Saint Phalle

Eine Treppe führt auf die Terrasse hinter dem Kopf des Magiers, auf der mit Spiegeln verkleideten Mauer rund um den Turm können wir herumlaufen und in der Herrscherin, die wie eine Sphinx im Zentrum des Gartens liegt, hat die Künstlerin einige Jahre gelebt. Die Wege des Parkes schlingen sich kurvenreich zwischen den gigantischen, farbenfrohen Skulpturen hindurch, es geht über Treppchen und durch Tore, an fließendem und sprudelndem Wasser entlang und durch eine faszinierende Zauberwelt, in der wir immer wieder neue Details entdecken. Niki de Saint Phalle schuf hier in 15 Jahren Arbeit ihren Garten der Lebensfreude, der die Fantasie anregt wie kein anderer Skulpturenpark, und mit seiner spielerischen Leichtigkeit auch Kinder für Kunst interessiert.

Die bekanntesten Objekte der französischen Künstlerin sind die rundlichen bunten Frauenfiguren, Nanas genannt. Der Garten in der Toskana ist ganz ähnlich im Stil. Alle Objekte sind mosaikartig mit Kacheln und Spiegeln verkleidet und schillern in allen Farben. Die Grundidee, einen Skulpturengarten zu gestalten, kam Niki de Saint Phalle bei einem Besuch des Parc Güell in Barcelona. Der spielerische, die Fantasie beflügelnde Stil Gaudis faszinierte sie. 1997 überließen ihr Freunde das passende Grundstück, und sie konnte beginnen, ihren Traum in die Tat

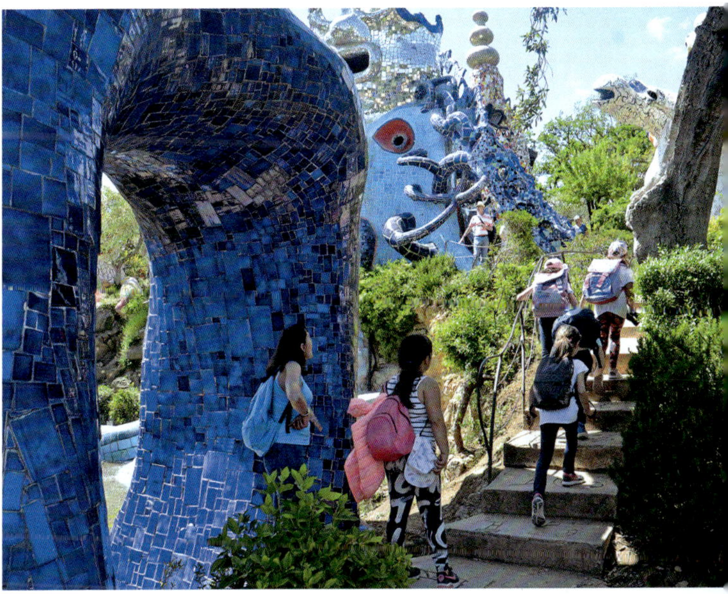

umzusetzen. Gemeinsam mit ihrem Lebensgefährten Jean Tinguely, einem Schweizer Künstler, dessen bewegliche Metallskulpturen ebenfalls im Park zu finden sind, und einem Handwerkerteam wurden nach den Entwürfen der Künstlerin zuerst Metallgerüste errichtet. Diese wurden später mit Putz verkleidet und in endloser Kleinarbeit mit farbigen Kachelstücken versehen. Die Technik

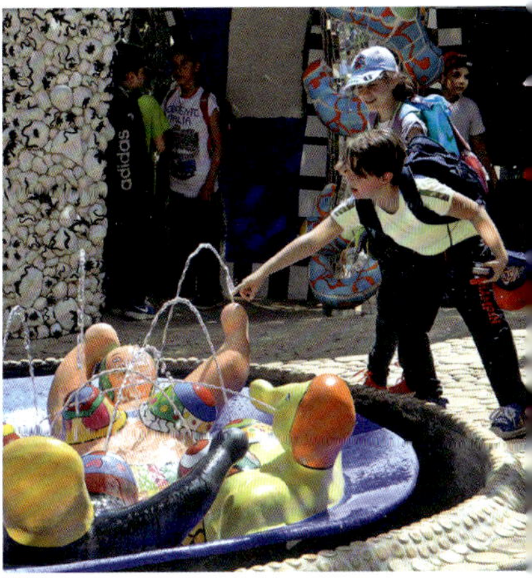

TOUREN-STECKBRIEF

Anfahrt: Von der Küstenstraße Via Aurelia bei der Ausfahrt Pescia Fiorentina links in Richtung Osten fahren und die erste Straße links zum Parkplatz bei **GPS N 42°25'27.4", E 11°28'10.6"** abbiegen.
Öffnungszeiten: April bis Mitte Oktober 14.30–19.30 Uhr, im Winter geschlossen. Eintritt €14, ermäßigt für Kinder ab 7 bis 22 Jahre €9. Eine Online-Buchung wird dringend empfohlen. www.ilgiardinodeitarocchi.it
Anspruch und Charakter: Die Parkanlage ist nicht besonders groß und die Figuren stehen alle nahe beieinander, sodass es keine langen Fußwege gibt. Vor allem in der Saison ist der Garten gut besucht. Es kommen auch viele Reisegruppen.
Highlights: Begehbare Figuren.
Einkehr: Der Kiosk mit Snacks auf dem Parkplatz ist mäßig empfehlenswert.
In der Nähe: Kleiner Laden am Eingang, in dem man nette Souvenirs und auch ein interessantes Buch über den Park kaufen kann.

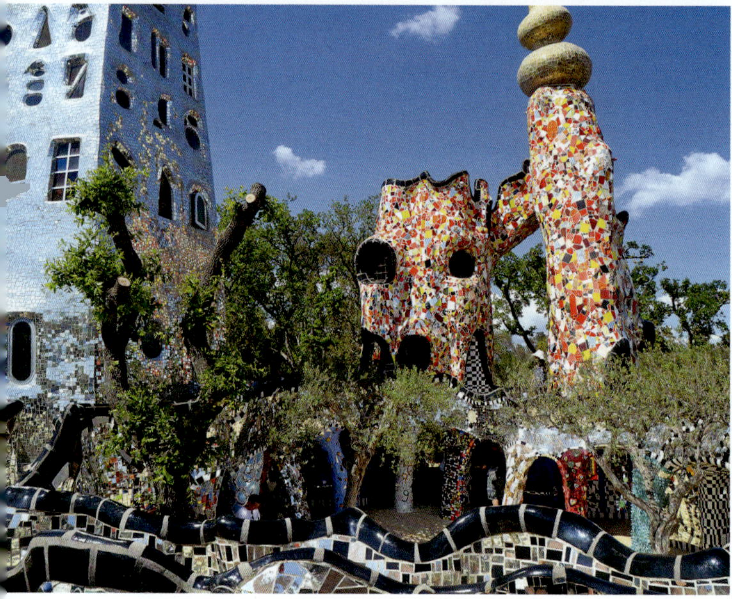

selbst war bereits bei einigen anderen gemeinsamen Arbeiten erprobt und bewährt. Niki de Saint Phalle arbeitete dann die letzten 15 Jahre ihres Lebens bis zu ihrem Tod im Jahr 2002 immer wieder in ihrem Garten. Der Bau kam aber nur dann voran, wenn das Geld dafür reichte.

Die 22 Figurenkarten des Tarot sind die Basis der Gartenanlage. Sie sind von der Künstlerin mit viel Freiraum und eigenen Interpretationen umgesetzt. Die Deutung ihrer Figuren ist genauso vielschichtig wie die der Spielkarten und viele haben zwei Gesichter. Auf den ersten Blick wirkt der Garten heiter, schauen wir genauer hin, entdecken wir auch finstere Seiten: Schauriges, Fratzen und Abgründe. Es handelt sich also durchaus nicht nur um einen bunten Kinderspielplatz.

Eine der Lieblingsfiguren der Künstlerin war die Herrscherin. Hier ermöglichte sie sich ihren Traum, während der Arbeiten im Park im Bauch der Mutter (Erde) zu leben. In einer der Brüste der riesigen Figur befindet sich die Küche, in der anderen das Schlafzimmer. »Ich wollte eine neue Mutter erfinden«, erklärte sie selbst ihre Figur, »eine Muttergöttin, und in ihrem Körper wollte ich wiedergeboren werden«. Hier traf sich auch das Team, das im Park arbeitete. Die Mutter war schon während der Aufbauphase das Herz der Anlage.

Zwei weitere Figuren sind begehbar: Die Burg, zwischen Herrscherin und Turm gelegen, mit ihrem Mauerweg und einem Innenhof mit Säulengang, ist ebenfalls ein ganz besonders fas-

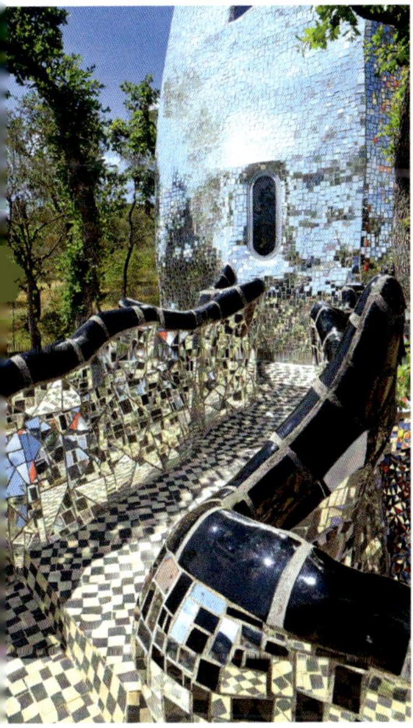

Die Karten des Tarot

Ein heute gängiger Tarotkartensatz besteht aus 22 Trümpfen – der großen Arkana – und den 56 Karten der kleinen Arkana. Sie werden nicht als klassische Spielkarten verwendet, sondern als Werkzeug der Selbsterkenntnis oder als Basis für Zukunftsprognosen.

Das Tarot scheint auf sehr altes spirituelles Wissen und eine ebenso alte Symbolik zurückzugreifen. Seine Ursprünge werden in Ägypten gesucht. Belegt ist die esoterische Tradition des Tarot jedoch erst 1781 mit einer Abhandlung des französischen Geistlichen und Freimaurers Antoine Court de Gébelin über die religiösen Symbole des Marseiller Tarots, das auch heute noch verbreitet ist. Die heutige Deutung der Karten geht vor allem auf die zweite Hälfte des 19. Jahrhunderts und den »Hermetic Order of the Golden Dawn« zurück, der sich selbst als »diskret magische Gesellschaft« beschrieb und sich mit den westlichen Mysterien beschäftigte. Seine Gründer kamen aus dem Kreis der Freimaurer, die sich der ständigen Arbeit an sich selbst verschrieben hatten. Die Karten des Tarot wurden dort zur Selbstanalyse eingesetzt, nicht unbedingt zu Vorhersagen über die Zukunft.

zinierender Ort. Auf jeder Säule entfaltet sich eine neue Welt an Symbolen. Gegenüber führt eine blau schillernde Treppe in den Nacken der Päpstin. Von hier oben sehen wir auch viele der kleineren Figuren: Den Drachen unten am Wasser, der für die Stärke steht, das blaue Tor mit dem Sonnenvogel, die Gehängte und den Eremiten mit seiner Schlange.

Im hinteren Bereich des Gartens ist es ruhiger. Es gibt ein paar Sitzmöglichkeiten und wir können ein wenig verschnaufen und alles in Ruhe wirken lassen, bevor wir noch einmal an den wichtigsten Figuren vorbei zum Ausgang laufen.

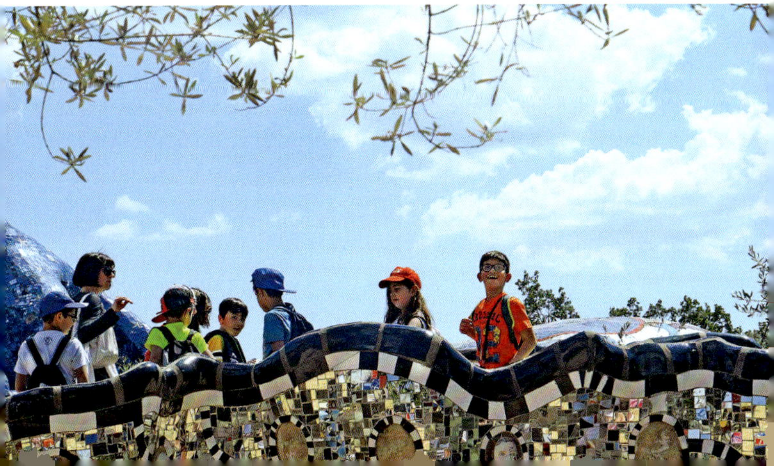

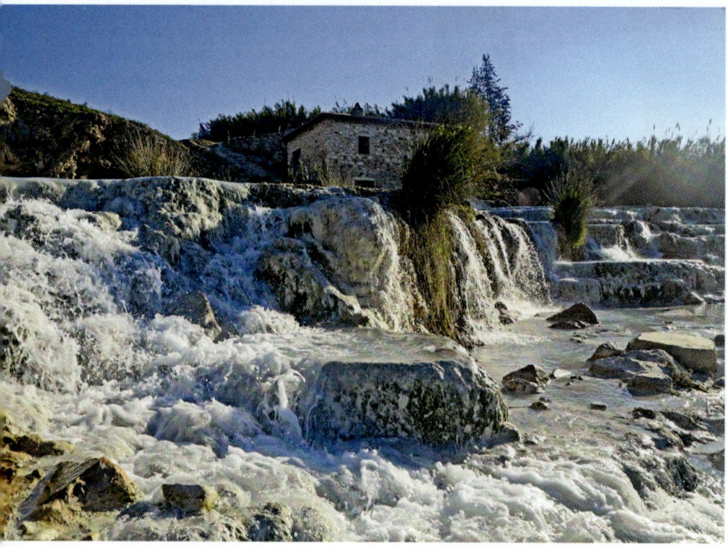

etwa 1 h

ab 6

Tour 10: Warmes Bad unter dem Wasserfall

An der Cascata dei Mulino bei Saturnia

Etliche Sinterbecken aus weißem Kalkstein staffeln sich am Hang, in die kräftig rauschend neben dem Steinhaus einer ehemaligen Mühle ein Wasserfall stürzt. Der Anblick ist äußerst malerisch. Beinahe unwirklich wird die Szenerie bei kühlerem Wetter. Dann schweben Dampfschwaden über dem Fluss, denn das sprudelnde Wasser der Kaskade ist warm.

Wer näher kommt, hat schnell den penetranten Geruch von Schwefel in der Nase und sieht sicher einige Menschen, die sich genussvoll im Wasser aalen. Am wärmsten ist es in den Becken nahe am Wasserfall. Die einzelnen Bassins sind flach, in den meisten können auch Kinder bequem sitzen. Das Bad hat keine Infrastruktur. Es gibt zwar eine Snackbar, aber keine Umkleidekabinen oder WCs. Der Badeplatz an der Mühle ist jederzeit frei zugänglich und immer gut besucht. Bei Vollmond ist das nächtliche Bad besonders beliebt. Für hungrige späte Gäste steht an der Snackbar sogar ein Pizzaautomat.

800 Liter heißes Wasser strömen in einer einzigen Sekunde aus der Quelle von Saturnia. Es sammelt sich am nahen Monte Amiata in etwa 200 Meter Tiefe und reichert sich auf seinem Weg durch die Unterwelt mit Schwefel an. Der Monte Amiata ist als Vulkan schon lange erloschen, hat aber noch ausreichend Kraft, um mehrere Thermalquellen in der Umgebung mit heißem Schwefel-

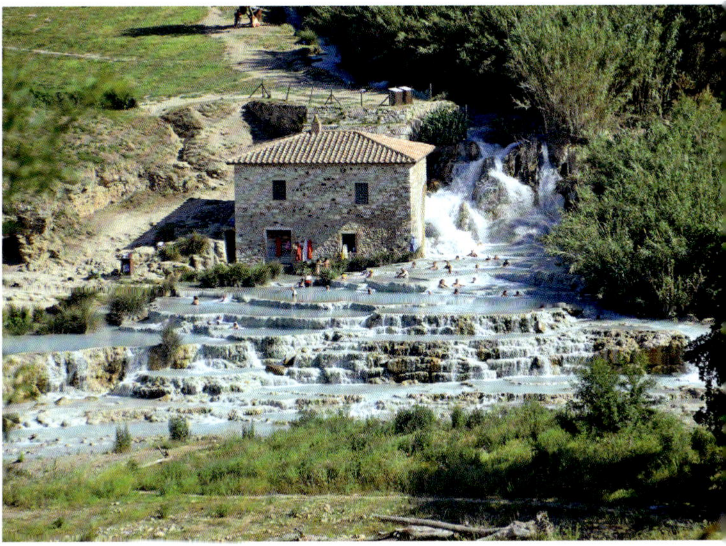

wasser zu versorgen. Das Wasser soll Rheuma und Arthritis lindern und bringt ganz sicher wohlige Entspannung – nicht zuletzt, weil der Natur der Badeplatz in Saturnia ganz besonders gut gelungen ist. Den besten Blick auf die Kaskaden hat man übrigens vom gegenüber auf der Höhe liegenden Picknickplatz, an dem wir auf der Fahrt hierher vorbei gekommen sind.

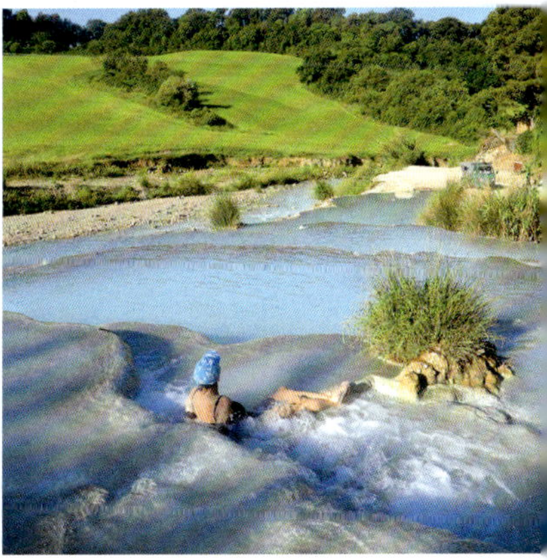

TOUREN-STECKBRIEF

Anfahrt: Auf Höhe des Monte Argentario zweigt von der Küstenstraße die SR74 ins Landesinnere ab. Saturnia ist hier bereits ausgeschildert. Wir folgen der Straße bis Manciano, biegen hier links auf die SP159 ab und fahren bis Montemerano. Hinter dem Ort ist links die schmalere Straße nach Saturnia beschildert. In der letzten Kurve vor dem Ziel blicken wir von einem Picknickplatz auf die Kaskaden. Dann geht es den Berg hinunter und rechts von uns liegt die Zufahrt zum Thermalhotel. Wenig weiter treffen wir auf den öffentlichen Badeplatz mit Snack-Bar und Parkplatz bei **GPS N 42°39'05.9", E 11°30'41.8".**

Anspruch und Charakter: Unterhalb der Ruine einer alten Mühle sprudelt warmes Wasser in mehreren Stufen in flache Badebecken. Das Wasser der Quelle ist bis zu 37°C warm und die Becken sind auch für Kinder gut erreichbar. Saturnia ist rund um die Uhr zugänglich und immer gut besucht. Zur Zeit ist der Eintritt frei.

Highlights: Baden im natürlich warmen Wasser und in malerischer Kulisse.

Einkehr: Snack-Bar.

In der Nähe: Auf einem Parkplatz nördlich der Kaskaden gibt es einen großen Wohnmobilstellplatz. Das Bad ist von dort zu Fuß erreichbar.

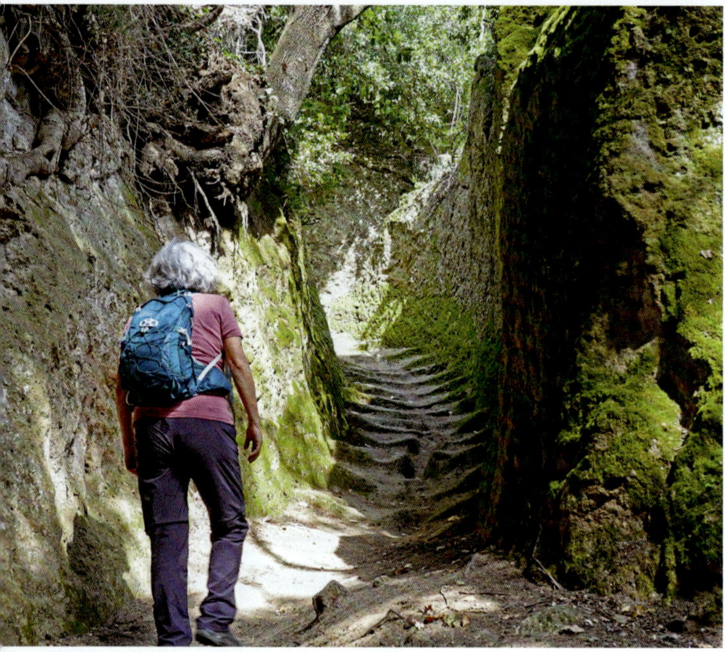

100 m

STRECKE 4 km

1 h 30

ab 6

Tour 11: Via Cava di San Giuseppe

Durch einen etruskischen Hohlweg zur Funtana del Olmo

Selbst an heißen Sommertagen ist eine Wanderung zwischen den hoch aufragenden Felswänden einer etruskischen Via Cava eine angenehme Sache. Die Etrusker bauten diese Wege vermutlich als Zugang zu Nekropolen und Heiligtümern. Rund um die Città del Tufo sind einige dieser Wege freigelegt und versprechen für Familien ein spannendes Wanderabenteuer. Auf dieser Tour können wir mit fitten jungen Wanderern gleich zwei davon zu einem Rundweg verbinden. Mit den Jüngsten nimmt man einfach nur den kurzen, aber eindrucksvollen Weg durch die Via Cava di San Giuseppe zum schattig gelegenen Picknickplatz.

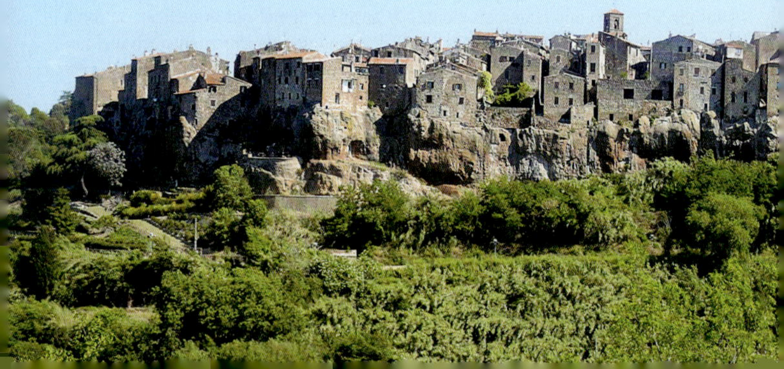

Wanderung: Vom Parkplatz laufen wir wenige Schritte die Straße hinauf zum Einstieg in die **Via Cava di Annunziata**. Der Hohlweg ist besonders abenteuerlich mit engen Durchgängen und Treppen und steigt in vielen Kehren kräftig an. Nach gut 100 Höhenmetern endet er auf einer schmalen, kaum befahrenen **Asphaltstraße ①**, der wir links durch eine mit Getreide, Wein und Olivenbäumen bewachsene Hochebene folgen.

Die typische Toskanalandschaft um uns herum und der Blick auf Pitigliano trösten über den Straßenweg hinweg. Hier oben sind außerdem nur wenige Autos unterwegs. Nach einer knappen Viertelstunde erreichen wir erneut eine **Informationstafel ②**. Hier geht es links hinab und kurz darauf noch einmal links zwischen niedrigen Wänden weiter.

Nach etwa 200 Metern kommen wir an eine **Kreuzung ③** und folgen rechts dem Abstecher zur Quelle **Funtana del Olmo**. Unser Pfad quert einen breiteren Schotterweg und kurz darauf ist die gemauerte **Quellanlage ④** am Hang zu sehen. Im Frühsommer plätscherte ein dünner Wasserstrahl in die gemauerten Becken. Oberhalb der Quelle stehen drei Picknicktische im Schat-

TOUREN-STECKBRIEF

Anfahrt: Von der SS 74 kommend vor der Auffahrt nach Pitigliano links (beschildert mit Vie Cave) am Ort vorbeifahren bis zur Brücke über die Lente. Hier Parkmöglichkeit bei **GPS N 42°38'5.6", E 11°39'32.7"** hinter der Brücke rechts und links an der Straße.

Anspruch und Charakter: Kurzer, spannender Aufstieg durch zwei ganz unterschiedliche etruskische Hohlwege zu einem schattigen Picknickplatz an einer alten gemauerten Quelle. Hinauf geht es sehr steil, bei feuchtem Boden wird es schnell rutschig. Ein Wegabschnitt führt uns über einen schattenlosen Asphaltweg durch Reben und Wiesen.

Highlights: Zwei ganz unterschiedliche Vie Cave [› Seite 74], schattiger Picknickplatz mit gefasster Quelle.

Einkehr: Mehrere Picknickplätze an der Wanderroute. Gaststätten in Pitigliano.

In der Nähe: Altstadt Pitigliano, der Aufstieg zum Ort kann zu Fuß an die Wanderung angehängt werden oder per Auto erfolgen.

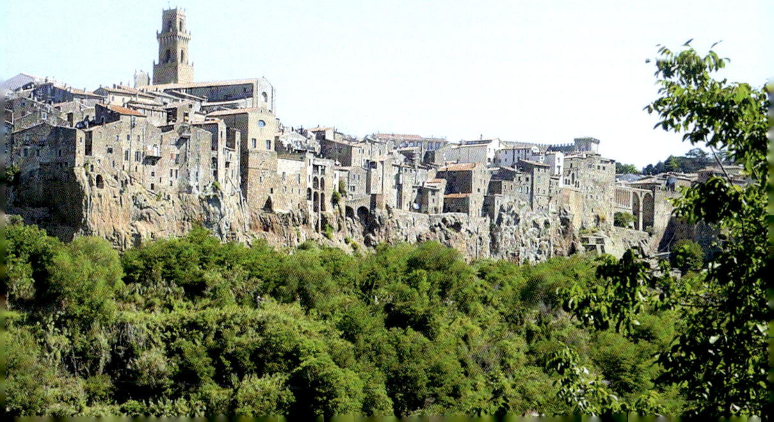

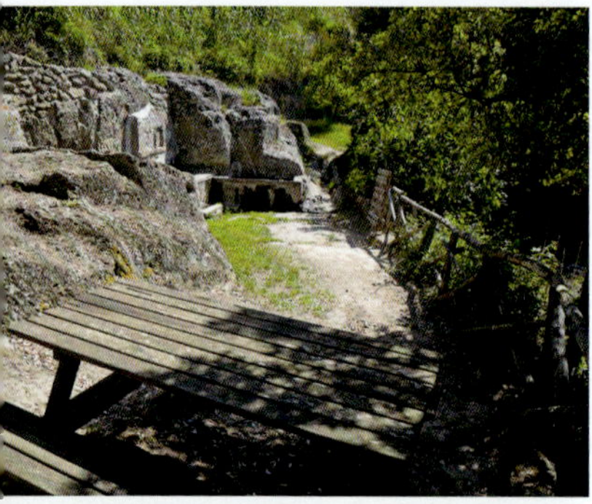

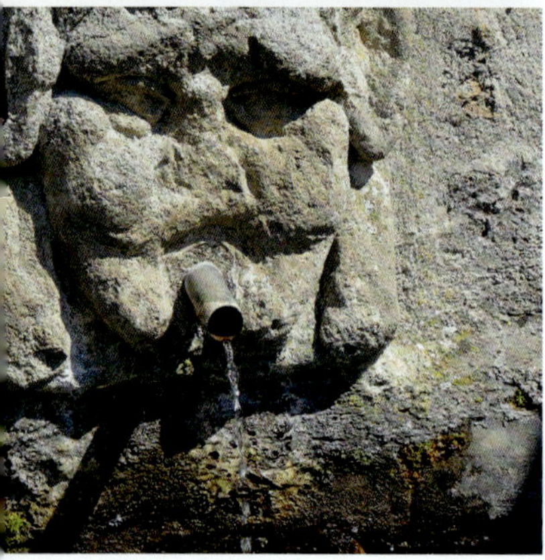

ten, sodass wir hier gemütlich rasten könnten.

Dann geht es zurück zur Kreuzung ③. Hier wandern wir jetzt auf dem sanft abfallenden Weg weiter, der rechts in die Via Cava San Giuseppe führt. Zwischen steil aufragenden Felswänden geht es stetig hinunter. Der Weg ist recht uneben und das Gehen erfordert Aufmerksamkeit.

Auf halbem Weg können wir links eine **Höhlenwohnung** ⑤ im Felsen erkunden. Sie wurde in den letzten Jahren gesichert und ist jetzt zugänglich. Kurz darauf führt rechts ein Abzweig auf ein **Plateau mit Picknicktischen** ⑥ und mehreren Höhlengräbern, die jedoch nicht zugäng-

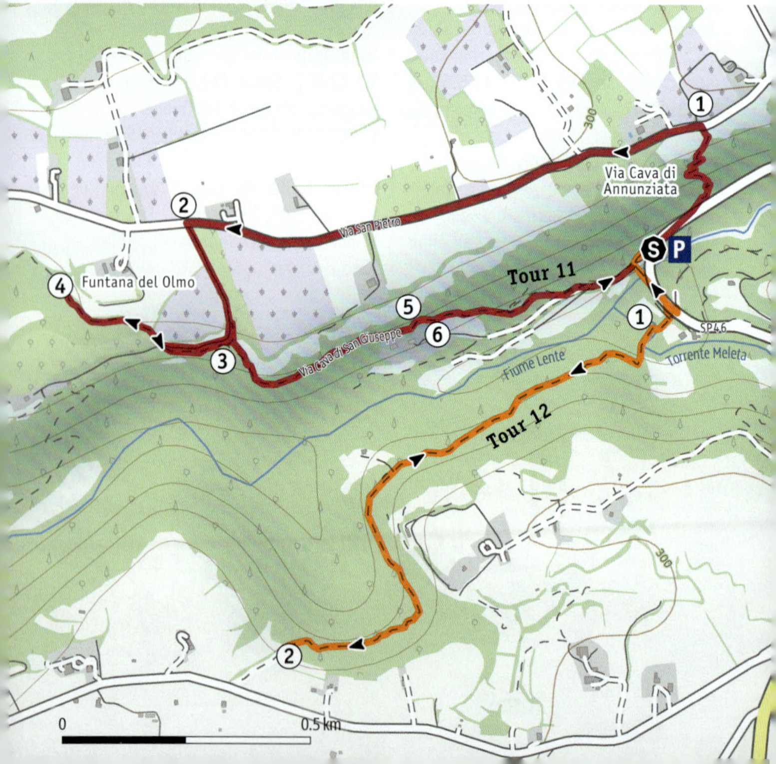

lich sind und nur vom Sicherungszaun aus betrachtet werden können.

Hinter dem Picknickplatz werden die Wände des Hohlweges noch einmal höher. Dann erreichen wir das **Ende des Hohlwegs**. Links kommen wir zu einem weiteren Picknickplatz, der direkt an der Straße liegt.

Wer noch einen Blick in die **Via Cava di Fratenuti** werfen möchte, die besonders hohe Wände hat, geht hier rechts über die alte Brücke und folgt dann der Wegbeschreibung von **[› Tour 12]**.

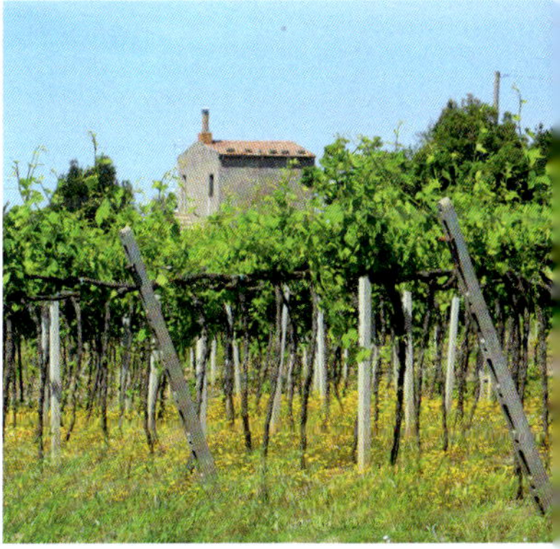

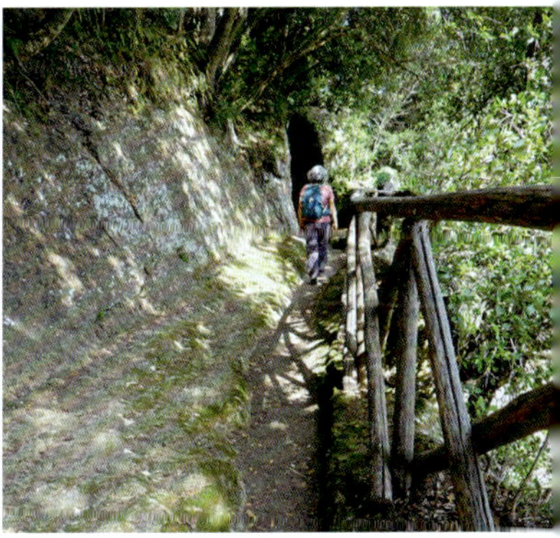

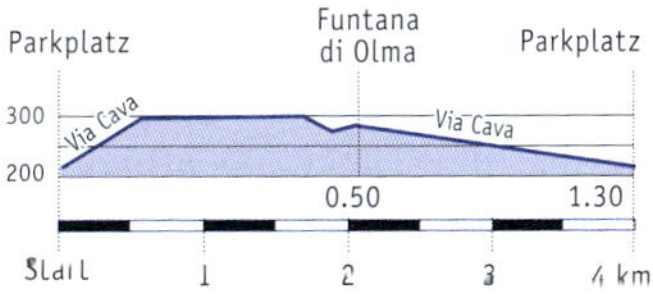

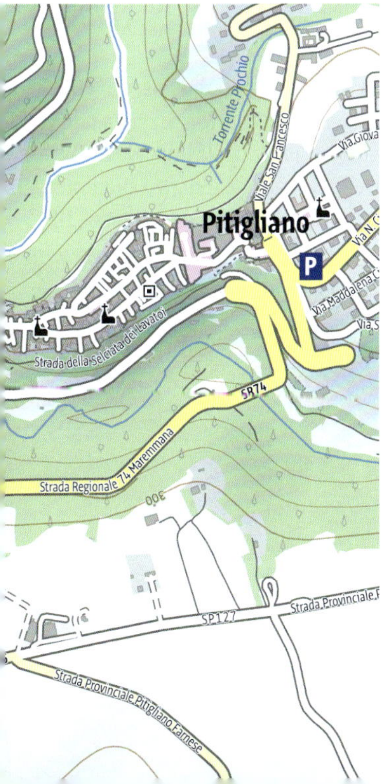

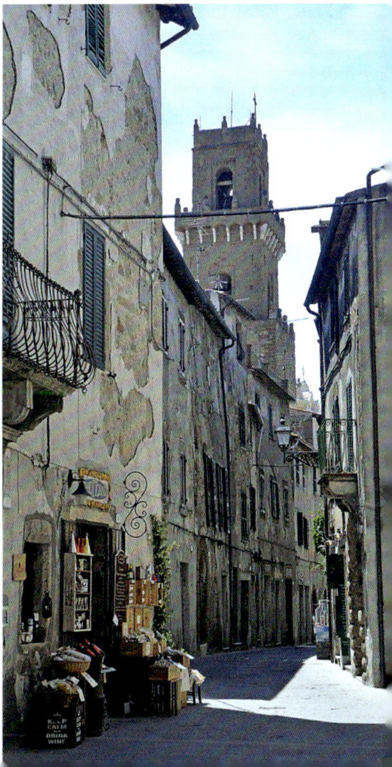

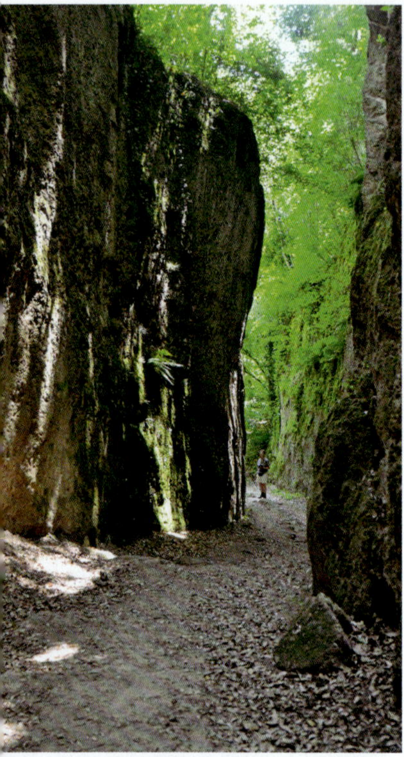

Tour 12: Via Cava di Fratenuti

Kurzwanderung auf den Spuren der Etrusker

Die Wände der Via Cava Fratenuti sind mit bis zu 15 Metern besonders hoch. Der Weg dorthin führt auf Trittsteinen durch einen Bach und macht besonders viel Spaß. Am Ende des Weges wartet ein langgesteckter Felsüberhang im Wald als origineller Rastplatz.

90 m

STRECKE 3 km

1 h 15

ab 4

Wanderung: Von der Lentebrücke geht es hinunter zum Picknickplatz und hinter diesem links über die **alte Brücke**. Parallel zur Straße wandern wir ein paar Schritte in Richtung Pitigliano, dann führt rechts ein breiter Schotterweg hinunter zur Lente.

Wir laufen ein paar Schritte am Bachufer entlang bis zur **Furt mit Trittsteinen** ①, auf denen wir über das Wasser balancieren. Kleinere Kinder brauchen hier auf jeden Fall Hilfe. Kaum am anderen Ufer angekommen, treten wir auch schon zwischen imponierend hohe **Felswände**. Am oberen Ende ist der Himmel zu

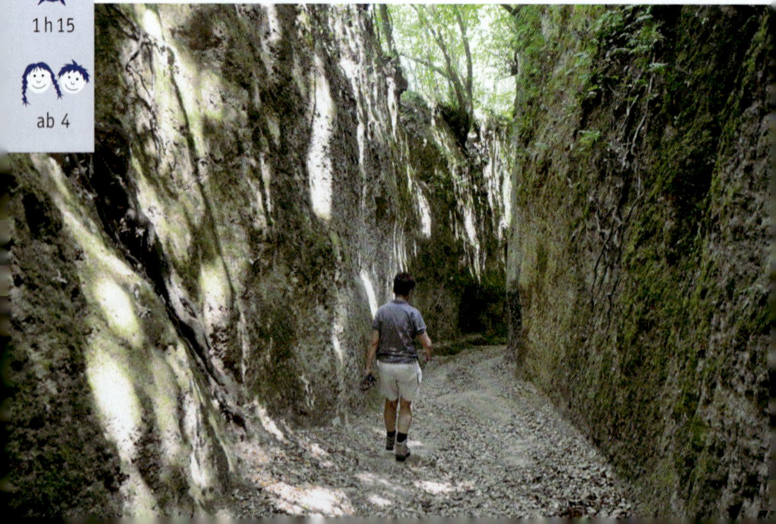

TOUREN-STECKBRIEF

Anfahrt: Von der SS 74 kommend vor der Auffahrt nach Pitigliano links (beschildert mit Vie Cave) am Ort vorbeifahren bis zur Brücke über die Lente. Hier Parkmöglichkeit bei **GPS N 42°38'5.6", E 11°39'32.7"** hinter der Brücke rechts und links an der Straße.
Anspruch und Charakter: Einfacher, gut ausgebauter Weg durch eine Via Cava mit besonders hohen Wänden und weiter durch dichten Laubwald.
Highlights: Durchquerung eines Baches über Trittsteine, Via Cava mit besonders hohen Wänden
Einkehr: In Pitigliano.
In der Nähe: Altstadt Pitigliano, der Aufstieg zum Ort kann zu Fuß an die Wanderung angehängt werden oder per Auto erfolgen.

sehen und ab und zu das Grün eines Baumes.

Nach etwa 300 Metern haben wir den Hohlweg durchquert und es geht auf einem schönen **Waldpfad** weiter am Hang entlang. Der Weg ist gut und mühelos zu laufen. Hinter einer Rechtskurve kommen wir zu einem **Aussichtsplatz**. Kurz darauf ist die **Höhle** ② erreicht. Läuft man hier weiter geradeaus, endet der Weg bald auf einer schmalen Straße. Wir kehren also an der Höhle um und steigen auf gleichem Weg ins Tal zurück.

Wenn ihr noch eine weitere Via Cava durchwandern wollt, könnt ihr jetzt mit [› Tour 11] weitermachen.

Von der Straße führt außerdem ein Pfad nach Pitigliano hinauf, der ebenfalls zum offiziellen Rundweg durch die Vie Cave gehört. Bei unserem letzten Besuch war er aber ziemlich zugewachsen und ungepflegt. Wir empfehlen daher die Stadt von einem weiter oben gelegenen Parkplatz zu erforschen.

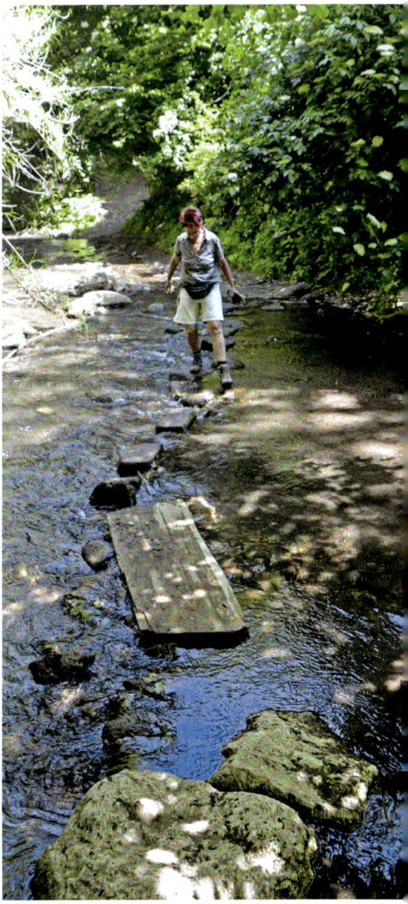

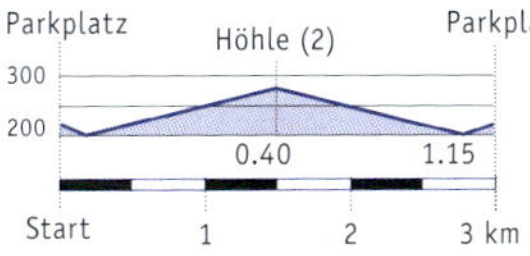

Karte auf Seite 70

Das Erbe der Etrusker

Höhlengräber, Tumuli, Felsentempel und die beeindruckenden Hohlwege – hier im Süden der Toskana begegnen wir auf Schritt und Tritt den Spuren der Etrusker. Sogar der Abbau von Eisenerz auf Elba und die Verhüttung des Metalles im Golf von Baratti geht auf dieses Volk zurück. Aber wer waren eigentlich die Etrusker? Wieso bauten sie so riesige Grabanlagen und was hat es mit den tief in die Landschaft gekerbten Hohlwegen auf sich?

Das Volk der Etrusker

Die Etrusker bewohnten etwa ab dem Jahr 800 v. Chr. die Gebiete, die wir heute als Toskana, Umbrien und Latium kennen. Über ihre Herkunft gibt es zwei Theorien: Die Einwanderungstheorie beruft sich auf Ähnlichkeiten in Sprache und künstlerischem Ausdruck mit dem kleinasiatischen Lydien und vermutet, dass das etruskische Volk aus dieser Region nach Italien kam. Die zweite Theorie geht davon aus, dass die etruskische Kultur sich vor Ort aus der vorausgehenden Villanova-Kultur entwickelt hat.

In der Zeit der Etrusker blühte der Mittelmeerhandel, und neben den Phöniziern und den Griechen spielten dabei auch die Seefahrer der Toskana eine Rolle. Entwicklungen in der etruskischen Keramik und im Kunsthandwerk legen nahe, dass es enge Kontakte nach Griechenland gegeben hat. Ihre Blütezeit erreichte die etruskische Kultur 600 Jahre v. Chr., etwa 500 Jahre später ging sie in der römischen Kultur auf und wurde Teil des aufstrebenden Römischen Reiches.

Handel in der Eisenzeit

Der Abbau von Eisenerzen, Kupfer und Blei und die Verarbeitung von Eisen und Bronze waren die Basis für den Reichtum der Etrusker und ihre wichtige Position im Mittelmeerhandel. Eine besondere Rolle spielte dabei der Küstenort Populonia **[› Tour 1]** im Golf von Baratti. Hier legten die Boote an, die Eisenerz aus den Minen der Insel Elba **[› Tour 48]** ans Festland brachten. Direkt hinter der Bucht wurde das Erz in Hochöfen geschmolzen, um Eisen zu gewinnen – eines der wertvollsten Materialien dieser Zeit. Man brauchte es für Waffen und für Werkzeuge.

Oben auf dem Hügel entstand eine große Stadt. Nur die Minenarbeiter lebten unten in der Bucht zwischen den stinkenden Öfen. Die Bevölkerung wuchs in dieser Zeit gewaltig. Es entstanden neben Siedlungen für die Lebenden auch die großen Nekropolen für die Toten, die man heute in Populonia besichtigen kann. Sie lagen lange unter Eisenschlacken verborgen, bis man diese im Zweiten Weltkrieg erneut als Roh-

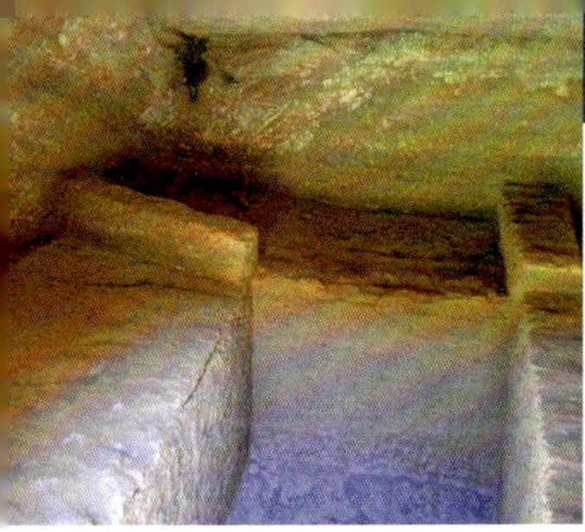

stoffquelle entdeckte. Beim Abbau der Schlacken stieß man auf die Reste der alten Gräber.

Felsengräber und Tumuli

Die Religion der Etrusker war an die griechische Götterwelt angelehnt. Wichtiger Bestandteil des religiösen Lebens war die Interpretation göttlicher Signale. Man las aus der Leber von Opfertieren und interpretierte die Fluglinien der Vögel.

In der Frühzeit der etruskischen Kultur und in der Villanova-Kultur, die dieser voranging, war es üblich, die Toten zu verbrennen und die Asche in einer Urne mit helmförmigem Deckel in ein Grab zu stellen. Gegen 750 vor unserer Zeitrechnung kam auch die Bestattung der Körper in Steinkisten- oder Höhlengräbern auf. In den Grabhöhlen wurden die Toten auf Steinbänke gebettet. In diesen Gräbern fand man auch reiche Grabbeigaben.

Eine spezielle Grabform sind die kreisrunden, mit Steinplatten gedeckten Tumuli, die man in Populonia sehen kann. Ein Gang führt in eine Grabkammer im Inneren des Rundhauses. Gang und Eingang wurden nach der Bestattung zugeschüttet, um Grabräuber abzuschrecken.

Und was ist eine Via Cava?

Rund um die Città del Tufo, die Orte Pitigliano, Sovana und Sorano, die auf besonders weichem vulkanischen Tuffgestein stehen, findet man die sogenannten Vie Cave. Der Name bedeutet »Höhlenwege«, und so sehen sie auch aus. Sie verlaufen zwischen hohen Felswänden und enden an Höhlensiedlungen oder Nekropolen. Ihr Zweck ist unklar. Es könnte sein, dass sie einmal oben mit Platten abgedeckt waren und als heimlicher Zugang zu heiligen Orten genutzt wurden. Andere Archäologen sehen in den Hohlwegen eher wichtige Verbindungswege zwischen Ansiedlungen oder mutmaßen, dass die Absenkungen im weichen Tuffboden eher zufällig durch Abnutzung und immer wieder erfolgte Einebnung des durch eisenbeschlagene Räder perforierten Untergrundes entstanden sein könnten. Sicher scheint, dass die Wege zur Zeit der Etrusker nicht ganz so tief eingeschnitten waren, wie sie es heute sind. Ebenso sicher ist es, dass diese Wege gut zu verteidigen und gut zu verstecken waren. Die ganze Wahrheit über die Vie Cave bleibt wohl für immer im Dunkel der Geschichte verborgen.

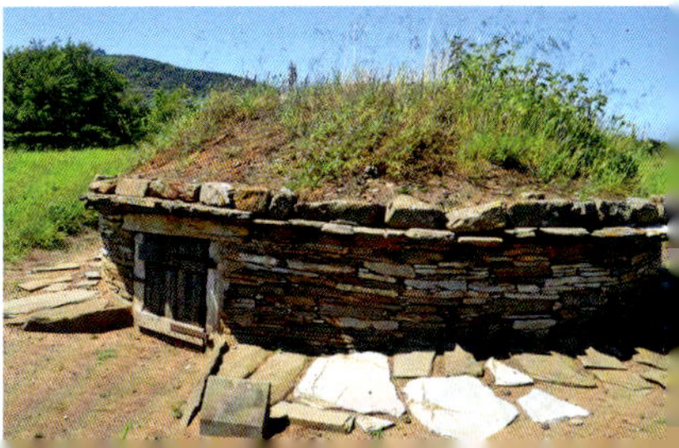

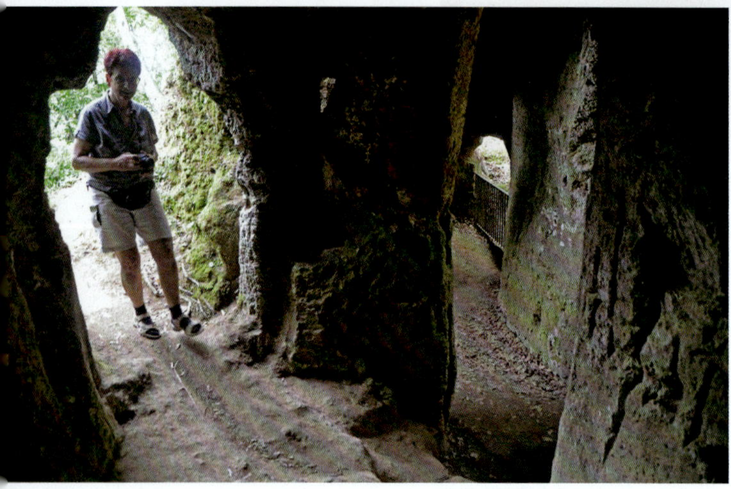

90 m

STRECKE 3 km

1 h 15

ab 4

Tour 13: Parco Archeologico Sovana

Von der Tomba Ildebranda zur Via Cava San Sebastiano

Im Parco Archeologico von Sovana können wir sozusagen im Schnelldurchlauf und ohne weit zu gehen fast alle für die Region typischen Relikte der etruskischen Kultur erleben. Es gibt gleich drei unterschiedliche Vie Cave, eine große Felsnekropole und etliche einfache Grabhöhlen. Das Ganze ist wie ein Freilichtmuseum aufbereitet und mit gepflegten, ebenen Wegen verbunden. Wäre da nicht der naturbelassene Teil der Anlage auf der anderen Straßenseite, könnte es abenteuerlustigen, klettererprobten Kindern glatt ein bisschen langweilig werden.

Wanderung: Vom Parkplatz führt ein Fußweg hinauf zur Kasse, wo wir auch einen Plan der Anlage bekommen. Gleich links geht es zur **Tomba Ildebranda** (1), dem historisch bedeutendsten Teil der Anlage. Es handelt sich dabei um das einzige erhaltene Exemplar eines etruskischen Tempelgrabes. Der Tempel wurde komplett aus einem großen Felsblock geschlagen und stammt vermutlich aus dem 3. Jahrhundert vor unserer Zeitrechnung. Im unteren Bereich befinden sich zwei Grabkammern. Treppen führen hinunter und in den Räumen ist es kühl und duster. Der obere Bereich ist inzwischen abgesperrt. Hier trugen einstmals zwölf hohe Säulen ein Dach. Die Kapitelle zeigten vier männliche und vier weibliche Gesichter und sind im Museum von Sovana zu sehen.

Folgen wir dem Weg weiter nach hinten, kommen wir zuerst an eine begehbare Naturhöhle und dann an ein weiteres Grab. Hier ist es die Fassade über einer düsteren Grabkammer, die beein-

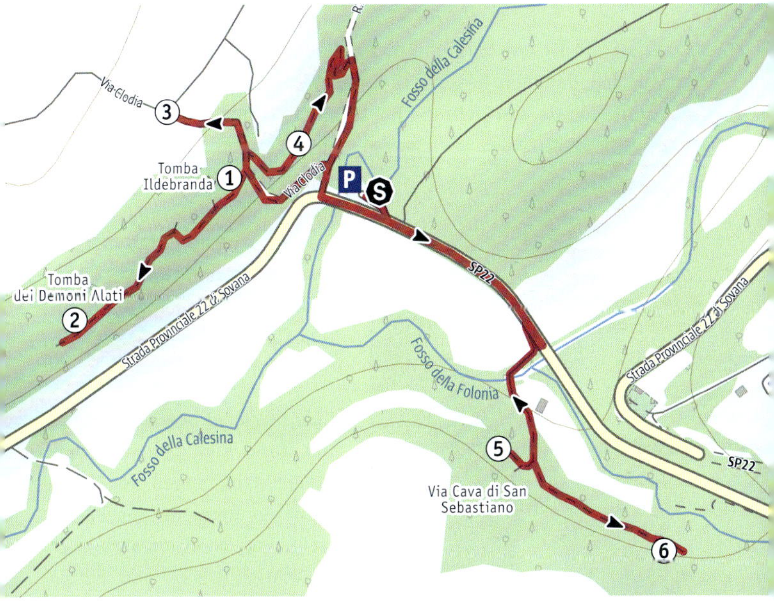

druckt. Das Relief der lebensgroßen Figur einer Frau mit Fischschwanz ist nicht unversehrt, aber noch gut erkennbar. Das Grab heißt **Tomba dei Demoni Alati** ②. Dahinter folgt noch die Tomba Pola.

Wir kehren zum Eingang zurück und kommen in der anderen Richtung zu zwei sehr unterschiedlichen **Vie Cave** ③.

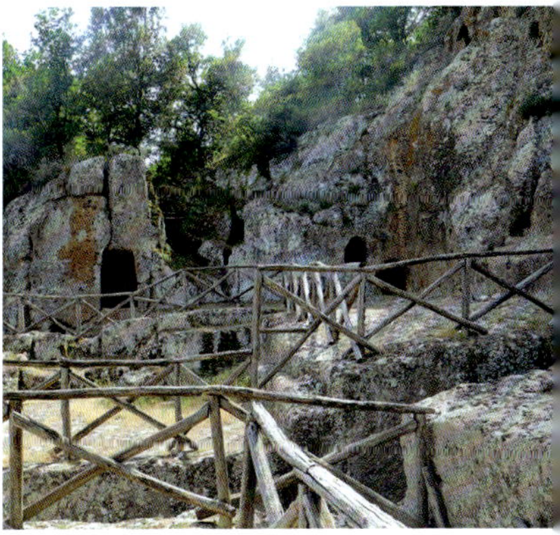

TOUREN-STECKBRIEF

Anfahrt: Sovana ist die kleinste der drei Città del Tufo und liegt wenige Kilometer nördlich von Pitigliano. Der Parco Archeologico befindet sich auf der Westseite unterhalb der Stadt. Man fährt auf der SP 22 am Ort vorbei, durch einen Tunnel (hier sind schon etliche Höhlungen in den Felswänden zu sehen) und eine Haarnadelkurve. Dann geht es über zwei Bachbrücken. An der zweiten liegt rechts bei **GPS N 42°39'29.4", E 11°38'7.3"** der Parkplatz.

Öffnungszeiten: April bis September täglich 10 – 19 Uhr, Oktober bis Anfang November 10 – 18 Uhr, im Winter an einzelnen Wochenenden. Eintritt €5, Kinder 10 – 14 Jahre €3,50. cittadeltufo.com Kombiticket mit Museum Sovana und der Orsini-Festung von Sorano €10.

Anspruch und Charakter: Im viel besuchten Teil hinter dem Kassenhäuschen breite, ebene Wege. Abenteuerlicher Bereich mit steilen Pfaden und unebenem Boden an der Via Cava San Sebastiano.

Highlights: Tomba Ildebranda mit Grabhöhlen, Tomba di Sirene, Einsiedelei am Ende der Via Cava San Sebastiano.

Einkehr: Keine.

In der Nähe: Altstadt von Sovana.

Die Erste ist nur kurz und nicht allzu hoch. Die zweite **Via Cava** ④ hat dagegen besonders hohe Wände und ist ungewöhnlich breit, sodass viel Licht auf die Wände fällt und wir zeitweise fast durch einen grünen Urwald laufen. Der Boden ist hier begradigt und geschottert, sodass der Weg hindurch fast ein wenig langweilig wird. Dafür kann man hier auch einen Kinderwagen schieben – oder einen Rollstuhl.

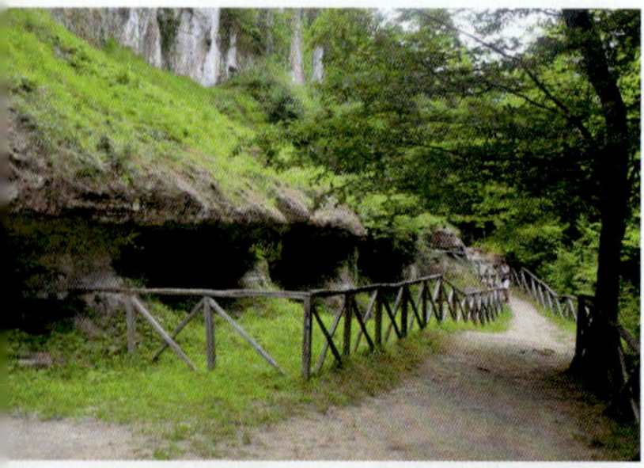

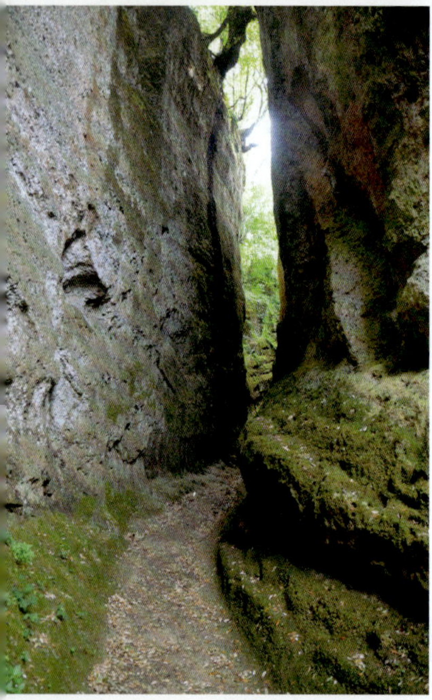

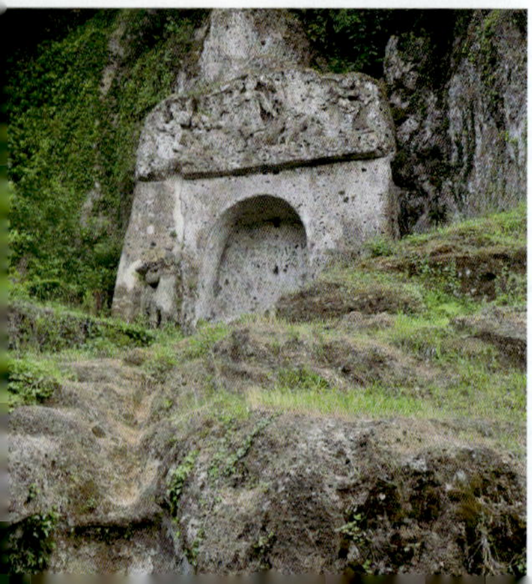

Viele Besucher beenden bereits hier ihren Rundgang und verpassen dabei einen der spannendsten Bereiche des Parks. Laufen wir vom Parkplatz zurück zur ersten Brücke und halten dort rechts auf die Felswand zu, kommen wir zum zweiten, weniger gut erschlossenen Teil der Anlage. Die **Via Cava San Sebastiano** ⑤ und die Höhlen auf dieser Seite der Straße mögen nicht von ganz so großer archäologischer Bedeutung sein, haben dafür aber einen besonders hohen Abenteuerfaktor. Die Via Cava ist eng, teilweise etwas steiler und es geht zwischen hohe Wände, in denen einige Gräber liegen. Am Ende des kurzen Weges führt eine Treppe hinauf zu einer urigen **Einsiedelei im Fels**, deren Erkundung sicher nicht nur die Kids aufregend finden.

Gehen wir an der Kreuzung nach rechts, kommen wir zu einer ganzen Gräberreihe. An deren Ende folgt noch einmal eine Tempelfassade. Das Relief der **Tomba della Sirene** ⑥ ist jedoch nicht ganz so gut erhalten.

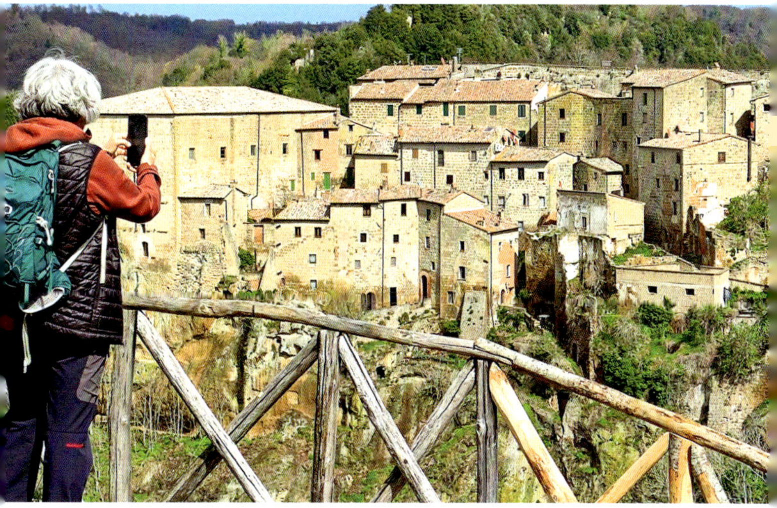

Tour 14:
Sorano und die Via Cava di San Rocco

130 m

STRECKE 4 km

2 h

ab 6

Über den Felsenweg zu einem Dorf aus dem Mittelalter

Nähert man sich den verschachtelt an den Hang geklebten Häusern von Sorano aus dem Lentetal, scheint wahrhaftig die Zeit zurückgedreht. Durch die Porta di Merli kommen wir in düstere, oft menschenleere, steil ansteigende Gassen. Unter unseren Füßen befindet sich Steinpflaster und Autos sind weit und breit nicht zu sehen. Hat uns der Weg durch die schluchtartige Via Cava di San Rocco vielleicht tatsächlich in eine andere Welt gebeamt? Oder haben wir versehentlich eine Raubritterburg geentert? Erst im neueren Teil der Stadt treffen wir auf eine ganz und gar neuzeitliche Gelateria, eine Bar und kleine Geschäfte mit Kunsthandwerk.

TOUREN-STECKBRIEF

Anfahrt: Auf der SP 22 von Sovana kommend liegt direkt hinter der ersten Serpentine, durch die man vor Sorano ins Tal hinunter kurvt, auf der linken Straßenseite bei **GPS N 42°41′5.4″, E 11°42′32.9″** eine kleine Parkbucht für drei bis vier Autos mit einer Infotafel. Wenige weitere Plätze gibt es am Straßenrand. Findet ihr hier oben keinen Parkplatz, lauft ihr die Tour von der anderen Seite und parkt auf den größeren Parkplätzen am Ortsrand von Sorano.

Anspruch und Charakter: Der Weg durch die Via Cava di San Rocco ist anspruchsvoll. Der Steinboden wird leicht rutschig und Laub verdeckt Löcher im Weg. Trittsicherheit und Wanderschuhe sind empfehlenswert. Besser nicht bei Nässe gehen!

Highlights: Düstere Via Cava, Altstadt von Sorano mit engen Gassen, mehrere Höhlen am Weg, Aussichtsplateau mit Picknickplatz am Start der Wanderung.

Einkehr: Bar und Gelateria in Sorano.

In der Nähe: Orsini-Festung in Sorano.

Wanderung: Nur wenige Schritte sind es vom Parkplatz zur kleinen **Kirche von San Rocco** ①. Links des Gebäudes beginnt die Via Cava di San Rocco, rechts geht es auf den Sentiero panoramico, den ihr keinesfalls versäumen solltet. Wir überqueren zuerst eine Wiesenfläche mit Picknicktischen. Rechts geht es hinauf auf eine wenig höher gelegene Ebene unter Bäumen. Vom Holzzaun am linken Rand haben wir einen grandiosen Blick auf die trutzigen Mauern von Sorano. Der Weg geht jedoch noch weiter: Im hinteren linken Eck führt ein Pfad zu einigen **Höhlenwohnungen** ② und zu einem weiteren **Aussichtspunkt** ③ auf die Stadt. Am Ende ist das Ganze etwas Kraxelei auf einem schmalen, inzwischen aber mit Holzgeländer gesicherten Felsenpfad und eher für größere Kinder geeignet.

Zurück an der **Kirche** wählen wir jetzt den Weg links des Gebäudes und gleich darauf den **rechten Abzweig**, der zwischen schnell höher werdende Felswände führt. In etlichen Kehren windet sich der Weg durch die Via Cava den Hang hinab. Der Boden ist naturbelassenen und besteht meist aus zwei Spuren und einer tiefen Rinne in der Mitte. Oft sind die seitlichen Abschnitte so schräg, dass man am besten in der Rinne geht.

Nach den ersten Kehren zeigt links ein Wegweiser nach **Le Rocchette**. Er führt auf einen Abzweig, der unterhalb der Via Cava wieder auf unseren Weg trifft. Wenn wir nicht den gleichen Weg zurück gehen möchten, wäre das eine Alternative für den Rückweg. Jetzt bleiben wir erst mal hier unten und kommen wenige Schritte weiter zu einer **Höhle** ④ in der linken Wand. Sie ist begehbar und führt auf eine kleine Terrasse. Dann geht es Kehre um Kehre weiter hinunter und zeitweise ist der Weg recht steil. Die Via Cava endet unten im Tal am **Fluss Lente** und führt links

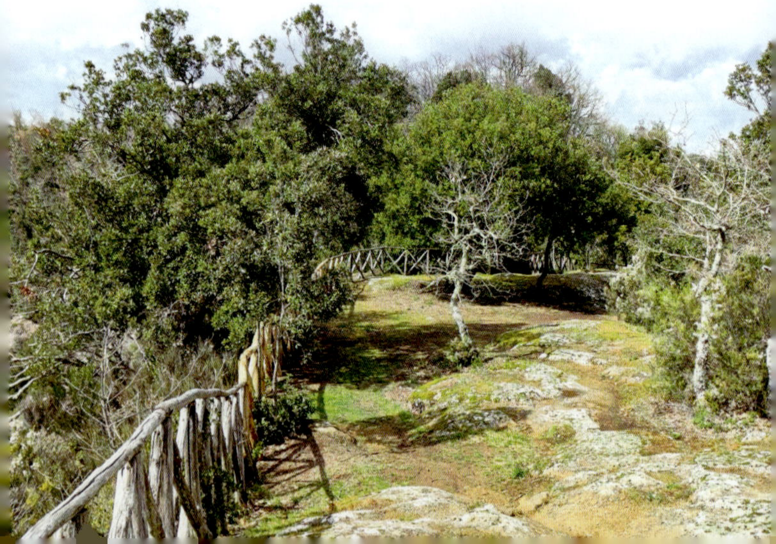

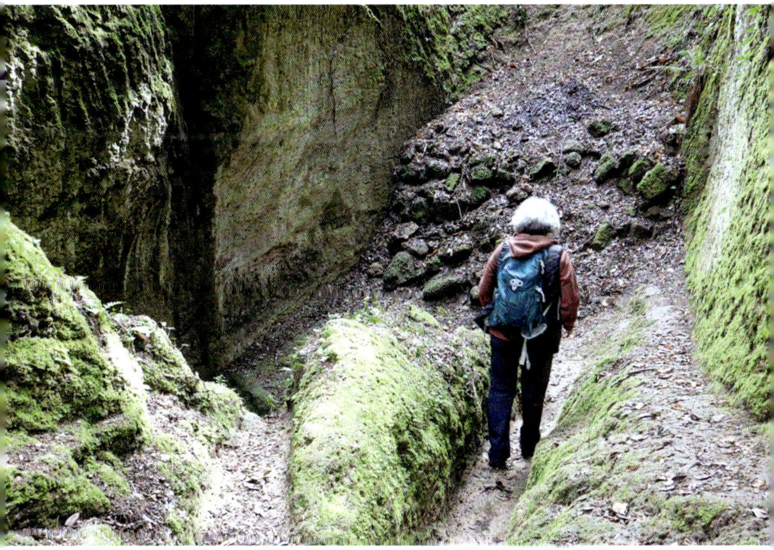

an dessen Ufer entlang. Auf der anderen Seite sind jetzt wieder die Mauern von Sorano zu sehen. Dort hinauf wollen wir jetzt. Doch zuerst treffen wir links des Weges auf eine **große Höhle** ⑤, die in neuerer Zeit eindeutig als Stall verwendet wurde. Eine Steintreppe führt hinauf und hinter dem Eingang verbergen sich mehrere große Räume.

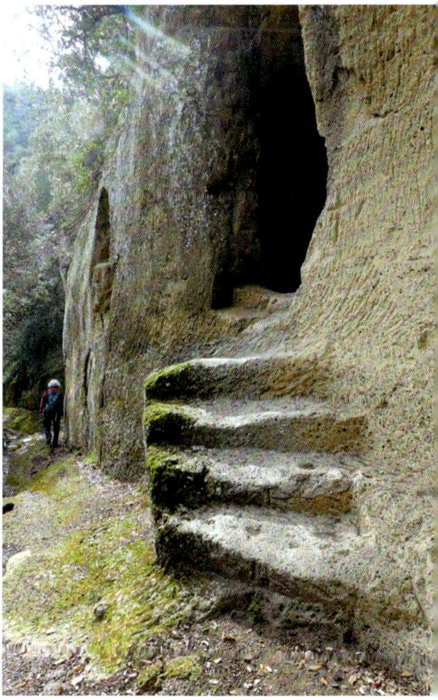

Weiter am Fluss entlang überqueren wir einen Nebenfluss des Lente und kurz darauf auch den Lente selbst. Direkt vor der ersten **Brücke** ⑥ zweigen Wege von **zwei weiteren Vie Cave ab**: Links beginnt die Via Cava Laterini, rechts die Via Cava San Carlo. Wenn die Energie reicht, können wir hier auf Forschungsreise gehen. Hinter der zweiten Brücke führt links ein Wanderweg nach Vitozza, die Ruine einer mittelalterlichen Ansiedlung besuchen wir bei **[› Tour 15]**.

Dann haben wir einen gepflasterten Weg unter den Füßen und nähern uns der Altstadt von Sorano durch die **Porta di Merli** ⑦. Hinter dem alten, steinernen Tor führen flache Stufen hinauf in

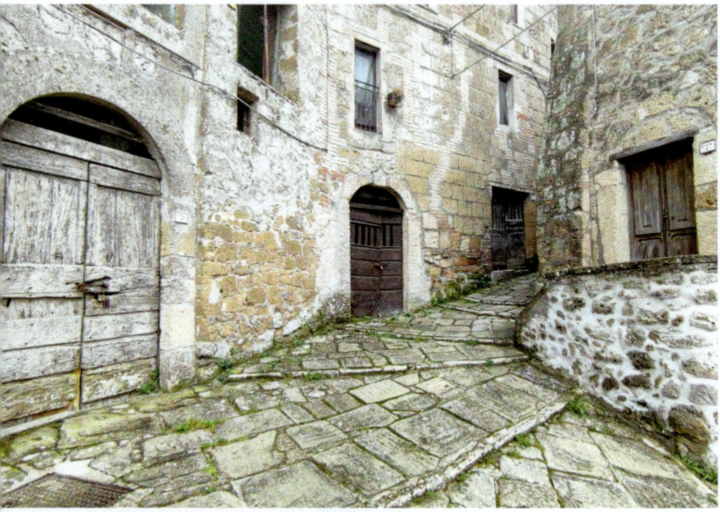

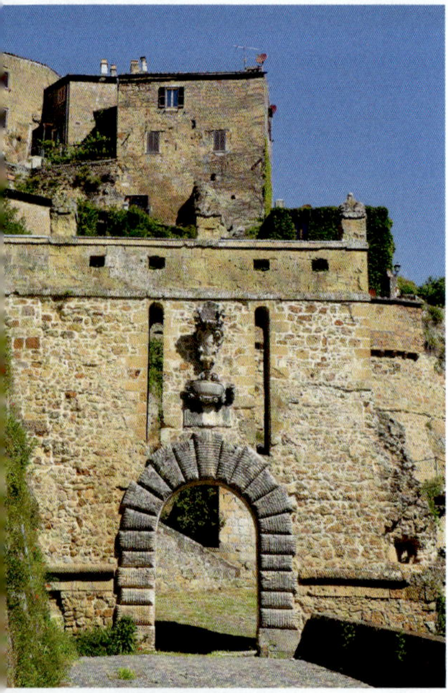

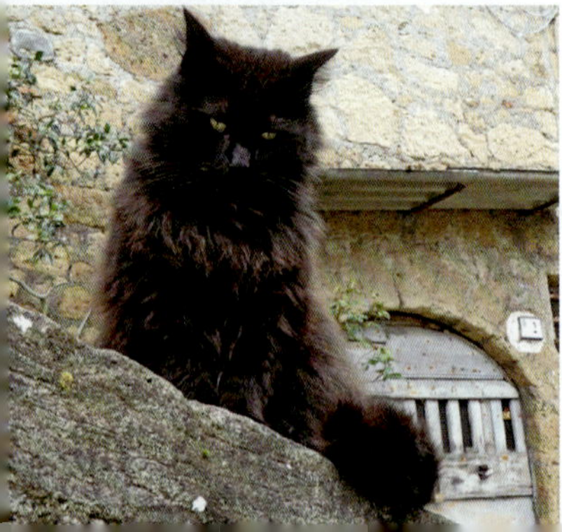

stille, wenig besuchte Gassen des alten Zentrums, das so aussieht, als sei es direkt dem Mittelalter entsprungen. Wir folgen einfach immer der Straße, bis ein **Schild** links ins Centro und rechts zum Masso Leopoldino weist. Zuerst spazieren wir links durch belebter werdende Gassen und schließlich durch ein weiteres **Stadttor**. Hier draußen stehen die ersten Autos, in den Gassen der Altstadt haben sie keinen Platz. Hier findet auch das neuzeitliche Leben von Sorano statt. Rechts des Tores befindet sich eine rustikale Bar mit Pasticceria, in der auch die Einheimischen ihren Espresso trinken, links lockt hausgemachtes Gelato.

Dann gehen wir durch das Tor zurück in die Altstadt, wählen diesmal den linken Straßenzug und gehen immer geradeaus bis in die hintersten Gassen. Hier führt eine Treppe auf die Plattform auf dem **Masso Leo-**

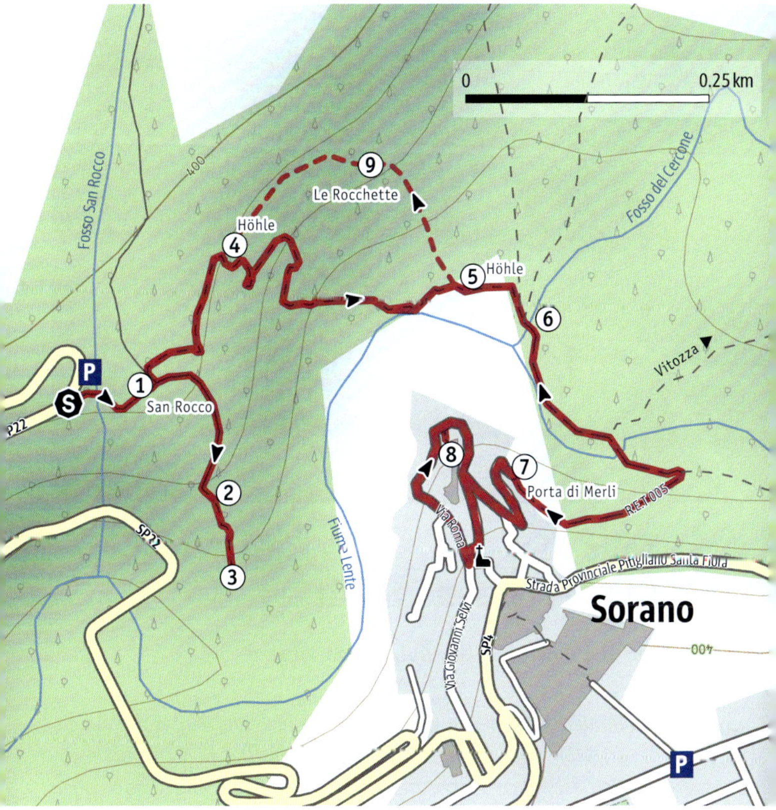

poldino ⑧ mit einem pittoresken Glockenturm und großer Aussicht (geöffnet ab 10.30 Uhr).

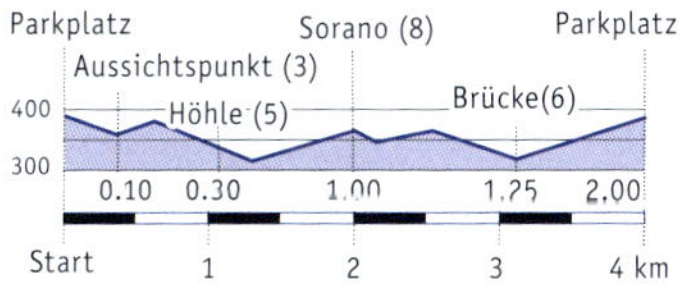

Wir folgen der Straße weiter immer leicht bergab und treffen so wieder auf die **Via di Merli**, die zur **Porta di Merli** ⑦ hinunterführt, und treten auf dem bekannten Pfad den Heimweg an. An der **Höhle im Lentetal** ⑤ treffen wir wieder auf den sehr steilen Abzweig nach **Rocchette**. Er führt zu den Resten einer Siedlung im Wald. Viel zu sehen ist nicht, aber der Weg ist recht nett und am Platz, den ein Schild als **Le Rocchette** ⑨ bezeichnet, führt eine abenteuerliche **Holzrampe** über eine Felsstufe. Dann biegt der Pfad links ab, wir wandern an einer Wand mit vielen Felsüberhängen entlang und treffen am bereits erwähnten Platz wieder auf die **Via Cava** ④.

Egal wie wir an diesen Punkt gekommen sind, durch den Hohlweg oder oben herum, jetzt ist es nicht mehr weit bis zur **Kapelle San Rocco** ①, zum Picknickplatz und zum Auto. Dort könnten wir den Ausflug noch mit einem Picknick ausklingen lassen.

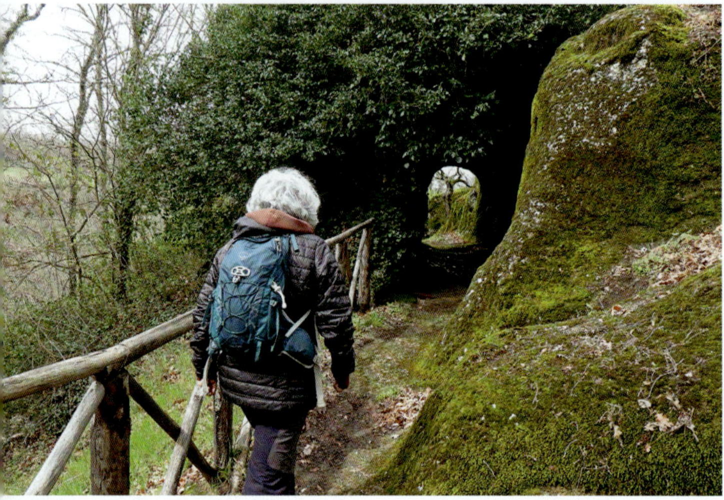

30 m

STRECKE 4,5 km

1 h 30

ab 4

Tour 15:
Die verlassene Stadt

Von San Quirico zu den Ruinen von Vitozza

Die Höhlensiedlung von Vitozza besteht aus über 200 Wohnhöhlen, die sich um zwei große Burgen gruppieren. Die Höhlen waren vermutlich schon zu Zeiten der Etrusker bewohnt, die Burganlagen stammen aus dem Mittelalter. Die ältere Burg der toskanischen Adelsfamilie Aldobrandeschi wurde Ende des 11. Jahrhunderts erbaut. Vitozza war bis zum Ende des 18. Jahrhunderts bewohnt. Damals ließ der Großherzog der Toskana die Siedlung mit Gewalt räumen, weil er für seine Untertanen das Bewohnen von Höhlen als nicht mehr zeitgemäß ablehnte.

Wanderung: Vom Parkplatz führt ein breiter Weg an vielen als Keller genutzten Höhlen im Steilhang vorbei zum Waldrand. Einer

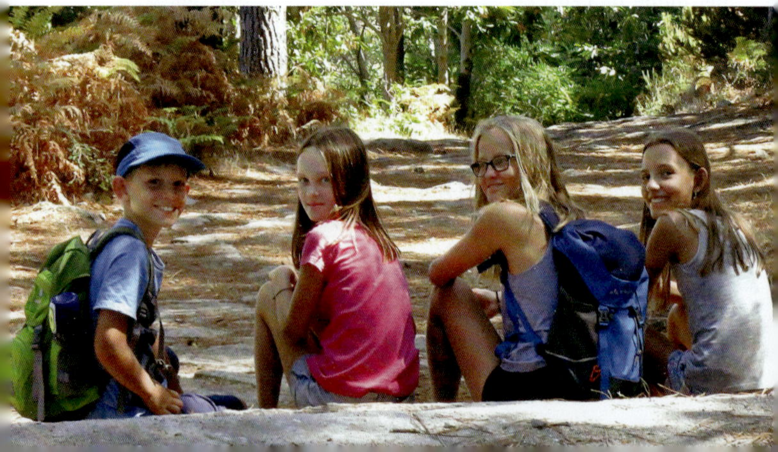

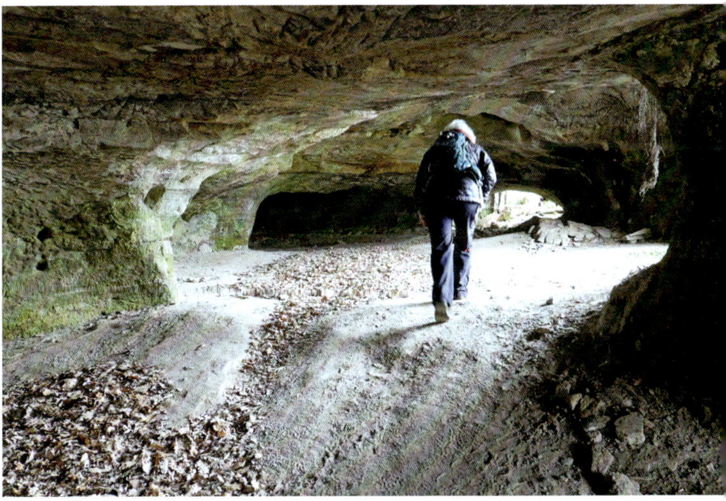

der ersten Kellerräume steht offen und man kann einen Blick hineinwerfen. Er unterscheidet sich kaum von den Höhlen, die wir im Anschluss sehen werden. Schon nach wenigen Metern stehen wir vor **Grotta 1**. Hinter dem dunklen Loch im Fels verbirgt sich ein großzügiger Wohnraum. Dann folgt Grotte auf Grotte. Jede sieht ein bisschen anders aus. Einige der Höhlen waren tatsächlich bis ins 18. Jahrhundert bewohnt. Unbedingt genauer betrachten solltet ihr die riesige Höhlung der **Grotta 9** mit mehreren Räumen, ansonsten schaut in die Eingänge, die neugierig machen. Vor uns se-

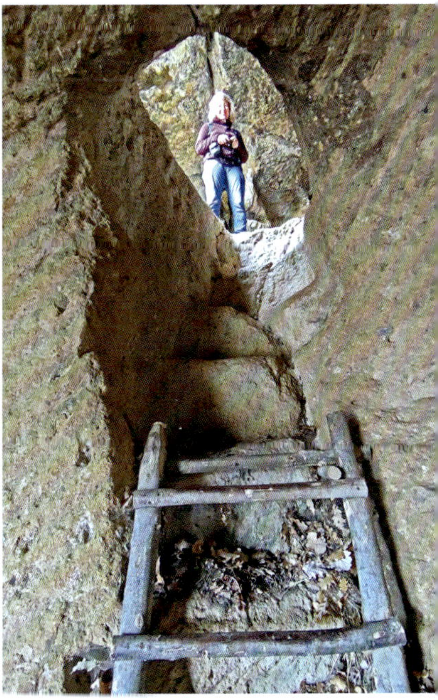

TOUREN-STECKBRIEF

Anfahrt: In San Quirico der Beschilderung nach Vitozza, einmal um den Marktplatz und durch eine schmale Gasse zum Wanderparkplatz am Ortsrand bei **GPS N 42°40'16.4", E 11°45'43.9"**, folgen. Die Zufahrt zum Platz ist recht steil und daher für größere Fahrzeuge, wie zum Beispiel Wohnmobile, nur mäßig geeignet.

Anspruch und Charakter: Breiter, meist ebener Waldweg. Bis zum Eingangshaus auch mit geländegängigem Kinderwagen machbar. Durchgängig schattig.

Highlights: Verschiedene Wohnhöhlen, in die man auch hinein gehen kann, Picknickplatz an der Kirchenruine.

Einkehr: Picknick mitnehmen!

In der Nähe: Altstadt von Sorano.

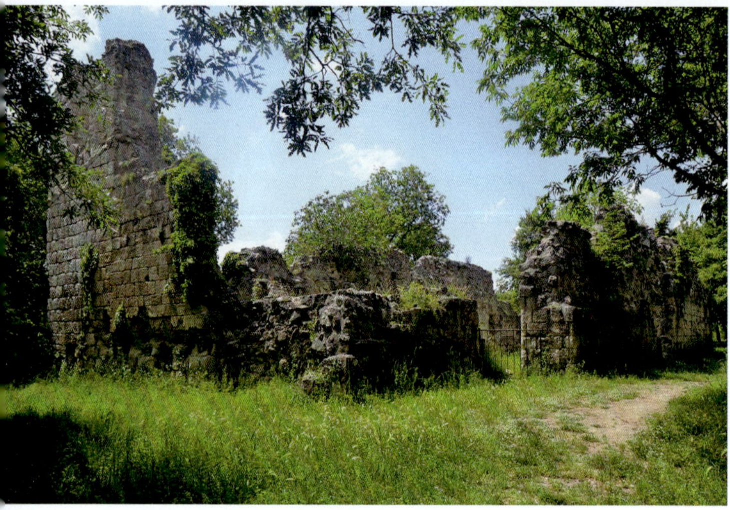

hen wir dann ein **Steinhaus** ① im Wald: Erst hier befindet sich der eigentliche Beginn der alten Siedlung Vitozza. An der Wand hängen eine Karte der Wege und eine gezeichnete Rekonstruktion der alten Stadtanlage mit zwei Burgen, einer Kirche und vielen weiteren Höhlenwohnungen.

Wir bleiben zunächst auf dem linken unteren Weg, neben dem zwanzig weitere Höhlen zu sehen sind. Wir könnten in jede einzelne hineinklettern. Ganz besonders lohnenswert, wenn auch nur für größere Kinder zu empfehlen, ist das bei **Grotta 23** ②. In der Höhle führt eine Leiter in eine obere Etage mit weiteren Räumen und luftigem Ausguck. Gehen wir von diesem am Hang entlang, oben auf der Wiese ist schon die Kirchenruine zu sehen, kommen wir zu einem Holzzaun. Hier beginnt ein Pfad, der auf halber Höhe zu einem besonders schönen Höhlenensemble führt.

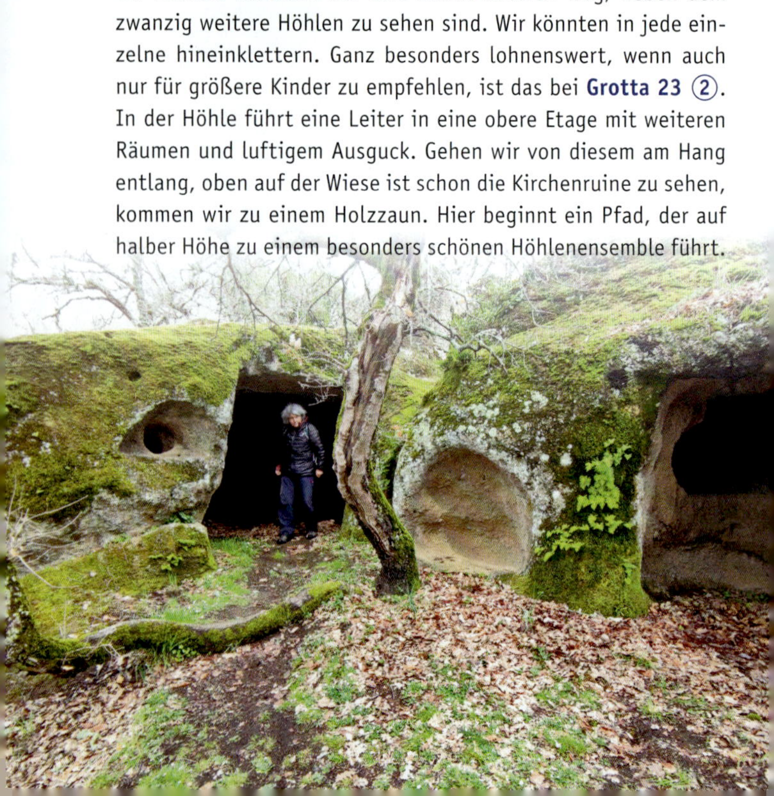

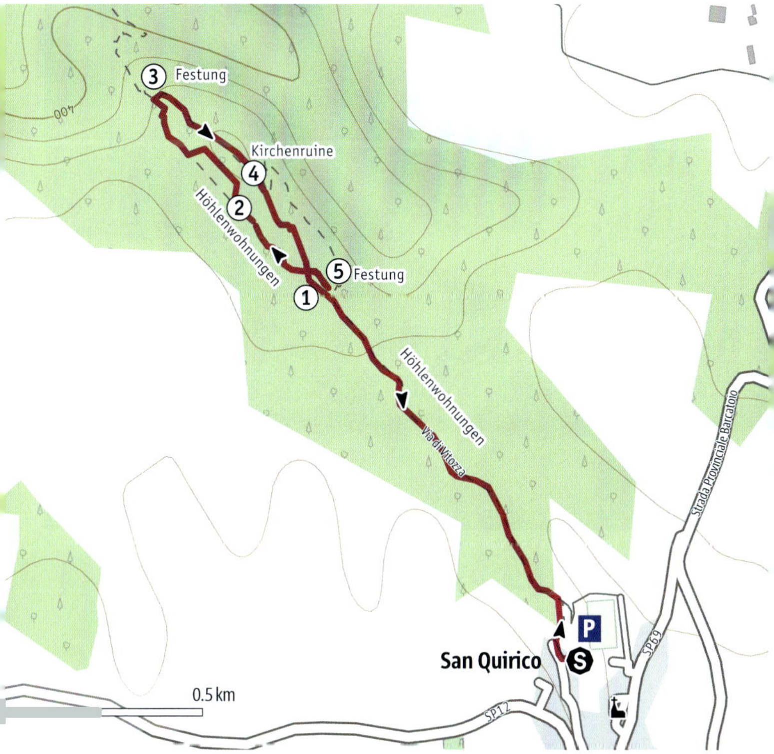

Die Felsblöcke sind grün bemoost und die Höhlen sehen aus wie Hobbithäuser.

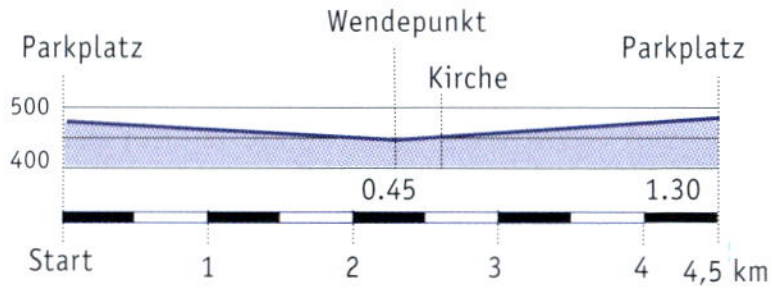

Dann stehen wir wieder unten auf dem Weg und gehen noch 200 Meter weiter bis wir eine Kreuzung unterhalb des zweiten **Castello** ③ erreichen. Ein Pfad führt hinauf zur Ruine und auf der anderen Seite über eine Mauer mit Trittstufe aus Steinen wieder hinunter. Gegenüber führen einige Steinstufen auf die Hochebene und wir folgen dort einem hübschen Wiesenweg zur **Chiessetta** ④, der Ruine einer Kirche. Vor dem Gemäuer steht unter Bäumen ein **Picknicktisch**. Hier befindet sich der beste Picknickplatz in der alten Stadtanlage.

Hinter der Kirche wird der Weg wieder breiter und wir spazieren bequem bis zu einem **Steintor**. Links davon verbergen sich die spärlichen Mauerreste der **ersten Festung** ⑤. Vorsicht: Kinder sollten hier nicht alleine herumklettern. Man kommt in jeden Winkel der Ruine, und an einigen Stellen geht es neben den Pfaden senkrecht hinab. Durch das Steintor wandern wir dann zum nahen Eingangshaus zurück und laufen auf dem bekannten Weg zurück zum Parkplatz.

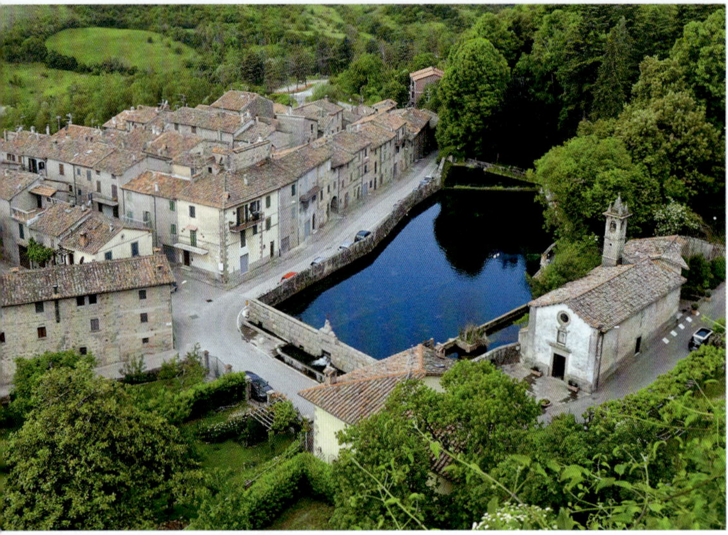

60 m

STRECKE 2 km

1 h

ab 4

Tour 16: Santa Fiora und die Peschiera

Ein Rundweg durch die mittelalterliche Altstadt

Santa Fiora ist ein Ort mit Geschichte und wurde bereits 890 in regionalen Dokumenten erwähnt. Im 19. und 20. Jahrhundert war der Abbau von Quecksilber der wichtigste Wirtschaftszweig der Region. Der Ort besteht aus drei Stadtdritteln, Terzieri genannt. Unser Rundweg führt durch Castello, den ältesten Teil der Stadt, zum Quecksilbermuseum und durch mittelalterliche Gassen hinunter nach Montecatino, wo ein gemauertes Wasserbecken, die Peschiera, dem Ort sein besonderes Gesicht verleiht. Ausnahmsweise handelt es sich bei dem zentral gelegenen Pool nicht um ein Becken mit Thermalwasser. Im Bassin der Peschiera wurden schon im Mittelalter Fische gezüchtet. Das Stadtdrittel am Fischzuchtbetrieb ist das jüngste der Stadt.

TOUREN-STECKBRIEF

Anfahrt: Parken können wir östlich der Brücke bei **GPS N 42°49‘59.2“, E 11°35‘12.3“** am Straßenrand oder unterhalb der Brücke auf einem schattigen Parkplatz bei **GPS N 42°49‘56.7“, E 11°35‘11.9“.** An einem der Brückenpfeiler fährt ein Aufzug hinauf zur Altstadt.

Anspruch und Charakter: Unkomplizierter Stadtspaziergang mit schattigen Rastplätzen und kleinem Spielplatz im Park an der Peschiera.

Highlights: Aussichtspunkt mit Blick auf das Wasserbecken, Fische beobachten an der Peschiera, der Weg durch die Gassen, Eis essen auf der Piazza.

Einkehr: Bar und Gelateria an der zentralen Piazza in Castello.

In der Nähe: Sonnenkraftwerk in Bagnore am Monte Labbro.

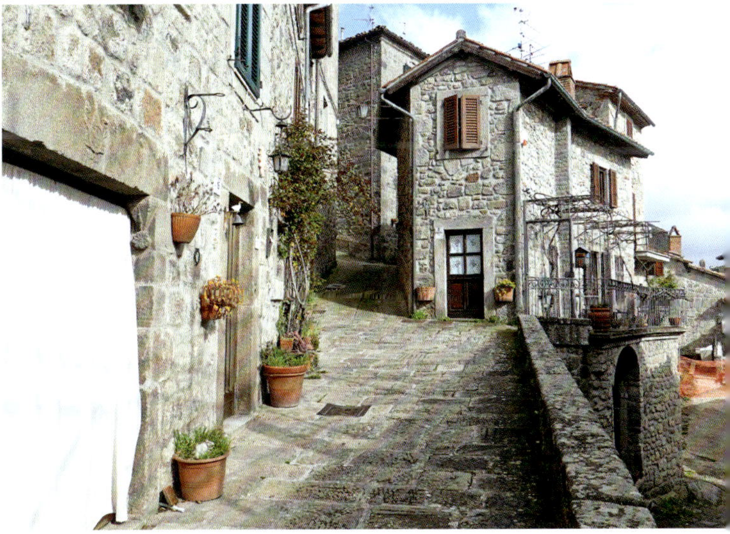

Wanderung: Über die Brücke geht es von der Neustadt in den alten Stadtkern von Santa Fiora und wir stehen gleich im Herzen des Ortes. Links befindet sich eine beliebte Bar, die tagsüber ausgezeichnete Backwaren verkauft. Rechts finden wir die Information und etwas weiter hinten eine Gelateria und das Quecksilbermuseum, das im ehemaligen **Palazzo der Sforza** ① untergebracht ist, die die Stadt ab 1439 regierten. Laufen wir am Museum immer geradeaus weiter bis zum Ende der Straße, können wir rechts ein Metallgeländer umrunden und kommen zu einer kleinen, leicht verwilderten **Terrasse** ②, von der wir den allerbesten Blick auf den unteren Teil des Ortes und das Wasserbecken der Peschiera haben.

Die Peschiera ist eine Fischzuchtanlage. Sie versorgte bereits im 15. Jahrhundert die Mächtigen der Stadt mit frischem Fisch. Auch heute schwimmen im grünblau schillernden Wasser Karpfen, Forellen und Störe von beachtlichem Kaliber. Hinter dem Becken liegt eine kleine Parkanlage, die unser nächstes Ziel ist. Dazu gehen wir zur letzten richtigen Straße zurück und rechts in die Gassen des alten Ortes. Nach 200 Metern stehen wir auf einem kleinen **Platz vor der Kirche Santa Flora e Lucilla** ③. Hier geht es rechts durch ein Tor und in zwei Serpentinen direkt hinunter zur Peschiera.

Laufen wir rechts an deren Mauer entlang, kommen wir zuerst zur **Kapelle Madonna della Neve** ④, die auch einen Blick ins Innere lohnt. Betrachten wir die Fresken an den Wänden genauer, ist gut zu sehen, dass hier mehrere Farbschichten auf den Wänden sind und ältere Bilder wohl neu übermalt wurden. Hinter er Kapelle folgt der Eingang der Fischzuchtanlage. Für den Park zahlt man einen geringen Eintritt. Am **Wasserbecken** ⑤ können wir dann die Fische im Wasser und Gänse und Enten beobachten. In der zugehörigen Grünanlage stehen Picknicktische. Alternativ bietet auch der außerhalb der Peschiera gelegene **Spielplatz** ⑥ Picknicktische. Wir erreichen ihn, indem wir einfach am Eingang vorbei der Straße folgen und dann links in den Park abbiegen.

Zurück am Eingang der Peschiera gehen wir rechts an den Becken vorbei, in denen früher Wäsche gewaschen wurde. Dann folgen wir links der am Wasserkanal sanft abwärts führenden Gasse zwischen gepflegten, aber beinahe unbewohnt erscheinenden Häuser. Nach ein paar Schritten geht es links eine Treppe hinunter zum kräftig rauschenden Kanal. Kurz darauf treffen wir erst weiter auf die Straße und dann auf eine **Wegkreuzung** ⑦. Links bringt uns eine Metalltreppe hinauf zu einer kleinen **Aussichtsplattform**. Dahinter führt links eine Treppe zurück in die Altstadt. Rechts zweigt ein Wiesenweg ab – der Percorso dei Mulini. Er führt einmal rund um den Ort, sodass wir die Stadtmauer auch von unten betrachten könnten. Wer noch etwas durchs Grüne laufen möchte, wählt diese Variante.

Percorso dei Mulini
zusätzlich 700 m, 15 min, ↓↑ 30 m

Folgen wir an der Kreuzung ⑦ dem Wiesenweg nach rechts kommen wir zu mehreren Aussichtsplätzen mit verschiedenen Sitzgelegenheiten. Der schmale Weg ist teilweise gepflastert und teilweise asphaltiert und führt erst hinunter und dann wieder hinauf und einmal um die Altstadt herum. Die letzten 100 Meter laufen wir auf einer schmalen, kaum befahrenen Straße. Am Fuß der Brücke können wir in den Aufzug steigen und wieder zur Altstadt hinaufschweben.

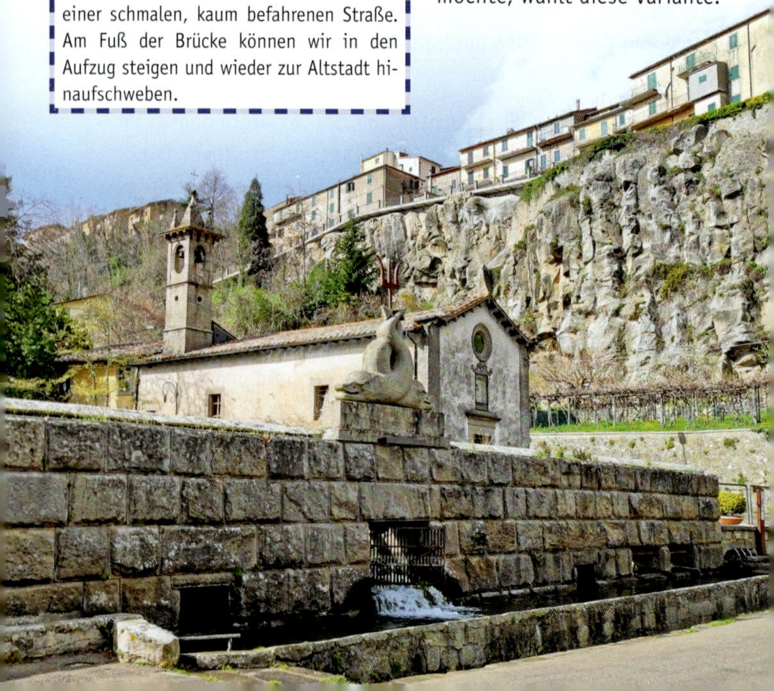

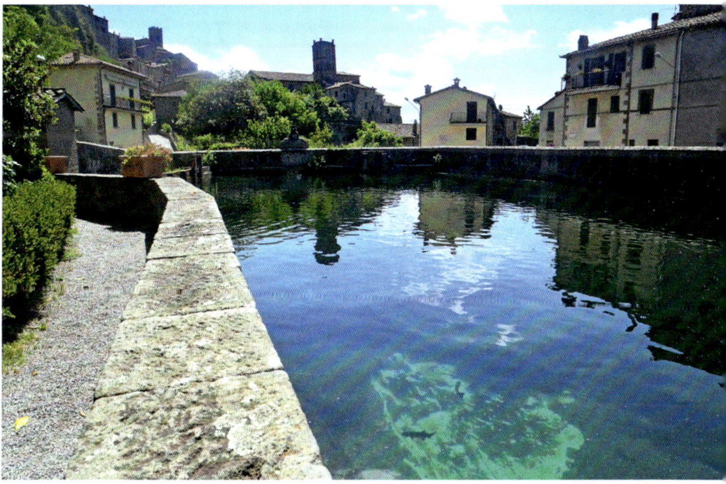

Unsere Route führt hier links zurück in die Altstadt und auf die Via degli Orti, der wir nach links und gleich wieder nach rechts folgen. So ist der Aufstieg nicht so steil und wir kommen noch an der **Kirche Sant'Antonio** ⑧ vorbei. Links geht es dann zurück zur Via Carolina und zur **Kreuzung** ③. Diesmal suchen wir uns einen anderen Weg durch die Altstadt und zurück zur großen Piazza. Dort steuern wir jetzt rechts die Brücke an und laufen zurück zum Auto.

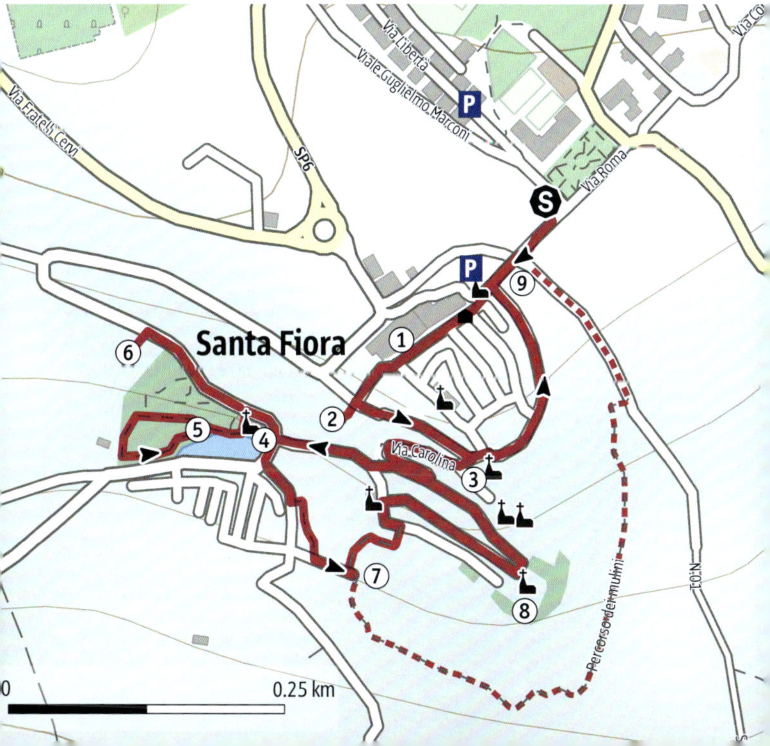

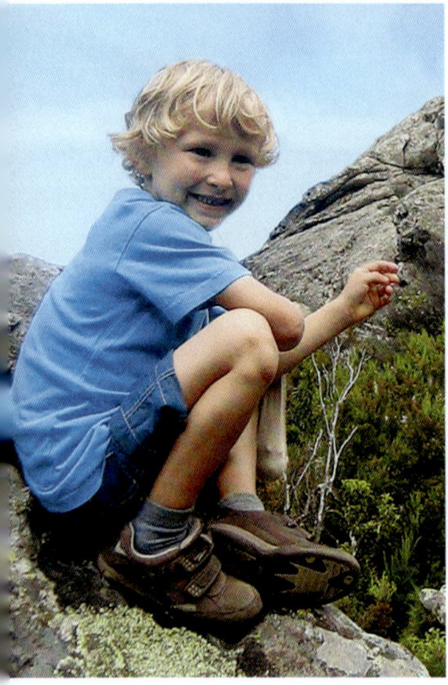

Tour 17: Monte Labbro

Panoramablick und Eselbegegnungen

Der Monte Labbro ist nach dem Monte Amiata der zweithöchste Gipfel der Region. Bei schönem Wetter können wir von seinem Gipfel bis zum Meer gucken. Der Weg hinauf ist schmal und spannend, gut markiert und führt durch eine bildschöne, urwüchsige Landschaft. Außerdem wandern wir durch die Gehege des Naturparks Parco faunistico. Es braucht nur wenig Glück, um unterwegs einigen der Esel zu begegnen, die hier in freilaufenden Herden leben, und um Damwild und Hirsche zu sichten.

220 m

STRECKE 7 km

3 h

ab 6

Wanderung: Von der Biletteria am Eingang folgen wir bis zum Gebäude der Direzione dem breiten Schotterweg. Links unten ist dabei das **Gehege der Hirsche** zu sehen, die wir dort meist gut erkennen können. Am Haus angekommen gehen wir hinter das Gebäude, wo auch die Tische des zugehörigen **Bar-Restaurants** ① stehen. Dort befindet sich auch ein Brunnen mit einem großen Wasserbecken. Direkt rechts neben diesem Becken führen drei Steinstufen hinauf. Dahinter beginnt ein kaum erkennbarer Pfad. Er ist rot-weiß markiert, auf den Wiesen mit Holzpfosten und im Wald mit Farbmarkierungen an den Bäumen.

Zuerst bringt er uns zu einem **Gatter**. Wir durchqueren das Holztor und schließen es sorgfältig hinter uns. Ein Holzwegweiser zeigt rechts zum Monte Labbro. Wir folgen ihm auf einem zunächst kaum erkennbaren Wiesenweg und kommen zu einer interessanten **Info-Station** ②. Es geht hier um **Tierspuren**, die in Originalgröße als Abdruck in Beton zu sehen sind.

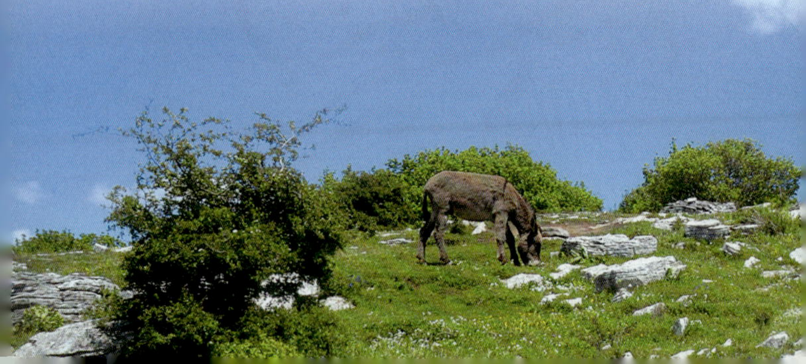

Der Weg wird breiter und führt hinauf bis zum **Gehege der Wölfe**, die man allerdings kaum zu Gesicht bekommen wird. Ab hier sind wir auf einem schmalen Waldpfad unterwegs, der in kurzen Abständen gut sichtbar markiert ist, sodass wir uns kaum verirren können. Er führt in weitem Bogen in stetem Auf und Ab um den neben dem Monte Labbro liegenden Poggio Pelato herum und taucht auf dessen Rückseite aus dem Wald auf ③. Es geht links weiter durch mit Steinen gesprenkelte Wiesen, auf denen es im Frühsommer üppig blüht. Auf diesem Teil des Weges ist der Weitblick grandios.

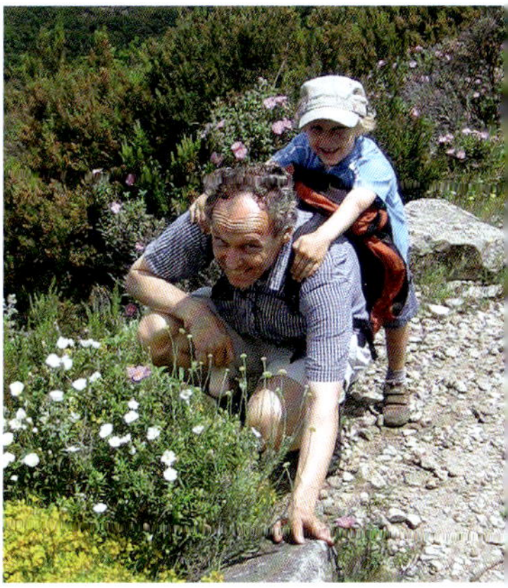

Kurz vor dem **Sattel** ④ zwischen den beiden Bergen durchqueren wir eine **Holzschleuse** ④, die die Esel

TOUREN-STECKBRIEF

Anfahrt: Von Santa Fiora oder Arcidosso kommend fahren wir bis Aiole und dann auf der SS323 in Richtung Süden bis nach etwa fünf Kilometern rechts die Zufahrt zum Parco Faunistico di Monte Labbro abzweigt. An der nächsten Kreuzung geht es rechts und später noch einmal links hinauf zum Parkplatz. Die letzten Kilometer der Zufahrt sind nicht asphaltiert, aber gut befahrbar. Parkplatz vor dem Eingang zum Parco bei **GPS N 42°50'15.3", E 11°31'42.6"**

Geöffnet: Mitte bis Ende Juni Fr, Sa, So 16–19 Uhr, Sa, So auch 10–13 Uhr. Juli bis September Di bis Fr 16–19 Uhr, Sa, So auch 10–13 Uhr. August Di bis So 10–19 Uhr. Eintritt €3,50. Hunde sind im Park verboten (auch an der Leine!).

Anspruch und Charakter: Fast durchgängig schöne Wanderpfade in toller Landschaft. Der Weg führt zeitweise durch den Wald. Im oberen Bereich geht es über Wiesen mit Weitblick, aber ohne Schatten.

Highlights: Stationen des Naturlehrpfades, tolle Wege, Eselbegegnungen, Tiere beobachten, Kapelle und Ruine mit Stollengang auf dem Gipfel.

Einkehr: Picknick mitnehmen oder Snackbar unten im Park. Hier ist aber nicht immer geöffnet.

In der Nähe: Sonnenkraftwerk Monte Labbro mit Lehrpfad in Bagnore.

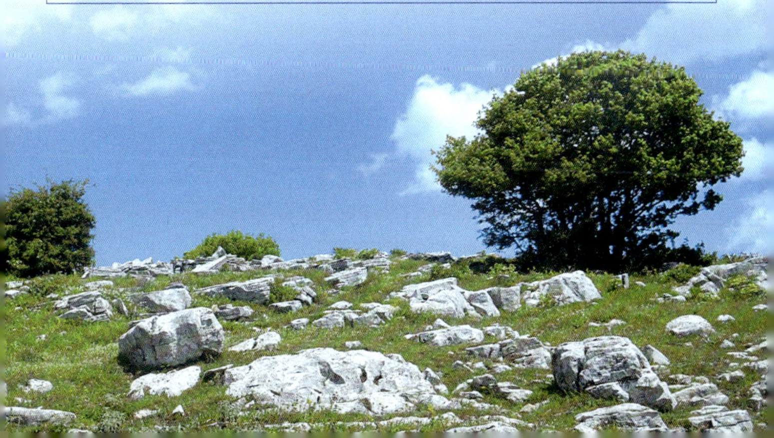

des Wildparks in ihrem Gehege hält. Dieses ist so groß, dass wir gut schauen müssen, um eines der Tiere zu entdecken. Unser erster Esel graste etwas abseits des Weges zwischen den Steinblöcken, kurz vor der Wegkreuzung auf dem Sattel stand dann rechts am Hang eine Eselstute mit Nachwuchs. Später haben wir im Tal die ganze Herde entdeckt. Es ziehen mehrere Gruppen über das Gelände, die Wahrscheinlichkeit einer Begegnung ist also groß.

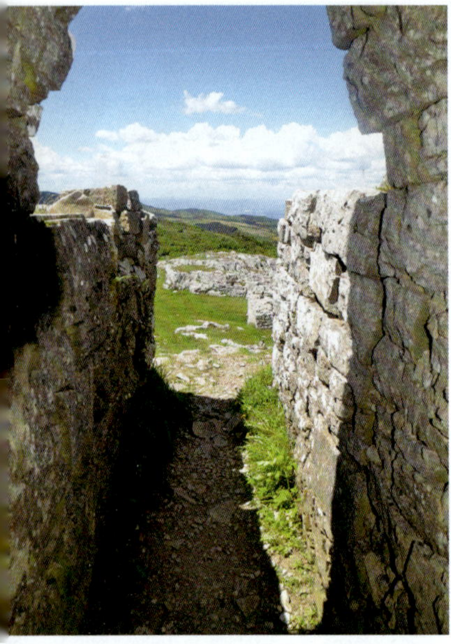

Der Weg macht einen Bogen. An einer deutlichen **Kreuzung** ⑤ halten wir uns links und durchqueren erneut ein **Holzgatter**. Direkt dahinter geht es links wieder hinab zur Direzione. Geradeaus führt ein breiterer Weg zum Gipfel des Monte Labbro. Der Aufstieg lohnt unbedingt – oben finden wir den perfekten Pausenplatz mit den Resten einer ungewöhnlichen Kirche.

Davide Lazzaretti, einem Fuhrmann aus dem nahen Arcidosso, soll 1868 auf dem Monte Labbro die Jungfrau Maria erschienen sein. Er gründete hier die Gemeinschaft Giurisdavici, eine christlich-sozialistische Kommune. Auf dem Berg entstanden eine Kirche und Wirtschaftsgebäude. Rund achtzig Familien folgten seiner Lehre und lebten auf dem Berg. Die katholische Kirche ließ ihn exkommunizieren. Lazzarini wurde 1878 bei einer Prozession in Arcidosso von Carabinieri erschossen und seine Gemeinschaft löste sich auf.

Auf dem **Gipfel** ⑥ gibt es rund um eine große Wiese viele Kletterfelsen. Ganz oben steht ein Steinturm und darunter lädt ein Tor mit einem dunklen Gang zum Erforschen ein. Es geht auch ohne Taschenlampe, mit Licht ist es aber einfacher. Was an dessen Ende zu finden ist, verraten wir nicht.

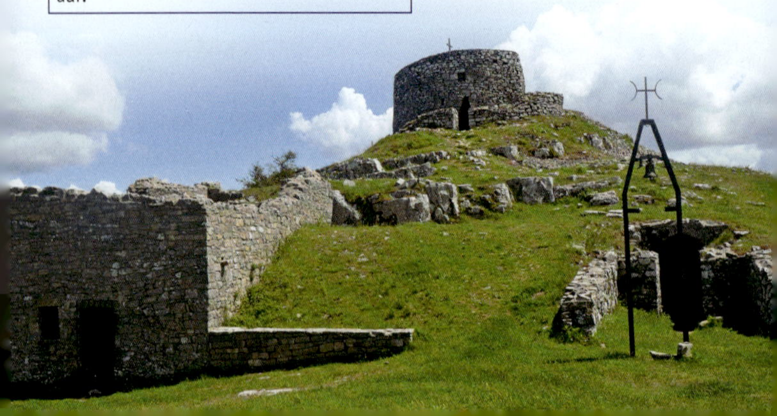

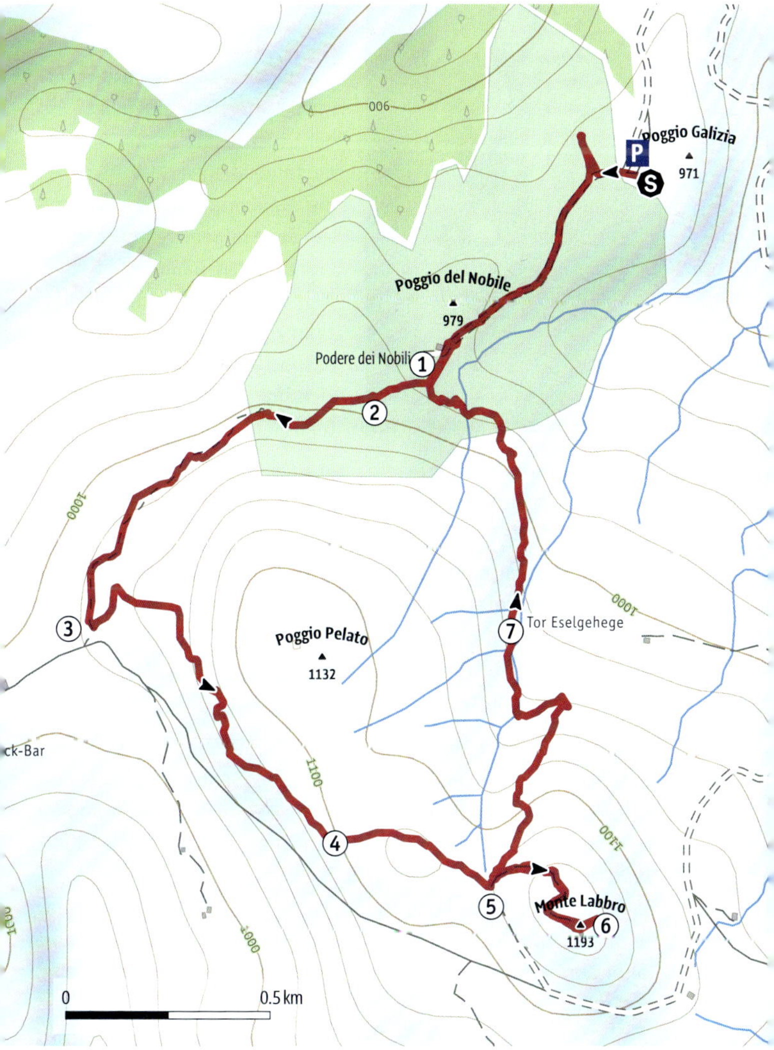

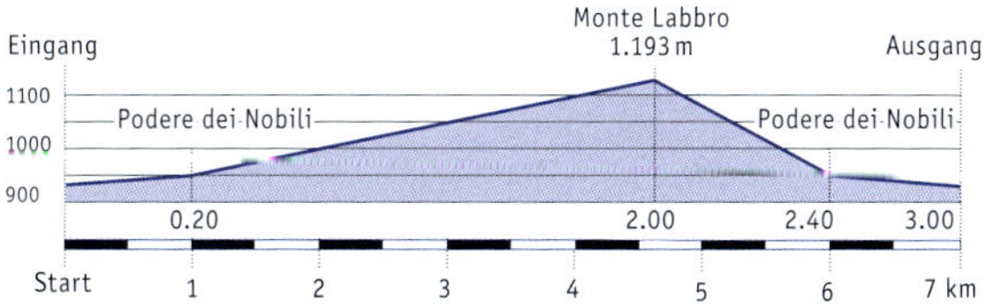

Nach der Pause steigen wir auf dem vertrauten Weg wieder zum **Gatter** ⑤ hinab und wählen jetzt den Pfad nach rechts. Er führt in ziemlich gerader Linie hinunter bis zu einem **Gehege mit Kühen**. Hier geht es links am Zaun entlang und kurz darauf durch ein **Holztor** ⑦ (bitte gut schließen!), und wir befinden uns wieder im Reich der Esel.

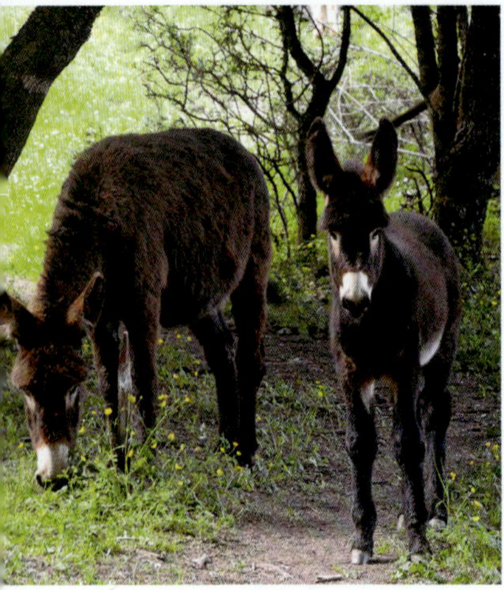

Hinter dem Tor sind die Markierungen etwas löchrig und nicht sofort zu erkennen. Es geht hier rechts hinab. Achtet im folgenden Verlauf gut auf die Markierungen. Wir verlassen das Eselgehege erneut und laufen unter Bäumen, bis der Weg vor einem **Maschendrahtzaun** zu enden scheint. Das Tor, das ins Gehege führt, befindet sich links neben dem Eckpfosten.

Wer bis hierher immer noch keinem Esel begegnet ist, wird jetzt ganz sicher welche sehen. Wir befinden uns jetzt im Heim der Eselgruppe, die direkt am Gebäude der Direzione untergebracht ist. Wir suchen uns einen der Pfade aus, die zum **Holztor links oberhalb des Stalles** führen, und stehen wieder auf der gleichen Wiese, auf der wir zum Rundweg gestartet sind. Rechts geht es durch das letzte Holztor und zurück zum **Ristorante**.

Lasst euch jetzt so kurz vorm Ziel, in der Hoffnung weitere Tiere zu sehen, nicht auf einen der Pfade locken (Sentiero Natura), die hinter dem Haus beschildert sind. Der Weg bietet zwar eine Alternative zum Rückweg auf dem Fahrweg, führt aber steil über 100 Meter hinab in den Wald und in ein Tal, aus dem wir dann am Ende des Weges wieder hinaufklettern müssten, und es liegen keine weiteren Tiergehege am Weg. Der anstrengende Abstecher lohnt nur, wenn ihr euch noch nicht ausreichend ausgetobt habt und ganz wild auf zusätzliche Höhenmeter seid. Ansonsten gehen wir einfach auf dem breiten Schotterweg zurück zum Auto.

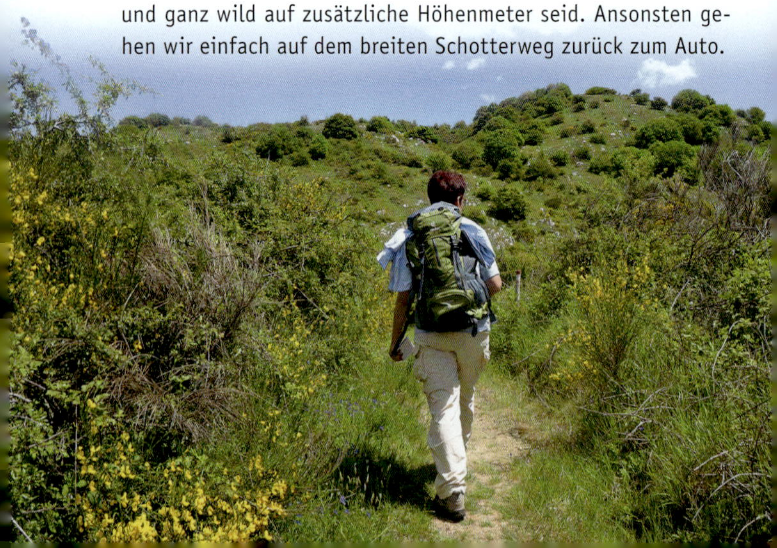

Das Stachelschwein

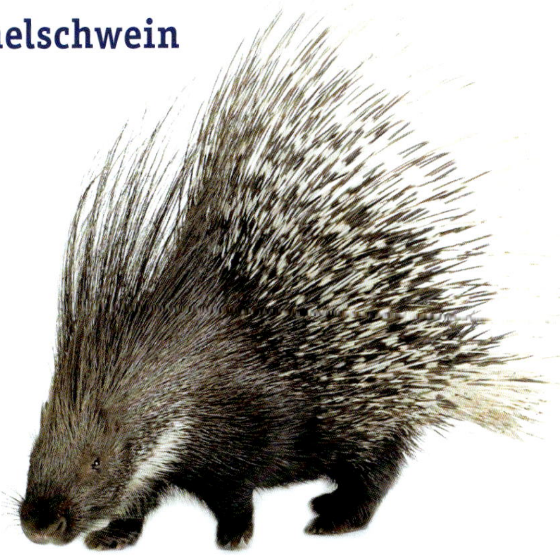

Optisch ist ein Stachelschwein ein wirklich witziges Tier. Vorne hat es ein ganz gewöhnliches, etwas borstiges Fell, in der Körpermitte folgen dann die Stacheln. Sie sind schwarz-weiß geringelt, sehr spitz und bis zu 40 Zentimeter lang. Die Stacheln hinten am Schwanz sind hohl und haben eine Öffnung. Sie werden Rasselbecher genannt. Fühlt sich ein Stachelschwein bedroht, schüttelt es den Schwanz, und wenn die Stacheln gegeneinanderschlagen, gibt es ein lautes, rasselndes Geräusch. Ist diese Drohgebärde nicht ausreichend, bewegt sich das Tier mit aufgestelltem Stachelkleid rückwärts in Richtung Angreifer und sieht dabei viel größer aus, als es ist.

Stachelschweine kommen in Europa nur in Italien und im Norden Griechenlands vor, häufiger sind sie in Afrika und Asien. Die Wahrscheinlichkeit, einem Stachelschwein zu begegnen, ist gering. Die Tiere verbringen den Tag in ihrem Bau und fressen in der Nacht. Ab und zu verlieren sie bei ihren Streifzügen einzelne Stacheln, und wenn wir viel Glück haben, können wir diese auf Wanderungen am Wegrand entdecken.

Mit einem Schwein hat ein Stachelschwein übrigens nur wenig gemein. Es gehört zur Gattung der Nagetiere, frisst aber neben Gräsern, Früchten, Rinde und Wurzeln auch Insekten und Kleintiere – ist also wie das Schwein omnivor. Erwachsene Tiere werden bis zu 80 Zentimeter lang und in Freiheit etwa zehn bis zwölf Jahre alt.

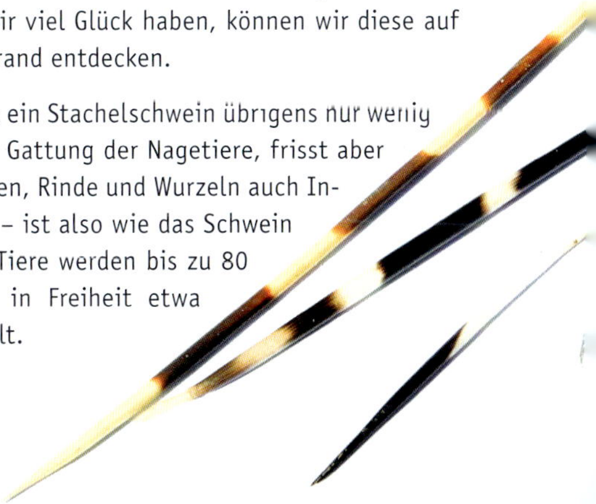

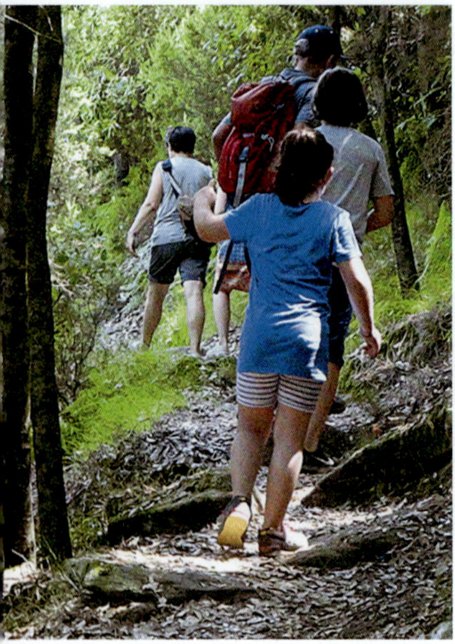

Tour 18: Sentiero dell'Acqua

Von Vivo d'Orcia zur Einsiedelei

Ein verschlungener Waldpfad bringt uns hinauf zur Einsiedelei an der Chiesa di Ermicciolo. Er führt über schmale Brücken und Natursteintreppen und windet sich zwischen dicken Steinbrocken mit Moospelz hindurch. Wie der Name des Weges schon sagt, gibt es unterwegs viel Wasser. Es werden Bäche überquert und ein kleiner Wasserfall rieselt über Felsen hinab. Am Ziel finden wir an der Steinkirche der Ermita einen angenehmen Picknickplatz.

170 m

STRECKE 3,5 km

1 h 30

ab 6

Wanderung: Vom unteren Parkplatz luafen wir die Hauptstraße hinauf, an der Bar vorbei und biegen links in die erste Straße und dann gleich wieder rechts in die Via Amiata ein. Schon von unten sehen wir am Hang ein blaues Parkplatzschild und laufen kurz darauf an einer **asphaltierten Parkfläche** ① vorbei.

Dahinter wird aus der Asphaltdecke Waldboden. Am Wegrand zeigt eine **Tafel** den Wegverlauf für unseren Sentiero dell'Acqua und den Sentiero di Sorgenti, der an dessen Ende anschließt. Der Sentiero dell'Acqua ist mit Hinweisschildern markiert. Sie führen uns hinunter in ein Bachtal und zu einem aufgestauten **Wasser-**

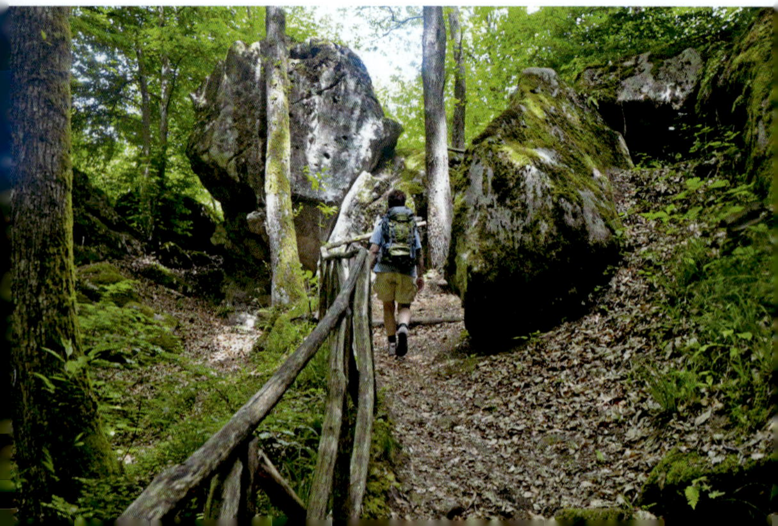

becken ②. Rechts stehen die ersten Picknicktische. Wir biegen hinter der Brücke am Staubecken links ab und kommen zu einem kleinen **Wasserfall**, der über zwei Steinstufen rieselt.

Zwischen dicken, bemoosten Steinen folgen wir dem Holzgeländer und den Markierungspfeilen. Der nächste Picknicktisch ist nicht weit: Er steht neben einer **Infotafel**. Dann geht es weiter hinauf durch den Kastanienwald zum Infopunkt **Gorina** ③, einem ehemaligen Wasserreservoir. An den Hängen des Monte Amiata hat man früher die sommerliche Wasserversorgung der Städte im Tal sichergestellt. So ist auch die nächste Station ein Teil der ehemaligen Wasserversorgung.

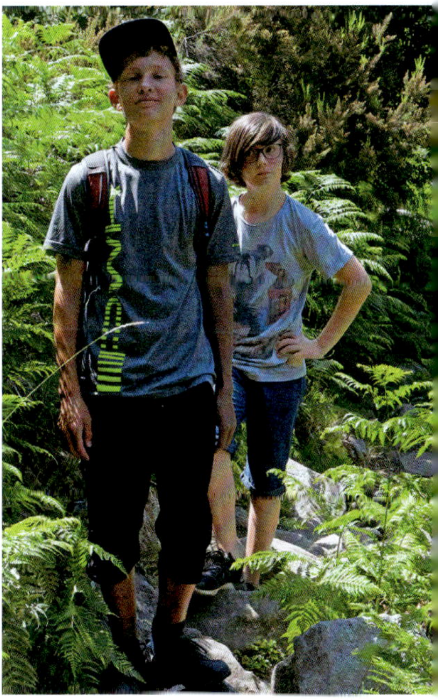

Kurz darauf stehen wir an einer **Kreuzung** ④. Wir queren hier zuerst den **Sentiero di Sorgenti** und gehen geradeaus weiter. Am Abzweig wenige Schritte weiter geht es rechts zur Area di Sosta, dem größten Picknickplatz am Weg. Wir wollen aber noch ein Stückchen weiter hinauf zur idyllisch gelegenen Einsiedelei und wählen hier, dem Wegweiser Sentiero dell'Acqua folgend, den linken Weg.

TOUREN-STECKBRIEF

Anfahrt: Vivo d'Orcia liegt an der abgelegenen, wenig besuchten Nord-Ostseite des Monte Amiata und ist von Abbadia San Salvatore über die SP65 zu erreichen. Für die Anfahrt sollte man genug Zeit einplanen. Die Straßen rund um den Ort sind schmal, kurvig und in schlechtem Zustand. Es gibt im Dorf zwei Parkmöglichkeiten für die Wanderung. Der erste Parkplatz liegt bei **GPS N 42°56'0.2", E 11°38'29.9"** gleich am Ortseingang rechts neben der Straße (Vorsicht, enge Zufahrt), der zweite befindet sich etwas weiter oben am Berg am Anfang des markierten Wegs bei **GPS N 42°55'52.7", E 11°38'29.0"** in der Via dei Sorgenti. Wer zum Abschluss der Wanderung in der Bar einkehren möchte, hier locken auch hausgemachte Gelati, parkt am besten unten im Ort. Wer Höhenmeter sparen möchte, wählt den oberen Parkplatz.

Anspruch und Charakter: Meist schmale Waldpfade mit Naturboden, nur auf dem Rückweg geht es kurz auf einem breiten Waldweg entlang. Sehr schattig und gut geeignet für heiße Sommertage.

Highlights: Zauberwald mit moosbewachsenen Steinen und kleinen Wasserfällen, viele Bachbrücken, an der Chiesa viel Platz zum Spielen.

Einkehr: Picknick mitnehmen.

In der Nähe: Thermalbad in Bagni San Filippo.

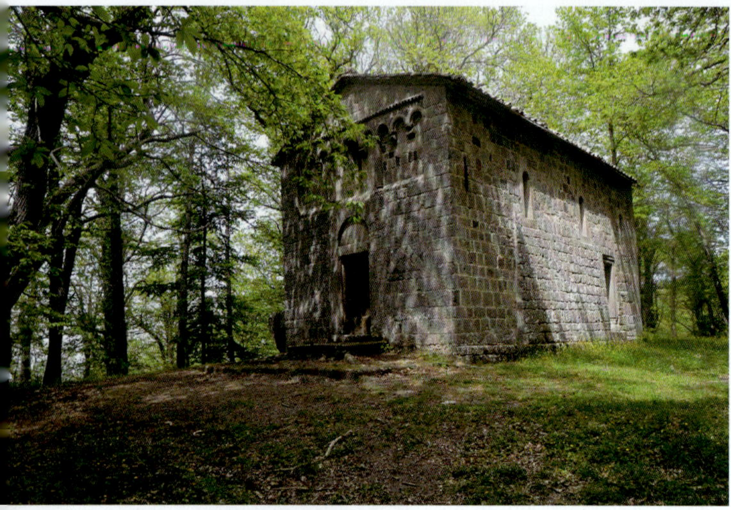

Dann erreichen wir die Steingebäude des ehemaligen **Wasserwerkes**. Die Wegmarkierung schickt uns nach links, und noch vor dem Gebäude führt rechts ein Pfad hinauf. Nur noch wenige Schritte, dann sehen wir die **Chiesa di Ermicciolo** ⑤, eine kleine Natursteinkirche. Auch hier, am Wendepunkt unserer Wanderung stehen, einige Picknicktische und machen den Platz perfekt für eine Pause.

Dann geht es wieder hinunter – zuerst zu einer riesigen **Area di Sosta** ⑥, die man auch mit dem Auto erreichen kann. Dann wandern wir durch einen Kiefernwald und der Boden ist statt mit Kastanien mit Zapfen übersät. Der Wechsel kommt plötzlich: Wenig später tragen die Bäume wieder Blätter. Der Weg führt uns zügig hinab bis zur **Ruine einer alten Mühle** ⑦, von der aber nur noch Mauerreste zu sehen sind. Kurz darauf stehen wir an einer schmalen **Holzbrücke**. Statt hinüber und steil den Hang hinauf zu gehen, wechseln wir nach links auf einen breiteren Waldweg und treffen dort auf eine **Höhle** ⑧. Sie liegt oberhalb des Weges und kann erklettert werden.

Dann spazieren wir auf dem breiten Weg weiter. Kurz bevor dieser die Straße erreicht, können wir rechts abbiegen und kommen an den ersten Picknicktischen vorbei wieder zum **Wasserbecken** ②. Wir überqueren die Brücke und müssen jetzt noch ein letztes Mal stramm bergauf, dann stehen wir wieder am oberen Parkplatz. Zum Abschluss der Wanderung können wir uns unten an der Bar unter die Männer des Dorfes

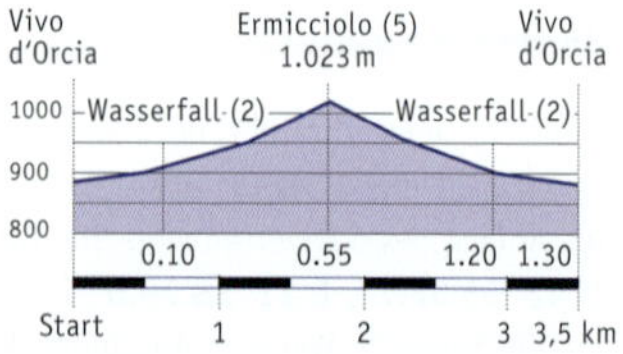

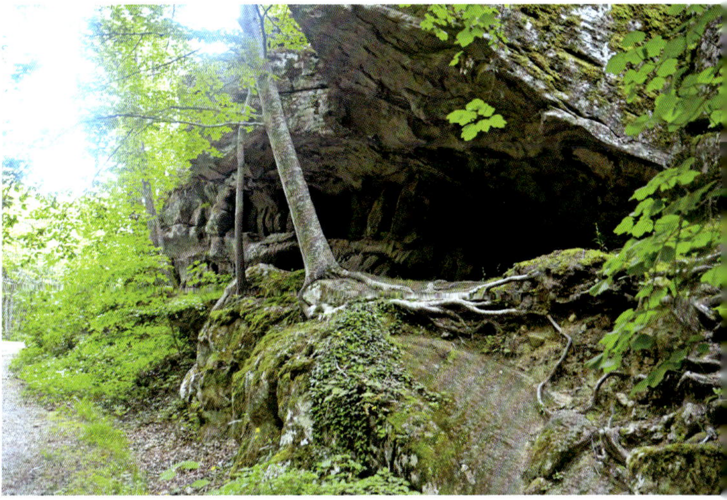

mischen. Das Eis ist es wert, aber es gibt auch Kaffee und für Hungrige ein paar warme Kleinigkeiten.

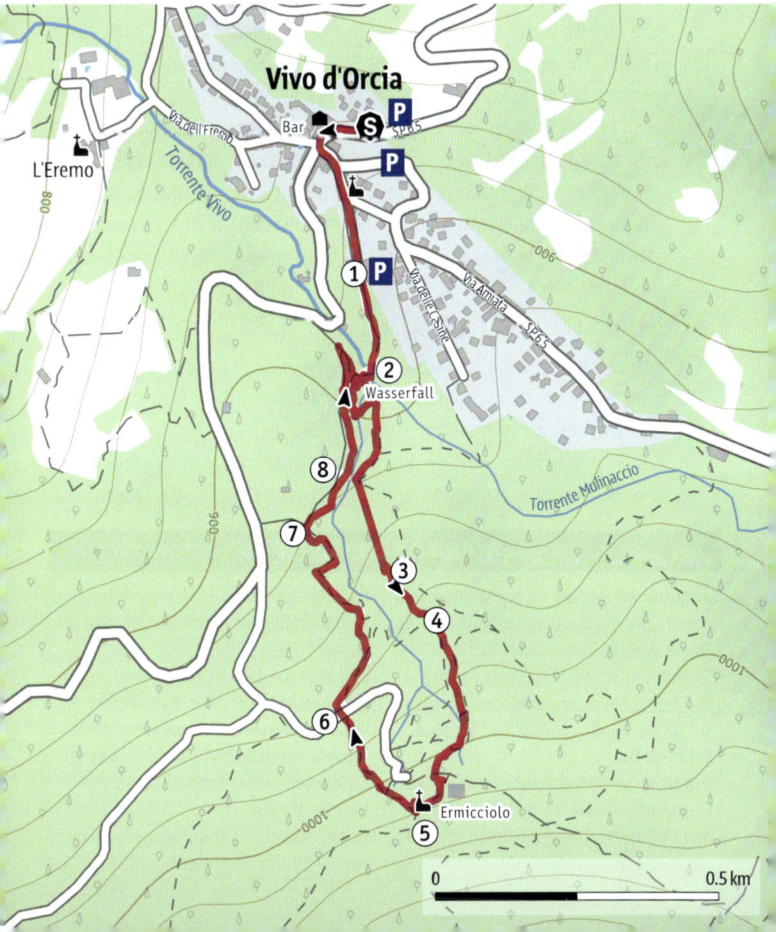

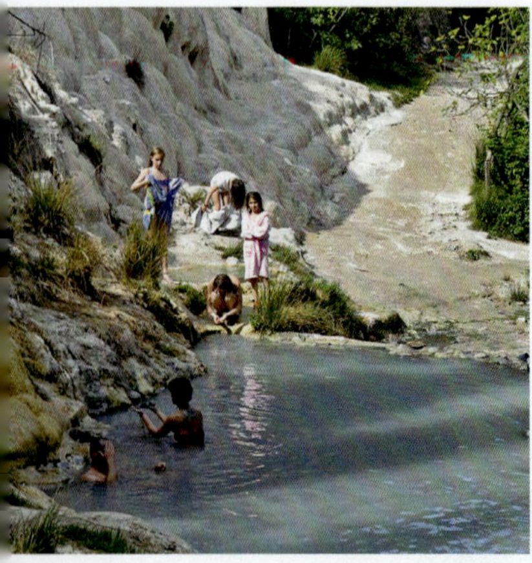

Tour 19: Fosso Bianco

Die heißen Quellen von San Filippo

Die heißen Quellen in Bagni San Filippo im Orciatal wussten schon die Römer zu schätzen. Das bis zu 50 Grad warme Wasser enthält wertvolle Mineralien wie Sulfate, Kalziumcarbonat und Magnesium und hilft bei schmerzenden Gelenken und Erkrankungen der Atemwege. Der weiße Mineralschlick wird für Körperpackungen und Gesichtsmasken verwendet. Man kann sich aber auch einfach nur zur Entspannung ins herrlich warme Wasser etlicher Naturbadepools setzen.

80 m

STRECKE 2 km

45 min

ab 4

Wanderung: Vom Parkplatz an der **Via Fosso Bianco** gehen wir die Straße hinab bis zu den ersten Häusern des Ortes. Hier biegt rechts im spitzen Winkel ein Schotterweg ab, der direkt zum ersten Badebecken an einem weißen Sinterfelsen führt. Eine Brücke bringt uns über den Rio Bianco. Rechts hinauf kommen wir zu einem weiteren schönen Badebecken, das in einen warmen und einen kälteren Bereich geteilt ist. Je näher wir der Felswand sind, desto wärmer ist das Wasser in den Becken. Ein paar Schritte weiter oben wirkt ein kleines Bassin wie ein Jacuzzi in der Therme.

Die richtig großen **Sinterfelsen** ①, denen der Badeplatz den Namen Fosso Bianco verdankt, liegen unterhalb der Brücke. Gehen wir von dort aus nach links und folgen dem schmalen Pfad am Wasserlauf mit vielen kleinen Kaskaden, stehen wir bald vor einer mächtigen weißen Wand. Der Anblick ist beeindruckend. Die Sinterablagerungen sehen ein bisschen aus wie Tropfstein.

TOUREN-STECKBRIEF

Anfahrt: Bagni San Filippo liegt etwas abseits der Hauptrouten nordöstlich des Monte Amiata und ist von Abbadia San Salvatore über die SP 61 zu erreichen. Parkmöglichkeit am südlichen Ortsrand am Straßenrand bei **GPS N 42°55'35.1", E 11°42'0.7"**.

Anspruch und Charakter: Bis zum Bach laufen wir auf der Dorfstraße. Unten an den Becken schmaler Waldpfad mit vielen Wurzeln.

Highlights: Baden in den warmen Bassins oberhalb der Brücke, Kletterweg hinunter zu den Sinterfelsen.

Einkehr: Bar La Cascata am Weg zu den Badebecken oder vier Restaurants im Ort, die alle empfehlenswert sind. Regionale Spezialitäten bekommt man gut zubereitet in der Osteria Lo Spugnone oder im Il Solco.

In der Nähe: Das Thermalbad im Ort ist von 9–19 Uhr geöffnet, Di geschlossen.

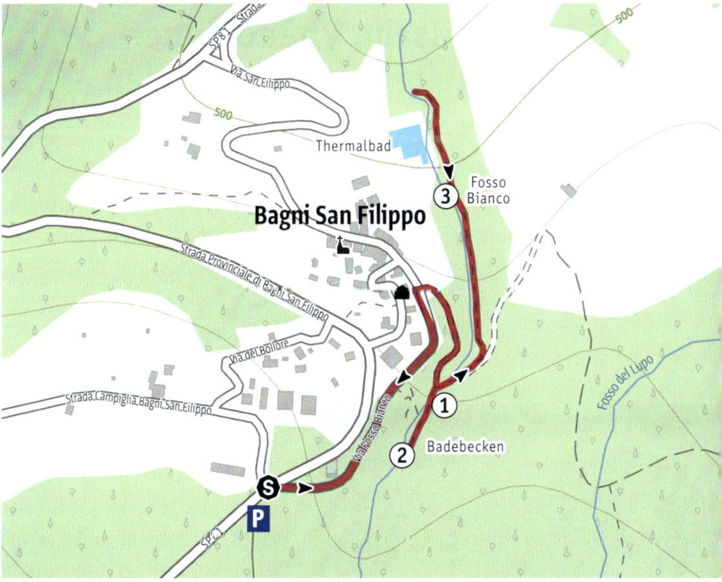

Eine Tafel informiert darüber, dass man unterhalb des Felsens wegen Steinschlaggefahr nicht baden soll, und dass das Klettern im Sinter verboten ist. Das Verbot wird mehr oder weniger ignoriert und eine Strafe nur für das Hinterlassen von Müll und Hundehäufchen angedroht. Mit Kindern solltet ihr trotzdem in den sicheren Becken weiter oben baden.

Laufen wir an der weißen Wand noch weiter nach unten, sehen wir bald den Zaun des Thermalbades. Vor diesem gibt es weitere Becken, die jedoch außer mit Wasser auch mit viel weißem Schlamm gefüllt sind. Hier endet der Weg und wir steigen auf demselben Pfad wieder hinauf zur Brücke und zum Parkplatz.

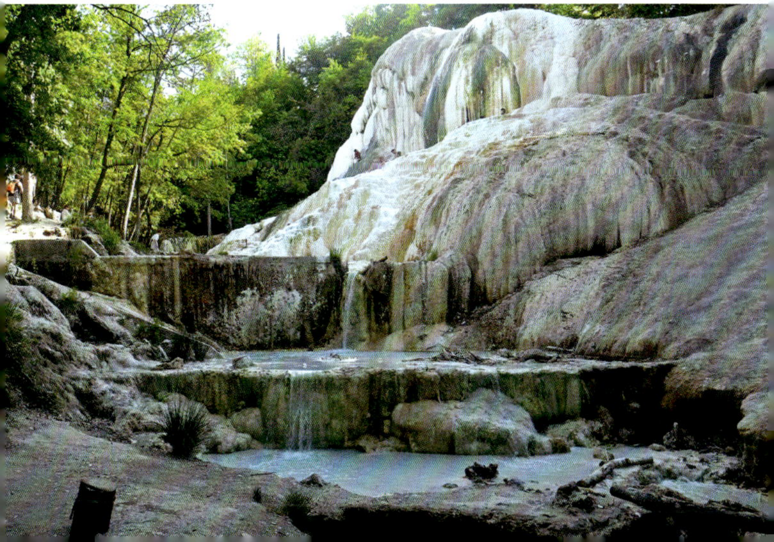

Geothermische Phänomene: heiße Quellen und Fumerolen

Der Monte Amiata ist mit 1738 Metern der höchste Berg der Südtoskana. Er ist ein ehemaliger Vulkan, der aber schon sehr lange nicht mehr aktiv ist. Sein letzter Ausbruch dürfte vor mindestens 180.000 Jahren stattgefunden haben. Die Hitze im Inneren des Berges reicht aber immer noch aus, um das Wasser mehrerer Quellen zu heizen. Auch das Kraftwerk bei Bagnore, eines der drei geothermischen Kraftwerke der Toskana, arbeitet mit der unterirdischen Hitze des ehemaligen Vulkanes.

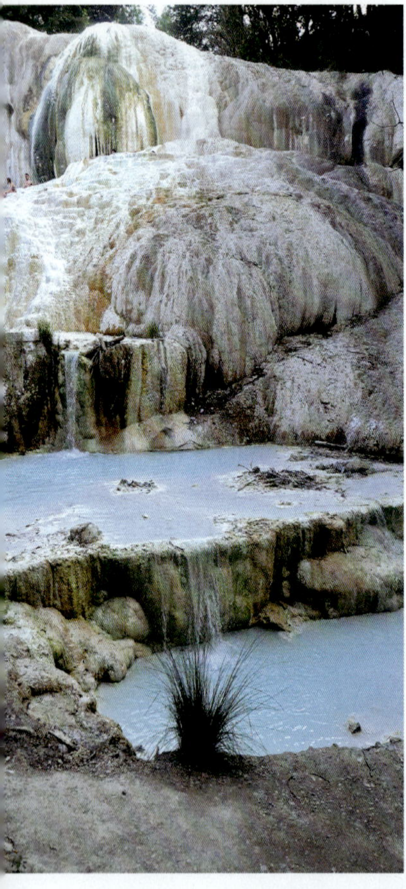

Heiße Quellen und Sinterbildung

Die heißen Quellen im Amiatagebiet liegen in Saturnia, Bagni San Filippo und Petriolo. Die beiden ersten wirken durch Sinterbildung besonders malerisch. Die weißen Ablagerungen, die beinahe aussehen wie Tropfstein, entstehen aus Kalk. Das Prinzip entspricht dem eher unangenehmen Phänomen, das man in Regionen mit kalkreichem Wasser in jedem Wasserkocher beobachten kann. Im heißen Wasser lösen sich besonders viele Mineralien. Neben Schwefel, der dem Thermalwasser seinen charakteristischen Geruch, aber auch die gesuchte Heilwirkung beschert, befindet sich auch viel Kalk im Wasser, der zusammen mit Alkalisalzen an den Hängen krustige, stabile Ablagerungen bildet. Sinterbecken, wie man sie in Saturnia [› Tour 10] und San Filippo [› Tour 19] sehen kann, entstehen durch Ablagerungen von Kalksinter an Barrieren, wie zum Beispiel ins Wasser gefallenen Ästen und Steinen, und entwickeln sich mit der Zeit zu richtigen Becken. Besonders bekannt für ihre weitläufigen Sinterbecken ist die heiße Quelle in Pamukkale in der Türkei.

Fumarolen und Schlammtöpfe

Auch Fumarolen, wie die am Monterotondo **[› Tour 26]**, sind ein typisches Element des Vulkanismus und es gibt sie ausschließlich in Gebieten mit abklingender vulkanischer Aktivität. Sie entstehen, wenn im heißen Boden nur wenig Wasser vorhanden ist. Das Wasser wird dann, bevor es ans Tageslicht kommt, komplett zu Wasserdampf umgewandelt. Sind im Wasser auch Schwefel oder andere Mineralien vorhanden, entstehen um die Austrittstellen des Dampfes farbige Ränder. Endet eine Fumarole im feuchten Boden, entsteht ein brodelndes Loch, das man als Schlammtopf bezeichnet.

Im Umfeld aktiver Vulkane können Fumarolen, wenn sich ihre Temperatur verändert, Indikatoren für eine erhöhte Aktivität sein und vor einem drohenden Vulkanausbruch warnen.

Geothermische Kraftwerke

Die Geothermie nutzt die Erdwärme als Energiequelle und ist damit eine regenerative Energie, mit ausgezeichneter CO^2-Bilanz und wenig Belastung für die Umwelt. In der Toskana stehen die größten geothermischen Kraftwerke Europas und versorgen etwas ein Drittel der Haushalte in der Region mit Strom. Die Nutzung der Erdwärme zur Erzeugung von Strom ist hier in der Toskana besonders effektiv, weil man nicht tief graben muss, um in heiße Erdschichten vorzudringen. Noch einfacher ist die Nutzung der Energie geothermischer Felder. Statt aufwendig aus Hitze Strom zu erzeugen, wird hier der heiße Wasserdampf der Fumerolen direkt genutzt, um Turbinen anzutreiben. Zwischen Santa Fiora und dem Monte Labbro ist so ein Kraftwerk zu sehen und es führt sogar ein frei zugänglicher Lehrpfad über das Gelände. Ein weiteres kleines Kraftwerk steht am Monterotondo **[› Tour 26]**.

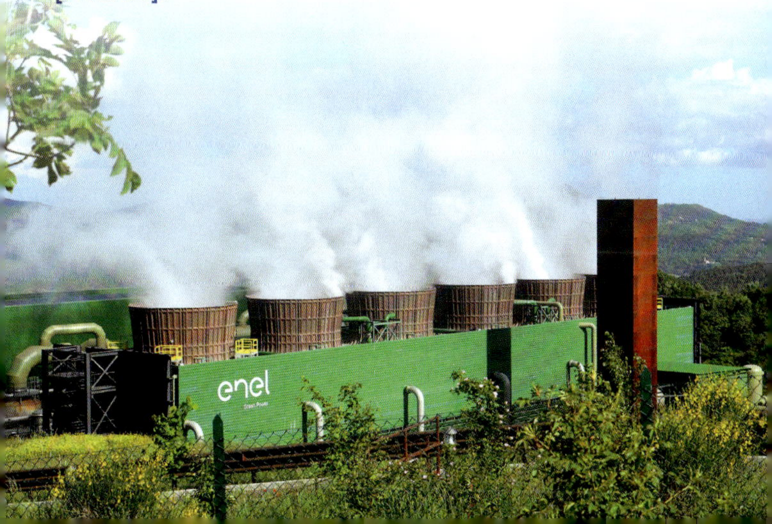

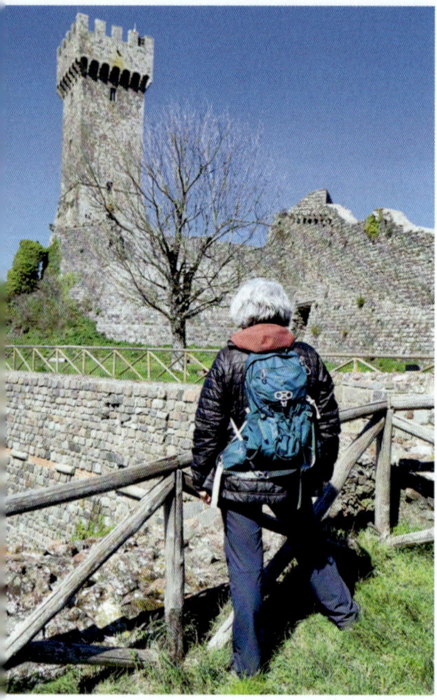

Tour: 20 Wachturm mit Weitblick

Die Festung von Radicofani

Der mächtige Wachturm der alten Festungsanlage ist schon von Weitem zu sehen. Die Burg steht auf einem Basaltfelsen in fast 900 Meter Höhe und wird nur noch vom Monte Amiata überragt. Entsprechend grandios auch ist der Ausblick vom Burgturm. Eine Treppe führt hinauf zu einer Aussichtsplattform. Der Rest des Gebäudes ist eine Ruine.

Für Kinder ist das weitläufige Gelände der Bastion rund um den Turm ein echtes Abenteuerland. Es gibt Tore und finstere Gänge im Sockel der Burganlage, schöne Nischen für ein Picknick und viel Platz zum Spielen. Die ganze Burganlage kann zudem in Eigenregie erkundet werden.

1 h

ab 4

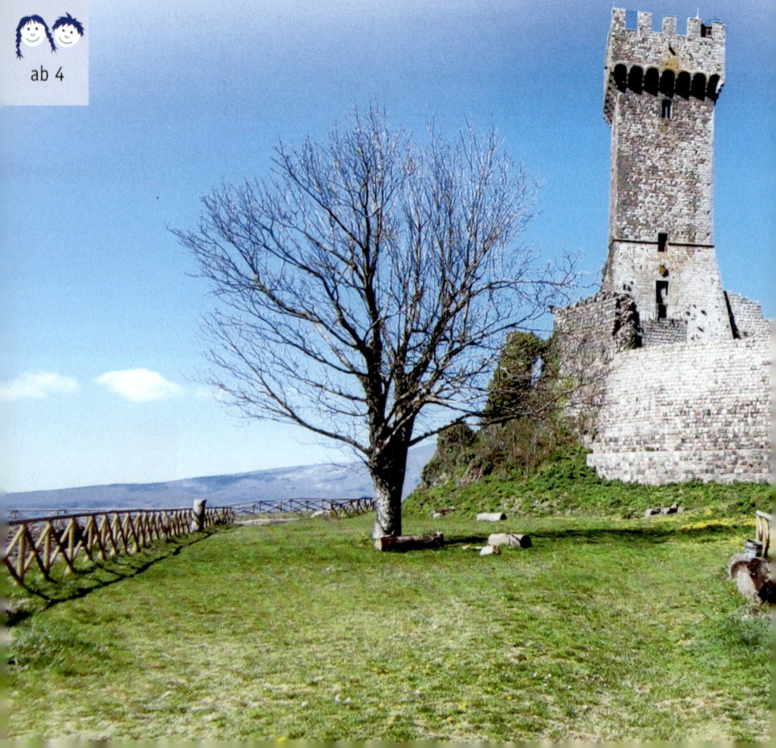

TOUREN-STECKBRIEF

Anfahrt: Im Dorf Radicofani der SP24 zum Parkplatz an der Festung bei **GPS N 42°53'56.8", E 11°46'5.6"** folgen.
Geöffnet: April bis Oktober 10 – 20 Uhr, €5. www.fortezzadiradicofani.it
Anspruch und Charakter: Die Burgruine mit ihren Nischen und Gängen und weitem Ausblick kann auf eigene Faust erkundet werden. Auf der Wiese ist auch Platz für ein Picknick.
Einkehr: Auf dem Gelände gibt es auch ein Restaurant.

Die Festungsanlage: Die Geschichte der Burg begann wohl im 10. Jahrhundert. Die Anlage war damals noch kleiner und gehörte zur Benediktinerabtei von Monte Amiata. Später stritten sich in Radicofani immer wieder die Herren von Siena und die römische Kirche um die Vormacht. 1297 fiel die Burg in die Hände des berühmten Räubers Ghino di Tacco, der in Italien als eine Art Robin Hood gesehen wird. Von seinem Versteck in Radicofani überfiel der die Wanderer auf dem Pilgerweg der Via Francigena, dem Franziskusweg, der noch heute unterhalb der Burg entlangführt. Ghino beraubte aber nur die Reichen, arme Bauern und Studenten lies er laufen. Eine weitere Geschichte über den »Gentleman-Räuber« ist im Decameron, einem berühmten Werk des römischen Dichters Boccaccio zu lesen. Er soll den Abt von Cluny, der auf dem Weg zu einer Kur in San Casciano war, entführt haben. Er sperrte ihn ein und gab ihm nur mit Brot, Wein und Bohnen, was den Abt von seinen Magenschmerzen heilte. Als Bezahlung verlangte er, was die Kur gekostet hätte.

1560 bis 1567 wurde die Festung, die bis dahin nur aus dem Turm bestand, mit einer Bastion erweitert. 1735 wurde sie durch die Explosion einer Pulverkammer schwer beschädigt. Der Turm und der dreieckige Bergfried wurden erst 1925 restauriert. Der Turm wurde dabei nach altem Vorbild neu aufgebaut.

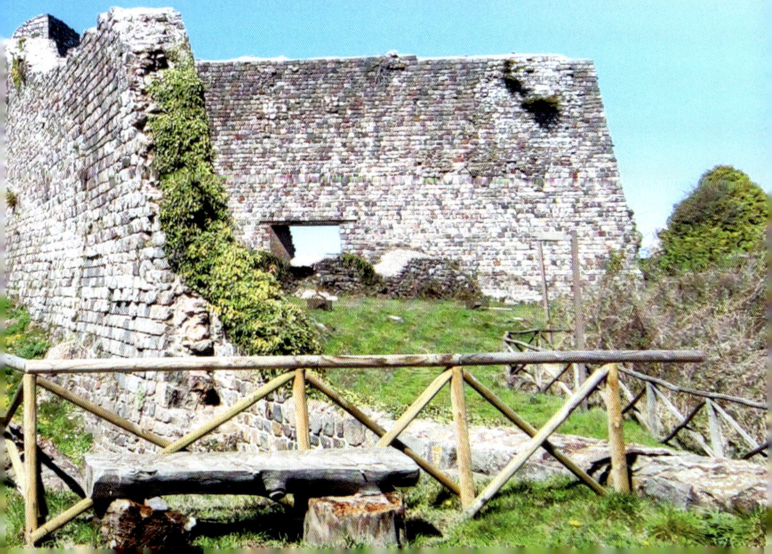

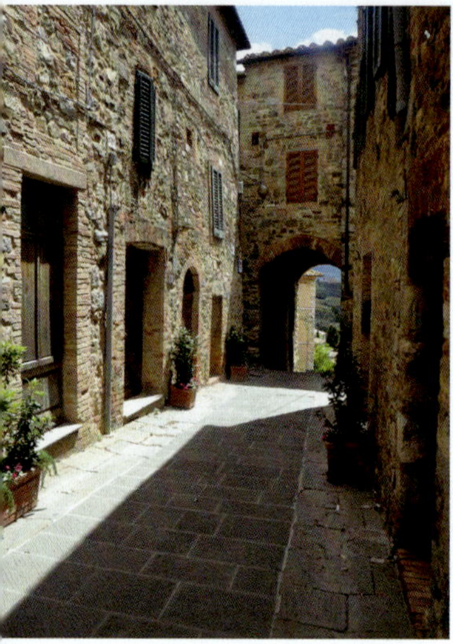

Tour 21: Rund um Sant'Antimo

Mini-Bergtour zwischen Kloster und Dorf

Das Kloster von Sant'Antimo ist eine der beliebtesten Sehenswürdigkeiten der südlichen Toskana. Um den Besuch auch Kindern schmackhaft zu machen, könnte man die Besichtigung mit dem Mini-Rundweg »Sentiero dell'Abate« mit Spielplatzbesuch ergänzen.

80 m

STRECKE 2,5 km

1 h

ab 4

Wanderung: Vom Parkplatz gehen wir auf der Straße zur **Klosterkirche** ①, die man auch besichtigen kann. Um anschließend zum Dorf hinaufzukommen, laufen wir den Zugang zur Kirche weiter hinunter bis zu einer **T-Kreuzung** ②, an der wir dem Wegweiser »Sentiero dell'Abate« nach links folgen. An der nächsten **Gabelung** ③ wählen wir den linken Weg, der uns am Feldrand entlang und dann durch eine Serpentine hinauf bis zur **Straße** ④ bringt.

Hier gehen wir etwa 50 Meter auf der Straße nach rechts, bis wir auf der gegenüberliegenden Seite einen Weg erkennen können, der steil den Hang hinaufführt. Auch dieser ist mit einem Holzpfeil markiert. Unter Feigenbäumen und vorbei an üppig wachsenden Feigenkakteen marschieren wir immer geradeaus hinauf bis zum Dorf. Links geht es zur Kirche, dann halten wir uns rechts und spazieren zwischen sorgfältig gepflegten Natursteinhäusern auf das **Stadttor** zu. Kurz davor stehen die Tische eines Cafés auf der Straße. Direkt hinter dem Tor rechts befindet sich der Bürgerpark mit Picknickplätzen im Schatten und einem kleinen **Spielplatz** ⑤. Hier können wir gut eine Pause machen.

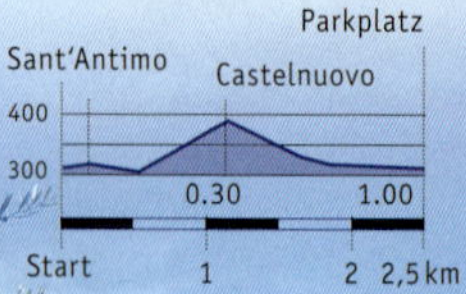

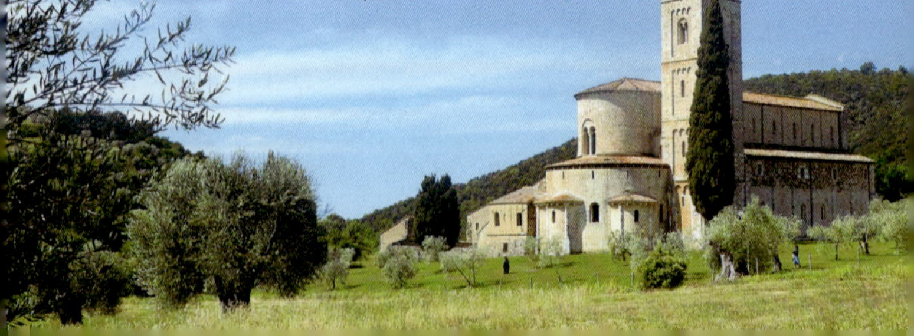

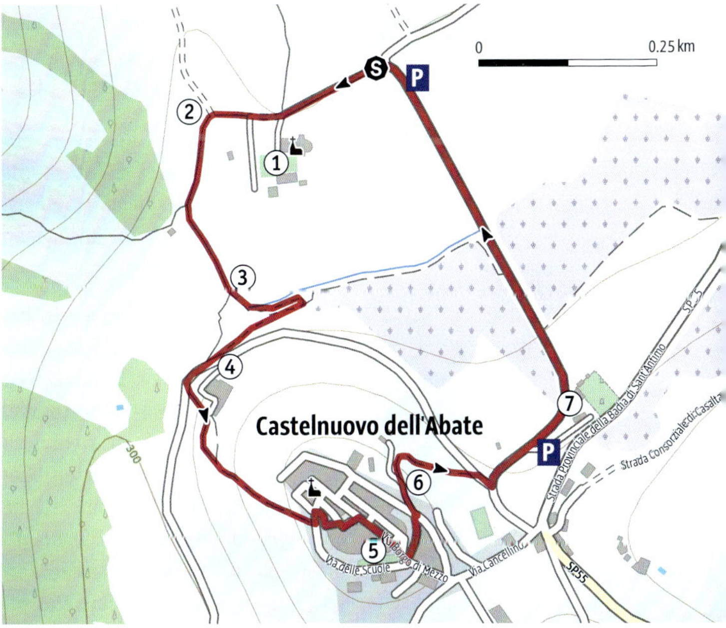

Der Rückweg verläuft zum Teil auf der Zufahrtsstraße zum Kloster. Wer das vermeiden möchte, steigt auf dem gleichen Weg wieder hinunter.

Für den Rundweg biegen wir direkt vor dem Tor links in die schmale Straße ein und folgen dieser, bis rechts ein **Wiesenweg** ⑥ abzweigt, der uns hinunter zur Straße bringt. Hier laufen wir rechts und gleich wieder links und befinden uns jetzt auf der Zufahrtsstraße zum Parkplatz. Vorbei am **Bookstore** ⑦ (hier gibt es kalte Getränke und ein WC) marschieren wir am Straßenrand bis zum Auto.

Abazzia di Sant'Antimo

Im Inneren eher schlicht gehalten, wirkt die ab 1118 erbaute Klosterkirche hauptsächlich durch ihre hohen Räume und die Fenster hinter dem Altar. An den Wänden sind undeutlich Reste von Fresken erhalten. Besonders berühmt ist die Darstellung von Daniel in der Löwengrube am Kapitell der zweiten Säule auf der rechten Seite, die einem französischen Meister zugesprochen wird. Auch für Kinder interessant dürfte das Hauptportal der Kirche sein, wo sich etliche steinerne Fabelwesen tummeln.

TOUREN-STECKBRIEF

Anfahrt: Von Montalcino geht es auf der SP 55 in Richtung Süden bis zum Dörfchen Castelnuovo dell'Abate und vor dem Ort rechts zum Kloster. Kostenpflichtiger Parkplatz am Kloster bei **GPS N 43°00'02.10", E 11°31'1.4"**. Kostenlos parkt man hinter dem Bookstore an der Zufahrt.

Markierung: Wegweiser Sentiero dell'Abate.

Anspruch und Charakter: Kurzer Rundweg zwischen dem hübschen Ort und dem Kloster. Gute Wege, nur durch die Steigung ein wenig anstrengend.

Highlights: Fabeltiere im Kirchenportal. Mäuerchen zum Balancieren, tolle Landschaft am Kloster, Feigenkakteen am Wanderweg, Spielplatz im Ort.

Einkehr: Ristorante oben im Ort.

Gecko und Eidechse – Kletterkünstler und Sonnenanbeter

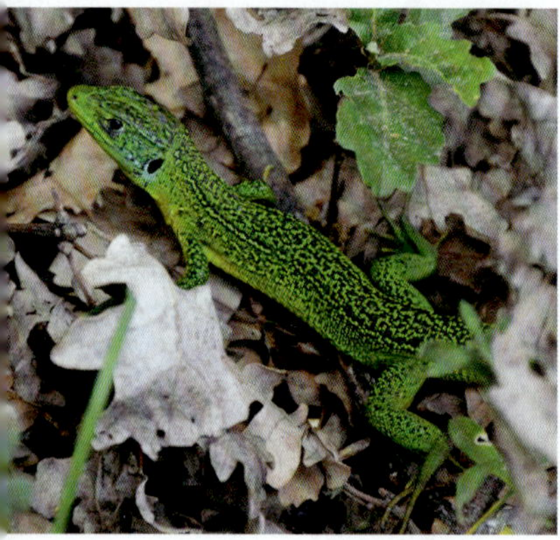

Wenn man viel zu Fuß unterwegs ist, begegnet man ihr fast auf Schritt und Tritt: der Eidechse. Sie liebt sonnige Plätze, ist aber sehr scheu. Bewegt man sich zu schnell, ist sie, schwupp und in Windeseile, in der nächsten Mauerritze verschwunden. Versucht man, eine Eidechse zu fangen, und hält sie am Schwanz fest, wirft sie diesen ab. Er sieht dann noch eine Weile aus wie ein sich windender lebender Wurm. Das soll den Feind ablenken und der Eidechse die Flucht ermöglichen. Einmal wächst der Schwanz nach, dann leider nicht mehr.

Am häufigsten ist in der Toskana und auf Elba die Mauereidechse zu sehen. Ihre Farbe ist meist hell bis dunkelbraun, bei den Männchen zieht sich noch ein grüner Streifen über den Rücken. Seltener ist die giftgrün schillernde Smaragdeidechse, die mit einer Körperlänge von zehn bis 15 Zentimetern recht groß werden kann. Auf Elba ist außerdem die Tyrrhenische Gebirgseidechse heimisch, die ansonsten nur auf Korsika und Sardinien anzutreffen ist. Sie bevorzugt steinige Lagen über 500 Meter Höhe, ist größer als eine Mauereidechse und zeigt meist eine dunkle Netzstruktur auf ihrem grünlichen Rücken, manche

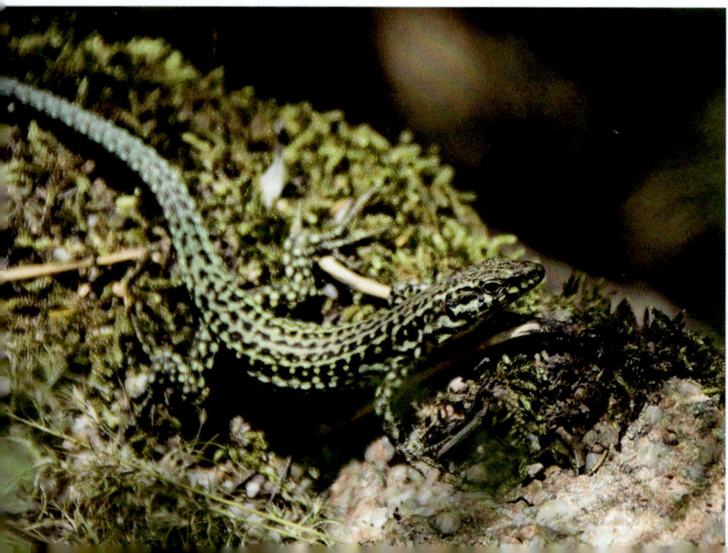

Tiere sind auch einfarbig dunkelgrün oder dunkelbraun.

Eidechsen vertragen keine Kälte. Im Winter ziehen sie sich an einen geschützten Platz in einer Mauerritze oder unter Steinen oder Baumwurzeln zurück und verfallen in Winterstarre, um zu überleben. Erst wenn es wärmer wird, kommen sie wieder heraus.

Ebenfalls zur Familie der Schuppenkriechtiere gehören die ähnlich aussehenden, aber massigeren Geckos. Sie sind etwas größer und haben einen deutlich breiteren Kopf als Eidechsen. Die Schuppen wirken gröber und das ganze Tier nicht so elegant.

Geckos sind längst nicht so verbreitet wie Eidechsen, trotzdem sind sie häufig zu sehen, da sie sich gerne in menschlichen Siedlungen aufhalten. Die am Mittelmeer üblichen Mauergeckos sind eigentlich vorrangig nachtaktiv, sonnen sich aber tagsüber gerne auf Mauern. Wie auch die Eidechsen können sie bei Gefahr ihren Schwanz abwerfen, um zu entkommen. Beide Arten fressen hauptsächlich Insekten. Mauergeckos lassen sich relativ leicht in Terrarien halten und werden in Gefangenschaft bis zu zwölf Jahre alt. Wie auch bei den Mauereidechsen legen die Weibchen nach der Fortpflanzung ihre Eier in Mauerritzen oder unter Steinen ab, und es sind mehrere Gelege in einem Jahr möglich.

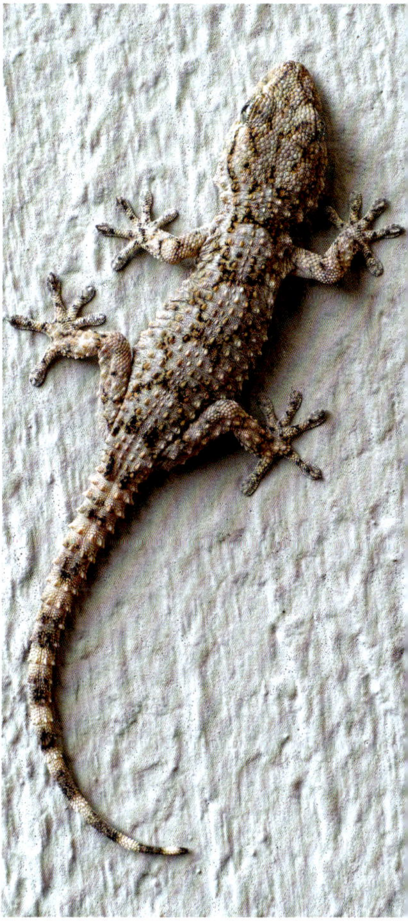

Junge Geckos werden nicht von ihren Eltern betreut und sind von Anfang an selbstständig.

Geckos gibt es seit etwa 50 Millionen Jahren, sie gehören zu den ältesten Tierarten der Welt. Mit der Zeit haben sie sich in vielen Regionen der Erde verbreitet, besonders viele Arten kommen aber in den Tropen vor. Es gibt tagaktive und nachtaktive Geckos. Während die tagaktiven Arten runde Pupillen haben, sind die der nachtaktiven Tiere nur ein schmaler Spalt.

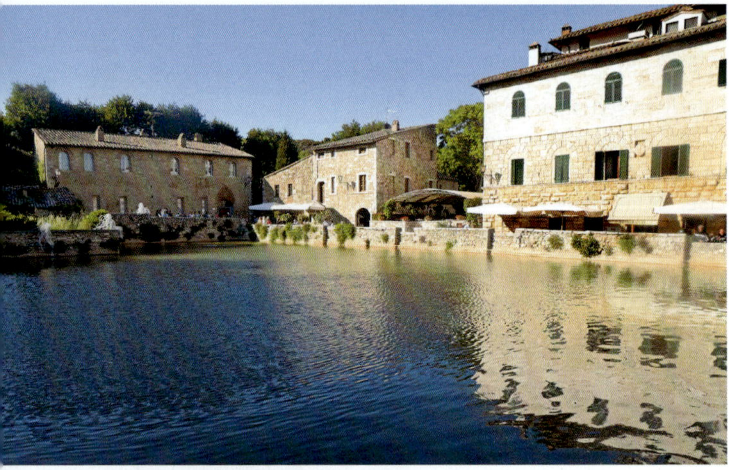

100 m

STRECKE 5,5 km

2 h

ab 6

Tour 22: Bagno Vignoni und der Parco dei Mulini

Sinterfelsen und Industrieruine

Als Thermalbad war Bagno Vignoni schon den Etruskern bekannt. Man verwendete das Wasser der Thermalquelle, das vom Ort über einen Felshang ins Tal der Orcia hinabstürzte, aber auch noch zu einem andern Zweck: Am Hang standen im Mittelalter vier robuste Wassermühlen mit Horizontalrädern. In der Region wurde viel Getreide angebaut, sodass die auch in heißen Sommern zuverlässig mit Wasser versorgten Mühlen sehr wichtig waren.

Unsere Wanderrunde führt zuerst durch die Felder, dann am Fluss entlang. Dann steigen wir durch die Sinterfelsen hinauf zu den noch gut erkennbaren Resten einiger Mühlen und zu den ehemaligen Auffangbecken mit lauwarmem Wasser, in denen heute gebadet wird.

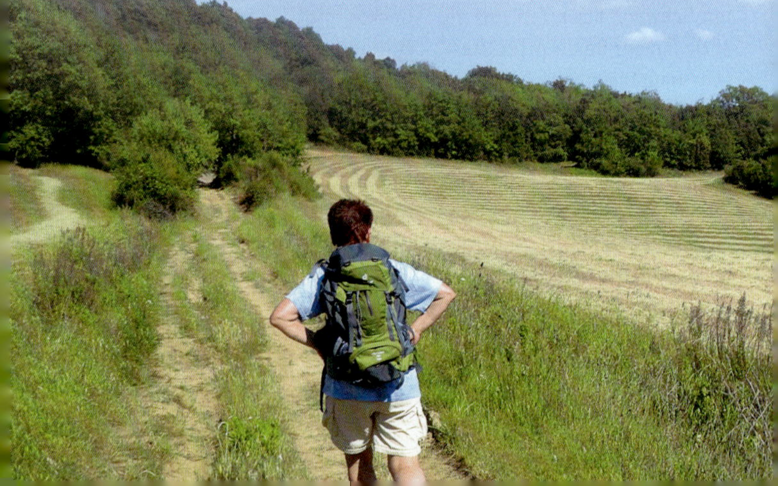

Wanderung: Vom Parkplatz halten wir uns immer in Richtung Ortszentrum, bis wir das von Häusern umgebene Wasserbecken erreichen. Unsere Wanderrunde beginnt an dessen oberem Ende. Wir laufen hier an der kurzen Seite geradeaus weiter und treffen kurz darauf auf eine Reihe **Wanderwegweiser** ①. Für das erste Stück unserer Tour folgen wir dem **Rundweg »Ripa d'Orcia«**.

An der ersten **Kreuzung** ② hinter dem Ort biegen wir rechts ab. Kurz darauf folgen wir den Wegweisern nach links über eine Wiese und dann in einen Wald. Nach einem guten Kilometer können wir auf der linken Seite die Abbruchkante eines Steinbruches erahnen. Dann treffen wir auf eine **Kreuzung** ③. Die kurze Runde (und auch der Rundweg Ripa d'Orcia) führt hier links hinunter, wer den großen Bogen laufen möchte, wählt den rechten Abzweig und verabschiedet sich kurzzeitig von der markierten Route.

Die große Runde: Der Weg führt leicht ansteigend durch einen durch Forstarbeiten gelichteten Wald und später an einer Wiese

TOUREN-STECKBRIEF

Anfahrt: Bagno Vignoni liegt an der SP323 zwischen San Quirico d'Orcia und Castiglione d'Orcia. Der Abzweig ist beschildert und die Parkplätze liegen vor dem Ort auf der rechten Seite der Straße. Es gibt einen Parkplatz unten auf Höhe der Orcia und einen weiteren bei **GPS N 43° 1'44.3", E 11°37'13.4"** oben beim Dorf, der sich für diese Wanderrunde besser eignet.
Anspruch und Charakter: Rundweg auf gut ausgebauten Fußwegen und steiler Aufstieg auf steinigen und sehr steilen Pfaden durch den Sinterfelsen.
Ausrüstung: Wanderschuhe sinnvoll. An warmen Tagen Badesachen nicht vergessen. Das Wasser in den Becken ist unten kühl und im oberen Becken nur lauwarm.
Highlights: Baden in Wasserbecken mit türkisblau schillerndem Wasser, Ruinen der alten Mühlen, oben im Ort locken die schmalen Wasserzuläufe zum Spielen.
Einkehr: Mehrere Bars und Restaurants direkt am Thermalbecken im Ortszentrum.
In der Nähe: Altstadt Pienza.

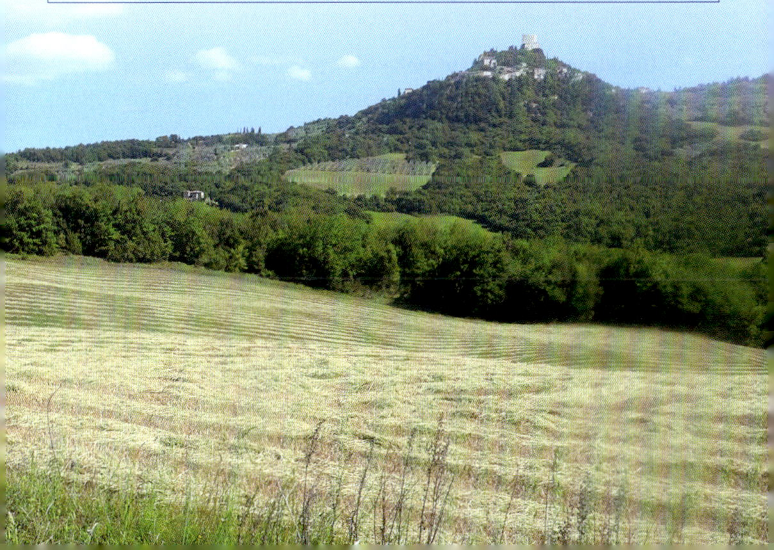

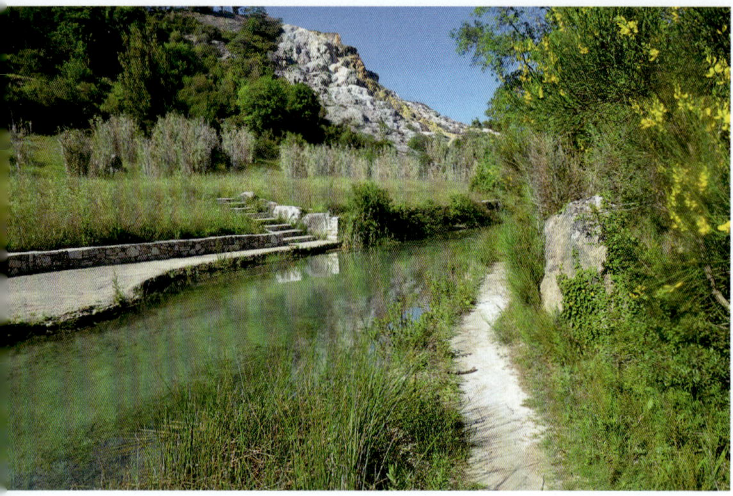

entlang bis zu einem verlassenen **Haus** ④. Von hier aus wandern wir noch ein kurzes Stück unter Bäumen, dann geht es links am Feldrand den Berg hinab.

An der nächsten großen **Kreuzung** ⑤ stehen wieder Wanderwegweiser. Rechts geht die Ripa d'Orcia weiter und wir kommen nach etwa 300 Metern zu einer **Furt an der Orcia** ⑥. Links davon baumelt so etwas Ähnliches wie eine Brücke, die in keinem Hochseilgarten die Sicherheitskontrollen bestehen würde. Weiter hinten sind die Sockel einer zerstörten Brücke zu sehen. Der Platz hat einen rauen Charme, eignet sich aber trotzdem gut für eine Pause am Wasser.

Zurück an der **Kreuzung** ⑤ folgen wir dem breiten Weg in der Nähe des Flusses bis zu einer weiteren **Kreuzung mit Wanderwegweiser** ⑦. Hier kommt von links der Weg unserer kurzen Runde hinunter, dem wir jetzt weiter folgen.

Die kleine Runde: Auf Höhe des Steinbruchs laufen wir an dessen verlassenem **Betriebsgebäude** vorbei und immer geradeaus, bis von links ein Bach mit vielen Sinterbecken herunterkommt. Gleich darauf führt ein Abstecher links hinauf zu einem großen **Wasserbecken** ⑧. Das Wasser ist dort schon gut abgekühlt.

Ein Pfad führt auf der Wegseite des Beckens entlang und zu den **untersten Kaskaden am Fuß der Sinterablagerungen,** über die beständig Wasser rieselt. Hält man sich hier links auf einem der erkennbaren Pfade, kommt man zu einem großen **Bassin** ⑨ mit leicht angewärmten Wasser. Hier wird im Sommer gebadet. Der Pfad führt von hier aus steil weiter bergauf. Links führt ein Abzweig zu den Resten einer der unteren Mühlen, mit denen bis etwa 1950 die Kraft des fallenden Wassers genutzt wurde. Ganz

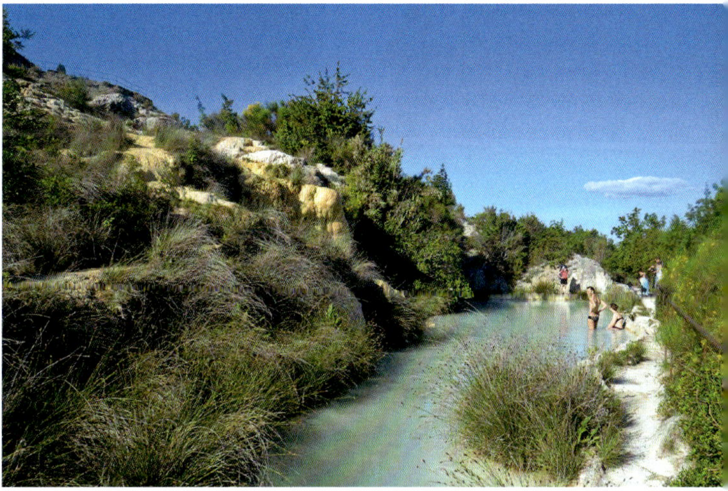

oben auf Höhe des Dorfes führt ein System aus kleinen Kanälen über den **Mühlenplatz ⑩** und stürzt aus den Resten eines Mühlenkanales über die Sinterablagerungen hinab ins Tal der Orcia.

Sind wir hier oben angekommen, bleiben nur noch wenige Schritte zum Ortskern mit dem großen Thermalbecken und die Runde schließt sich. Rechts geht es wir dann zum Parkplatz zurück.

Die Mini-Runde zu den Mühlen
Gehzeit: 30 Minuten, ↓↑ 80 m.
An heißen Tagen und mit den jüngsten Wanderern können wir die Runde noch einmal stark verkürzen und sehen trotzdem die Highlights. An der Kreuzung ② gehen wir dazu geradeaus weiter und direkt zum Fluss hinab. Unten geht es dann links und kurz darauf stehen wir ab Abzweig zum unteren Becken ⑧.

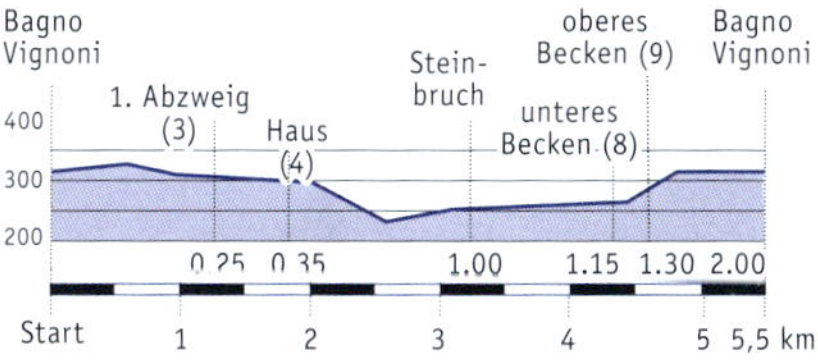

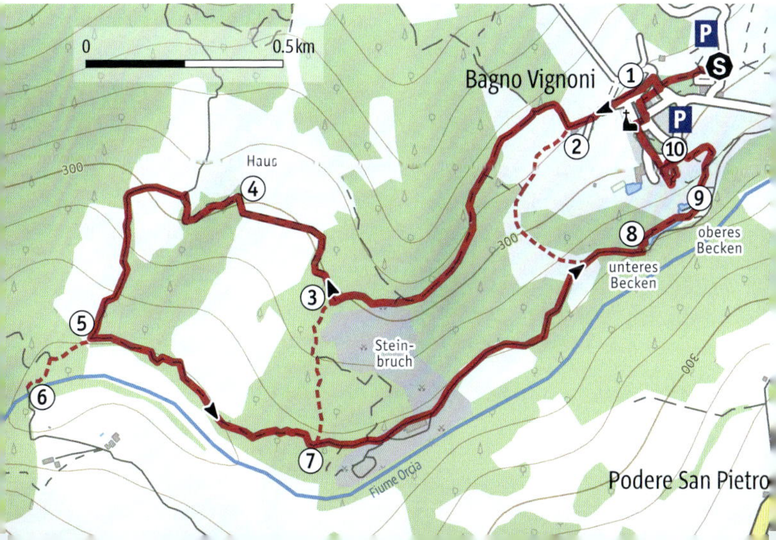

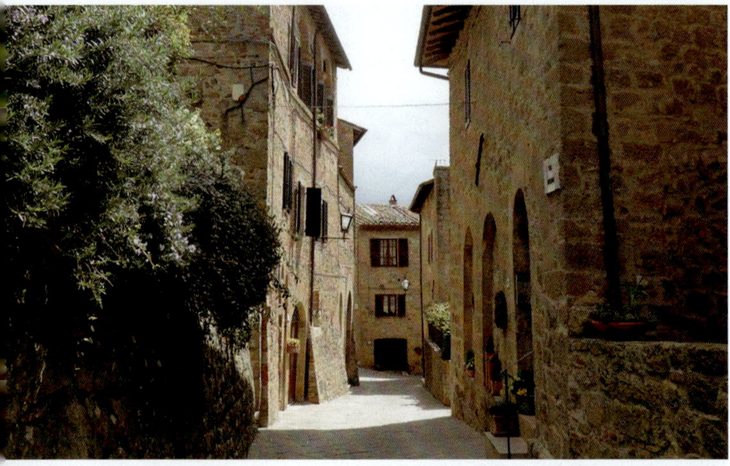

150 m

STRECKE 3,5 km

1 h 15

ab 6

Tour 23: Oliven, Wein und Weitblick

Eine Wanderrunde um Monticchiello

Zypressen, grüne Hügel, Weinberge und ein verschachteltes mittelalterliches Dorf – auf der Runde um Monticchiello begegnen uns wirklich alle Toskanaklischees. Es geht mit viel Abwechslung durch schmale Gassen, über einen abenteuerlichen Waldpfad und mit weiter Sicht zwischen Reben hindurch.

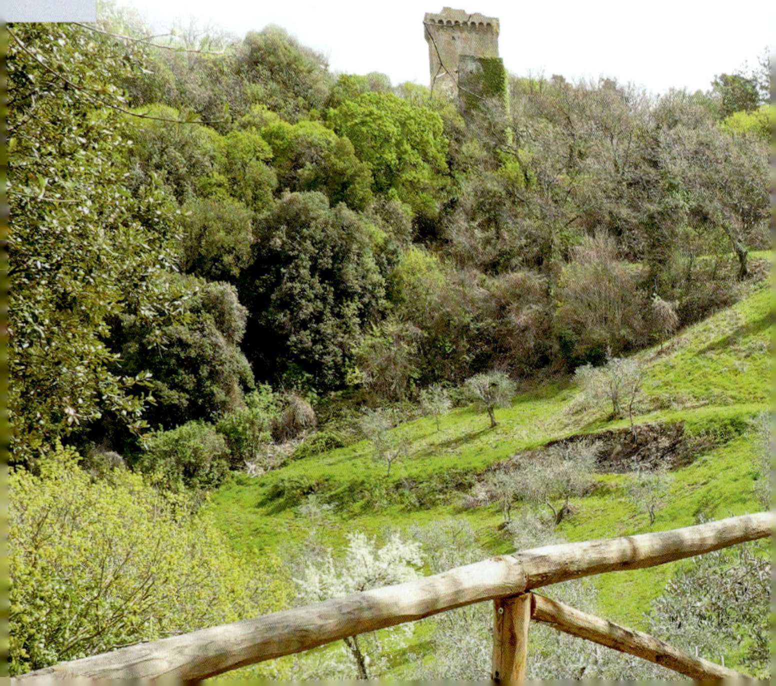

TOUREN-STECKBRIEF

Anfahrt: Das Dorf Monticchiello liegt auf halber Strecke zwischen Pienza und Montepulciano. Wir erreichen es es am besten von Pienza auf einer schmalen Nebenstraße. Vor dem Stadttor gibt es bei **GPS N 43°04'0.7", E 11°43'32.6"** einen Parkplatz, der Ausgangspunkt für diese Wanderung ist.
Anspruch und Charakter: Einfache Wanderung auf teilweise etwas zugewachsenen Wegen. Der Abstieg aus dem Ort hat steile Passagen, das letzte Stück hinauf wandern wir auf einer wenig befahrenen einspurigen Teerstraße.
Highlights: Schmale Gassen im Dorf, abwechslungsreiche Landschaft.
Einkehr: Restaurants in Monticchiello.
In der Nähe: Pienza, Montepulciano.

Wanderung: Vom Parkplatz folgen wir dem Schild »Centro Storico« durch den Park und an einem schönen kleinen **Spielplatz** ① vorbei bis zum **Stadttor von Monticchiello**. Wir drehen eine kleine Runde durch das schöne Dörfchen, in dem noch ein Rest der alten Stadtmauer vorhanden ist. Sie ist besonders gut vom Turm ganz oben auf dem Hügel zu sehen. Hier ist in einem verwunschenen Olivengarten außerdem eine **Freiluft-Ausstellung** ② mit Arbeiten des im Ort wohnenden Malers Andrea Cresti zu sehen. Der Eintritt ist frei.

Dann gehen wir zurück zum **Stadttor**, durchqueren es und wandern rechts außen an der Mauer entlang, vorbei am Turm und um den Ort herum. Dort zweigt ein **Pfad** ③ vom gut angelegten Weg um den Ort ab und wir steigen links hinab.

Wir kommen an einem kleinen Gemüsegarten mit Teich vorbei, dann geht es durch den Wald teilweise recht steil bergab, bevor

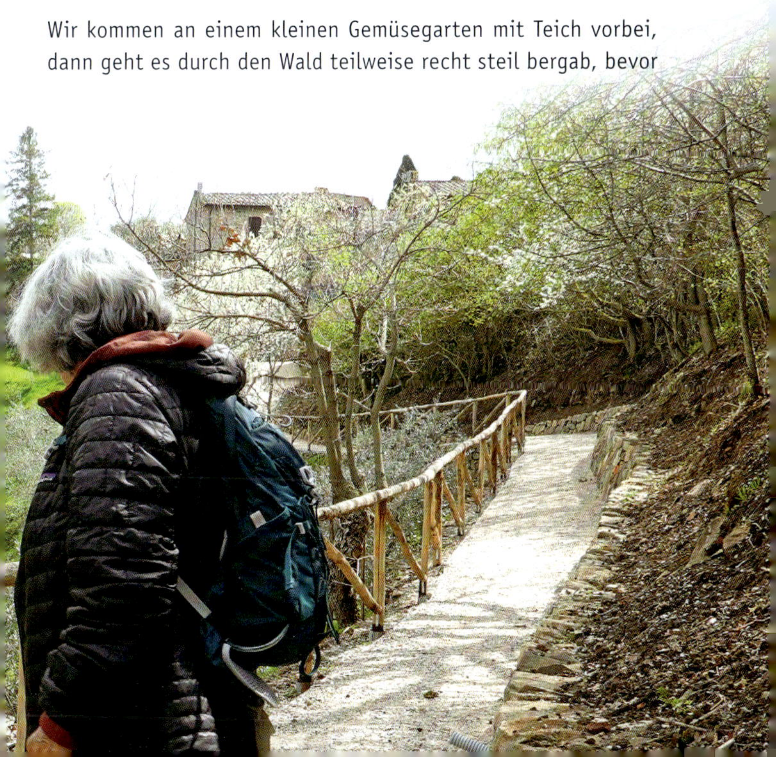

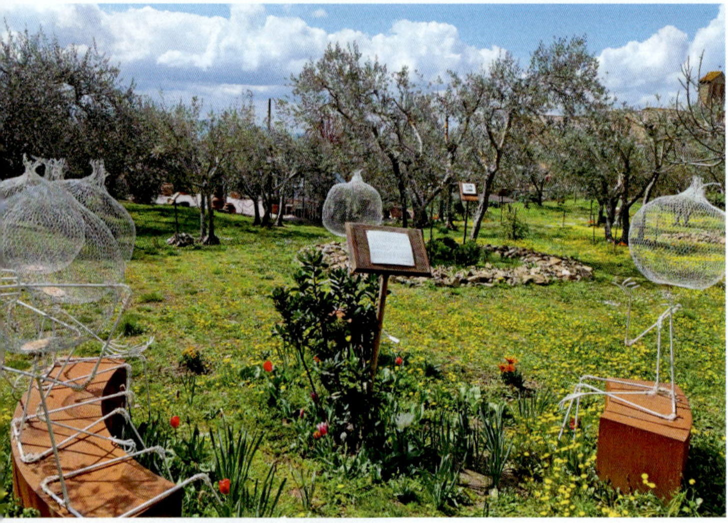

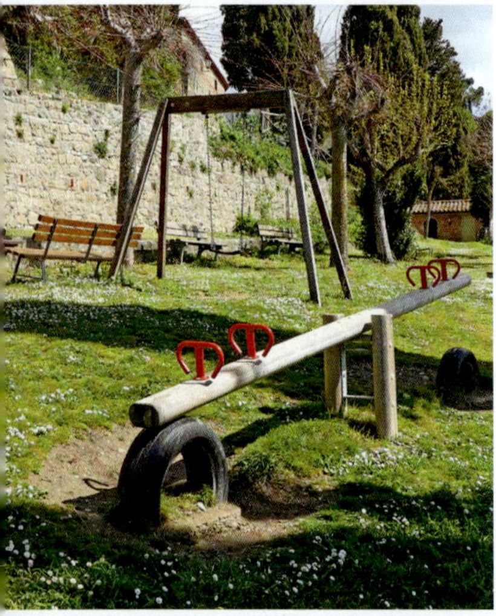

unser Pfad auf einem breiteren **Feldweg** ④ endet, dem wir nach rechts folgen. Kurz darauf zweigt rechts ein rötlicher Feldweg ab, auf dem wir den Weg abkürzen könnten. Ansonsten gehen wir hier geradeaus weiter und halten uns an der nächsten Verzweigung links. Vor uns ist etwas weiter unten ein Haus zu sehen. Dort treffen wir auf einen Fahrweg und biegen rechts ab. Parallel zum Hang marschieren wir durch Wiesen und später auch durch Reben.

An der nächsten **Kreuzung** ⑤ halten wir uns rechts und stehen auf einem Waldweg, der bei unserer Wanderung mit hohem Gras zugewachsen war. Bald wird das Gehen wieder weniger mühsam. Wir haben jetzt einen weiten Blick über Weinberge und Olivenplantagen. Auf den Hügeln am Horizont wachsen Zypressen und alles sieht so aus, wie man sich die Toskana vorstellt.

An einer **Kreuzung** ⑥ treffen zwei weitere Wege von rechts auf unseren, der obere ist die in der Karte markierte Abkürzung. Wir folgen dem jetzt breiter werdenden Weg geradeaus bis zum **Friedhof** ⑦, wo er auf einer schmalen, kaum befahrenen Asphaltstraße endet. Hier biegen wir rechts an und wandern auf Asphalt aber mit bestem Blick über die Landschaft zurück zum

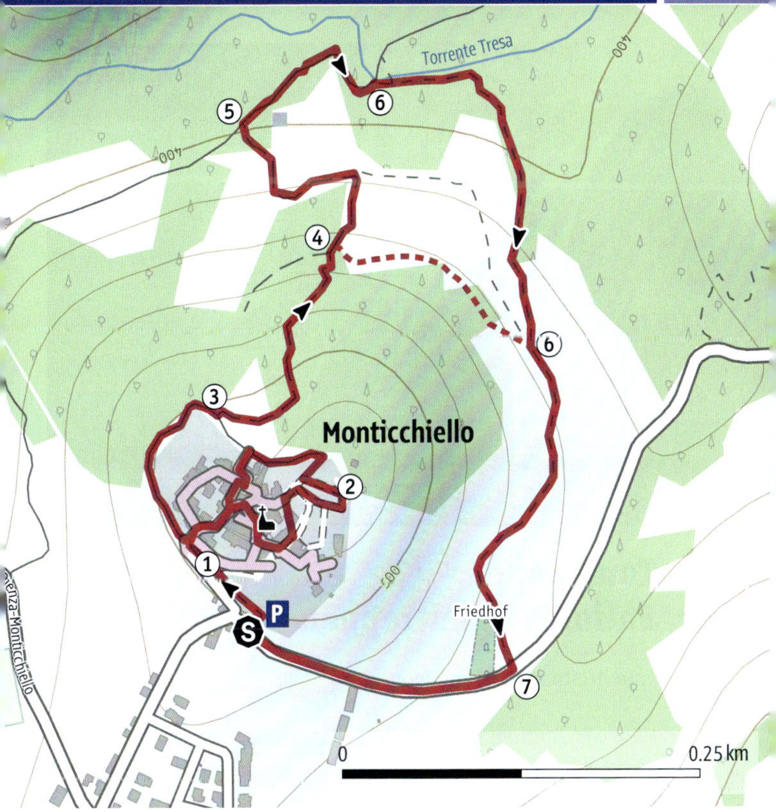

Parkplatz. Wer Lust auf eine Einkehr hat, sitzt im kleinen Ristorante im Park sehr gemütlich. Wer lieber picknicken möchte, wählt die Parkbänke am Spielplatz für eine entspannte Pause.

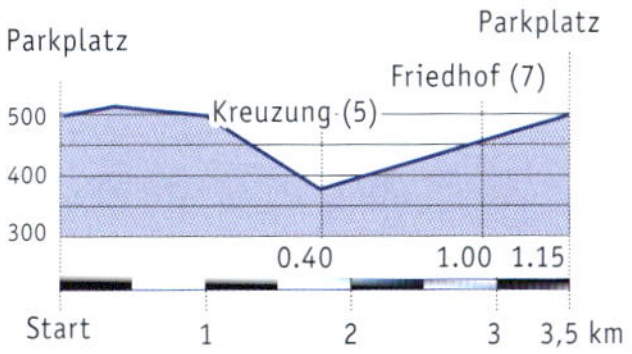

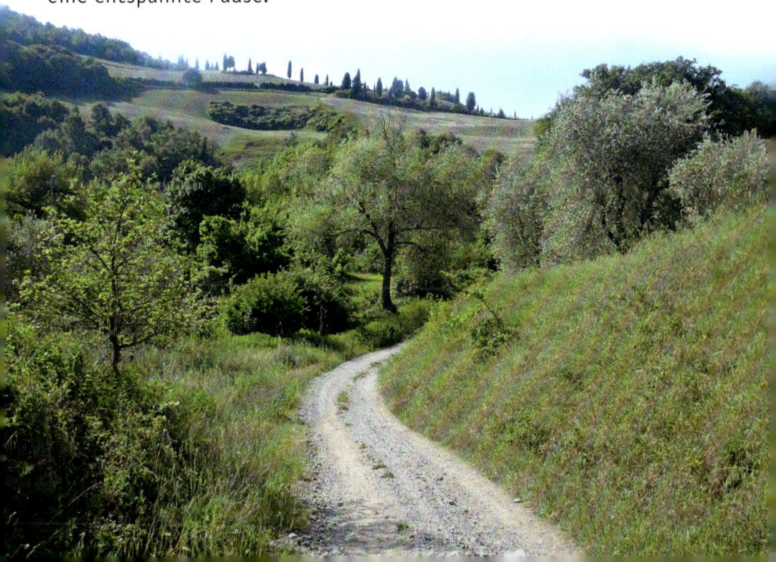

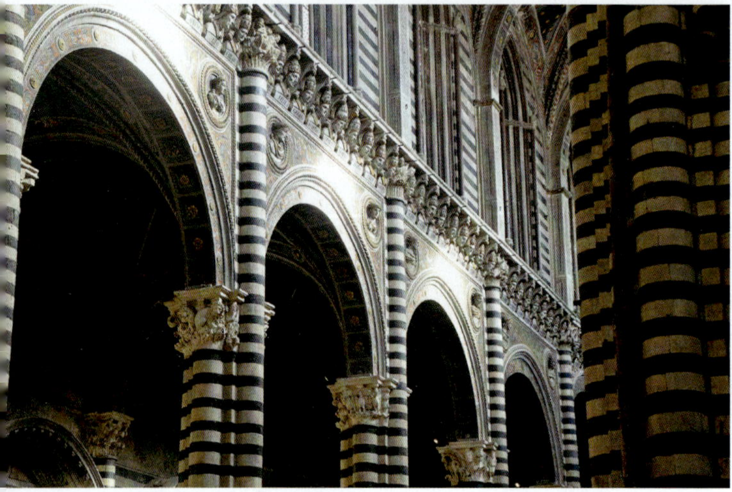

75 m

STRECKE 5 km

2-4 h

ab 6

Tour 24: Palio, Wendeltreppen und Zebradom

Eine Altstadtrunde in Siena

Herz und Zentrum der Stadt Siena ist unzweifelhaft Il Campo, der muschelförmige Platz, auf dem im Sommer auch das Pferderennen des Palio stattfindet. Außerhalb der Festivitäten ist hier immer was los. Die Menschen verteilen sich jedoch auf dem großen Platz, an dessen Südostseite ein weiteres Wahrzeichen Sienas in den Himmel ragt. Den Torre del Mangia, den Turm des Rathauses, kann man besteigen. Rund um den Campo gibt es etliche Cafés und die Wahl der einladendsten Gelateria fällt wirklich schwer.

Auch der Domplatz, liegt nicht weit entfernt. Wer mit Kindern nicht zu weit laufen möchte, bewegt sich beschränkt sich auf die schmalen Gassen zwischen Campo und

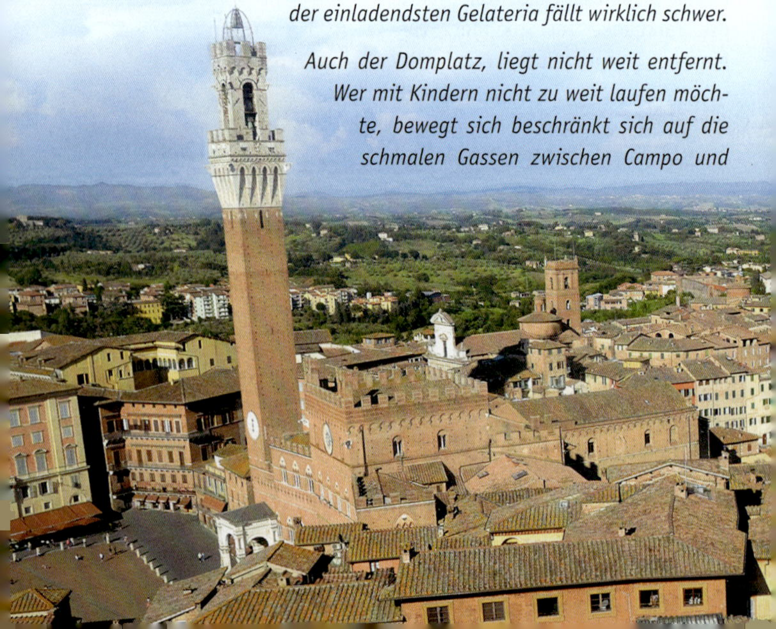

TOUREN-STECKBRIEF

Anfahrt: Parken kann man in Siena nur am Stadtrand. Halbwegs erfolgversprechend und günstig gelegen sind die Parkplätze in der Nähe der Fortezza. Den kürzesten Weg zum Zentrum habt ihr vom Parkplatz Santa Caterina bei **GPS N 43°19'1.8", E 11°19'28.0"**. Ist hier nichts zu finden, fahrt weiter in Richtung Fortezza. Rund um die Anlage gibt es mehrere Parkplätze. Gut gelegen ist der kostenpflichtige Platz vor der Fortezza bei GPS **N 43°19'18.6", E 11°19'27.3"**.
Wenn ihr eine Unterkunft in der Stadt habt, dann fahrt mit dem Bus bis zu einer der Stationen am Rand der Altstadt. Die meisten Linien halten an der Piazza del Sale oder der benachbarten Via Tozzi.

Anspruch und Charakter: Rundweg durch die Altstadtgassen mit Abstecher zu einem Spielplatz am Stadtrand, den man aber auch auslassen kann.

Highlights: Blick vom Facciatone, Eis und Pizza essen auf dem Campo.

Einkehr: Gelateria La Vecchia Latteria in der Via San Pietro am Dom. Gute und preisgünstige Pizza bekommt man z.B. bei Pizzaland in der Via Camomilla nahe der Piazza del Sale und auf dem Weg zur Fortezza bei Alle Scarlette in der Viale Curtatone 18.

Domplatz und erlebt schon dabei die unvergleichliche Stimmung der Stadt.

Vom Parkplatz an der Fortezza gehen wir, am Sportstadion vorbei, durch die Viale Mille zur Piazza San Domenic und erreichen dort das Gewimmel der Altstadtgassen. Recht unkompliziert gelangen wir von hier zum Campo, wenn wir von der Piazza die Via Sapienza wählen und dann rechts in die Via Galluresa einbiegen, die direkt auf den Campo zuhält. Wer es spannender mag, nimmt nicht den direkten Weg, sondern schlängelt sich durch die verwinkelten Gassen zum Ziel. Der Weg zum Platz ist überall in der Altstadt beschildert, wir können uns also kaum verirren. Spätestens an der **Piazza del Campo** ① haben wir uns dann die erste Pause verdient.

Il Campo war im Mittelalter der Marktplatz der Stadt Siena und schon damals nach dem Domplatz der zweitwichtigste Ort in der aufstrebenden Stadt. Der Handel wurde immer wichtiger und die reichen Kaufleute in Siena gingen auf Abstand zur Kirche und

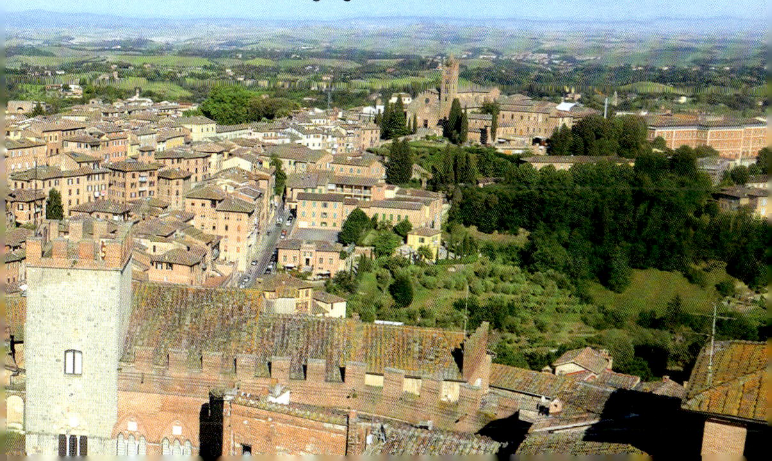

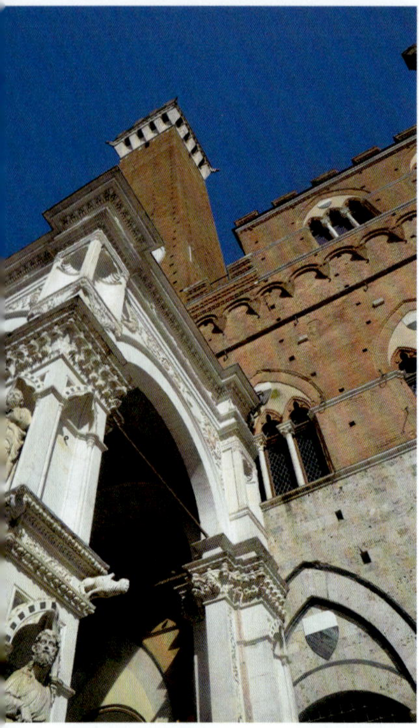

Erfurchtsvoller Blick nach oben: die Pestkapelle und der 103 Meter hohe Torre del Mangia aus der Besucherperspektive.

ihrem Machtanspruch. So wurde 1310 mit dem Bau des **Palazzo Publico** ②, des Rathauses, der Campo endgültig zum weltlichen Zentrum Sienas. Der charakteristische und mit 103 Metern ungewöhnlich hohe **Torre del Mangia** aus roten Ziegeln kam einige Jahre später hinzu. Die Spitze aus grauem Travertin ist zweistufig. Im oberen Bereich hängt eine Glocke, die früher noch die Stunden schlug. Im Inneren des Turms führen über 300 Stufen auf eine Aussichtsterrasse.

Vor dem Eingang steht eigentlich immer eine Schlange. Wer hinauf möchte, zahlt zehn Euro (10–19 Uhr). Wir empfehlen eine Alternative und betrachten die Stadt erst später von oben – von der unvollendeten Mauer des neuen Doms.

Ein besonders wichtiges Monument für die Bürger der Stadt war die **Fonte Gaia** ③, der Brunnen der Freude. Ausreichend fließendes Wasser im Zentrum der Stadt war im Mittelalter nicht selbstverständlich. Als es 1342 gelang, die Wasserversorgung von Siena mit einem Kanalsystem sicherzustellen, war das ein echter Grund zur Freude.

Vom Campo gehen wir jetzt weiter zum zweiten wichtigen Platz Sienas – dem Domplatz. Dazu wählen wir eine der Straßen, die auf der rechten Seite des Platzes nach Westen führen, und betreten den Domplatz durch das Tor neben dem **Museo del Opera** ④, laufen an der Seite des Doms entlang und steuern den Ticketshop links neben dem **Domportal** an. Hier kaufen wir das Ticket für den Dom und das Dommuseum, das auch der Zugang zum versprochenen alternativen Aussichtspunkt ist. Der Dom ist immer gut besucht. Eine Schleuse verhindert, dass sich mehr als 700 Besucher gleichzeitig im Ge-

Ticket für Dom und Museum
Im »Opa Si Pass« sind der Dombesuch und das Museum (inkl. Facciatone) enthalten €18, Kinder 7 bis 11 Jahre €4 (3 Tage gültig). Das »Gates of Heaven Ticket« kostet €20, Kinder €5. Wer nur in die Kathedrale möchte, zahlt je nach Saison €5–8. Geöffnet ist von 10.30–19 Uhr, kalkuliert mindestens eine Stunde für die Besichtigung. www.operaduomo.siena.it

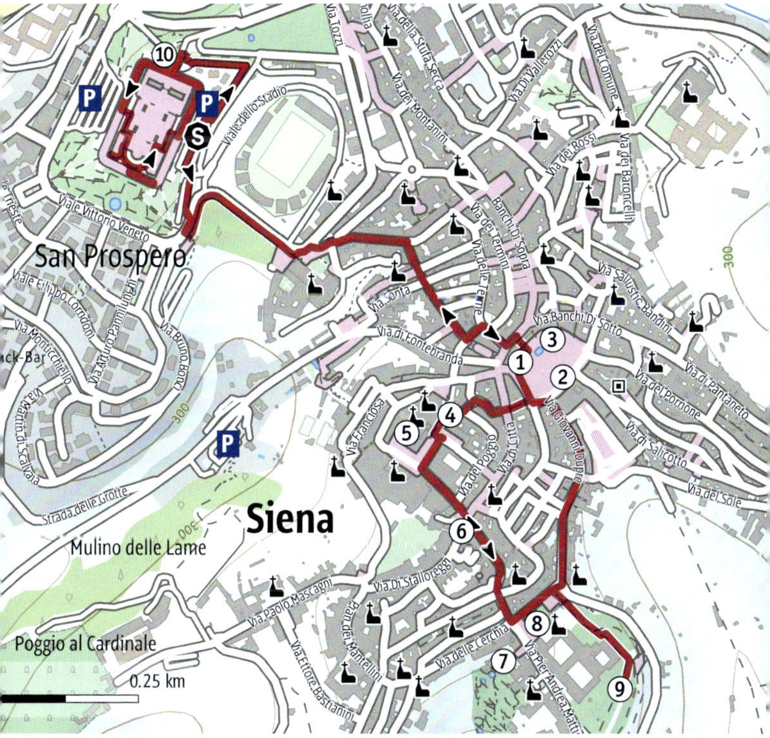

bäude befinden. Sind die Kids morgens sowieso früh wach, ist der Vormittag ein optimaler Zeitpunkt für die Besichtigung. Eine Online-Buchung ist möglich unter www.operaduomo.siena.it.

Der Dom, oder die **Kathedrale Maria Assunta** ⑤, wie er korrekt heißt, ist schon auf den ersten Blick ungewöhnlich. Nicht nur die Fassade, auch das komplette Innere der Kirche ist schwarzweiß geringelt, was den Betrachter fast ein wenig schwindelig macht. Der Farbkontrast entsteht hier in Siena durch die Verwendung von weißem und dunkelgrünem Marmor. Die riesige Kirche wurde zwischen 1229 und 1236 im gotischen Stil auf einer älteren romanischen Kirche erbaut, deren Elemente für kunsthistorisch Versierte immer noch gut sichtbar sind.

Tritt man ins Innere des Doms, versinkt man in einer lebendigen Bilderwelt, die auch Kinder schnell gefangen nimmt. Besonders eindrucksvoll sind die kunstvollen Marmormosaike auf dem Boden des Doms, die ganze Bibelgeschichten erzählen. Unter den Urhebern der vielen Kunstwerke im Dom gibt es etliche Namen, die auch weniger Kirchenkunstversierte sicher schon einmal gehört haben: Die Kanzel wurde von Nicola Pisano gestaltet, die Statue des Johannes ist von Donatello und einige Skulpturen des Piccolomini-Altars im nördlichen Seitenschiff sind Arbeiten von

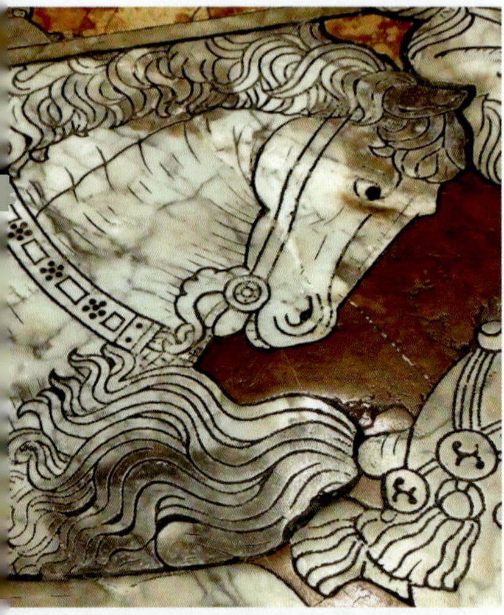

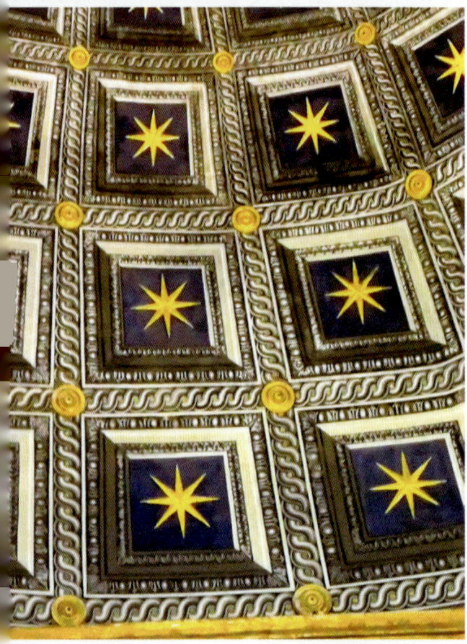

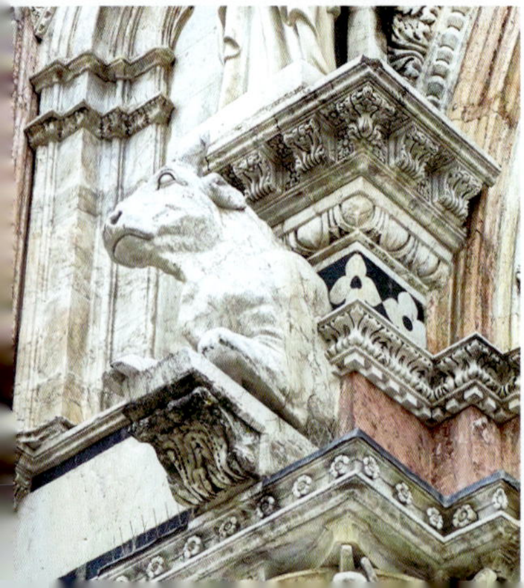

Michelangelo. Neuerdings kann man auch die Empore besuchen, die sich unterhalb der gewölbten Decke um das Kirchenschiff zieht. Der Eintritt für die sogenannten »Gates of Heaven« ist jedoch stolz.

Hat man sich im Inneren des Doms satt geguckt, lohnt der Ausflug in die Krypta und in die historische Bibliothek, deren Besuch ebenfalls im Sammelticket enthalten ist. Hier sind etliche sehr alte und reich illustrierte Bücher ausgestellt, die noch als wertvolle Einzelexemplare per Hand geschrieben und bebildert wurden.

Dann wechseln wir ins benachbarte **Museo dell'Opera dell Duomo** ④. Hier sind weitere alte Bücher und Reproduktionen der Mosaike aus dem Dom recht interessant. Im Untergeschoss können wir einige der Skulpturen aus der Domfassade näher betrachten.

Der Hauptgrund für unseren Besuch befindet sich jedoch im oberen Stockwerk. Hier steht eine Reihe Stühle, auf denen ihr wahrscheinlich zuerst einmal Platz nehmen müsst. Der Aufstieg zum Aussichtspunkt Facciatone, der sich auf der Mauer des unvollendeten »neuen« Domanbaus befindet, ist so eng, dass man kaum aneinander vorbeikommt. Er darf daher immer nur in einer Richtung begangen werden. Ist die vorherige Gruppe wieder unten, gehen die nächsten hinauf.

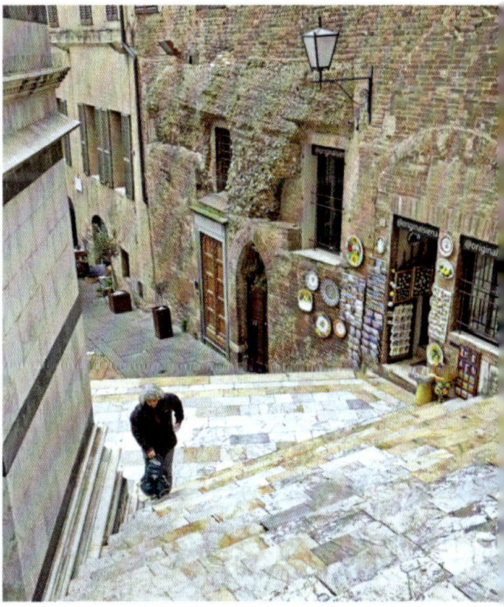

Und warum steigen wir hier hinauf und nicht im Rathausturm? Zuerst einmal hat die Treppe deutlich weniger Stufen, als die im Torre del Mangia, was vor allem mit jüngeren Kindern zählt. Außerdem ist der Eintritt günstiger und die Schlange meist nicht ganz so lang. Last but not least sehen wir von hier aus die komplette Kulisse der Stadt – mit Torre del Mangia, denn wir stehen ja nicht drauf.

Nach so viel Museumsluft geht es jetzt wieder hinaus. Weil wir uns ganz in der Nähe der **Gelateria La Vecchia Latteria ⑥** befinden, die bei vielen Einheimischen als beste Gelateria der Stadt gilt, lockt spätestens jetzt ein leckeres Eis. Die Vecchia Latteria findet ihr, wenn ihr vom Domplatz der Gasse in der linken Ecke folgen. Sie befindet sich hinter dem neuen Dom in der Via San Pietro 10.

Folgen wir von dort weiter der Via San Pietro, nähern wir uns dem Univiertel und einer kleinen grünen Oase: dem **Orto Botanico ⑦,** dem botanischen Garten von Siena. Außer einer Pause im Grünen hat er allerdings nicht so viel zu bieten und die Pause bekommt ihr auch, ohne dafür fünf Euro pro Person zu zahlen. Biegen wir am Ende der Via San Pietro links ab, kommen wir zu einer Schule und zur Kirche Sant Augustino. Auf dem Platz davor gibt es einen **Spielplatz ⑧**. Hinter dem Gebäude befindet sich ein **Wiesengelände ⑨**, das bei jungen Sienesern als Treffpunkt beliebt ist. Von der Anlage haben wir einen weiten Blick über den unteren Teil der Stadt. Gehen wir am Spielplatz geradeaus in die Via Dupre, kommen wir auf direktem Weg zurück zum Campo.

Alternativ können wir die Pause Grünen auch an die **Fortezza Medicea** oder den Parco Publico hinter unserm Parkplatz verlegen, und uns den Abstecher zum botanischen Garten sparen. Der **Eingang zur Fortezza ⑩** befindet sich an der Nordostseite. Auf dem Rundweg oben auf Festungsmauer stehen etliche Fitnessgeräte. Abends ist hier Freilufttraining angesagt. Man kann mitmachen oder sich bequem auf eine der Bänke setzen und zusehen. Die Fortezza wurde 1560 im Auftrag von Cosimo de Medici erbaut, um nach langjähriger Rivalität den endgültigen Sieg der Stadt Florenz über Siena zu zementieren, und wird von den Sienesern entsprechend wenig geliebt.

Der Palio
Pferderennen aus dem Mittelalter

Die beiden wichtigsten Veranstaltungen des Jahres finden in Siena am 2. Juli und am 16. August statt. Zweimal im Jahr wird rund um Il Campo eine 7,50 Meter breite Spur aus Tuff und Sand gelegt, und zehn ungesattelte Pferde gehen mit ihren Reitern an den Start. Die Reiter tragen Kostüme aus dem 15. Jahrhundert, denn so alt ist die Tradition dieses Pferderennens, bei dem es eigentlich um etwas ganz anderes geht als um das schnellste Pferd.

Die zehn Pferde vertreten zehn der 17 Contraden Sienas. Eine Contrada ist so etwas wie ein Stadtteil und jeder, der in Siena geboren ist, gehört auf Lebenszeit seiner Contrada an. Jede der Contraden hat ein eigenes Wappen, ihre eigenen Farben und einen klangvollen Namen, der meist mit einem Tier verbunden ist. So gibt es zum Beispiel die Contrada della Pantera (Panther), eine Contrada della Tartuca (Schildkröte), die Contrada del Drago (Drache) und die Nobile Contrada dell'Aquila (Adler), aber auch eine Contrada della Torre (Turm) und eine Contrada dell'Onda (Welle). Einige Stadtteile sind traditionell miteinander verfeindet, der Grund ist meist nicht mehr bekannt.

Der Einzug der Contraden auf den Campo ist eine eindrucksvolle, farbenfrohe und pompöse Angelegenheit. Jede Contrada wird von einem Pagen, der die Standarte trägt, dem von einem Reitknecht geführten Rennpferd und dem auf einem reich geschmückten Paradepferd sitzenden fantino, dem Jockey, vertreten. Auch die sieben Contraden, die beim Rennen nicht dabei sein werden, sind Teil der Parade. Ganz am Ende rollt ein von Ochsen gezogener Fahnenwagen mit dem Palio, einer Fahne, die als Siegespreis vergeben wird.

Welche zehn der 17 Contraden bei einem Rennen an den Start gehen, folgt festen Regeln. Zuerst einmal sind die sieben Stadtteile dabei, die im Vorjahr leer ausgingen, die restlichen drei Teilnehmer werden gelost. Dieses Prozedere findet für jeden der beiden Termine separat statt.

Die Pferde gehören übrigens gar nicht den Contraden, für die sie laufen. Die zehn teilnehmenden Pferde werden in mehreren Qualifikationsrennen ausgewählt und dann unter den teilnehmenden Parteien verlost. Auch die Reiter stammen meist nicht aus Siena, bei den sogenannten »fantini« handelt sich um bezahlte Jockeys. Trotzdem geben sie jedes Jahr Alles, denn die Regeln des Rennens sind hart.

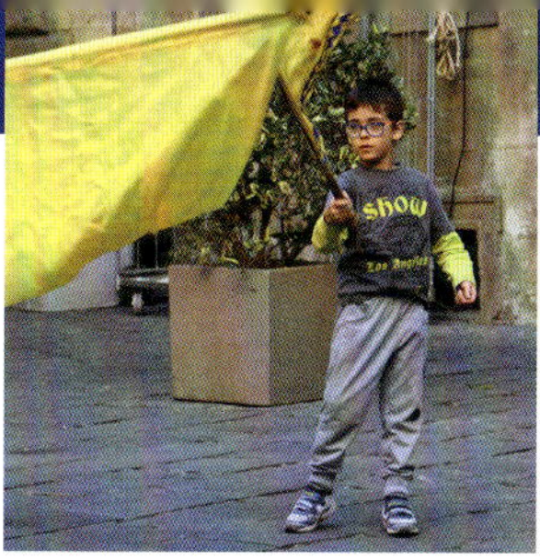

Nachdem die Startleine gefallen ist, geht das Rennen drei Runden um den Platz. Für die 900 Meter lange Strecke mit engen Kurven brauchen die Teilnehmer etwa 100 Sekunden. Dann ist alles vorbei und der Sieger steht fest. Die Zeit zum Handeln ist also knapp und die Peitsche in der Hand der Reiter wird nicht nur für das eigene Reittier, sondern auch gegen Konkurrenten – egal ob Mensch oder Pferd – eingesetzt. Das ist durchaus regelkonform. Verboten ist es dagegen, einen Konkurrenten vom Pferd zu stoßen oder zu ziehen. Trotzdem passiert es immer wieder, dass Pferde ohne Reiter ins Ziel laufen. Prinzipiell ist das aber egal, denn es zählt nur, dass das siegreiche Pferd noch die Standarte seiner Contrada auf der Stirn trägt. Ein Sieg ohne Reiter ist durchaus möglich und gar nicht so ungewöhnlich, denn ohne Reiter können die Pferde schneller laufen. Trotzdem verunglücken beim Palio mehr Pferde als Reiter, vor allem wegen der engen Kurven und dem Gedränge auf der Bahn. Seit 1970 haben mehr als 50 Pferde bei den Rennen ihr Leben gelassen. Italienische Tierschützer protestieren deshalb schon seit Jahren gegen die Veranstaltung.

Die Siegercontrada erhält den Palio, ein Banner, das jedes Jahr neu von einem Künstler der Region gestaltet wird. Der Sieg ist sehr wichtig und wird im Stadtteil über Wochen gefeiert. Die Sieger der Rennen können bis ins Jahr 1900 und weiter zurückverfolgt werden. Am erfolgreichsten war in dieser Zeit mit 20 Siegen in beiden Rennen die Contrada Oca gefolgt von Selva und Drago. 2016 gelang der Contrada Lupa (Wölfin) ein Doppelsieg, »cappotto« genannt. Ein wirklich seltenes Ereignis, das in der 600jährigen Geschichte des Palio erst 17 mal vorkam.

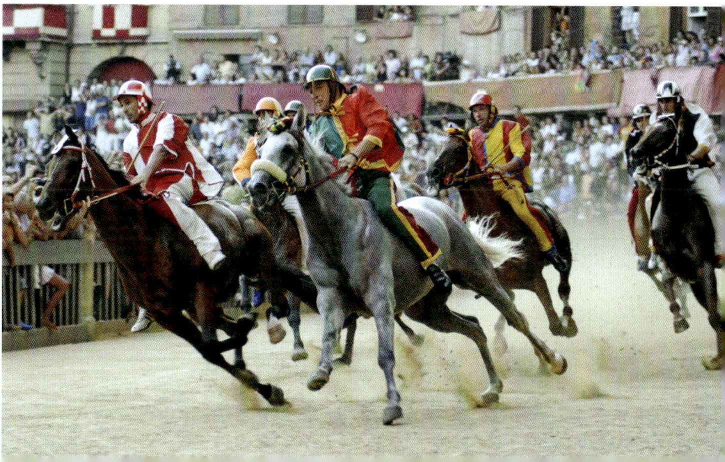

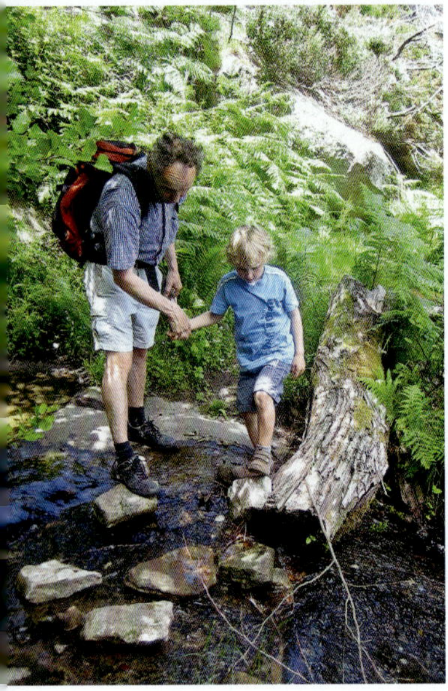

Tour 25: Flussidylle und Burgruine

Am Fiume Merse zum Castiglion che Dio Sol Sa

Durch das idyllische Tal des Fiume Merse und ein düster-geheimnisvolles Bachtal, in das kaum die Sonne fällt, wandern wir hinauf zur Ruine einer alten Burg. Hier kann man sehr gut picknicken. Dann geht es weiter oben am Hang durch lichten Wald und mit schönen Blicken über das Tal wieder zurück.

165 m

STRECKE 8 km

3 h 15

ab 6

Wanderung: Vom unteren Parkplatz laufen wir auf der Zufahrt zurück in Richtung Ort. Die schmale Holzbrücke, die hier links über den Bach führte, ist kurz vor dem Zusammenbruch. Wir gehen also lieber zurück bis zur letzten Kreuzung und dann links uns an einem Restaurant vorbei. Am Ende des Weges stehen dann die ersten **Wanderwegweiser** ①. Unser Weg trägt zunächst die **Nummer 400** und ist ab hier rot-weiß markiert.

Wir folgen dem Wegweiser nach rechts und gehen dann parallel zum **Fiume Merse** ein ganzes Stück oberhalb des Flusses. Links unter uns rauscht der alte Mühlenkanal, der deutlich mehr Strömung hat als der Fluss selbst. Er fließt durch mehrere enge Felstore. Dann **verzweigt sich der Weg** ②, Hier fehlte bei unserem letzten Besuch das Hinweisschild. Wir halten uns links nahe am Flussufer. Auf dem rechten Weg kommen wir dann später zurück nach Brenna.

Kurz hinter dem Abzweig treffen wir auf zuerst auf eine Brücke, dann auf eine kleine **Schleuse**, die das Wasser im Mühlenkanal reguliert. Kurz darauf folgt ein erster Zugang zum Fluss. Noch schöner ist der Platz am **zweiten Stichweg** ③, wenige Schritte weiter. Hier kommen wir gut zum Wasser und können dort viele, teilweise richtig große Fische beobachten. Oberhalb des Flusses gibt es mehrere Feuerstellen. Dann liegen drei **dicke Steine** im Weg und wir stehen erneut an einer **Kreuzung**. Links geht es noch einmal zum Fluss hinunter, rechts quer durch die Felder zu einem Haus. Der richtige Weg ist der mittlere.

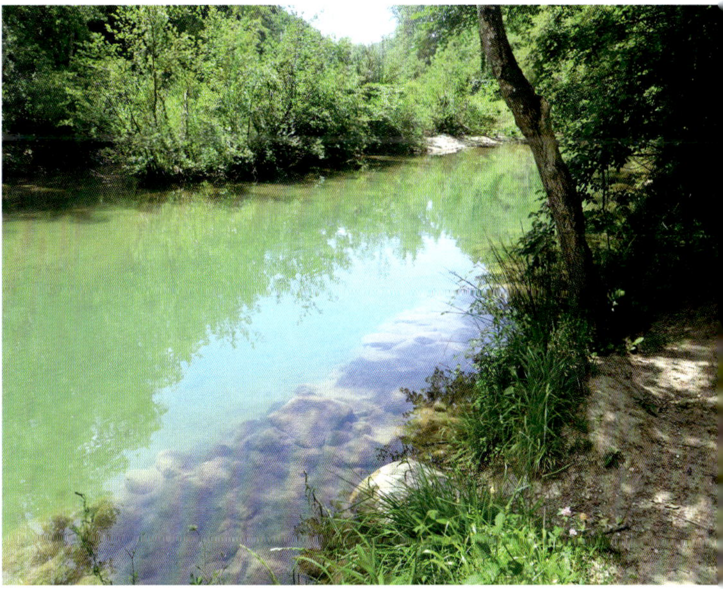

Der Pfad verläuft jetzt etwas abseits des Wassers und schneidet eine Flusskurve ab. Bei unserer Wanderung lagen hier einige Bäume quer über den Weg, konnten aber gut über- oder »unter«klettert werden. Ein kurzer Abstecher führt zu einen Platz namens **La Steccaia** ④. Man kommt hier zu einem kleinen Naturwehr, das Flussufer ist aber nicht gut erreichbar. Man kann diesen Stichweg also auch auslassen.

Kurz darauf überqueren wir einen **Seitenbach** auf einer leicht zugewucherten **Holzbrücke**, dann beginnt der raueste Teil des Weges. Hier ragen immer wieder stachelige Ranken über unseren schmalen Pfad, und der Weg wird uneben und steinig. Zuerst steigt der Pfad leicht an und führt dann später wieder zum **Fiume Merse** herunter.

TOUREN-STECKBRIEF

Anfahrt: Von Siena kommend auf der SS 73 nach Rosia und links auf die SP 23 Fahren, dann die Stichstraße nach Brenna wählen und gleich am Ortseingang vor den ersten Häusern links in Richtung Fiume Merse (braunes Schild) abbiegen. Auf einer schmalen Straße mit Schlaglöchern geht es ganz hinunter bis zum Fluss und vor der Brücke links auf den Parkplatz mit Picknicktischen bei **GPS N 43°12'10.6", E 11°13'49.4"**. Vorsicht, enge Zufahrt!

Anspruch und Charakter: Der Weg ist markiert, aber teilweise verwildert. Meist geht es über schmale steinige Pfade. Die Orientierung ist nicht ganz einfach. Wir empfehlen GPS-Navigation als Unterstützung. Vorsicht, ohne Offline-Karten geht hier gar nichts. Wir hatten schon am Parkplatz kein Netz mehr.

Ausrüstung: Wanderschuhe sind empfehlenswert, lange Hosen wegen kratziger Vegetation.

Highlights: Fische beobachten im Fiume Merse, Picknick am Fluss oder oben an der Burg.

Einkehr: Picknick mitnehmen.

Dann verlassen wir den Fluss und wandern am Ufer eines Baches weiter. Es ist im **Bachtal** sehr schattig und der Pfad besteht phasenweise aus dicken Steinbrocken, sodass wir nur mühsam vorankommen. Am Ende dieses Wegabschnittes versteckt sich links im Wald die mit Efeu überwucherte **Ruine einer alten Mühle ⑤**,. Eine auffällige Infotafel zeigt den richtigen Platz, und ein Pfad führt zu den beiden Steingebäuden.

Hinter der Mühle geht es dann aus dem etwas düsteren Bachtal den Hang hinauf. An der Mühle ist zusätzlich eine gelbe Wegmarkierung hinzugekommen, das nächste Wegstück ist perfekt ausgezeichnet. Kurz vor dem höchsten Punkt treffen wir auf die Ruine des **Castiglion che Dio Sol Sa ⑥**. Der Eingang ist versperrt, aber man kann die Burg auf einem schmalen Weg mit kleinen Klettereinlagen umrunden.

Dann geht es hinunter zur Infotafel unterhalb der Burganlage, wo sich auch unser Weg fortsetzt. Er ist immer noch doppelt markiert und steigt bis zur nächsten **Kreuzung ⑦ oben auf dem Sattel** stetig an. Hier lassen wir die gelben Markierungen hinter uns und folgen unserer rot-weißen nach rechts auf einen breiten Waldweg. Die Vegetation ist hier, nur 100 Meter weiter oben, komplett anders als unten am Bach. Der Wald ist lichter und wir entdecken auch typische Macchiapflanzen, wie Erdbeerbaum und Zistrose.

Anfangs noch ansteigend, dann bergab und noch etwas später wieder bergauf führt uns der Weg auf ein kleines **Plateau mit Weitblick**. Von hier aus laufen wir mit toller Sicht über die umliegenden Hügel weiter, bis wir auf die nächste **größere Kreuzung ⑧** treffen. Der markierte Weg führt links hinauf und macht einen großen Bogen. Hier rechts hinunter zu steigen

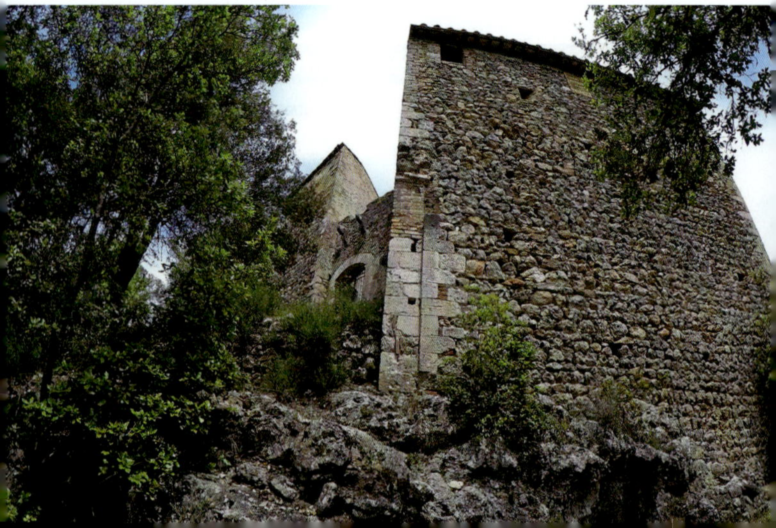

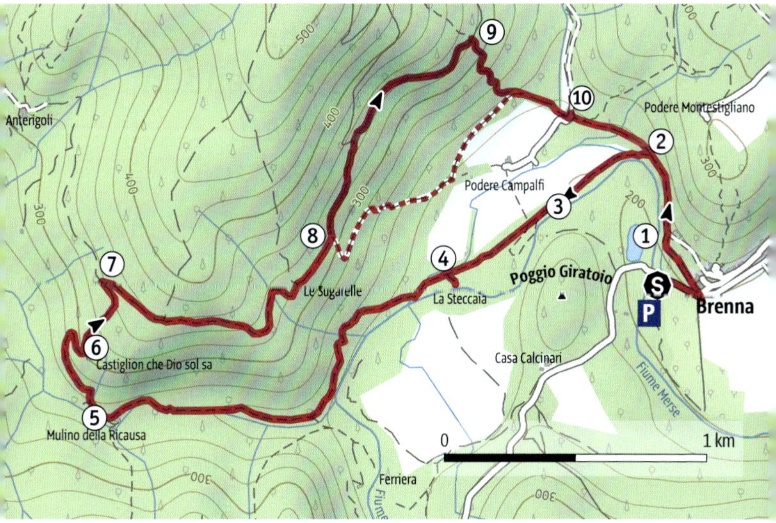

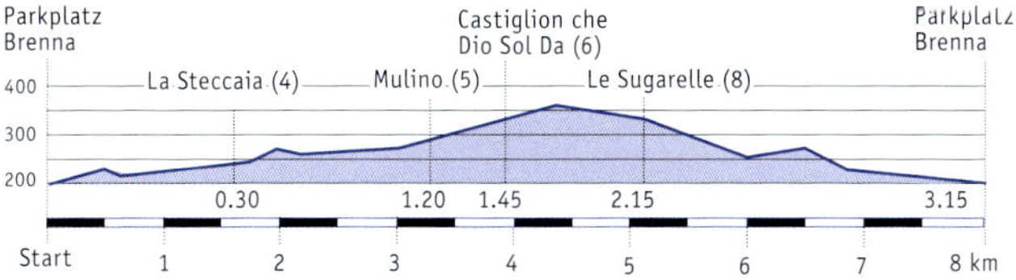

funktioniert auch. Der Weg ist etwas kürzer und spart einige Höhenmeter, ist aber ziemlich verwildert.

Auf dem Hauptweg geht es noch einmal bergauf bis zur nächsten **Kreuzung** ⑨. Wir biegen rechts ab und laufen am Hang entlang. Bei nächster Gelegenheit geht es noch einmal rechts und wir folgen den **rot-weißen Farbstreifen** steil den Berg hinunter, bis unser Pfad einen breiten **Schotterweg** kreuzt. Der weiterführende Pfad befindet sich hier leicht links versetzt, man sieht ihn erst, wenn man ein paar Schritte auf dem Schotterweg nach links geht. Hier steht auch schon ein **Wanderschild** ⑩, auf dem die Entfernung nach **Brenna** mit zehn Minuten angegeben ist. Wenn wir ab jetzt joggen, könnte das schon klappen – rechnet eher mit einer guten Viertelstunde. Der Pfad mündet dann nach etwa 500 Metern an der vom Hinweg bekannten Kreuzung ②. Wir spazieren das letzte Stück oberhalb des Fiume Merse zurück zu unserem Parkplatz.

Die Abkürzung ab Punkt ⑧

Am Ende des Hanges an einer **T-Kreuzung** folgen wir dann dem Pfad nach links und wandern weitgehend parallel zum Hang weiter. Dann geht es noch einmal hinab, und der Wald wird wieder dichter. Wir folgen immer dem Hauptweg und halten uns an der einzigen Kreuzung links, rechts zweigt ein leicht zugewachsener Wiesenweg ab. Wir laufen oberhalb eines Hauses vorbei, dann endet unser Weg an einer **T-Kreuzung**. Hier biegen wir rechts in einen schattigen Pfad ein und befinden uns wieder auf dem markierten Weg.

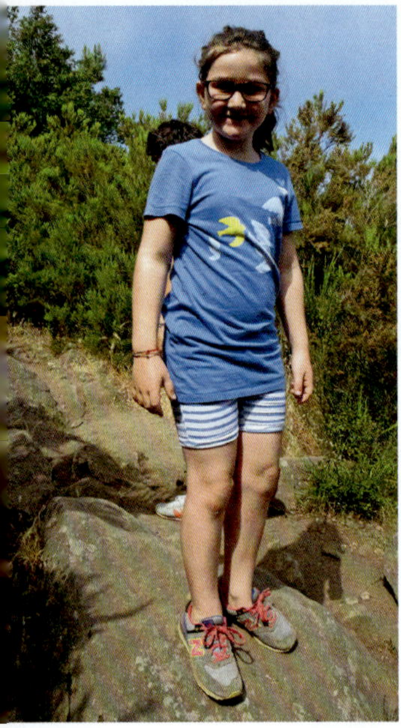

Tour 26: Die rauchenden Berge von Monterotondo

Der Rundweg Anello delle Biancane im Parco Geotermico

Aus vielen gelblich gefärbten Erdlöchern am Hang des Monterotondo steigt Dampf auf und es riecht hier auch meist leicht nach Schwefel. Kein Wunder, dass sich viele Geschichten um den Berg ranken, in dem der Teufel hausen soll, oder andere finstere Gestalten. Eigentlich sind die Fumarolen, wie man die qualmenden Löcher nennt, ein vulkanisches Phänomen, und der Dampf ist nichts anders als Wasser, das durch die Hitze in der Erde unter den Steinen als Dampf an die Oberfläche tritt. Fumarolen gibt es in allen Regionen mit abklingendem Vulkanismus. Hier am Monterotondo liegt eine davon.

100 m

STRECKE 3 km

1 h 15

ab 6

Wanderung: Vom Parkplatz folgen wir dem Wegweiser zum **Rundweg Anello delle Biancane** den Berg hinab und stehen fast sofort vor dem **ersten größeren Feld** mit Fumarolen. Dort, wo es qualmt, ist der Boden steinig. Gelbe Ablagerungen färben die Steine, und ein leichter Duft nach Schwefel liegt in der Luft. Ein mit **Seilzäunen abgegrenzter Pfad** ① führt rechts näher an die Löcher heran und dann zurück auf den Hauptweg. Gehen wir auf dem Hauptweg weiter, liegt eines der heftig qualmenden Löcher direkt rechts hinter dem Seilzaun. Wer näher herangeht,

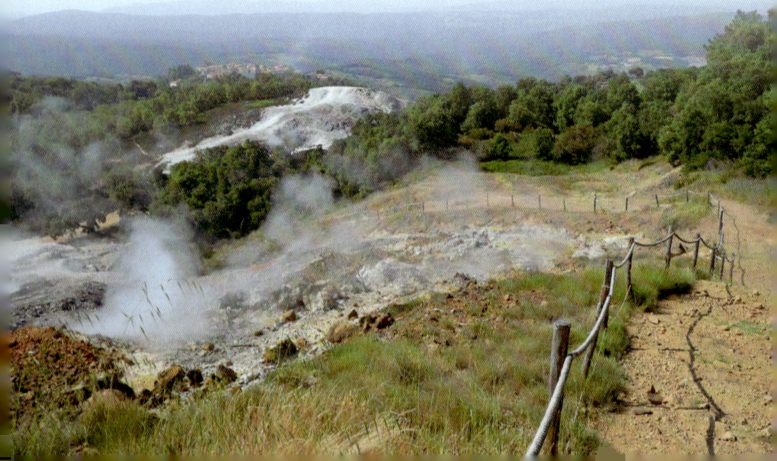

spürt sofort, dass der aufsteigenden Dampf warm ist. Er stammt aus brodelnden Erdschichten unter den harmlos aussehenden Steinen. Kommt man dem Steinloch zu nahe, verbrennt man sich glatt die Finger.

Wir kommen dann zu einer **Kreuzung** ②, an welcher der eigentliche Rundweg beginnt. Zuerst geht es rechts herum. In den Steinfeldern am breiten Weg qualmt es erst einmal nur noch vereinzelt. Dann steigen wir auf einer **langen Treppe** weiter hinauf, er Boden ist hier tiefrot gefärbt. Hinter den letzten Stufen treffen wir auf den mit einem Schild markierten **Abzweig nach Sasso Pisano** ③. Der Weg zu dem unterhalb der Felder gelegenen Dorf ist mit 40 Minuten angegeben. Es geht zeitweise steil hinunter. Wir folgen ihm noch bis zum ersten größeren **Steinfeld**, in dem der Dampf brodelnden Schlammlöchern entweicht.

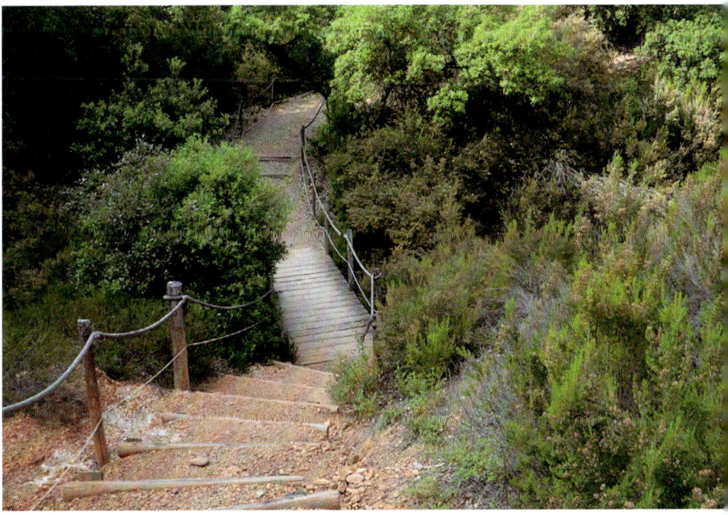

TOUREN-STECKBRIEF

Anfahrt: Von Osten kommend durchqueren wir den Ort Monterotondo und folgen den braunen Schildern zum Parco Geotermico Le Biancane hinter der Ortsausfahrt rechts hinauf. Zuerst kommen wir zu einem Infopunkt. Wir könnten auch hier auf den Wanderweg starten, sparen uns aber einige Höhenmeter, wenn wir den Rundgang am oberen Parkplatz beginnen. Dazu fahren wir am Infozentrum vorbei auf einer schmalen Straße Kurve um Kurve nach oben. Vorbei am geothermischen Kraftwerk, mit seinem auffälligen Kühlturm geht es bis zu einem kleinen Parkplatz rechts der Straße bei **GPS N 43°09'14", E 10°51'11"**.

Anspruch und Charakter: Der markierte Rundweg mit vielen Treppchen führt zwischen den Fumerolen durch eine raue, steinige Landschaft und durch Wald. Der Weg führt nahe an verschiedenen Fumerolen vorbei und zu mehreren Aussichtspunkten.

Highlights: Die dampfenden Löcher in der Erde. Hält man vorsichtig die Hand darüber, spürt man auch die Hitze.

Einkehr: Keine.

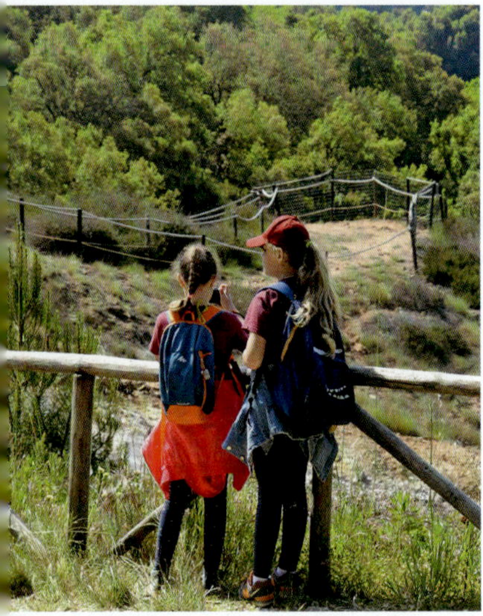

Abstecher in Richtung Sasso Pisano:

Der breite Weg wird schnell etwas schmaler und an einer größeren **Kreuzung** ④ folgen wir dem Holzschild in den, leicht nach rechts versetzt, geradeaus weiterführenden Weg. Er gehört zu einem Fernwanderweg und ist rot-weiß markiert.

Links am Pfad liegt ein kleiner **Teich** ⑤. Kurz dahinter führen Pfade nach links zum nächsten **Fumarolenfeld**. Der erste ist unmarkiert und verläuft zuerst direkt an einen Drahtzaun entlang. Dieser Pfad ist ziemlich verwildert und teilweise kaum erkennbar. Wir nehmen daher den **zweiten Abzweig** nach links auf einem deutlichen Pfad über Steine und rote Erde. Er steigt an bis zu einem **Ausguck mit Bank** ⑥ und Seilzaun. Hier oben hören wir es laut rauschen, so als würde Wasser fließen, und in den Löchern brodelt es heftig.

Dann geht es zurück und an der einzigen Verzweigung links bis wir wieder auf dem **Hauptweg** ⑦ treffen. Links ginge es sehr steil weiter hinunter nach Sasso Pisano. Wir biegen hier rechts auf den vertrauten Pfad ab und steigen wieder zur **Wegkreuzung** ③ mit dem Rundweg Anello delle Biancane hinauf.

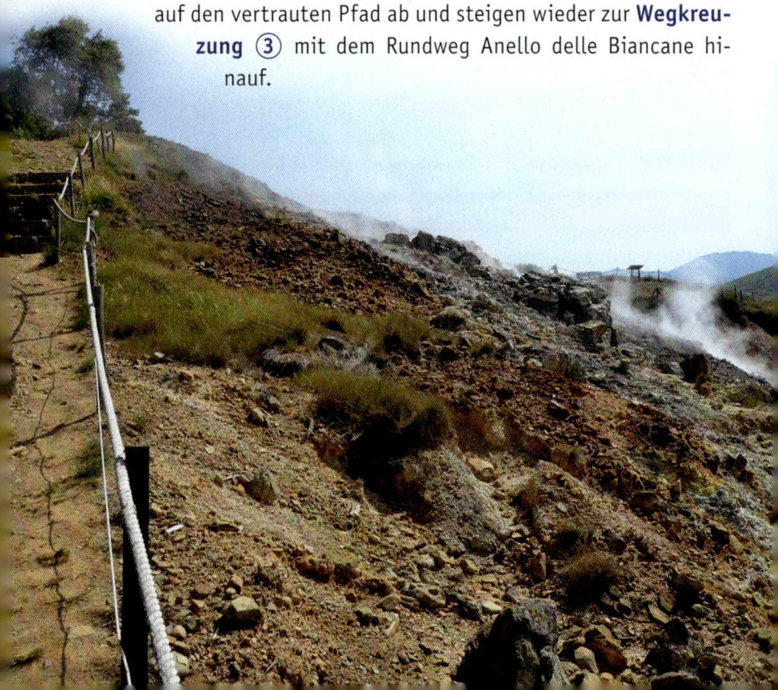

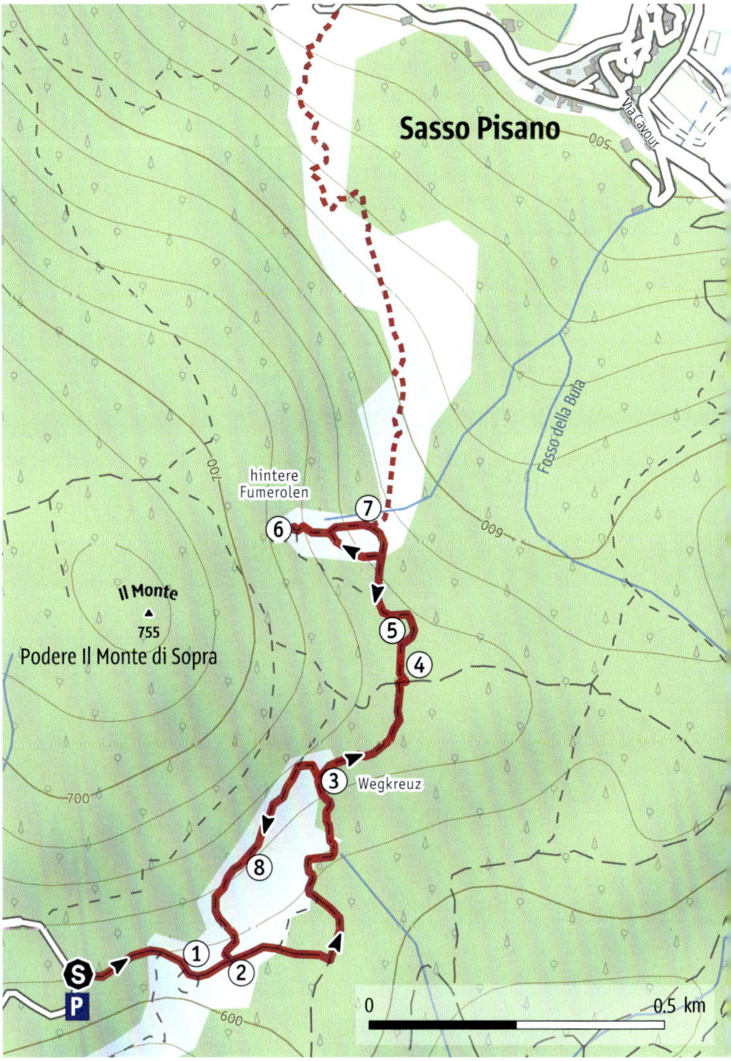

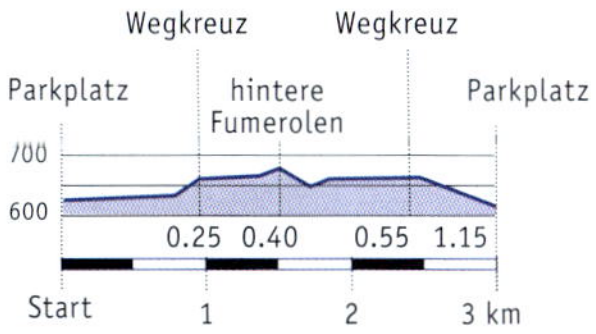

An der Kreuzung wenden wir uns nach rechts und wandern noch ein paar Meter weiter hinauf, dann sind wir am höchsten Punkt angekommen und es geht nur noch bergab. Mehrere Abzweige vom Weg führen zu aktiven Fumarolen. Auf dem weiteren Weg qualmt es dann links von uns noch einmal heftig. Ein **Aussichtspunkt mit Bank** ⑧ ermöglicht einen guten Blick über dieses besonders aktive Fumarolenfeld. Dann laufen wir ein letztes Stück bergab und stehen wieder am **Beginn des Rundwegs** ②. Rechts wandern wir auf vertrautem Weg zum Auto zurück.

Elba mit dem Bus

Viele Autos und schmale, kurvige Straßen bringen Elba jeden Sommer nahe an den Verkehrsinfarkt. Ihr könnt diesem Problem leicht entgehen, wenn ihr zum Wandern auf den Bus umsteigt. Alle Buslinien starten in Portoferraio. Die Linie 116 fährt in den Süden und in den Westen, die Linie 117 deckt den Norden und die 118 das Gebiet um Lacona ab. Im Hochsommer fahren zusätzlich die Marebusse von Strand zu Strand. Konkretere Infos und einen aktuellen Fahrplan findet ihr unter: at-bus.it/en/app

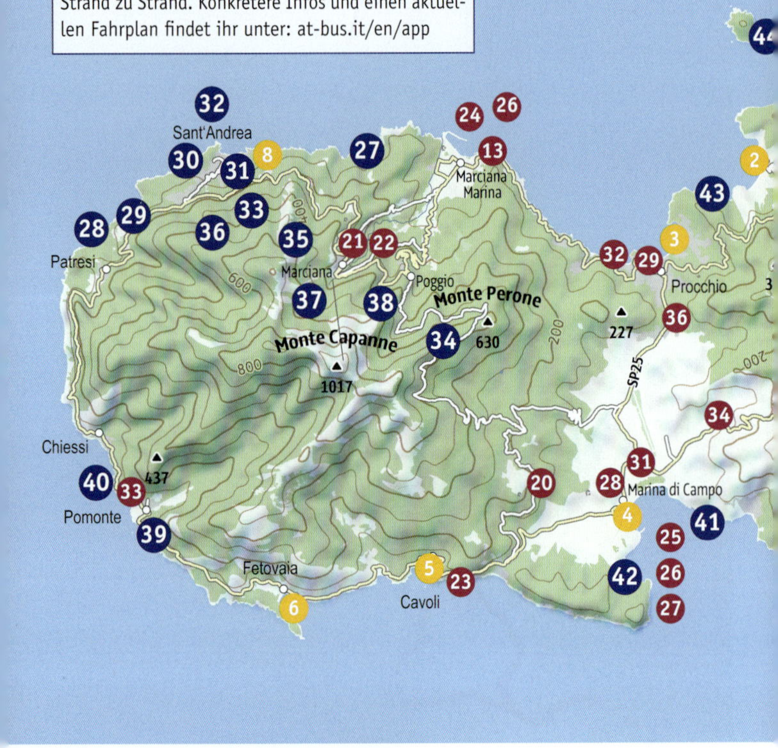

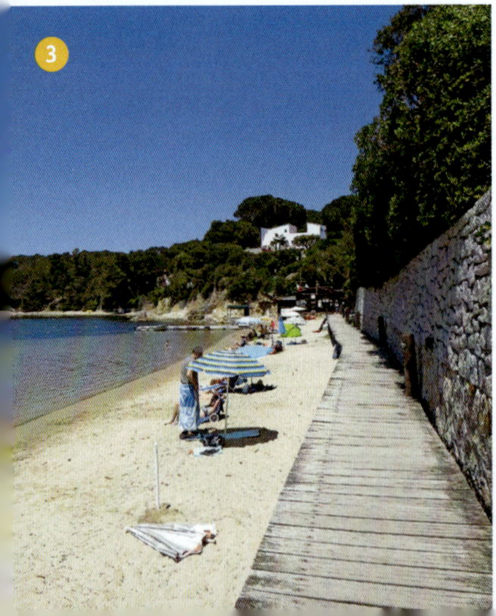

Strände

1 Lacona

Die schöne, von riesigen Schirmpinien eingerahmte Bucht ist bei Familien mit Kindern sehr beliebt und ein echtes Camperparadies. Gute Infrastruktur mit netten Strandbars, Restaurants und einen Boots- und Surfbrettverleih am Strandbad. Der breite Strand führt sehr flach ins Wasser und ist ideal für kleinere Kinder.

2 Biodola

Der Strand aus feinem Quarz- und Glimmersand fällt sehr sanft ins kristallklare Wasser ab und ist deshalb

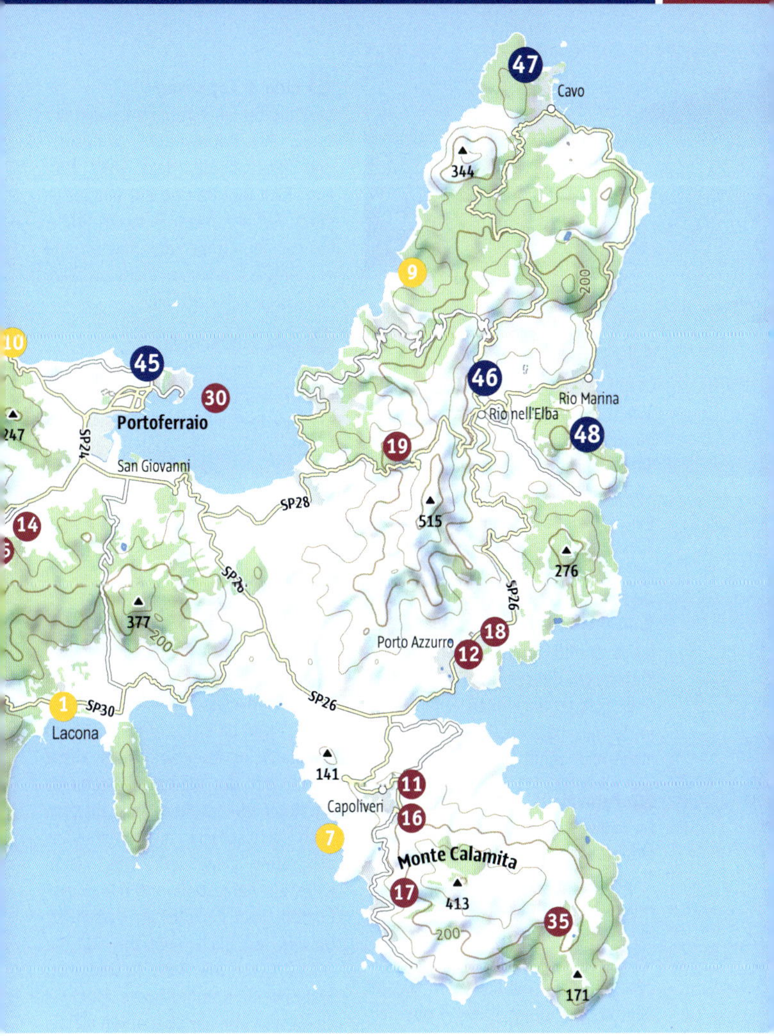

vor allem bei Familien mit kleinen Kinder sehr beliebt, die gerne im oberhalb gelegen Campingplatz ihr Quartier haben. Zahlreiche moderne Bars, Restaurants, Massage, Tretbootverleih. Mehr Bagni mit Liegen und Schirmen als freier Strand.

3 Procchio

Feiner Sandstrand an der Nordküste. Gute Infrastruktur für Sportfans mit Tretboot- und Kanuverleih sowie Segel-, Windsurf- und Tauchschule. Zahlreiche Restaurants und Bars. Der Strand geht flach ins Wasser und ist auch für kleinere Kinder geeignet. Wer es ruhiger mag und auf Liegestuhl und Sonnenschirm verzichten kann, lagert am besten im Osten der Bucht beim Strand La Guardiola mit gleichnamiger Bar.

4 Marina di Campo

Der lange Sandstrand liegt in einer sehr windgeschützten Bucht an der Südküste und ist auch dann noch angenehm, wenn im Westen die Wellen toben. Ein Pinienwald, der sich bis in den Sandstrand ausdehnt, bietet natürlichen Windschutz. Zahlreiche Strandbäder, Restaurants und Freizeiteinrichtungen. Freie Strandabschnitte findet ihr vor allem an den äußeren Rändern.

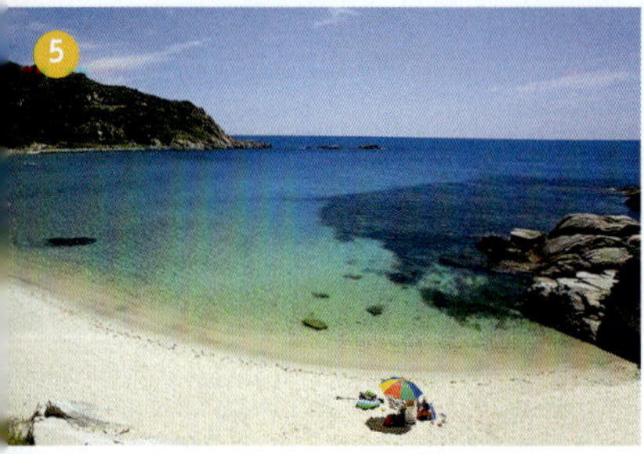

5 Cavoli

Cavoli ist ein hübscher Badeort im Süden der Insel mit einer geschützt liegenden Bucht mit feinem, weißen Sand und flachem Ufer und daher ideal für Kinder, die noch nicht so gut schwimmen können. Für mutige Schwimmer bietet ein Sprungfelsen am westlichen Ende der Bucht Abwechslung. Die vorgelagerten Inseln Montecristo und Pianosa sind ein attraktiver Blickfang und eine schöne Kulisse, um Piratengeschichten zu erfinden. Auch an kühlen Tagen ist es in der geschützten Bucht von Cavoli meist noch recht warm.

6 Fetovaia

Im Südwesten der Insel befindet sich einer der schönsten Strände Elbas. Flankiert von mit Macchia übersäten Felsen im Westen und Osten und im Norden geschützt von einem schönen schattenspendenden Pinienwald ist der feine Sandstrand ein ideales Domizil. Der kleine Badeort oberhalb des Strandes ist noch sehr beschaulich geblieben und bietet die übliche Strandinfrastruktur mit Bars, Restaurants, Bootsverleih und vielen Liegen und Sonnenschirmen, auf die man jedoch auch verzichten kann, wenn man sein Lager am nahen Waldrand aufschlägt.

7 Lido di Capoliveri

Geschützter Sandstrand im Süden der Insel. Mit Bootsverleih, Windsurf- und Tauchschule, dazu eine Bar, zwei Restaurants und ein Campingplatz. Auf der linken Seite des Strandes trennen Klippen den Hauptstrand von einem kleineren, nicht so stark besuchten Seitenstrand.

8 Cala Sant'Andrea

Die Bucht Sant'Andrea liegt ganz im Westen und ist eine der Felsbuchten, die bei Tauchern und Schnorchlern beliebt sind. An der steilen Felsküste aus Granit tummeln sich zahlreiche bunte Fische im glasklaren Wasser.

9 Cala del Nisportino

Der Osten der Insel ist im Vergleich zum belebten Süden sehr einsam. Die Strände sind meist schwer zugänglich. Diese Bucht ist jedoch bequem vom Land zu erreichen. Der 200 m lange Sand-Kiesstrand liegt windgeschützt und da das Ufer im mittleren Teil flach ins Meer abfällt, ist diese Bucht auch gut für Kinder geeignet. Am Nordende des Strandes sieht man noch Überreste eines alten Brennofens aus rotem Ziegelstein. Hier wurde Kalkstein hergestellt und mit Ruderbooten nach Portoferraio verschifft. Obwohl es auch hier die übliche Infrastruktur wie Bars, Restaurants, Stabilimenti und Tretboote gibt, ist der Strand weniger überlaufen als die im Süden der Insel.

10 Spiaggia La Sorgente

Zwischen dem Capo d'Enfola und Portoferraio liegt die sogenannte Porzellanküste. Die Strände bestehen aus weißen runden Steinen und das Wasser ist unglaublich klar. Die Cala la Sorgente ist eine besonders schöne Bucht an diesem Küstenabschnitt.

10

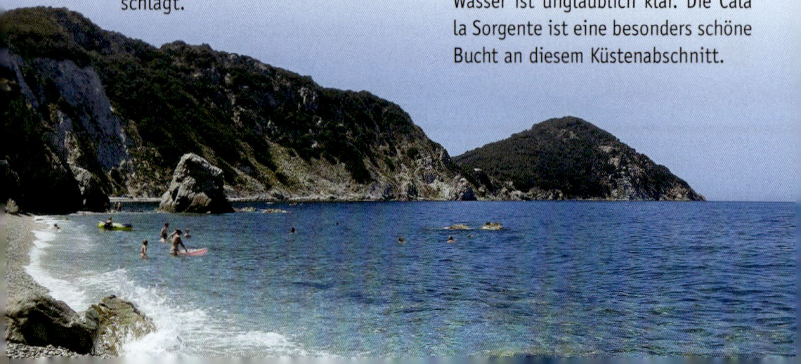

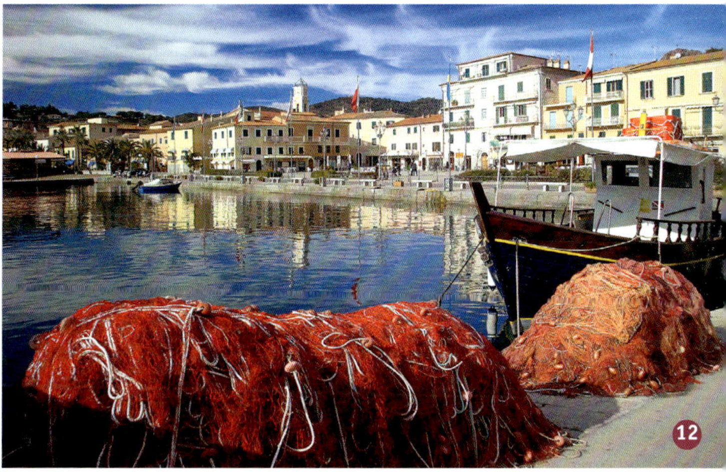

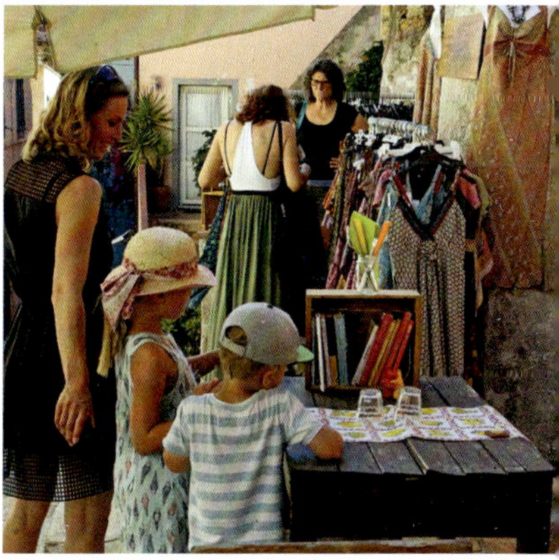

Sehenswerte Orte

11 Capolivieri

Hoch oben im Südosten der Insel, auf der Halbinsel Calamita, liegt der Ort Capoliveri. Er wurde als »Caput liberum« (Freiheitsgipfel) von den Römern gegründet. Der besondere Freiheitswille zählte damals zum Markenzeichen der Einwohner. Selbst gegen Napoleon leisteten sie Widerstand, als dieser neue drastische Steuern erhob, um seine diversen Bauvorhaben damit zu finanzieren. Pfarrer, Bürgermeister und Honoratioren wurden damals eingesperrt, bis die Gemeinde nachgab und ihren Verpflichtungen doch noch nachkam.

Capoliveri zeichnet sich durch seinen mittelalterlich geprägten Ortskern mit zentralem Marktplatz und engen Gässchen, Bogengängen und Treppen aus. Mit vielen kleinen Läden, Cafés und Restaurants eignet sich der Ort gut für einen Stadtbummel. Am Donnerstag werden die Stände des Wochenmarktes auf der Piazza Garibaldi aufgebaut. Hier findet man fast alles: Haushaltsartikel, Obst und Gemüse, Kleidung und Schmuck – und das zu zivilen Preisen. Auch Mineraliensammler werden hier fündig.

12 Porto Azzurro

Den wohlklingenden Namen Porto Azzurro (Blauer Hafen) erhielt die Stadt erst 1947. Zuvor hieß sie Porto Longone, benannt nach der oberhalb gelegenen Festung aus dem 17. Jahrhundert. Erbaut wurde die Anlage ab 1603 unter spanischer Herrschaft. Einige Zimmer dienten Napoleon während seines Exiles auf Elba als dritter Wohnsitz auf der Insel – neben der Villa dei Mulini und der Villa di San Martino. Ende des 19. Jahrhunderts wurde das alte Gemäuer dann zu einem Gefängnis umgebaut, das bald für seine harten Haftbedingungen berüchtigt war. Mit dem Aufkommen des Tourismus zum Anfang des 20. Jahrhunderts wurde genau das zum Problem. Wer wollte schon sagen, dass er in Porto Longone seinen Urlaub verbringt? So wurde der Ort kurzerhand umgetauft und Porto Azzurro war geboren. Auch heute dient die Festung Longone noch als Gefängnis und kann deshalb nur von außen besichtigt werden. Es gibt jedoch rund um Porto Azzurro genügend andere Sehenswürdigkeiten zu entdecken: den Fischerhafen, an dem man in der Hochsaison vor lauter Motor- und Segeljachten kaum noch etwas vom blauen Wasser sieht, die Altstadt mit den vielen Gässchen zum Bummeln, einen Schmuck- und Kunsthandwerkermarkt, den man in den Abendstunden besuchen kann, und die beiden schön gelegenen Kiesstrände Barbarossa und Reale.

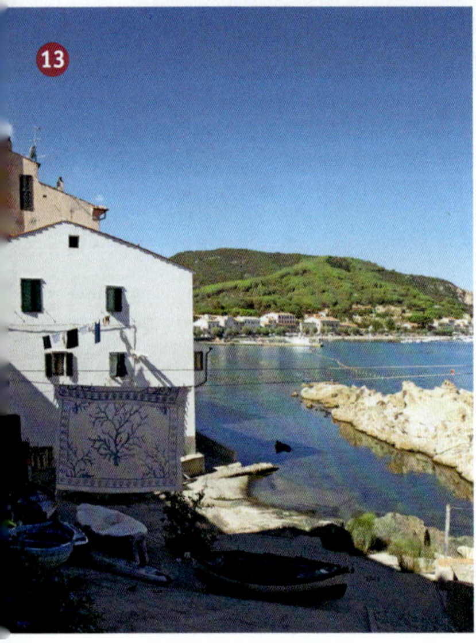

13

13 Marciana Marina

Marciana Marina ist ein sehr reizvoller, recht ursprünglich gebliebener Badeort mit einer schönen Hafenpromenade unter alten Tamarisken. An der Mole liegen in den Sommermonaten viele kleinere Segel- und Motorjachten, aber auch noch jede Menge Fischerboote. Es lohnt sich morgens gegen 9 Uhr nach den Fischern Ausschau zu halten, die gerade vom Fang zurückkehren, um direkt vom Boot wirklich frischen Fisch zu kaufen. Es schadet allerdings nicht, sich dazu ein bisschen mit Fisch auszukennen, da auch weniger bekannte Fischarten ins Netz gehen. Man sollte wissen, wie man diese zubereitet.

Lohnenswert ist auch ein Abstecher in das mittelalterliche Fischerviertel Cotone, das ganz im Osten der Hafenbucht zu finden ist. Die Häuser kleben dicht an dicht auf dem Fels und in den kleinen Gässchen scheint die Zeit still zu stehen. Man hat einen schönen Blick auf die Hafenbucht, das quirlige Treiben und die bunten Fischerboote. Bis 1995 gab es in Marciana Marina auch eine Fischfabrik, die jedoch wegen mangelnder Rentabilität geschlossen wurde.

Hinter der Hafenmole mit dem Sarazenenturm befindet sich der Kiesstrand La Fenicia, der Hausstrand von Marciana.

Dienstags ist in Marciana Marina Markt. Zwischen der Via Guiseppe Vadi, Viale Lloy und Viale Amedeo bauen die Händler ihre Stände auf, und man bekommt von der Angel bis zur Zitronenpresse fast alles, was Herz und Gaumen begehren könnten. Es gibt feine Wildschweinsalami, Käse, Obst und Gemüse, aber auch Strandtücher in allen Farben und Qualitäten. In der Vorsaison wird der Markt direkt an der Strandpromenade aufgebaut.

Museen

14 Keramik-Kunst von Italo Bolano

Das außergewöhnliche Freilichtmuseum liegt in einem 10.000 Quadratmeter großen Park unweit von Portoferraio. Unter Eukalyptus, Myrte und Oleander werden hier expressionistische Bilder, Keramik, Mosaike und Metallobjekte des Künstlers Italo Bolano präsentiert.

In den Sommermonaten kann auch das Atelier des Künstlers besichtigt werden. Auf dem Museumsgelände sind außerdem Kunstgalerien, eine Keramikwerkstatt sowie ein Openair-Theater und ein Buchladen zu finden. *Geöffnet Juni täglich 15 bis 20 Uhr, Juli, August, September Di bis So 10–13 und 16–20 Uhr. Der Eintritt ist frei! www.italobolano.com*

Anfahrt: Von Portoferraio fährt man auf der SP 24 in Richtung Marina di Campo, nach etwa fünf Kilometern biegt man links in Richtung Napoleonresidenz San Martino ab. Das Open Air Italo Bolano ist nach wenigen Metern links beschildert.

15 Villa San Martino

Am Eingang zu Napoleons Sommerresidenz südwestlich von Portoferraio trifft man zuerst einen neueren Bau, den sein angeheirateter Neffe Anatol Demidoff hier erbauen ließ. Er war ein glühender Verehrer Napoleons und erwarb die Sommerresidenz, um seinem Kaiser ein Museum zu widmen. Der neoklassizistische Tempel mit den hohen Granitsäulen wirkt aus heutiger Sicht pompös und leicht überdimensioniert. Immer noch unvergänglich schön ist jedoch die Statue der Nymphe Galatea – eine Arbeit des Bildhauers Canova, für die angeblich Paolina, eine der Schwestern Napoleons, Modell gestanden hat.

Nach der pompösen Demidoff-Architektur wirkt das eigentliche Sommerhaus Napoleons von außen eher bescheiden. Im Inneren sind Zimmer und Säle mit eindrucksvollen Fresken von Vincenzo Antonio Revelli geschmückt. Besonders sehenswert sind der ägyptische Saal im ersten Stock und der Saal des Liebesknotens, der ursprünglich als Speisesaal angelegt wurde. Dessen Deckenfresko mit zwei sich voneinander entfernenden Tauben, die beide das Ende eines Bandes im Schnabel festhalten, symbolisiert die Liebe zwischen Napoleon und seiner zweiten Frau Maria Luisa.
Geöffnet Mi, Fr, Sa und Feiertage 9–13.30 Uhr, Mo und Do 14–18.30 Uhr. €6, ermäßigt €3. Nur Barzahlung!

16 Museo del Mare

Das im April 2014 in den restaurierten Räumen in der Via Palestro eröffnete Museum beherbergt den Schatz des 1841 auf dem offenen Meer vor der Küste des Capo Calvo gesunkenen Dampfers Polluce. Passagiere und Besatzung konnten damals gerettet werden, dafür ging die ge-

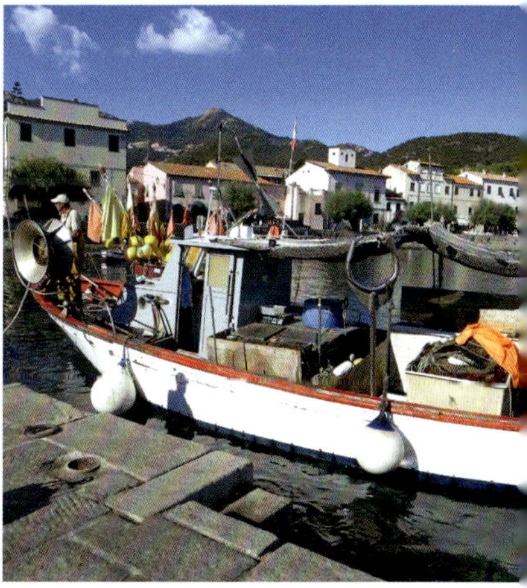

samte Ladung des Schiffs verloren: Borddokumente, Briefe, persönliche Gegenstände der Reisenden und die transportierte Ware.

Der Besitzer der Polluce, der Reeder Raffaele Rubattino, versuchte vergeblich, die wertvolle Ladung des Schiffes sicherzustellen. Die Suche wurde dann Anfang 2000 von englischen Schatzsuchern wieder aufgenommen. Diese schafften es, das Wrack zu lokalisieren und die gesunkene Fracht an Land zu bringen. Glücklicherweise wurde der Fund von den italienischen Behörden beschlagnahmt, bevor er auf dem englischen Markt versteigert werden konnte.

So kann man heute hier im Museum betrachten, was 1841 mit auf eine Seereise ging. Es handelt sich meist um kleine Alltagsgegenstände, Einrichtung aus den Kabinen und Teile der Schiffsausstattung. Der besonders wertvolle Teil des Schatzes der Polluce stammt allerdings aus dem Besitz reicher Reisender: Man fand Gold- und Silbermünzen, Schmuckstücke und Porzellanfiguren.
*Das Museum befindet sich in Capolivieri unterhalb der Piazza Matteotti in der Via Palestro 6.
2024 ist es wegen Bauarbeiten vorübergehend geschlossen.
Infos unter Tel. +39 0565 967029 oder +39 393 9059583.
museodelmare.capoliveri@gmail.com*

17 Miniere di Capoliveri

Angeblich ist das magnetische Feld des Monte Calamita so stark, dass früher die Kompassnadeln der Schiffe verrückt gespielt haben, wenn sie die Halbinsel umfuhren. Der im Berg vorhandene Magnetit, ein hochwertiges Eisenerz, wurde bis 1980 in der Mine von Capolivieri abgebaut, die heute für Besucher zugänglich ist.

Das Gelände besteht aus einem Besucherzentrum mit kleinem Museum. Hier startet man auch den mehr als einstündigen Ausflug in die Unterwelt. Ausgestattet mit einem Schutzhelm besteigt man den Shuttle-Bus, der die Besucher über eine abenteuerliche Sandpiste mit beeindruckenden Tiefblicken aufs Meer zum Stolleneingang transportiert. Nach der aufregenden Fahrt geht es zu Fuß durch die Stollen. Da man über alte Gleise und Kabel steigen muss und es auch nass und feucht sein kann, sind feste Schuhe und eine Jacke empfehlenswert. Der Führer erklärt zum Großteil auf Italienisch und auf Englisch, eine Kurzfassung gibt es auf Deutsch. Das macht die Besichtigung für jüngere Kinder etwas langatmig, weil sie kaum etwas verstehen. Mit einer eigenen Taschenlampe kann man derweil ein wenig in die anderen Stollen leuchten. Im Museum gibt es noch ein originalgetreu eingerichtetes Büro und die Krankenstation zu sehen.

Die Mine liegt sechs Kilometer südlich von Capoliveri im Vorgebirge des Monte Calamita. Die Zufahrt erfolgt über eine vier Kilometer lange Schotterstraße. Von Capoliveri aus ist die Miniera ab dem obern Kreisel im Zentrum (Piazza del Cavatore beim Rathaus) ausgeschildert.
Öffnungszeiten: in der Nebensaison 10–15 Uhr, Hauptsaison 10–17 Uhr. Kürzere Minentour €18, Kinder €12, längere Minentour ab 12 Jahre €24, Nur Museum €2,50, Kinder €1,50. Für die Touren ist eine Reservierung empfehlenswert. Tel +39 0565935492, www.minieredicalamita.it

18 La Piccola Miniera

Die Piccola Miniera liegt am Ortsausgang von Porto Azzurro an der Straße, die nach Rio nell'Elba führt, und ist eigentlich keine echte Mine, sondern befindet sich im Keller eines Hauses. Man betritt das »Bergwerk« durch den Verkaufsraum, wo man schöne Arbeiten und kleine Kunstwerke aus Stein, Schmucksteinen und Kristallen erwerben kann. Auch ein Blick in die Werkstatt ist erlaubt. Mit Anmeldung kann man auch beim Entstehen eines Schmuckstückes dabei sein. Einen Stock tiefer fährt der »Trenino della Miniera« ab.
Der kleine Bergwerkszug zuckelt etwa 15 Minuten durch einen nachgebauten Bergwerksstollen, vorbei an originalgetreu gestalteten verschiedenen Arbeitsplätzen unter Tage. Bei jedem Halt wird in verschiedenen Sprachen ausführlich erklärt.

Im Bergwerk sind die historischen Werkzeuge des Bergbaus ausgestellt, und im etruskischen Mineralienmuseum kann man anschließend eine umfangreiche Sammlung typisch elbanischer Mineralien bewundern. Auf der untersten Etage sind dann verschiedene Muscheln und Insekten ausgestellt.
Öffnungszeiten Juni bis September 9–19.30 Uhr, in der Nebensaison 9–12.30 und 14.30–18.30 Uhr. €10, Kinder 6–12 Jahre €7,50, Kinder 3–5 Jahre €4. www.lapiccolaminiera.it

19 Fortezza Del Volterraio

Hoch oben, auf 394 Metern Höhe thront das Castello del Volterraio, das man bereits bei der Ankunft mit der Fähre, aber auch von vielen anderen Orten aus auf Elba, erspähen kann. Die Festung ist die älteste Befestigungsanlage der gesamten Insel Elba. Lange Zeit nicht mehr für die Öffentlichkeit zugänglich, wurde sie von der Parkverwaltung restauriert und kann nun wieder besichtigt werden. Entweder auf eigene Faust, mit einem sachkundigen Parkführer oder mit einer im Voraus gebuchten, geführten Besichtigungstour.

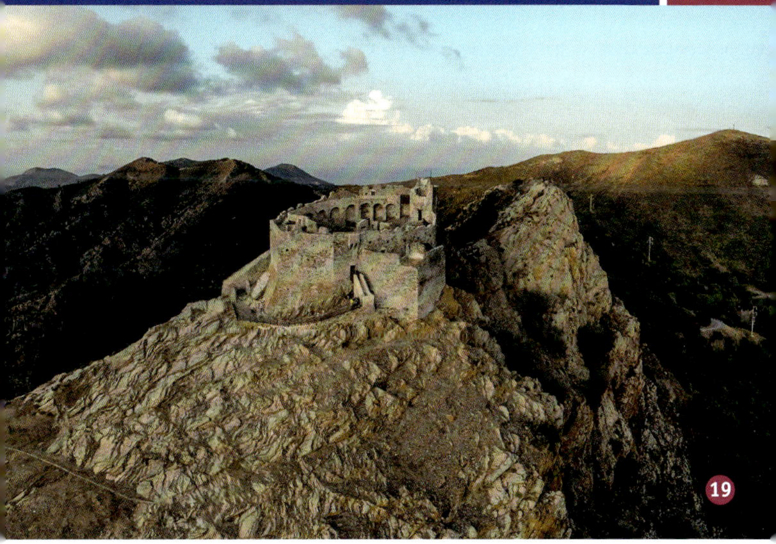

Bereits die Anfahrt mit dem Auto über die SP32 ist ein Abenteuer. Man parkt sein Auto am besten auf dem **Parkplatz Le Casermette** bei **GPS N 42°48'00.8", E 10°22'47.8"** am Zugang zum Weg Nr. 255. Es ist auch heute noch nicht ganz leicht, diese Festung zu erreichen. Für den Weg nach oben braucht man gut 40 Minuten. Die Anstrengung lohnt sich, der Ausblick ist fantastisch und die scheinbar aus dem Felsen ragende Festung einfach faszinierend. Schnell wird einem klar, weshalb schon die Etrusker diesen Ort zur Verteidigung der Insel ausgesucht haben.

Geführte Besichtigungstouren sind ab sechs Personen möglich und dauern drei Stunden. Man bucht über parcoarcipelago.info
€ 20, Kinder von 5–12 Jahre € 5.
Auf eigene Faust: Während der Sommermonate (15.6. bis 15.9.) ist die Festung jeden Tag außer Dienstag von 17.30–20.30 Uhr geöffnet. Je nach Jahreszeit ist es empfehlenswert, eine Taschenlampe mitzunehmen.
€ 8, Kinder von 5–12 Jahren € 4

20 Museo Mineralogico Luigi Celleri (MUM)

Die Mineralien aus der Gegend des Monte Capanne sind legendär und werden in vielen internationalen Museen und Privatsammlungen ausgestellt. Einige dieser Exponate fanden nun den Weg zurück nach San Piero und wurden hier, unweit ihres ursprünglichen Fundortes, neu in Szene gesetzt. Das Museum ist außerordentlich schön gestaltet. In den geschmackvoll schlichten Räumen werden die Fundstücke wie Kunstschätze ausgestellt. Unbedingt einen Besuch wert!

Wer sich noch tiefer in diese Materie einarbeiten möchte, kann auch in einem Labor-Workshop für Geologie lernen, wie man Mineralien erkennt und richtig klassifiziert. Die Workshops eignen sich für Kinder ab zehn Jahren. Eine mineralogische Trekkingtour in die Umgebung von San Piero rundet die »Fortbildung« ab. Für die Workshops und Exkursionen ist eine vorherige Anmeldung erforderlich.

San Piero in Campo liegt unweit von Marina di Campo und ist ein hübsches Bergdörfchen auf 227 Metern Höhe, das noch viel von seiner Ursprünglichkeit bewahrt hat. Die mittelalterliche Kirche Sant Niccolò, die auf den Mauerresten eines römischen Tempels erbaut wurde, ist eines der bedeutendsten Kunstwerke auf Elba. Mit dem Auto erreicht man den Ort von Marina di Campo auf der SP 25 in etwa 15 Minuten. Von Süden kom-

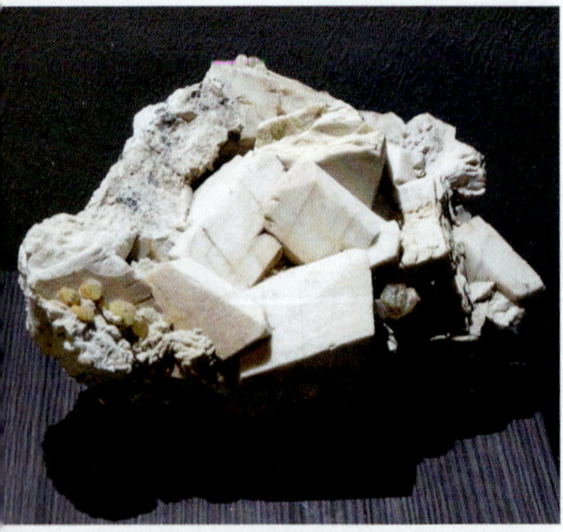

mend fährt man, ebenfalls auf der SP 25, über den Colle di Palombaia.

Das MUM bietet auch Workshops und Exkursionen zu anderen Themen, von der Papierwerkstatt über die Herstellung von Seifen, bis zur Beobachtung der Sterne.

Öffnungszeiten Museum: Juni bis Mitte September täglich von 10.30 – 13.30, 15.30 – 18.30 und 20.30 – 22.30 Uhr.
Mitte April bis Mai und Mitte September bis Oktober Di bis So 11.30 – 13.30 und 14.30 – 18.30 Uhr.
März bis Mitte April Di bis So 15 – 19 Uhr. € 4,50, Kinder € 2,50.
www.museomum.it

Preise für die mineralogische Exkursion rund um S. Piero: € 12, Kinder € 6. Mo und Mi 9 – 12 Uhr. Anmeldung unter Tel. 0039 393804990.
www.museomum.it

21 Auf den Spuren der Römer und Pisaner in Marciana Alta

Von Marciana Marina aus erreicht man Marciana in etwa 45 Minuten über die SP25. Durch kühlen Laubwald führen zahlreiche Kurven stetig nach oben. Der hübsche Ort liegt auf 374 Metern malerisch am Abhang des Monte Giove. Marciana gilt als älteste Siedlung der Insel. Im 12. Jahrhundert legten die Pisaner die Stadtmauer und die Befestigungen an. Später regierte die adelige Familie der Appiani von Marciana aus ihr kleines Reich. In dem kleinen Ort kann man problemlos durch mehrere Jahrhunderte spazieren.

Einen Besuch wert ist auf jeden Fall die Ruine der **Fortezza Pisana**, die immer noch einen guten Eindruck von einer Festung aus dem 12. Jahrhundert vermittelt. Man gelangt über eine Treppe ins Innere und auf den Wehrgang mit fantastischem Blick hinunter aufs Meer und nach Poggio.

Am Infostand am Eingang können Kinder Rüstungen anprobieren und zusehen, wie die riesige Steinschleuder funktioniert. Sie dürfen ein Kettenhemd und einen Helm überziehen und versuchen, ein echtes Schwert hochzuheben, um am eigenen Leib zu erfahren, wie schwer es die Ritter im Mittelalter hatten. Auch einen Bogen richtig zu bedienen, will gelernt sein. Der Eintritt gilt für die Festung und das archäologische Museum. Das Museum befindet sich am Weg zur Festung und zeigt Fundstücke aus der Etrusker- und Römerzeit. Eine Beschreibung der Ausstellungsstücke gibt es auch auf Deutsch.
Geöffnet Mitte Juni bis Oktober Mi bis Mo 10 – 13 und 15.30 – 17.30 Uhr, Do und So nur vormittags.
Museum € 2, mit Fortezza € 3, Kinder bis 14 Jahre frei.

22 Casa del Parco in Marciana

Unweit von der Festung Fortezza Pisana befindet sich die Casa del Parco, die man über ziegelrote Treppenstufen erreicht. Hier wird auf großen Schaubildern didaktisch gut aufbereitet über die Flora und Fauna der Insel Elba informiert. Da die Bilder für sich sprechen, ist es nicht weiter tragisch, dass die Erklärungen ausschließlich italienisch sind.
Geöffnet April bis Mitte Juni und Oktober, Mo 10 – 13 Uhr, Fr 15 – 18 Uhr, Sa 10 – 13 und 15 – 18 Uhr, So 10 – 13 Uhr.
Mitte Juni bis September Mo 10 – 13 Uhr, Di 10 – 13 Uhr, Mi 10 – 13 und 15.30 – 18.30, Fr 15 – 19 Uhr, Sa 10 – 13 und 16 – 19, So 10.30 – 13 Uhr.

Auf dem Wasser

23 Mit dem Tretboot zur Grotta Azzurra

Auf der Ostseite des schönen Sandstrands von Cavoli [› Seite 138] befindet sich eine kleine Grotte, die man gut mit den Tretboot oder einem SUP erreichen kann. Der Weg dorthin ist nicht weit.

Wir starten unsere Bootsfahrt im Osten der Bucht, da ist man dem Ziel schon am nächsten. Man hält direkt auf die beiden sichtbaren Felsen am Ende der Bucht zu und kann bei ruhigem Seegang zwischen diesen hindurchfahren. Bei starkem Wellengang kurvt man aber besser außen herum. Nachdem wir die Punta di Cavoli umfahren haben, steuern wir nun unterhalb der imposanten Klippen direkt auf die kleine Grotte zu, die man nach etwa 15 bis 20 Minuten mühelos erreicht. Bei ruhiger See kann man auch mit dem Tretboot hineinfahren oder hineinschwimmen.
Einen schattigen, kostenpflichtigen Parkplatz (€ 10 pro Tag) findet man im Osten der Bucht beim Stabilimenti Balneare Batignani, wo man auch Liegestühle, Tretboote und SUPs ausleihen kann. Tretboot € 10, SUP € 8 pro Stunde.

24 Mit dem Glasboden-Boot zum versunken Frachter Elviscott

Das rote Glasboden-Boot »Nautilus« startet von Marciana Marina immer nachmittags gegen 15.30 Uhr von der Hafenmole und fährt die »Rotta Pomerdiana« (Nachmittagsroute) über Capo Sant'Andrea zum Wrack von Pomonte und auf selben Weg wieder zurück. Die Bootsfahrt dauert insgesamt gut zwei Stunden, bei hohem Wellengang auch mal drei Stunden.

Das rote Boot mit dem weißen Schriftzug VISIONE SOTTOMARINA ist schon von Weitem gut erkennbar. Bei gutem Wetter sitzt man oben auf dem Deck. Es geht etwa 30 Minuten an der Küste entlang, vorbei an der Schmugglerbucht La Cala [› Tour 27], die man vielleicht schon erwandert hat. Dann passiert man die Bucht Sant'Andrea mit ihrem Felsenstrand. Auf der Höhe des Felsenriffes Formiche de La Zanca verlangsamt das Boot seine Fahrt, die Passagiere wer-

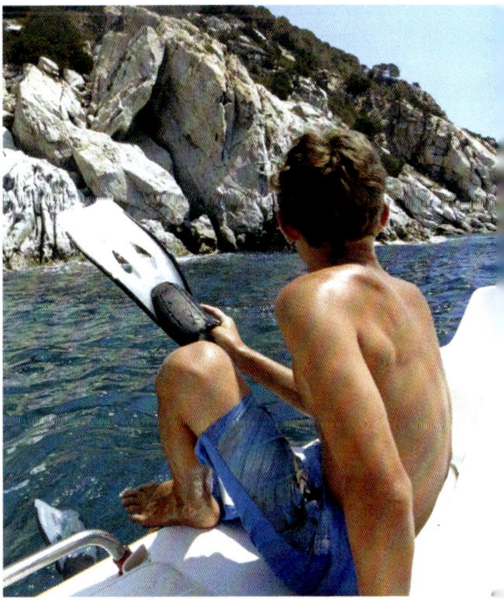

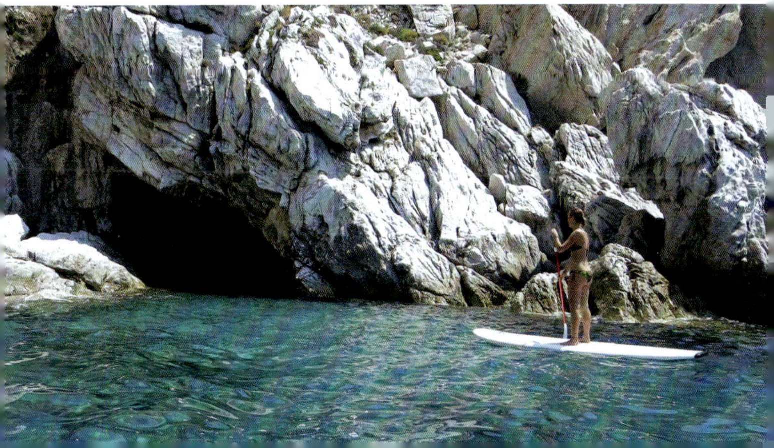

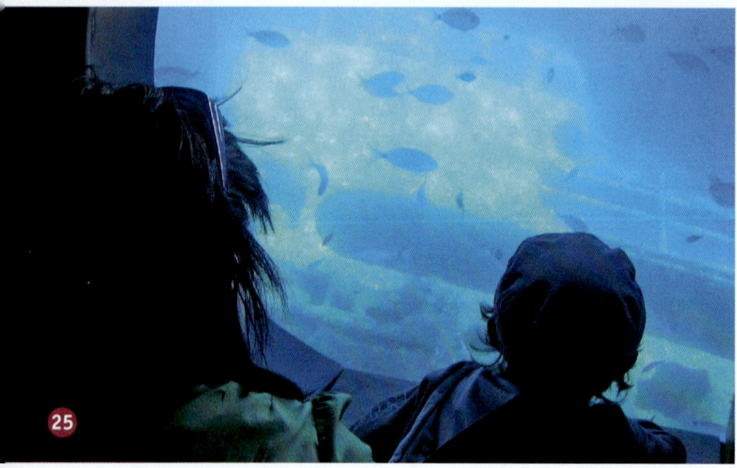

den nun unter Deck gebeten. Hier kann man die ersten bunten Fischschwärme beobachten. Je nach Zahl der Passagiere muss man sich mit dem Schauen an den dicken Scheiben abwechseln. Für klaustrophobisch veranlagte Menschen ist der enge Raum allerdings eine Herausforderung.

Dann geht es wieder an Deck und das Boot umrundet die Felsnase mit dem Leuchtturm »La Polveria«. Jetzt ist es nicht mehr weit. Nach weiteren 15 Minuten Fahrt stoppt das Boot auf Höhe des 1972 untergegangen Frachters Elviscott vor Pomonte. Hier werden die Fische gefüttert, die zahlreich das Boot umschwimmen und sich rund um den mit Algen bewachsenen Frachter tummeln, der als gespenstisches Gerippe in nur zehn Metern Tiefe sehr deutlich zu erkennen ist. Nachdem jeder einmal an der Scheibe war, fährt das Schiff auf der gleichen Route zurück.

Je nach Wetterlage kann die Rückfahrt etwas schaukelig werden. Deshalb vielleicht auf der Fahrt nicht so viel essen wie die Fische! Gegen 17.45 Uhr ist man zurück in Marciana Marina und kann den Abend in einer der schönen Bars am Strand oder in einer Pizzeria ausklingen lassen.
Start in Marciana Marina,
Fahrpreis €20, Kinder bis 12 Jahre €10.
www.aquavision.it

25 Elba mit der Mickey Mouse

Mit dem Ausflugsboot Mickey Mouse kann man von Marina di Campo die Insel auf drei verschiedenen Touren vom Wasser aus entdecken:

Tour 1 führt mit vier Badestopps über den Golfo di Lacona, den Golfo Stella, die Grotta delle Capre und die Isole Gemini zur Punta Calamita le Miniere und dauert 5 Stunden.
Abfahrt 10 Uhr, Fahrpreis €35 pro Person.

Tour 2 dauert 3 Stunden und bietet zwei Badestopps mit Schnorchelmöglichkeit bei der Grotta Azzurra und beim Wrack von Pomonte.
Abfahrt 15.30 Uhr, Fahrpreis €25.

Tour 3 dauert 6 Stunden und führt in den Süden der Insel nach Cavoli, Seccheto, Fetovaia, Pomonte, Chiessi und Sant'Andrea, mit drei Badestopps.
Abfahrt 9 Uhr, Fahrpreis €50.

Reservierungen: 0039 392 3186962 (Anfragen auch auf Deutsch, Niederländisch und Englisch).
www.elbadiscovery.com

26 Mit den Booten von **AQUAVISION** erreicht ihr von Marciana Marina die Nachbarinseln Capraia, Pianosa und Giglio ganz bequem innerhalb eines Tages. Wer die Insel Pianosa ausgiebig erkunden möchte, hat auch die Möglichkeit, das eigene Fahrrad mit auf das Schiff zu nehmen.

Marina di Campo – Isola Pianosa
Erwachsene €39, Kinder 4–12 Jahre €20 pro Person!

Porto Azzuro – Giglio
Erwachsene €39, Kinder 4–12 Jahre €20. 5 Stunden Aufenthalt auf der Insel.

Marciana Marina – Isdola Capraia
Erwachsene €39, Kinder 4–12 Jahre €20. *www.aquavison.it*

27 Inselrundfahrt auf der Magic Princess

An Bord der »Magic Princess« könnt ihr an einem Tag mit einer etwa sechsstündigen Bootsfahrt die gesamte Insel umrunden.

Abfahrt in Marina di Campo 9.30 Uhr. €40 pro Person, Kinder 6 bis 10 Jahre €20, Kinder bis 5 Jahre gratis. Es ist ratsam, 30 Minuten vorher da zu sein. Tickets gibt es am Ticketschalt an Board. Informationen und Reservierung: Rosita: 0039 328 2123795 (deutsch). www.giteinbarcaisoladelba.it

Seekajak

28 Il Viottolo

Vittorio Luisetto verleiht nicht nur Kajaks, sondern bietet auch geführte Kajakausflüge für Kinder an. Vor der ersten Fahrt aufs Meer gibt es ausführliche Instruktionen.
Preis für eine 2-stündige Fahrt €25, Kinder bis 12 Jahre €10.
Il Viottolo Outdoor spirit, Vittorio Luisetto, Via Albarelli, 60, Marina di Campo, Tel. 0039 329 7367100.
www.ilviottolo.com

Segeln und Surfen

29 Elba Watersports

Die Schule von Alberto Carugi befindet sich am Strand von Procchio und bietet neben Kursen für Kinder im Opti auch einen speziellen Familien-Törn zum Mitsegeln mit Skipper an. Mit vielen Badestopps kommen hier auch die Kleinsten auf ihre Kosten. Es werden auch Kajaks, Surfboards und SUPs vermietet.
Segelkurs für Kinder ab €190.
Tel. 0039366 2098908.
elbawatersports.it

30 Segelzentrum Elba Portoferraio

Auch das Segelzentrum in Portoferraio schult Kinder auf dem Opti und bildet außerdem Taucher nach PADI-Richtlinien aus.
Tel. 0039 0565 96 10 90,
Mobil 0039 335 52 21 493.
Anfragen auf Deutsch beim Segelzentrum Elba Tel. 0049 2236 65505.
www.segelferien.de

31 Scuola Windsurf Zephyr Marina di Campo

Stefano Ferraris bietet schon für Kinder ab sieben Jahren Windsurfkurse an. Die Termine für den Unterricht können individuell festgelegt werden. Eine Unterrichtseinheit von etwa 90 Minuten kostet beispielsweise €70, 3 Unterrichtsstunden €150, WE-Kurs mit 7 Lektionen €280. Leihausrüstung ist im Preis inbegriffen.
An der Station werden auch Tretboote, Kajaks und SUPs verliehen.
Tel. 0039 338 9048348,
www.zephyr-w.com

32 Windsurf School

Daniele e Corrado Pellizzari
Verleih von Surfboard und SUPs und Surfkurse in Procchio.
Tel. 0039 349 635 0757.
scuolawindsurfelba.it

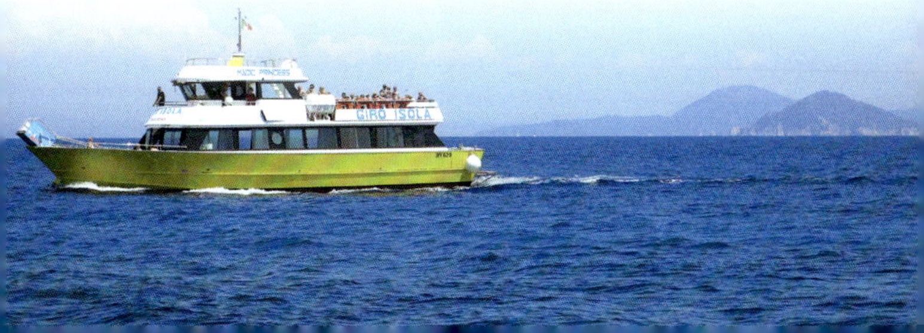

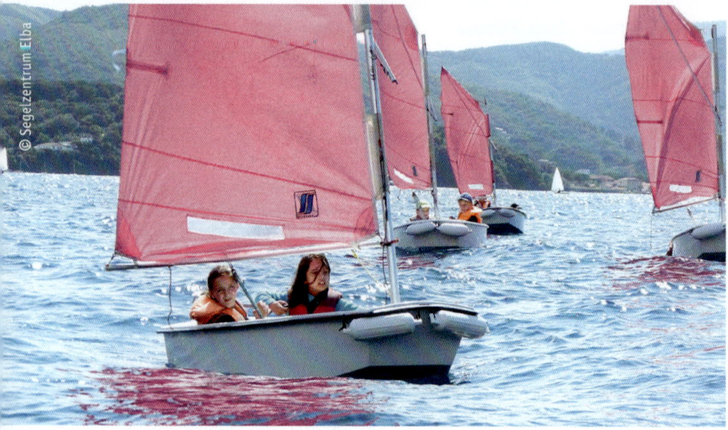

Tauchen und Schnorcheln

Il Careno Diving Philosophy

Die Tauchschule Il Careno bietet auch Tauchkurse für Kinder an. Kids ab acht Jahren können einen Schnupperkurs im flachen Wasser in Strandnähe absolvieren, ab zwölf Jahren geht es dann auch hinaus ins Meer. Wer sich noch nicht ans Tauchen wagt, kann auch erst einmal mit dem Schnorcheln beginnen. Der Unterricht ist zeitweise auf Deutsch und Englisch möglich. *www.ilcareno.com*

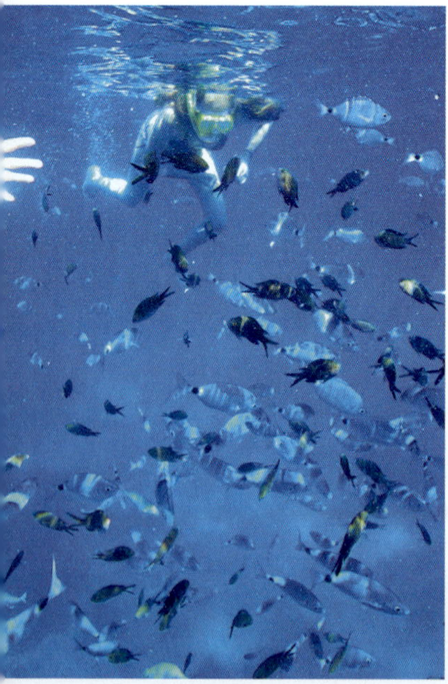

33 Diving Pomonte

Die PADI-Tauschschule bietet neben Tauchkursen auch zwei Ausflüge zum in der Bucht liegenden Wrack der Elviscott an:
Schnorcheltour (60 Minuten) zum Wrack mit Informationen zu den Fischen, die man dort sehen kann. In kleinen Gruppen bis zu sechs Personen und mit Kindern ab sechs Jahre. Die Tour kostet €25 pro Person.

Ab zehn Jahren können Kids auch am Schnuppertauchen teilnehmen. Nach einer ausführlichen Einführung in die Technik wird ebenfalls am Wrack der Elviscott getaucht. Der 2,5-stündige Schnupperkurs kostet €90 pro Person. *Tel. 0039 3737 503023. www.divingpomonte.com*

Reiten und Eseltrekking

34 Eseltrekking mit Luca Giusti

»Eine Wanderung mit einem Esel ist nie langweilig«, sagt Luca Giusti, geprüfter Wander- und Umweltführer. Er bietet verschiedene Exkursionen mit dem »Somaro« an. Dabei vermittelt er auch viel Wissen über alte bergbäuerliche Traditionen und Lebensweisen. Die Touren sind unterschiedlich lang, teilweise bis zu sechs Stunden, jedoch mit langen Pausen am Strand und viel Zeit, um die Natur zu entdecken. Die Verpflegung, die brav von den Eseln getragen wird, bringt jeder selbst mit.

Wer sich erst einmal in Ruhe mit den Langohren vertraut machen möchte, verbringt einen Tag auf dem Gelände und im Eselgehege – mit Streicheln und Striegeln sowie einem Spaziergang zu einem Steineichenwald und dem Besuch eines Museums über das bäuerliche Leben im letzten Jahrhundert.

Luca Giusti spricht gut Englisch!
Tel. 0039 338 421 50 60.
www.somareriadellelba.com

Eine Tagestour mit Esel kostet je nach gewählter Route etwa € 30 für Erwachsene und € 20 für Kinder.
Teilnehmen können Kinder ab sechs Jahren in Begleitung eines Erwachsenen.
Ein Tag auf dem Gelände mit Besichtigung des kleinen Museums kostet € 10 pro Person.
Somareria dell'Elba,
Traversa di Via Filetto, 421/b
Campo nell'Elba, 57034 (LI)

35 Reiterhof Tenuta delle Ripalte

Hoch zu Ross lässt sich die unberührte Natur der Costa dei Gabbiani, bequem erkunden. Der Reiterhof liegt in einem Ferienort im Herzen der Tenuta delle Ripalte, zehn Kilometer von Capoliveri entfernt. Er bietet Anfängern und Fortgeschrittenen die Möglichkeit zum Reiten. Neben Unterricht in der Reithalle werden Ausritte für Ungeübte und Fortgeschrittene sowie mehrtägige Trekkingtouren angeboten. Für kleinere Kinder stehen zwei Ponys zur Verfügung.

Ausritte und Unterricht bitte unter folgenden Nummern buchen:
Tel. 0039 0565 942408,
Mobil 0039 3462 623713
oder persönlich im Reiterhof.
www.tenutadelleripalte.it

36 Centro Ippico L.E. FARMS

Loc. Literno-Procchio
Der Hof ist nur saisonal geöffnet und auch hier werden Ausritte angeboten. Geritten wird im Westernstil.
Liegt an der SP25 Richtung Procchio, *Tel. 009 0565 979090.*

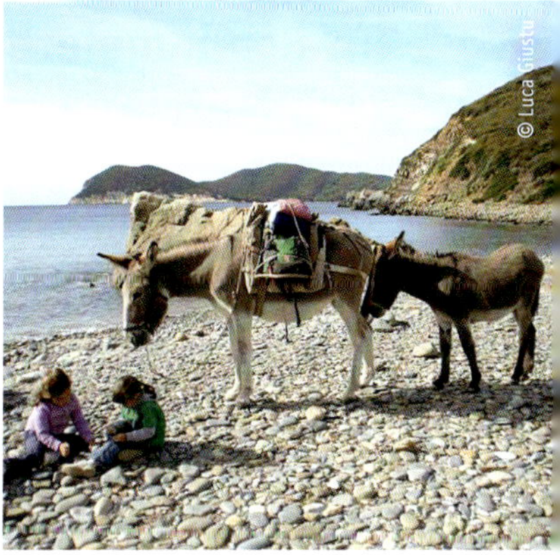
© Luca Giustu

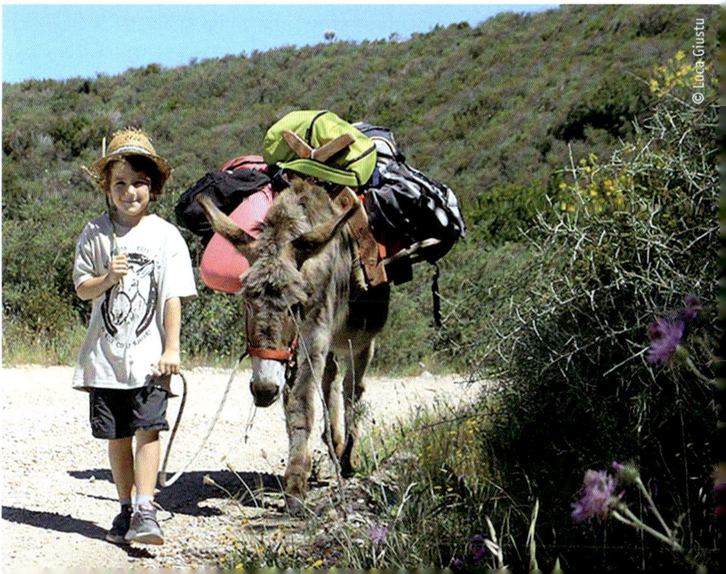
© Luca Giustu

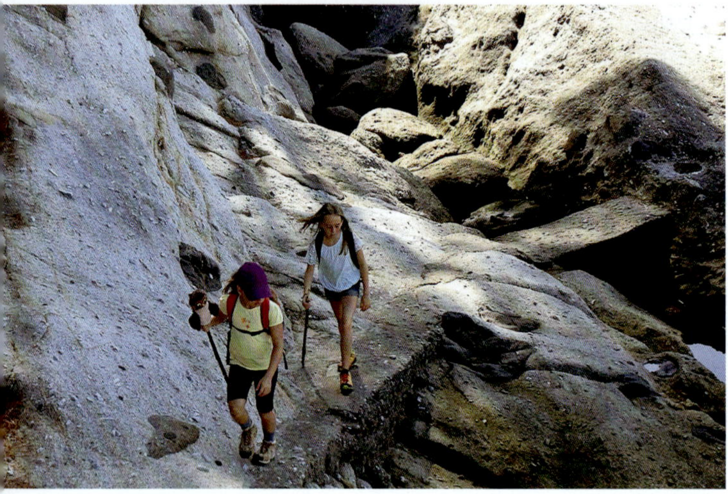

Tour 27: Zur Schmugglerbucht La Cala und nach Marciana Marina

300 m
450 m
STRECKE 8 km
3h45
ab 8

Küstenwanderung mit vielen Bademöglichkeiten

Ein interessanter Felsenweg direkt am Meer, einsame Buchten für Badepausen, verwunschene Pfade teils im Wald, teils mit Ausblick aufs Meer und vorbei an blühenden Obstgärten – diese Tour hat alles, was eine ideale Küstenwanderung ausmacht. Am Ziel lockt dann ein hübscher Badeort mit vielen Cafés und kleinen Läden.

Wanderung: Der Weg von der Bushaltestelle an der Bundesstraße SP 25 führt uns durch das Dorf Zanca immer leicht bergab. Wir gehen links vom Holzunterstand die linke schmale Straße (Via Sant'Assunta) den Berg hinunter und über den **Dorfplatz von Zanca**, wo sich auch der Parkplatz befindet. Von hier aus haben wir einen sehr schönen Ausblick auf das Meer und können an klaren Tagen bis nach Korsika schauen. Vorbei am **Alimentari Anselmi** geht es steil die Via Bellavista hinunter und dann über Treppenstufen weiter bergab. Der Fußweg kreuzt dabei mehrfach die Fahrstraße und führt an einer lustigen Gartenzwergsammlung und einem Minibauernhof aus Ton vorbei. Nach einem letzten kurzen, aber steilen Abstieg laufen wir dann auf der Straße am botanischen Garten des Hotels Cernia entlang und hinunter zum **Strand von Sant'Andrea** ①.

Nach etwa 30 Minuten sind wir am Strand angekommen, gehen hinunter zum Wasser, halten uns am Strand rechts und wandern direkt auf die Felsen zu. Am Ende der Bucht klettern wir über die

TOUREN-STECKBRIEF

Anfahrt: Von Marina di Campo oder Marciana Marina kommend auf der SP25 bis zur Abfahrt Zanca. Wer mit dem Auto anreist, kann sich auch auf dem Hinweg die 30 Minuten Fußweg sparen und bis Sant'Andrea hinunter fahren und dort parken, allerdings muss man dann dafür auf dem Rückweg noch hinunterlaufen, um wieder zum Auto zu gelangen.

Ansonsten fahren wir über die alte Dorfstraße Via Sant' Assunta bis zur Aussichtsterrasse von La Zanca und zum Parkplatz. Gleich gegenüber befinden sich zwei Alimentari, bei denen wir uns mit Proviant eindecken können (Mo bis So 8–13 Uhr und Mo bis Sa 16.30–20 Uhr). Parkplatz La Zanca: **GPS N 42°48'01.4", E 10°07'57.6"**, Parkplatz in Sant'Andrea: GPS N 42°48'20.8", E 10°08'21.4"

Mit dem Bus 116 erreicht man La Zanca von Marina di Campo, Portoferraio oder Marciana Marina aus in der Hochsaison fast stündlich. Der letzte Bus (Nummer 116) von Marciana Marina zurück nach La Zanca fährt gegen 19 Uhr. Unbedingt vorher den Fahrplan checken oder das Auto in Marciana Marina parken und zuerst mit dem Bus zum Start der Wanderung fahren.

Anspruch und Charakter: Der Weg führt an der Küste an bizarr geformten Felsformationen vorbei, gutes rutschfestes Schuhwerk, Sonnenschutz und ausreichend zu Trinken und Badesachen mitnehmen. Am Strand beim Contoncello bei hohem Wellengang stellenweise etwas anspruchsvoll, dann besser ein kurzes Stück auf der oberhalb liegenden, wenig befahrenen Straße, die zum ehemaligen Albergo »Oleandro« führt, gehen.

Wir sollten die Tour so planen, dass wir nicht gerade in der Mittagszeit in Marciana Marina ankommen. Von 13–16 Uhr sind die Geschäfte geschlossen. Beim Baden an der »Schmugglerbucht« können wir uns also gut Zeit lassen!

Highlights: Aufregender Küstenweg über Felsen beim Contoncello, naturbelassene Bucht La Cala mit tiefblauem, klarem Wasser zum Baden und Schnorcheln.

Einkehr: Bar Sirene, Strandbar Sant'-Andrea, Oleandro, diverse Cafés und Restaurants in Marciana Marina.

Felsen zum eigentlichen Küstenweg hinauf. Schmale **Betonstege** erleichtern im weiteren Wegverlauf das Überqueren von schwierigen Stellen. In den Wasserbecken unter den Stegen kann man gut Fische beobachten. Der malerische Mini-Strand der **Bucht von Contoncello** ② lädt hier schon zur ersten Badepause ein. An den Felsen am Rand der Bucht ankern verwitterte Fischerboote und bieten guten Stoff für eine Piratengeschichte.

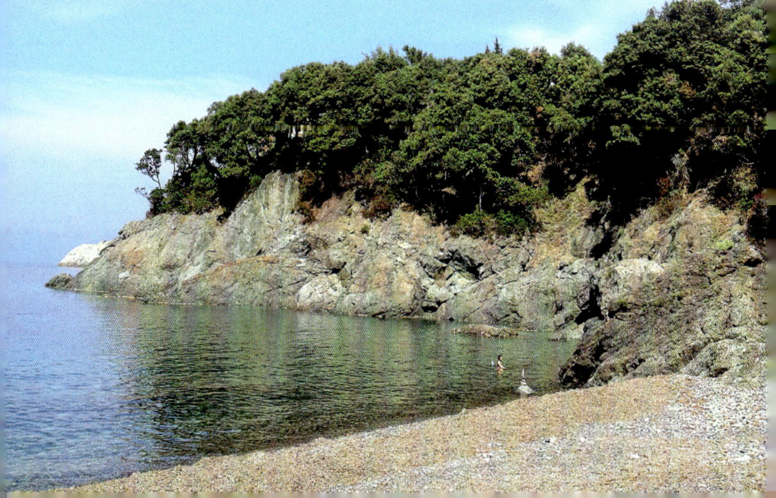

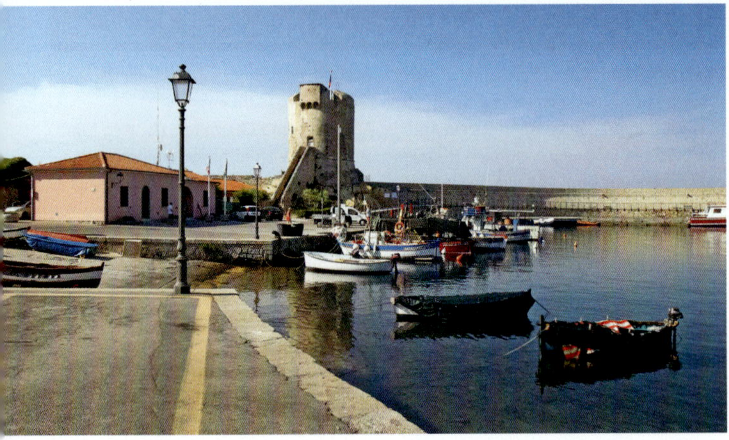

Danach wählen wir vom Strand gesehen den linken Weg in Richtung Süden und steigen auf einem steilen Pfad links des dort stehenden Ferienhauses nach oben. Zuerst haben wir noch Sand unter den Füßen, dann geht es auf ziegelroten Treppen an malerisch gelegenen Ferienhäuschen vorbei. Dieser Abschnitt ist sonnig und heiß! Nach etwa 20-minütigem Aufstieg erreichen wir das **Albergo Oleandro** ③ mit tollem Blick auf die Küste. Es ist leider seit einiger Zeit geschlossen und wartet auf einen neuen Pächter.

Beim Oleandro halten wir uns links und wandern entlang aufgelassener Obstgärten und verwilderter Weinterrassen weiter. Auf einer alten Straße geht es dann durch schattigen Wald zum Weiler Macia-

> Auf dem Weg bei La Cala wurden neuerdings Schilder aufgestellt, die vor **Schlangen** warnen! Wir besuchen die Insel nun schon seit 20 Jahren und haben in diesem Zeitraum zwei Schlangen auf dem Weg gesehen, für ein Foto waren sie leider immer zu schnell wieder weg.

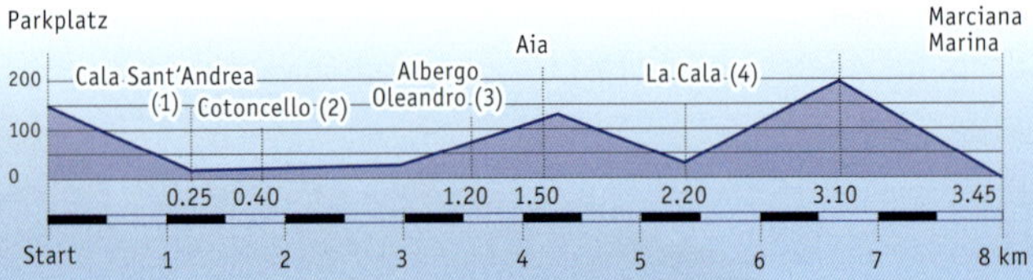

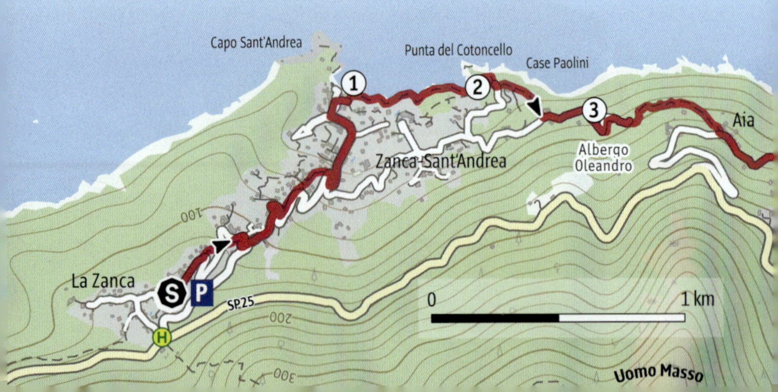

rello und zu einem Parkplatz. Links am Parkplatz weist an einem alten Häuschen ein Schild den Weg zur Kiesbucht **La Cala** ④. Am Wegrand liegt eine improvisierte Wasserleitung aus Schläuchen. Wir wandern stetig bergab und erreichen nach etwa 20 Minuten die Bucht. Der Strand ist völlig naturbelassen, deshalb watet man zuerst durch getrocknetes Seegras und über groben Kies ins Wasser. Mit Badeschuhen ist man hier gut beraten. Das Wasser ist jedoch klar, sehr sauber und ideal zum Schnorcheln. Große und kleine »Steinesammler« finden hier viel Material für neue Steinmännchen.

Schweren Herzens steigen wir dann wieder durch Schilf und lichten Wald bergauf und folgen dem grünen Holzwegweiser nach »Marciana Marina« auf einen schönen, schattigen Höhenweg, der immer parallel zum Hang in Richtung Osten führt. Weiter unten queren wir dann zweimal die Fahrstraße. Auf der jeweils anderen Straßenseite geht der Pfad weiter und wir wandern hinab bis zum alten **Hafenturm**. Auch hier kann man gut baden, an den Felsen ist es angenehm schattig und kühl.

Wenn es zu kühl zum Baden ist …

Gehzeit ca. 3,5 Stunden.

Wer lieber wandert als schwimmt, kann die Tour mit der sehr schönen Runde auf dem Weg »**Sentiero dei Profumi**« ausdehnen. Der Weg ist schattig und daher angenehm kühl. Streckenweise stehen hier Infotafeln zu Waldtieren am Wegrand. Leider hat man jedoch lange Zeit keine Aussicht mehr aufs Meer.

Der Weg zweigt im Weiler Marciarello beim Parkplatz nach rechts ab. Nach wenigen Metern weist ein Holzschild mit der Wegnummer 9 die richtige Richtung. Nachdem wir im Wald ein verfallenes Haus passiert haben, wird der Weg kurze Zeit schmal und unübersichtlich – tendenziell hier eher oben halten und geradeaus, nicht bergab gehen. Im Wald bleiben! Falls wir dann doch den falschen Pfad erwischen, ist das nicht schlimm. Wir landen vor einem einzeln stehenden Haus, zu dem eine Schotterstraße führt. Dieser folgen wir bergab und bald schon gelangen wir wieder auf dem markierten Wanderweg nach Marciana Marina. Er endet an einem ausgetrockneten Fluss, dem Fosso di Marciana, etwas außerhalb von Marciana Marina an der Viale Aldo Moro, in wenigen Minuten gelangen wir von dort zum Hafen und zur Strandpromenade.

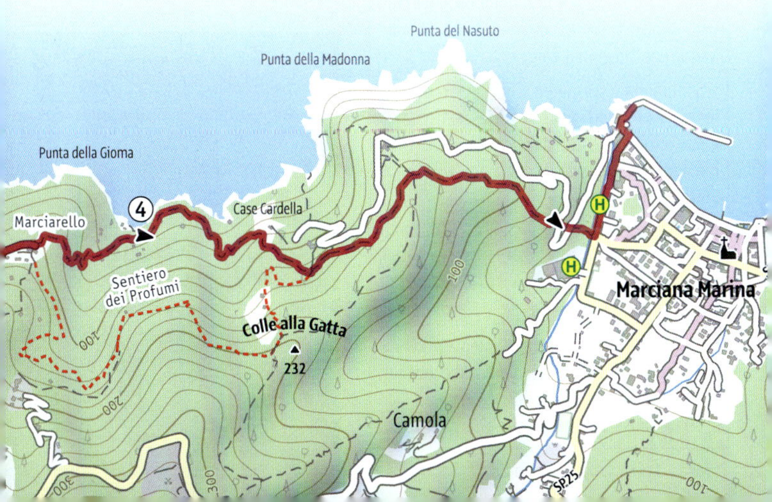

Von Natter und Viper: Welche Schlangen leben auf Elba?

Viele Menschen haben eine Abneigung gegen Schlangen und geraten schon durch die Vorstellung, es könnte eine über den Weg »laufen«, in Panik. Von den in der Toskana heimischen Schlangenarten ist alleine die Aspis-Viper giftig, die meisten anderen Schlangen gehören zur Familie der Nattern und sind völlig harmlos. Außerdem sind Schlangen so scheu, dass sie meist schon verschwunden sind, bevor man sie richtig betrachten kann. Sie leben in Mauerritzen und gut versteckt im dichten Gebüsch.

Eine giftige Viper kann man nur mit etwas Erfahrung von einer Natter unterscheiden. Nattern haben runde Pupillen, die Pupille einer Viper ist ein senkrechter Strich. Eine Natter hat drei große Schuppen zwischen den Augen, eine Viper mehrere kleine. Die Aspisviper erkennt man zudem an ihrer dreieckigen Kopfform, sie kommt aber in vielen verschiedenen Farben vor. Für einen Laien ist es daher schwierig, eine Schlange auf den ersten Blick richtig zu identifizieren, sodass es sich empfiehlt, einfach prinzipiell Abstand zu halten.

Wie verhält man sich beim Wandern in einem Schlangengebiet?

Schlangen sind scheu und ziehen sich vor Menschen zurück. Sie beißen nur, wenn sie überrascht werden und sich bedroht fühlen. Macht euch sich also bemerkbar und achtet darauf, wohin ihr tretet.

› Abseits von Wegen und beim Durchqueren von Gebüsch ist es ratsam, feste Schuhe und lange Hosen zu tragen.

› Schlangen reagieren auf Vibrationen, festes Auftreten vertreibt sie fast immer. Auch ein Stock, mit dem man vor sich auf die Erde klopft, warnt die Tiere vor Ihrem Eintreffen.

› Passt bei Pausen auf, wo ihr euch hinsetzt und wohin ihr greift. Das gilt vor allem beim Sammeln von Beeren.

› Wenn ihr auf eine Schlange trefft, solltet ihr euch zurückziehen und niemals versuchen, das Tier zu fangen, zu verscheuchen oder zu reizen. Anderenfalls fängt man sich schnell einen Schlangenbiss ein.

Die in der Toskana am häufigsten vorkommenden Nattern sind die allseits bekannte Ringelnatter, die Schlingnatter und die Gelbgrüne Zornnatter. Alle Nattern sind ungiftig!

Die **Gelbgrüne Zornnatter** (Hierophis viridiflavus) gehört zu den häufigsten Schlangen Italiens. Sie wird bis zu 1,80 Meter lang. Ihren Namen trägt sie, weil sie sich, wenn sie in die Enge getrieben wird, heftig wehrt und auch nach dem Zubeißen nicht gleich wieder loslässt. Die Zornnatter bewohnt gerne trockenes, offenes Gelände. So kann sie in der Macchia, in lockerem Baumbestand, trockenen Flusstälern und ländlichen Gärten bis in Höhen von 1500 Metern vorkommen. In Hecken, Trockenmauern und Ruinen fühlt sie sich besonders wohl. Dort hat sie leichten Zugriff auf ihre Nahrung, die aus kleinen Vögeln und Eidechsen besteht.

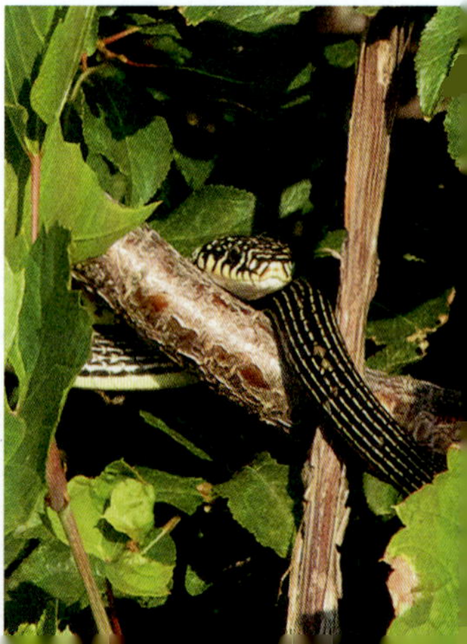

Eine **Ringelnatter** (Natrix natrix) kann bis zu 1,50 Meter lang werden. Sie ist schlank, meist dunkelgrau und trägt einen hellen Ring um den Kopf. Ringelnattern sind exzellente Schwimmer und leben meist in der Nähe von kleinen Bächen oder Teichen, wo sich auch ihre Beutetiere – Frösche, Kröten und kleine Fische – tummeln.

Die **Schlingnatter** (Coronella austriaca), auch Glattnatter genannt, ist eine recht kleine und unscheinbare Schlangenart und in Mitteleuropa weit verbreitet. Sie wird oftmals mit der giftigen Kreuzotter verwechselt und steht wie diese unter Naturschutz. Für den Menschen ist die Schlingnatter völlig harmlos.

Die **Aspisviper** (Vipera aspis) ist in weiten Teilen von West-, Mittel- und Südeuropa verbreitet. Ihr bevorzugter Lebensraum sind sonnige, trockene, steinige Hänge und sie ist vorwiegend tagaktiv. Mit einer durchschnittlichen Länge von 60 bis 85 Zentimetern ist sie nicht besonders groß. Der Kopf ist dreieckig und deutlich vom Körper abgesetzt, der gesamte Kopf mit vielen kleinen Schuppen besetzt. Die Pupille ist senkrecht und die Iris gelb bis bräunlich. Ein gutes Erkennungsmerkmal ist die typische kantige Nasenform. Die Grundfarbe variiert von hellgrau über graugelb und braun bis rostrot. Seltener und vor allem in den Alpen verbreitet ist die **schwarze Aspisviper**. Die Rückenzeichnung der Schlange ist sehr vielfältig. Charakteristisch ist jedoch eine breite, dunkle Binde, die am hinteren Rand des Auges beginnt und sich bis auf den Kopf oder die Halsseiten erstreckt. Sie wird auch als Schläfenband bezeichnet.

Das Gift der Aspisviper ähnelt dem der Kreuzotter. Lebensbedrohliche Schlangenbisse sind sehr, sehr selten. Der Biss einer Aspisviper führt nach etwa zwei Stunden zu Schwellungen und leichten Schmerzen im Bissbereich. In wenigen Fällen treten Lähmungen auf.

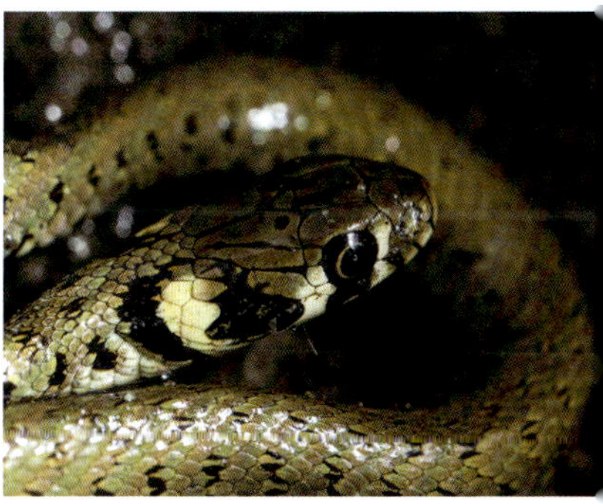

Oben sehen wir das typische Gesicht einer (Ringel)Natter mit runden Pupillen und drei Schuppenschildern zwischen den Augen. Die unten abgebildete Aspisviper zeigt den typisch dreieckigen Kopf mit kantiger Nase und Schläfenband hinter den Augen.

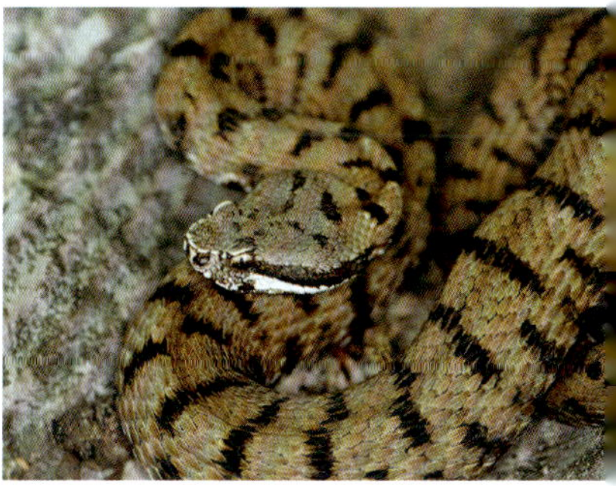

Erste Hilfe bei einem Schlangenbiss

Solltet ihr tatsächlich von einer Aspisviper gebissen worden sein, bewahrt vor allem Ruhe. Vermeidet Hektik und schnelle Bewegungen, damit sich das Gift nicht weiter im Körper verteilt. Wenn möglich solltet ihr deshalb auch nicht weiterwandern, der Biss sollte aber innerhalb einiger Stunden ärztlich behandelt werden. Ruft die Notrufnummer 112 an, damit man euch in das nächste Krankenhaus oder zu einem Arzt transportieren kann. Solltet ihr ein Erste-Hilfe-Set dabei haben, deckt die Wunde mit einer sterilen Wundauflage ab. Hilfreich ist es auch, wenn man dem Arzt die Schlange genau beschreiben kann.

Wurde euer Kind gebissen, bleibt ruhig, auch wenn das für Eltern schwer ist. Euer Kind stirbt nicht, und die Schmerzen halten sich in Grenzen. Was eher lebensgefährlich werden kann, ist der Schock. Wird euer Kind plötzlich sehr blass, legt es vorsichtig mit den Beinen nach oben in die Schocklage.

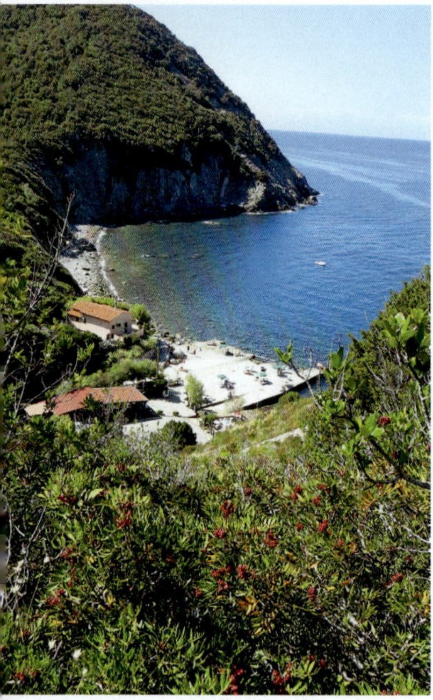

Tour 28: Hoch über dem Meer

Der Küstenweg von La Zanca nach Patresi

Am Küstenpfad zwischen La Zanca und Patresi duften die Zistrosen, auf den Steinen am Wegrand sonnen sich die Eidechsen, und der Blick aufs Meer hinunter ist unvergleichlich. Am Ziel warten eine schöne Badebucht mit tiefem, glasklaren Wasser und eine gemütliche Strandbar.

150 m

STRECKE 6 km

2 h

ab 4

Wanderung: Unsere Wanderung beginnt am Ortsanfang von Zanca an der Via Sant Assunta, etwa 150 Meter vom Parkplatz entfernt. Vom Parkplatz gehen wir auf der alten Dorfstraße wieder zurück in Richtung Staatsstraße, bis nach etwa 150 Metern an der Straßenlaterne ein **Holzschild mit der Nummer 117** nach Patresi weist. Auf dem weiteren Wegverlauf folgen wir dann den rot-weißen Wanderschildern mit der neuen Wegbezeichnung GTE 150. Wer mit dem Bus angereist ist, geht links am Holzunterstand die Via S. Assunta hinunter, immer geradeaus an der **Apartmentanlage** »Da Angiolina« vorbei. Auf deren Höhe zweigt an der Straßenlaterne der Weg Nummer 117/ GTE 150 nach links ab. Ein grünes Holzschild in der Oleanderhecke weist den richtigen Weg.

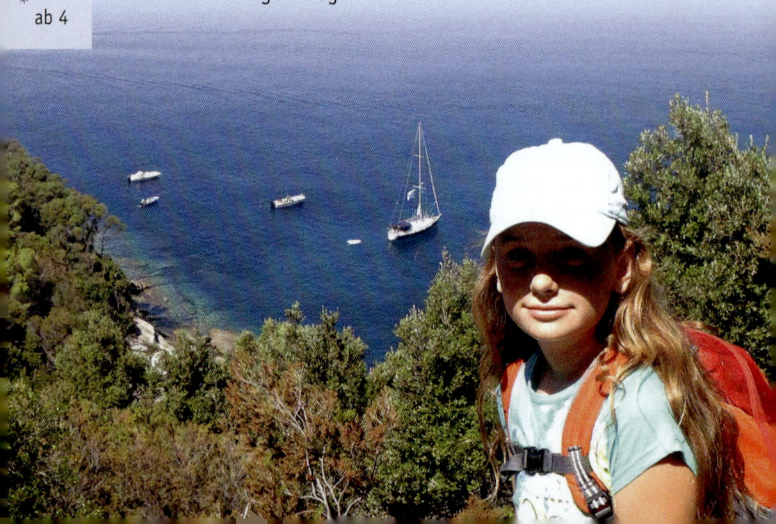

Zunächst geht es kurz auf einer asphaltierten Straße bergab auf zwei Ferienhäuser zu. Nach dem gelben Ferienhaus beginnt nun ein schöner schattiger Pfad hinab durch einen Schilfwald. Bei Nässe aufpassen, die Steine sind rutschig! Ein kleiner Bach sorgt für viel Feuchtigkeit und die hohen Schilfhalme für Dschungelfeeling. Schon bald wird es trockener und lichter und wir haben immer wieder schöne Blicke auf die Buchten und das Meer. Eidechsen sonnen sich auf den Findlingen am Wegrand und zahlreiche Blumen säumen den romantischen Weg. Er ist fast eben und schlängelt sich durch die Macchia, bis wir nach etwa 20 Minuten auf eine kleine Ferienhaussiedlung oberhalb der Bucht La Cotacchia treffen.

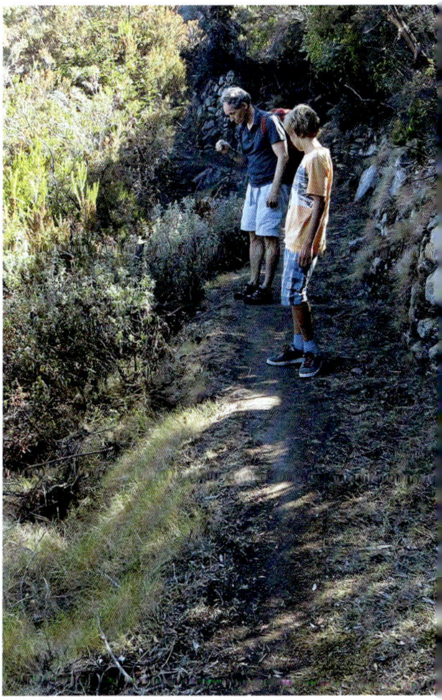

Über Natursteinstufen und einen Wiesenpfad, der manchmal etwas zugewachsen ist, wandern wir immer geradeaus am Hang entlang bis zu den ersten Häusern von **La Guardia** und **Patresi** ①. Der Pfad endet schließlich auf der Straße »La Guardia«, die bergab zum Meer führt. Links geht es hier hinauf zur Staatsstraße (SP25) und zur Pizzeria Il Forno, nach rechts zum Strand von Patresi, und geradeaus (gelber Pfeil) auf dem GTE-Fernwanderweg in die Berge.

TOUREN-STECKBRIEF

Anfahrt: Von Marina di Campo oder Marciana Marina kommend auf der SP25 bis zur Abfahrt Zanca. Über die alte Dorfstraße Via Assunta bis zum Parkplatz am Dorfplatz bei **GPS N 42°48'01.4", E 10°07'57.6"**

Mit dem Bus 116 von Marina di Campo oder Portoferraio kommend bis Zanca. Rückfahrt zwischen 15. Juni und 15. September mit dem Marebus von Patresi nach Zanca möglich.

Anspruch und Charakter: Sehr schöner Höhenweg, der an Obstgärten und einer Siedlung mit ehemaligen Fischerhäusern entlangführt. Anfangs schattig, später sonnig, was auch die Eidechsen lieben. Je nach Jahreszeit säumen wilde Mohnblumen den Weg. Reife Aprikosen, die am Boden liegen, sorgen für eine fruchtige Stärkung zwischendurch. Der Strand am Ziel ist nur für Schwimmer geeignet und bietet nur wenig Schatten, deshalb ist diese kleine Wanderung ideal für kühlere, bewölkte Tage.

Highlights: Obstgärten, Badebucht am Ziel mit glasklarem, tiefen Wasser.

Einkehr: Bar neben dem Alimentari in Zanca und weitere Bar in Patresi mit Snacks, Pizzeria Il Forno oberhalb von Patresi direkt an der SP25. Pizza auch zum Mitnehmen.

In Zanca gibt es auch einen Alimentari, um Proviant einzukaufen. Mittagspause von ca. 14 – 17 Uhr.

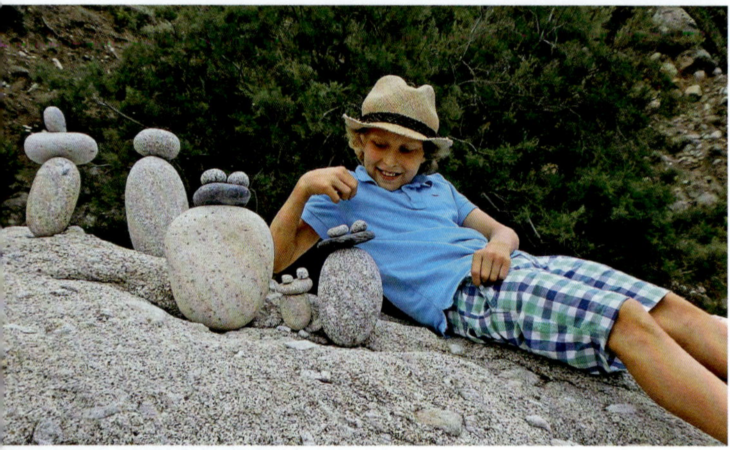

Wir überqueren die Straße und bleiben auf dem Wiesenpfad, der hier wieder als GTE 150 ausgeschildert ist und der immer noch parallel zur SP 25 verläuft, bis zum **Abzweig mit einem Hinweisschild Santa Lucia**. Hier führt der Weg nach rechts, Richtung Westen und zum Meer leicht bergab zur Kapelle Santa Lucia.

Wir überqueren den hübschen, mit Blumen dekorierten Mini-Kirchplatz und wandern weiter bergab Richtung Patresi. Hinweisschilder helfen bei der Orientierung. Man erreicht dann schon bald die ersten Ferienhäuser von Patresi, teilweise sehr schöne Anwesen. Beim **Anwesen mit einem Pinienpark** ② mit sehr hohen Pinien geht es auf einem Fahrweg hinab zur Straße, Via Il Faro, auf dieser bleiben wir jedoch nicht, sondern schlagen einen 90 Grad Haken direkt auf den nächsten Fahrweg, mit der Wegnummer 127 über den wir dann in etwa zehn Minuten unten am **Strand von Patresi** ③ ankommen, der mit seinem sehr groben Kies eine ideale Spielwiese zum Bauen von Steinmännchen ist. Man findet hier sehr schöne Steine, die fast wie Möweneier aussehen. Es ist jedoch verboten, diese mitzunehmen. Wer erwischt wird, muss mit einem Bußgeld rechnen.

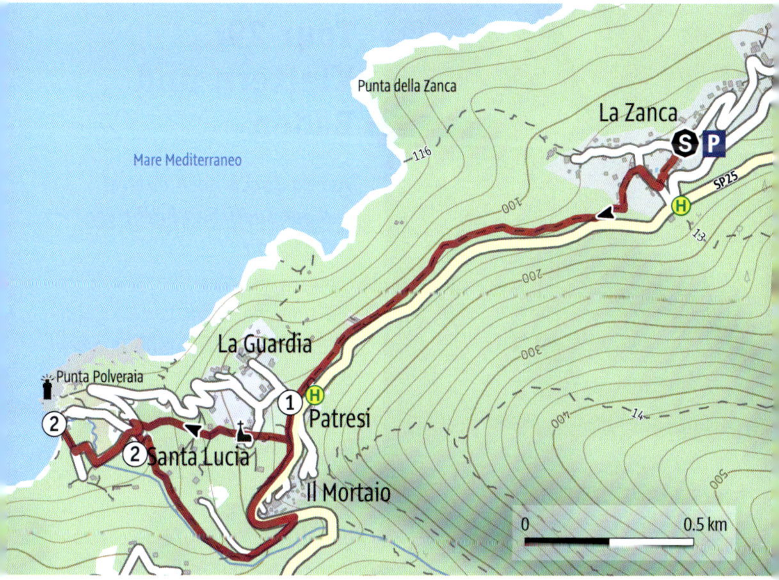

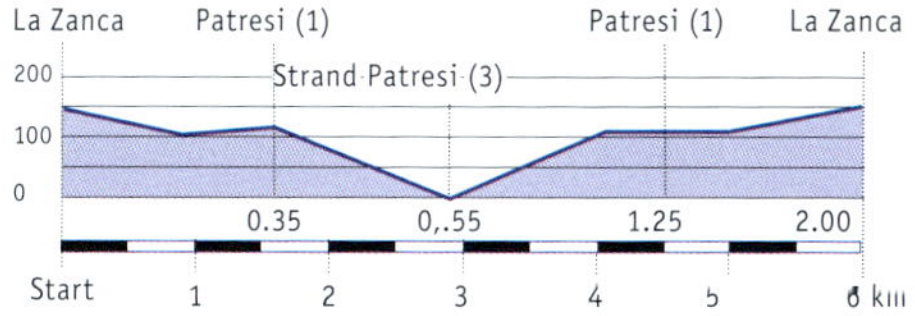

Nachdem wir ausgiebig gespielt und gepicknickt haben, geht es wieder zurück. In der Hochsaison hält der Marebus direkt vor der Bar und bietet sich als »Lift« nach La Zanca förmlich an. Außerhalb der Saison wandern wir auf dem gleichen Weg zurück bis zum Pinienanwesen, dann daran vorbei durch schönes Schilfgelände nach oben zur SP25, wo in der Nähe des Hotel Belmare die Bushaltestelle zu finden ist. Zurück nach La Zanca lauten wir von hier aus gute 1,5 Kilometer. Wer genug hat, steigt in den Bus.

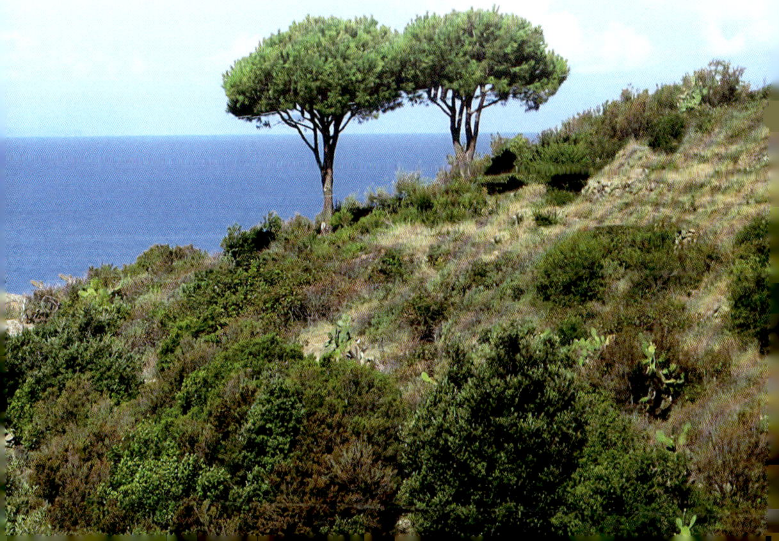

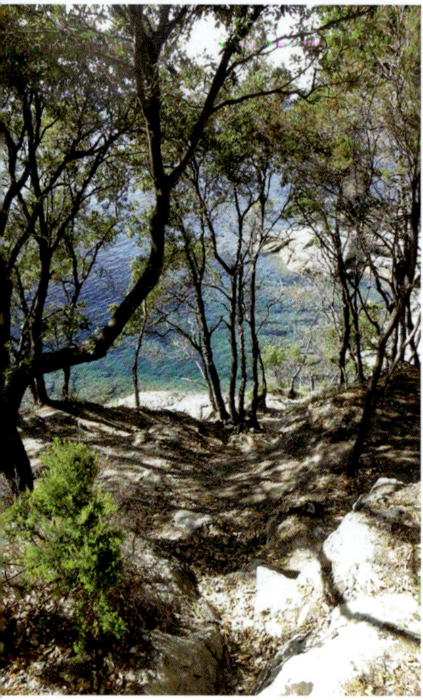

Tour 29: Klettern und Baden

Von La Zanca nach Patresi und zur südlichen Bucht von La Cotaccia

Die südliche Bucht von La Cotacchia ist nur zu Fuß oder mit dem Boot erreichbar. Der Weg hinunter ist ein spannendes Kletterabenteuer. Es geht mehrfach über Felsen, und einige Passagen sind sogar mit Seilen gesichert. Im glasklaren Wasser der Bucht kann man dann gut schwimmen und schnorcheln. Manche kommen auch zum Angeln hierher.

150 m

STRECKE 4 km

2 h

ab 8

Wanderung: Wir starten wieder in La Zanca, entweder von der Bushaltestelle aus oder vom Parkplatz beim Alimentari Anselmi, und gehen in Richtung Osten auf der Via Sant' Assunta zurück, bis nach etwa 150 Metern an der Straßenlaterne der **Weg 117/ GTE 150** nach Patresi abzweigt. Wir halten direkt auf ein Ferienhaus zu, gehen dann links daran vorbei und hinab in den schönen, kühlen, feuchten Schilfwald. Durch lichten Wald, der immer wieder Blicke auf das Meer freigibt, erreichen wir nach etwa 15 Minuten die Siedlung mit den ehemaligen Fischerhäusern, die sich malerisch an den Hang schmiegen. Recht prägnant sticht uns schon von oben ein **rotes Haus** ① ins Auge, das direkt am Ab-

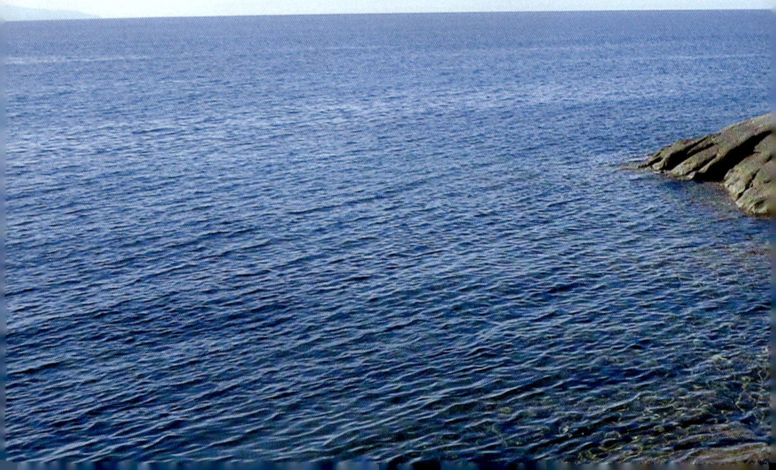

hang steht und von Pinien beschattet wird. Auf dieses steuern wir zu, indem wir die **Natursteintreppen** (nicht die Ziegelsteintreppen!) hinabgehen. Es gibt sogar einen in Stein eingelassen Handlauf zum Festhalten, und in diesem Fall ist das unser »Wegweiser«. Wir gehen rechts am roten Haus mit der schönen Bogenterrasse vorbei und steigen auf dem mit Seilen gesicherten Pfad abwärts. Nach etwa zehn Minuten ist der Weg wieder etwas leichter begehbar. Alte Weinterrassen bezeugen, dass die Gegend einmal landwirtschaftlich genutzt wurde.

TOUREN-STECKBRIEF

Anfahrt: Von Marina di Campo oder Marciana Marina kommend auf der SP 25 bis zur Abfahrt Zanca. Über die alte Dorfstraße Via Sant' Assunta bis zum Parkplatz am Dorfplatz bei **GPS N 42°48'1.4", E 10°07'57.6".**

Gleich gegenüber befinden sich zwei Alimentari (Vorsicht, Mittagspause etwa 14–17 Uhr), wo wir uns noch mit Proviant eindecken können.

Mit dem Bus 116 von Marina di Campo oder Portoferraio kommend bis Zanca.

Anspruch und Charakter: Kurze Wanderung mit Klettereinlage auf teils steilen Pfaden. Einige Seilsicherungen. In trockenen Perioden rutschiger Weg durch Laub-Sandgemisch. Im unteren Abschnitt sehr sonnig! Der Weg ist kaum markiert, etwas Orientierungssinn ist nützlich. Für abenteuerlustige »Selbstversorger«, die lieber für sich sind und dafür auf den üblichen Strandkomfort verzichten. Es gibt an der Bucht kaum Schatten, keine Bar und keine Toilette.

Ausrüstung: Sonnenschutz, Badeschuhe, Schnorchel und ausreichend Proviant und Getränke. Unterlage mitnehmen, die Steine werden in der Sonne sehr heiß.

Highlights: Einsame, abgelegene Bucht mit glasklarem Wasser und schönen Kletterfelsen. Viele Fische!

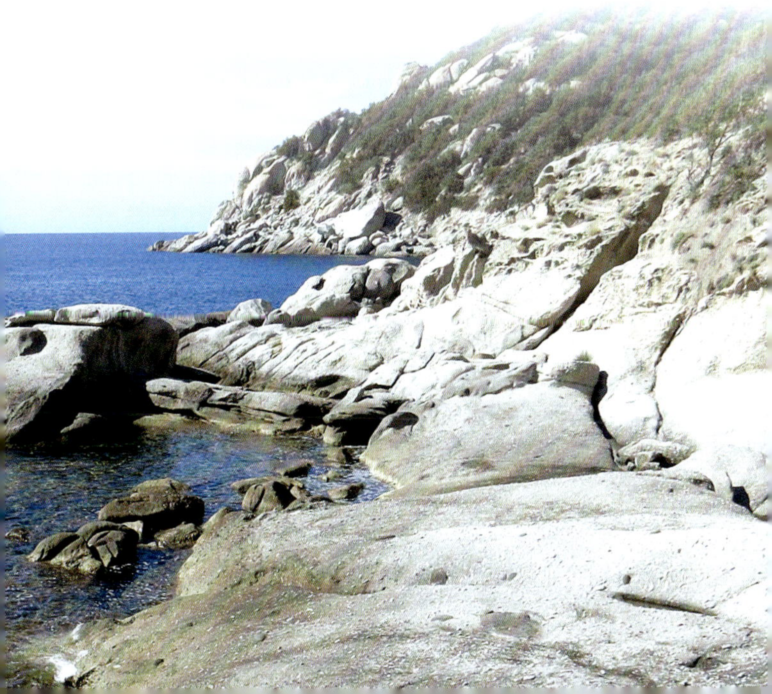

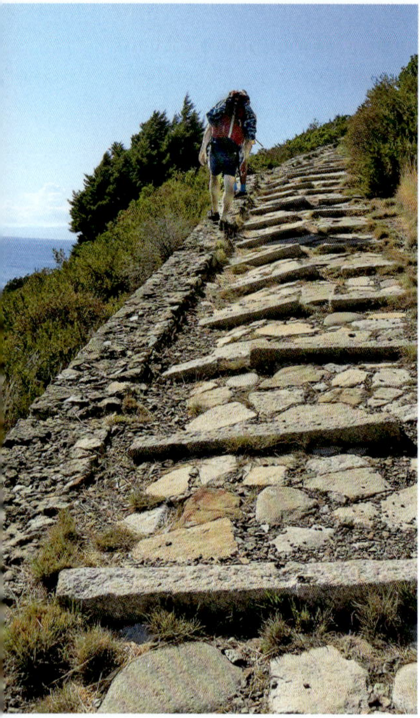

Nun wird es wieder schattig und nach insgesamt 15 bis 20 Minuten Gehzeit ab der Natursteintreppe sind wir dann am Ziel und unten am **Meer** ②. In der Bucht liegt man recht angenehm auf großen Granitfelsen, die sich schön aufheizen. Man kann hier gut einige Zeit verbringen. Im Hochsommer kann es auf den Steinen allerdings sehr heiß werden.

Abendausflug nach La Cotaccia
Der perfekte Zeitpunkt für diese Wanderung ist der späte Nachmittag, wenn die größte Hitze vorbei ist. Eingedeckt mit einem Picknick und kühlen Getränken können wir hier ganz entspannt den Sonnenuntergang abwarten. In diesem Fall unbedingt auf dem vertrauten Weg zurückkehren und auch Stirnlampen und Mückenschutz einpacken!

Zurück gehen wir entweder auf demselben Weg oder bauen noch eine kleine Variante ein. Dazu steigen wir beim **»Häuschen«** nach oben, bis wir wieder auf dem geraden Waldweg sind, und gehen dann statt nach links einfach geradeaus Richtung Westen auf den Berg zu. Der Weg verläuft oberhalb der Bucht mit schönen Tiefblicken auf das türkise Meer. Achtung, die Wegführung ist nicht immer ganz eindeutig. Wenn Äste den Weg versperren, seid ihr auf dem falschen Pfad! Dort, wo wir im Wald auf einen großen Felsen treffen, ist Aufmerksamkeit angesagt, damit wir auf dem richtigen Weg bleiben. Es geht durch eine Senke am Fels vorbei, dann sehen wir auch schon den **mit Farbe auf die Felsen gemalten Wegweiser**, der uns den richtigen Pfad zeigt.

Ist die Orientierung zwischendurch nicht eindeutig, halten wir uns im Wald in Richtung Meer. Man sieht das Wasser immer auf der rechten Seite. Wir kommen an einem **Blockhaus** vorbei. Nach etwa zehn weiteren Minuten macht der Weg einen scharfen Bogen nach links und wir bewegen uns vom Meer weg nach oben. Teilweise sehen wir nun schon die Häuser der Siedlung **La Guardia** und das vom Hinweg vertraute **rote Haus**, das eine gute Orientierungshilfe ist, da der folgende Abschnitt etwas unübersichtlich wird. Wir gehen an einem grünen Zaun entlang nach oben und haben immer die Siedlung La Guardia im Blick. Weiter

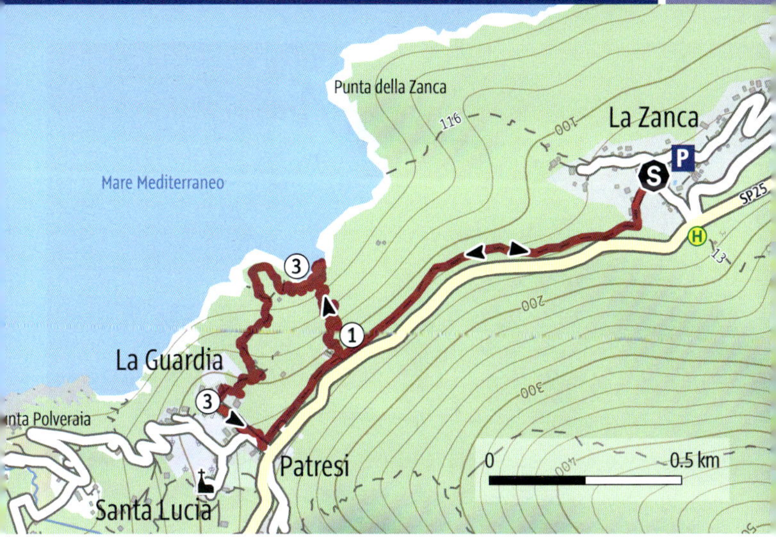

oben sind handgemachte Wegweiser aufgestellt und die Wegsuche wird unkomplizierter. Wir erreichen die **Siedlung La Guardia** ③ und wandern auf gleichnamiger Straße aus dem Ort und geradeaus bis zum nächsten **Abzweig** ① am letzten weißen Haus kurz vor der SP 25, an der uns der Weg 117/GTE150 wieder nach links und zurück nach La Zanca führt.

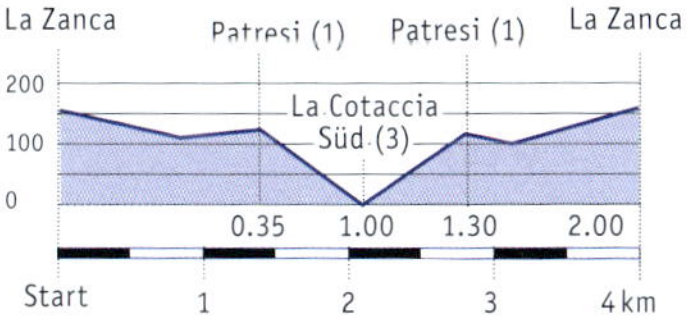

Die Buchten von La Cotaccia

Die Bucht La Cotaccia liegt zwischen den beiden Felsnasen Punta della Zanca und La Guardia und ist zweigeteilt. Zwischen der etwas größeren südlichen Bucht bei La Guardia und der Nordbucht bei La Zanca liegt ein unüberwindbarer Felsabschnitt. Die südliche Bucht ist das Ziel dieser Wanderung, zur kleineren Nordbucht unterhalb von La Zanca führt **[› Tour 30]**.

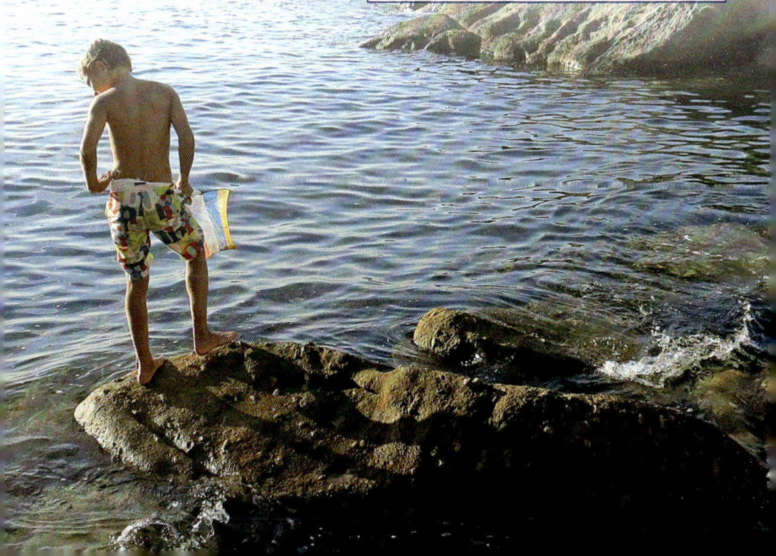

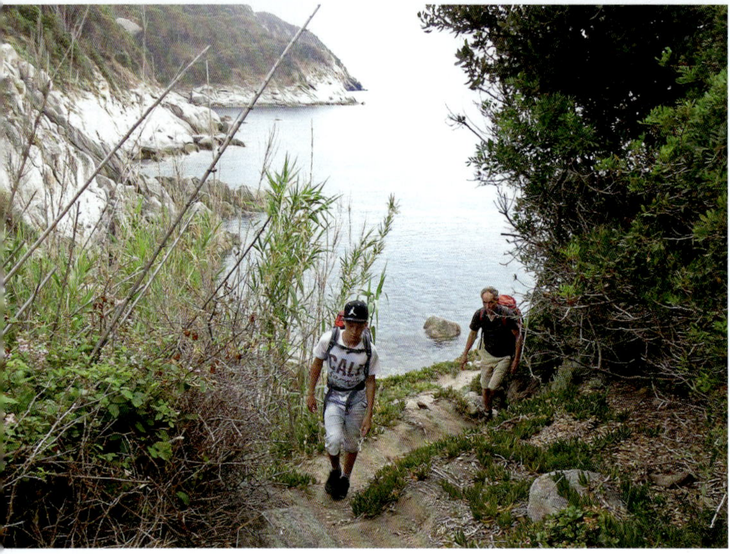

135 m

STRECKE 2,5 km

1 h

ab 6

Tour 30: Punta de La Zanca

Abendlicher Ausflug zum einsamen Nordstrand von La Cotaccia

Eine ideale Minitour für ein abendliches Kletterabenteuer steil hinab zu einer einsamen Bucht und hoch hinauf auf einen Aussichtshügel mit gigantischem Blick bis nach Korsika! Aufgrund der Kürze der Tour bietet es sich an, diese mit einem längeren Badeaufenthalt in Sant'Andrea zu kombinieren.

Wanderung: Wer mit dem Bus angekommen ist, geht zunächst auf der alten Dorfstraße Via Sant' Assunta bergab an der Ferienlage Da Angiolina vorbei bis zu einer Rechtskurve. Vom Parkplatz in Zanca kommend gehen wir die Via Sant' Assunta wieder

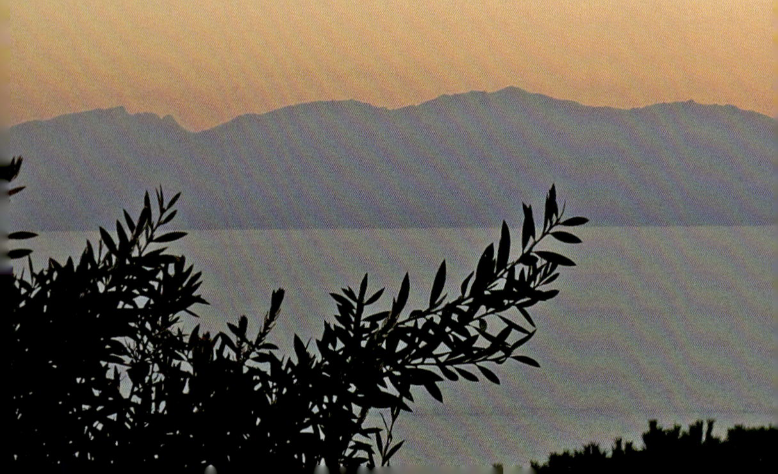

etwas zurück, bis kurz vor der Apartmentanlage eine Linkskurve kommt. Noch in der Kurve biegen wir rechts in die schmale Via del Ficaccio und in Richtung Meer ab. Ein Wegweiser führt uns auf den GTE / Sentiero delle Marine. Auf einem Wiesenpfad geht es bergab und an einem einsam gelegenen **Ferienhaus** mit schöner Steinterrasse vorbei. Nach etwa acht Minuten erreichen wir eine **Weggabelung mit Wegweisern** ①. Wir folgen dem Wegweiser Nummer 116 La Cotaccia de La Zanca immer steil bergab zur **Bucht La Cotaccia** ②.

Die Bucht ist überschaubar und bietet vor allem viele Klettermöglichkeiten. Auch schnorcheln kann man hier gut. Das Wasser ist jedoch gleich sehr tief, die Kinder sollten also bereits gut schwimmen können. Badeschuhe sind ebenfalls empfehlenswert.

Auf dem Rückweg bietet sich ein Abstecher zu einem sehr schönen **Aussichtsplatz** ③ hoch über der Küste an. Von der Bucht geht es auf dem gleichen Weg zurück. Auf den Abzweig zum Aussichtspunkt treffen wir bereits ziemlich weit oben bei den ehemaligen Weinterrassen. Der Weg ist hier von Sträuchern und

TOUREN-STECKBRIEF

Anfahrt: Von Marina di Campo oder Marciana Marina kommend auf der SP25 bis zur Abfahrt Zanca. Über die alte Dorfstraße Via Assunta bis zum Parkplatz am Dorfplatz bei **GPS N 42°48′1.4″, E 10° 7′57.6″.**

Mit dem Bus 116 von Marina di Campo oder Portoferraio kommend, bis Zanca.

Anspruch und Charakter: Der Weg ist schmal und sandig und deshalb rutschig im Vergleich zum Zustieg zur zweiten südlicheren Bucht von La Cotaccia bei La Guardia, jedoch relativ einfach zu gehen. Feste Schuhe sind ratsam, vor allem wenn wir unten auf den Felsen klettern möchten.

Highlights: Aussichtsfelsen, Meerblick und Badestrand.

Einkehr: An den Alimentari am Parkplatz können wir uns mit Proviant eindecken. Daneben gibt es in der Bar 1925 auch kleine Snacks.

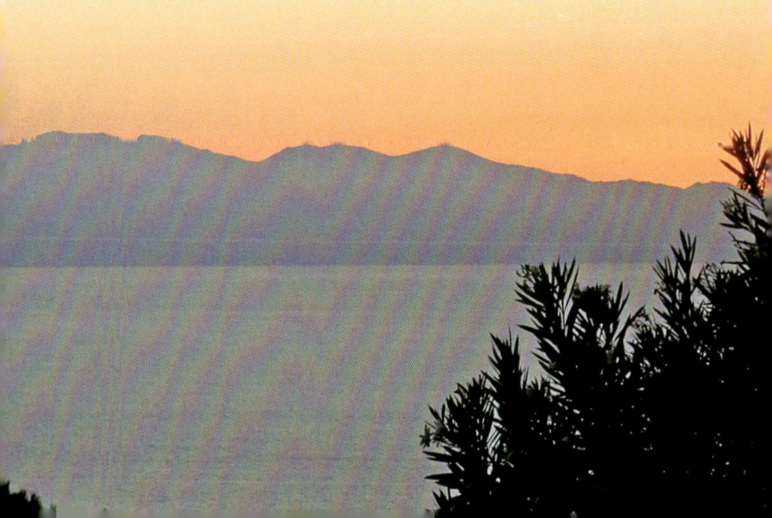

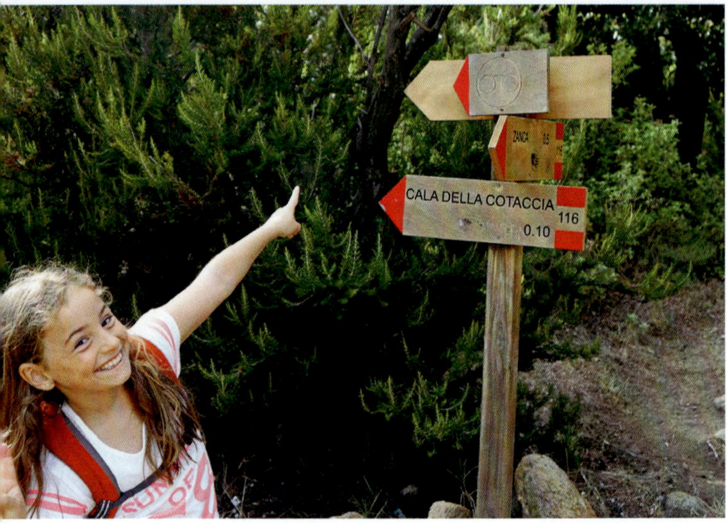

Bäumen gesäumt und links steht ein **Wegweiser mit der Aufschrift, »Punto Panoramico«** an dem ein Abstecher zu einem tollen Aussichtspunkt beginnt.

Auf dem vertrauten Weg wandern wir anschließend zurück nach La Zanca.

Abstecher zum Aussichtsfelsen

Absolut empfehlenswert ist der Weg zum Aussichtsfelsen hoch über der Küste. Vom Wegweiser schlängelt sich ein Pfad gut sichtbar durch die Macchia in Richtung Westen. Wir laufen durch ein lichtes Wäldchen, über eine Lichtung und wieder in den Wald. Noch im Wald geht es nach rechts, steil nach oben auf den Aussichtsfelsen, den man leicht erklettern kann. Hierfür ist etwas Orientierungssinn erforderlich, da unterwegs keine Wegweiser mehr zu finden sind. In einem Waldabschnitt kann man mit etwas Glück Mufflons entdecken oder zumindest riechen und hören.

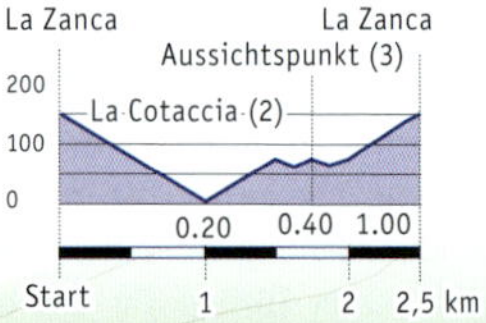

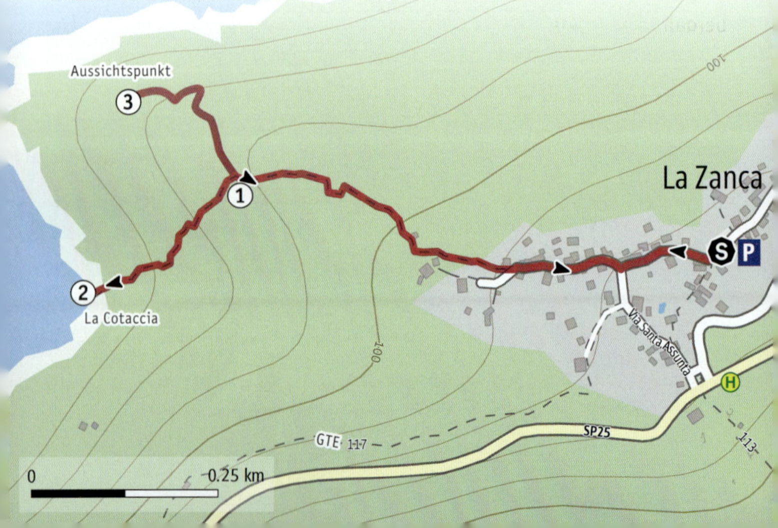

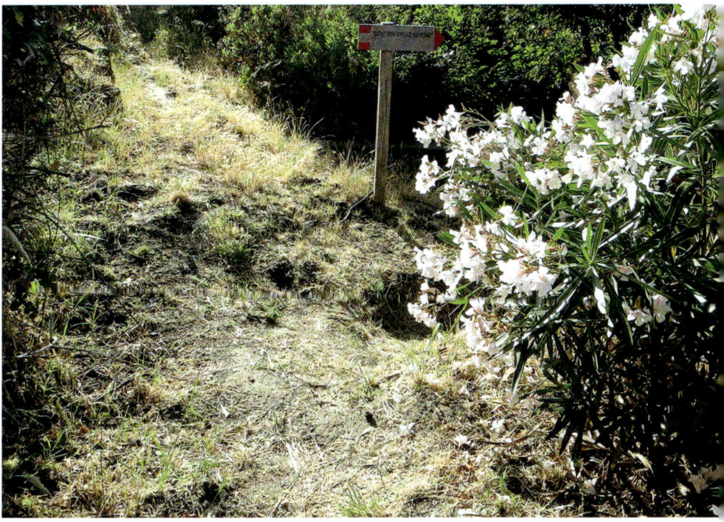

Tour 31: Sentiero delle Marine

120 m

STRECKE 2,5 km

1 h

ab 6

Irrgarten auf ehemaligen Weinterrassen im dichten Wald

In einem Labyrinth aus Bäumen und Natursteinmauern führt die Route des Sentiero delle Marine durch La Zanca und schließlich hinab ans Meer. Ein spannender Pfad für alle, die nicht vorrangig schnell ans Ziel kommen wollen.

Wanderung: Wir wandern vom Parkplatz in La Zanca auf der Via S. Assunta bergab, bis an einer starken **Rechtskurve** ① links die Via Bellavista auf steilem Teerweg hinabführt. Dann geht es über Treppenstufen weiter hinab, wir kreuzen eine Straße, laufen weiter und beim **Hotel Sant'Andrea** auf Treppenstufen weiter bergab, bis wir wieder eine Straße kreuzen. Nun können wir entweder die Kurve vor dem **Ristorante Il Sottomarino** ② auf der Straße auslaufen oder die kleine, etwas rutschige Abkürzung in der Kurve nehmen. Danach führt etwa 50 Meter unterhalb des

TOUREN-STECKBRIEF

Anfahrt: Von Marina di Campo oder Marciana Marina kommend auf der SP 25 bis zur Abfahrt Zanca. Über die alte Dorfstraße Via Assunta bis zum Parkplatz am Dorfplatz bei **GPS N 42°48'1.4", E 10°07'57.6".**
Mit dem Bus 116 von Marina di Campo oder Portoferraio kommend, bis Zanca.
Anspruch und Charakter: Einfacher Weg, der jedoch etwas Orientierungssinn erfordert, durch schattigen Wald im Zickzack entlang der ehemaligen Weinterassen bergab.
Highlights: Labyrinthartiger, spannender Wanderpfad mit Dschungelfeeling.
Einkehr: Sotto Marion in La Zanca mit guten Fischergerichten und Pizza für die Kids.

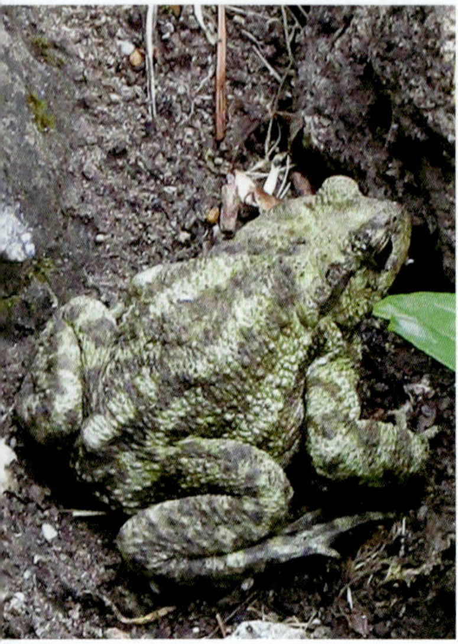

Ristorante ein Feldweg weiter bergab. Man geht jetzt direkt auf das Hotel **Gallo Nero** zu.

Hinter dem Swimmingpool des Hotels beginnt der Weg **Sentiero delle Marine Nummer 116/ GTE150** ③. Der Durchgang ist neuerdings mit einem Tor abgesperrt, um unerwünschten Vierbeinern (Mufflons und Wildschweinen) nachts den Durchgang zu verwehren. Deshalb das Tor unbedingt wieder schließen! Man wandert nun quasi unterhalb der Hotelanlage entlang, vorbei an einem Whirlpool, der noch zum Hotel gehört, bis nach etwa drei Minuten der Wegweiser Nummer 116 nach rechts hinab in den Wald weist.

Nun wird es spannend. Im Wald helfen **Steinmännchen,** die Orientierung zu behalten. Die Bäume stehen hier sehr dicht, und deshalb ist es selbst bei hellem Sonnenschein recht duster – vorausgesetzt die Raupe »Nimmersatt« alias Eichen-Prozessionsspinner, war noch nicht am Werk. Seit einigen Jahren frisst sich diese Raupe durch die Steineichenwälder Elbas und hinterlässt

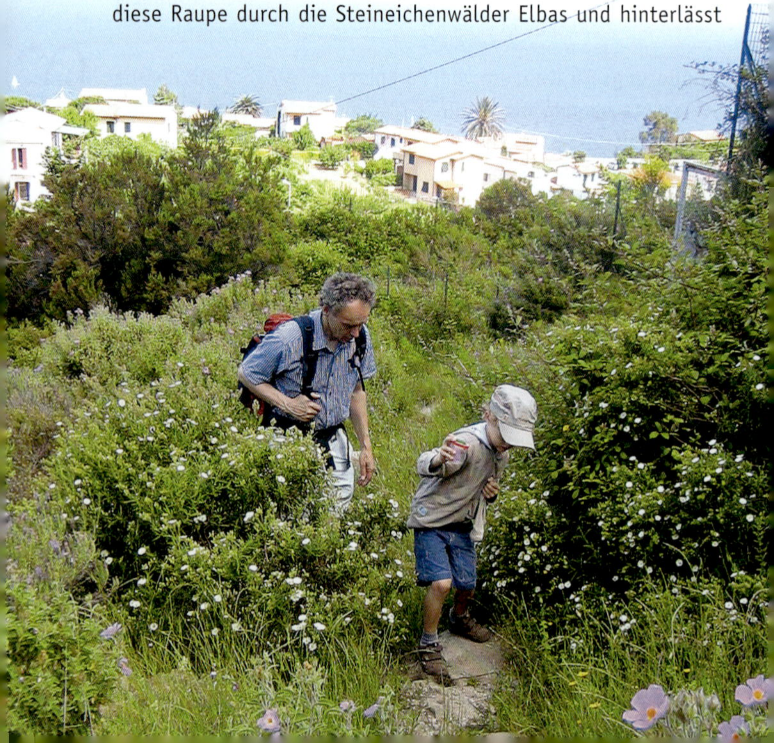

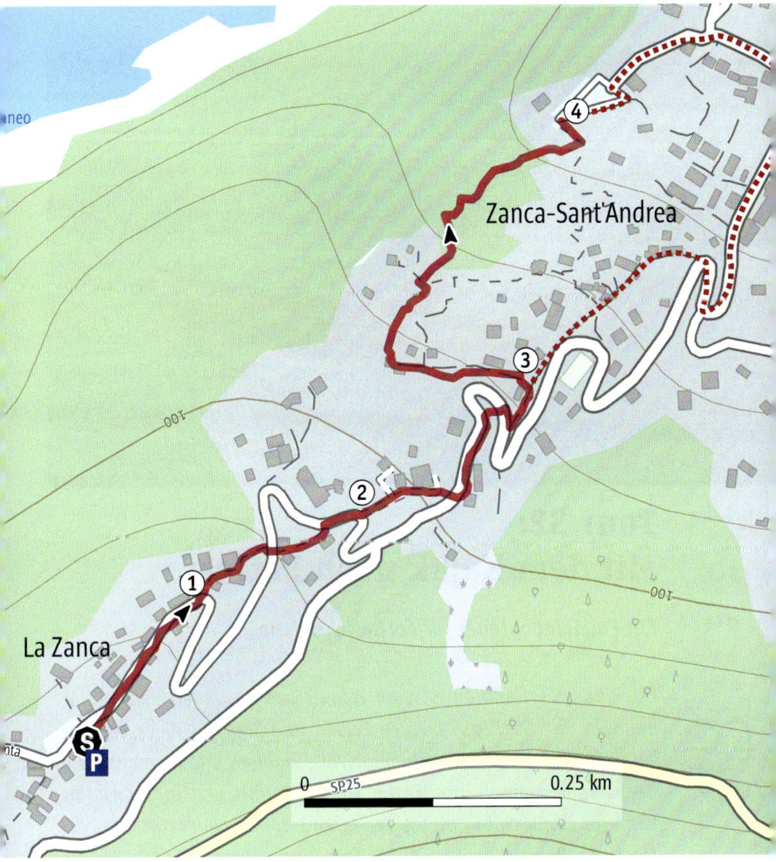

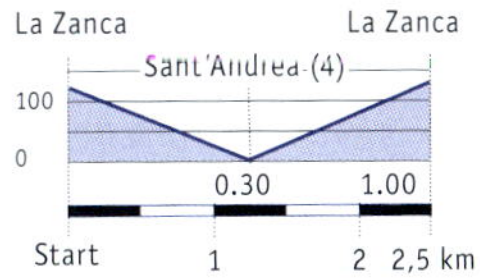

kahlgefressene Bäume, die jedoch zum Glück nicht absterben, sondern im Herbst und im Frühjahr wieder austreiben, bis zur nächsten Invasion.

Man geht auf alten Terrassenpfaden unterhalb der Befestigungsmauern ein Stück geradeaus und dann im zickzack bergab. Man sollte aufpassen, dass man nicht zu weit nach Westen läuft! Richtig verirren kann man sich jedoch nicht. Nach etwa 20 Minuten, vom Gallo Nero aus gerechnet, sollte man auf der Höhe des **Parkplatzes** ④ unweit von Ristorante und Strandbars wieder herauskommen.

Mit älteren Kindern können wir aus dieser Tour auch ein Versteckspiel machen, oder einen Wettlauf, wer am schnellsten den richtigen Weg findet. Hier sind der Fantasie keine Grenzen gesetzt. Zurück gelangen wir dann entweder über die Straße und die abkürzenden Stichwege oder mit dem Marebus, der jedoch nur in der Hauptsaison fährt.

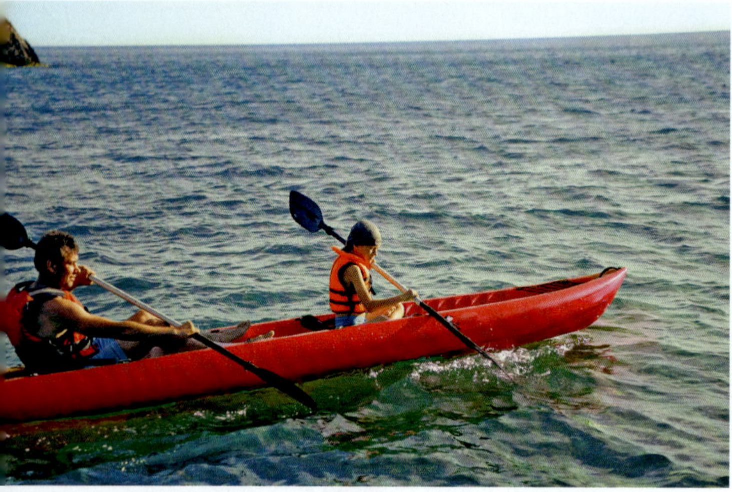

STRECKE
6 km

3 h

ab 10

Tour 32: Mit dem Kajak nach Patresi

Ein Paddelabenteuer für Fortgeschrittene

Das Capo Sant'Andrea ist vom Wasser aus besonders reizvoll. Wir paddeln mit Blick auf bizarre Felsen, die steil ins Meer abfallen, zerklüftete Schluchten, geheimnisvolle Höhlen, und kommen zu einer Gruppe kleiner Inseln, die wir erklettern und umschwimmen können. Zum Schluss bietet der schöne weiße Leuchtturm von Patresi »La Polveraia« eine besonders ansprechende Kulisse, und an Land lockt eine bezaubernde kleine Bar.

Kajaktour: Am Westende der Badebucht Sant'Andrea befindet sich am Hafenbecken der Bootsverleih von Daniele. Wir paddeln

TOUREN-STECKBRIEF

Anfahrt: Von Marina di Campo oder Marciana Marina kommend auf der SP25 bis zur Abfahrt Zanca und bis Sant'Andrea hinunter fahren und dort bei **GPS N 42°48'20.8", E 10°08'21.4"** parken.
Kajakverleih: Zweier-Kajak €10 pro Stunde. Bei einer Gruppe mit mehreren Personen kann man auch gut verhandeln. www.danielerent.com
Anspruch und Charakter: Eine landschaftlich sehr reizvolle Paddeltour für geübte Kajakfahrer mit etwas Ausdauer. Nur bei ruhigem Seegang und wenig Wind empfehlenswert. Kinder gehören auf der Tour mit in das Kajak eines Erwachsenen. Nur für erfahrene Paddler mit Kindern, die gut schwimmen können!
Ausrüstung: Badeanzug oder Neoprenhose, da wir meist im Nassen sitzen. Badeschuhe, Kopfbedeckung, gut eincremen! Plastiktüte mit trockener warmer Kleidung und etwas Kleingeld für die Pause an Land, eine wasserdichte Uhr. Unbedingt Schwimmweste tragen, die man an der Station ausleihen kann.
Highlights: Im Kajak der eigene Kapitän sein, Badepausen unterwegs.
Einkehr: Bar in Patresi.

vorsichtig aus dem Hafen heraus und achten dabei die Bojen der Taucher, die hier häufig üben. Weiter geht es um die Felsnase des Capo Sant'Andrea herum, auf der meist viele Angler ihr Glück versuchen, und dann in Richtung Westen an der steilen Felsküste entlang. Neben uns ziehen tief eingeschnittene Schluchten und Höhlen vorbei. Bald sehen wir die Mini-Inseln der Felsformation **Le Formiche de La Zanca** aus dem Wasser ragen. Mit dem Kajak können wir hier bequem anlanden (vorausgesetzt, wir haben Badeschuhe an – Seeigel!) und wunderbar Schnorcheln.

Nach weiteren 20 Minuten Paddelzeit erreichen wir die schöne Bucht **La Cotaccia,** die ihr vielleicht schon zu Fuß erkundet habt **[› Tour 29]**, und die ebenfalls ein wahres Schnorchelparadies ist. Paddeln wir ohne Pause weiter, erkennen wir nach 20 bis 30 Minuten hoch oben an der Küste den **Leuchtturm von Patresi**. Jetzt müssen wir noch mal um die Felsnase »La Punta di Ploveraia« herum, dann haben wir es geschafft. Im alten Hafenbecken können wir bequem anlegen und in der Bar direkt am Hafen eine gemütliche Pause im Trockenen machen.

Zurück kann der Weg mitunter etwas länger dauern, je nachdem, woher der Wind gerade pustet. Am besten halten wir uns so nahe wie möglich am Ufer, dann kommen wir auch den Motorbooten nicht in die Quere.

Geführte Kajaktouren für Anfänger

Wer sich nicht alleine aufs Meer traut, kann hier unter professioneller Anleitung die ersten Kajaktouren unternehmen:

- › Marina di Campo, www.ilviottolo.com
- › Pomonte, www.divingpomonte.com
- › Marciana Marina, Seakayakitaly.it

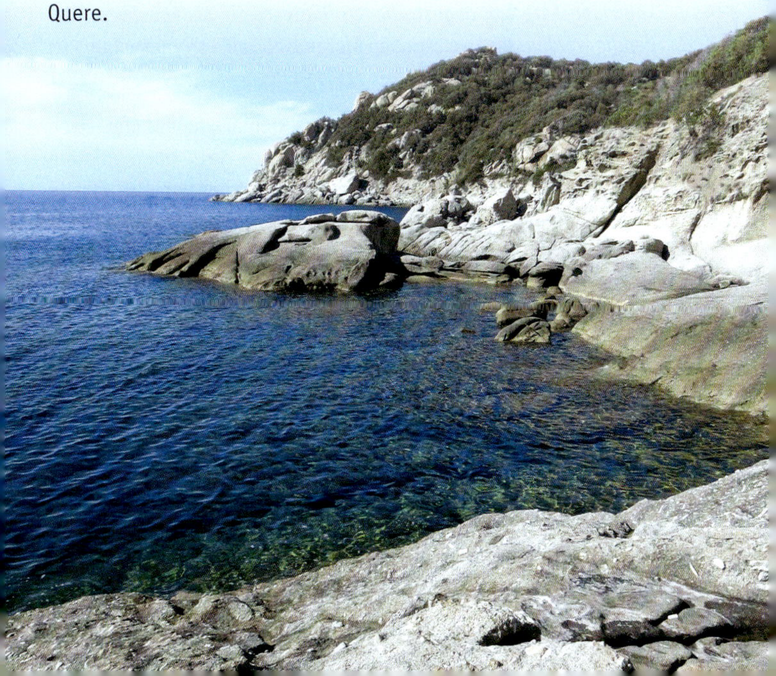

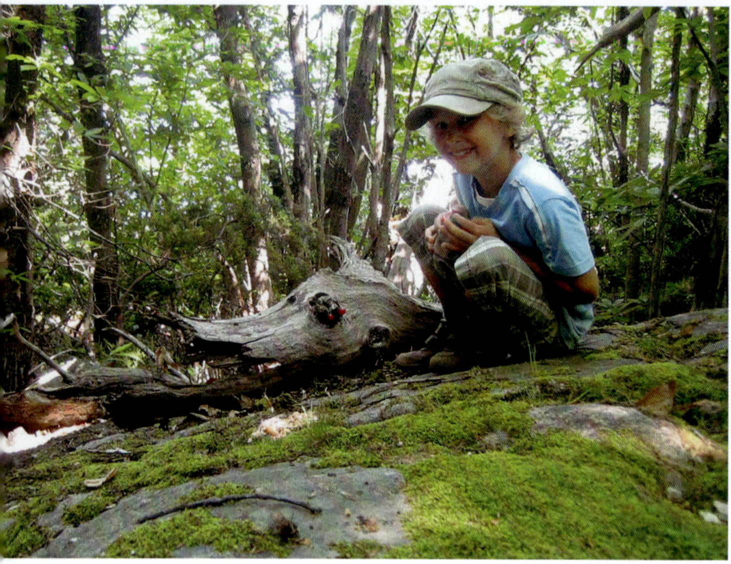

490 m

260 m

STRECKE 6 km

3 h15

ab 6

Tour 33: Zauberwald und Steingestalten

Von La Zanca zur Madonna dell Monte und nach Marciana

Eine schöne, meist schattige Wanderung durch einen naturbelassenen, verwunschenen Urwald aus Esskastanien und Steineichen. Auf Kinder wartet hier ein abenteuerlicher Weg. Im Wald sind es die knorrigen Äste von abgestorbenen Bäumen, die als Fabelwesen lebendig werden, und weiter oben bieten bizarre Felsformationen viel Futter für die Fantasie.

Wanderung: Vom Parkplatz in Zanca gehen wir auf der alten Dorfstraße (Via S. Assunta) wieder zurück nach oben, bis die SP25 kreuzt. Über einen **Zebrastreifen** queren wir die Straße und stehen eigentlich direkt vor dem **Wanderweg Nummer 113**. Dieser führt rechts von der Bushaltestelle steil und stetig über Felsen, die teilweise wie Treppenstufen anmuten, nach oben. Schon bald haben wir einen schönen Blick hinab nach Zanca und über das Meer.

An sonnigen Tagen können wir mit etwas Glück in den Steinritzen eine Schlange entdecken, oder zumindest deren abgelegte Haut. Hören wir es oben im Wald rascheln und es riecht streng nach Wild, sind meist Mufflons in der Nähe, wilde Bergschafe, die hier ihr Futter suchen. Mufflons sind sehr scheu und man bekommt sie fast nie zu Gesicht. Auch Wildschweine treiben im Wald ihr Unwesen und zerstören die Wanderwege, weil sie nach

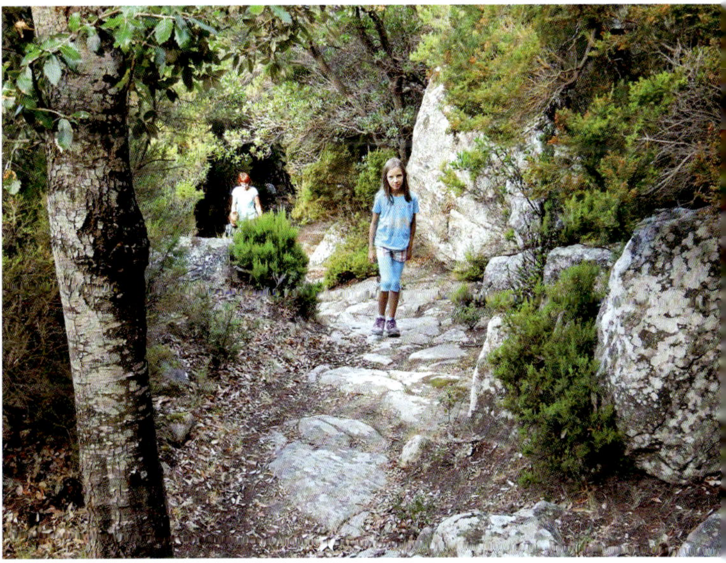

Essbarem graben und dies sehr gründlich. Aber keine Sorge, auch die Schweine ergreifen, wenn sie Wanderer wittern, sofort die Flucht.

Man gewinnt auf dem steilen, stetig ansteigenden Weg schnell an Höhe und erreicht nach rund 45 Minuten auf 395 Metern, eine **Kreuzung** ①, mit dem Namen Canali. Nach rechts in Richtung Westen, führt der Weg Nummer 114 weiter nach Patresi. Wir biegen hier nach links ab in Richtung Punto Panoramico (Uomo Masso) und zur Madonna del Monte, der kürzere Weg 114, wurde leider aufgelassen und wird nicht mehr gewartet.

Der Weg 113 ist zwar etwas länger, aber im oberen Teil sehr verwunschen und später genießen wir eine tolle Aussicht aufs Meer, die wir mit einem Abstecher auf den erkletterbaren **Uomo Masso**

TOUREN-STECKBRIEF

Anfahrt: Von Marina di Campo oder Marciana Marina kommend auf der SP25 bis zur Abfahrt Zanca. Über die alte Dorfstraße Via S. Assunta bis zum Parkplatz am Dorfplatz bei **GPS N 42°48'01.4", E 10°07'57.6".**

Mit dem Bus 116 von Marina di Campo oder Portoferraio kommend, bis Zanca.

Anspruch und Charakter: Der Weg ist technisch unkompliziert, aber durch den langen Aufstieg nicht ganz unanstrengend. Vor allem der Pilgerweg, auf dem wir zur Kapelle gelangen, hat es in sich. Hier gibt es nur wenig Schatten und der Weg ist steil und mühsam. Ein wenig Ablenkung bieten die von Künstlern gestalteten Kreuzwegstationen.

Highlights: Verwunschener Wald, Kreuzweg und Tafoni-Felsen, Löwenquelle an der Einsiedelei Madonna del Monte

Einkehr: Picknick mitnehmen. Bei der Madonna del Monte gibt es eine Quelle, in regenarmen Monaten kann diese jedoch auch versiegen.

In der Nähe: Altstadt Marciana.

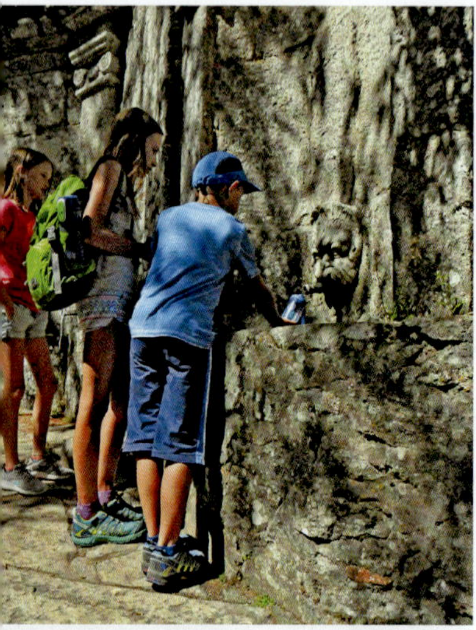

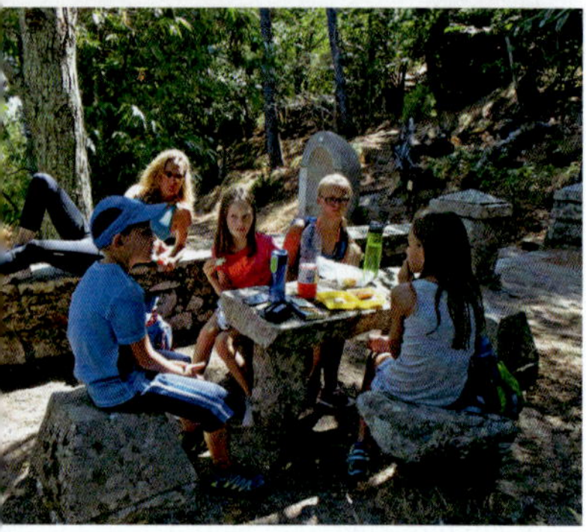

②, noch optimieren können. Die riesigen mit Flechten und Moos bewachsenen Findlinge, die den Weg säumen, als hätte sie ein Landschaftsgestalter extra dort hingelegt, laden zu kleinen Kraxelpausen ein. Hier lohnt es sich, eine ausgiebige Pause zum Spielen und Träumen einzulegen, bevor wir auf den **Kreuzweg** ③ zur Station sechs hinabsteigen. Von dort geht es noch mal 30 Minuten bergauf.

Gleich bei **Station elf** des Kreuzweges gibt es schon wieder was Spannendes zu entdecken! Schauen wir dort nach rechts, erkennen wir hoch oben ein erstes Tafoni-Steingebilde. Mit seinen ausgebreiteten Flügeln sieht der steinerne Adler aus, als würde er sich gerade ins Meer hinabstürzen.

Am oberen Ende des Kreuzweges steht die Kapelle **Madonna del Monte** ④ mit einem urigen

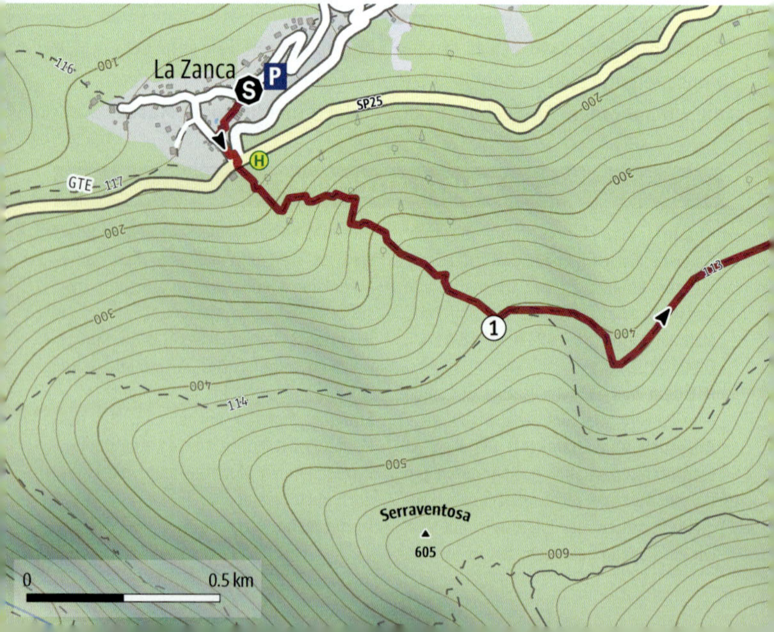

Picknickplatz. Hier scheint die Zeit stehen geblieben zu sein. An einem Wirtschaftsgebäude hängt noch ein Hinweisschild für ein öffentliches Telefon. Hinter der Kirche tröpfelt frisches Quellwasser aus zwei Löwenköpfen aus Stein. In dem oval angelegten Gemäuer, das an ein Amphitheater erinnert, ist es schattig und schön kühl. Die Kirche wurde 1595 auf einer seit heidnischen Zeiten genutzten Kultstätte erbaut, wie prähistorische Funde in der näheren Umgebung bezeugen.

Besuch bei Napoleons Pferd
zusätzlich 30 bis 40 min, ↓↑ 80 m

Wer noch nicht müde ist und neugierig genug, wie wohl das **Cavallo di Napoleone** ⑤ aussieht, folgt ab der Kreuzwegstation 14 dem Holzwegweiser. Ein schmaler, dicht bewachsener Pfad führt durch Unterholz nach 15 Minuten auf eine Hochebene, auf der auch Reste von einem Caprile, einer Hirtenunterkunft, zu sehen sind. Links davon ist der Felsen in Form eines Pferdekopfes zu erkennen. Klettern wir nach oben, haben wir einen tollen Ausblick auf die Insel und die Berge. Auf demselben Weg geht es dann wieder zurück.

Nach einer ausgiebigen Pause geht es dann nur noch bergab. Wir bleiben auf dem **Kreuzweg** bis zu dessen Ende an der Straße ⑥, überqueren diese und folgen der Via della Madonna hinunter zur Piazza Umberto. Hier können wir uns noch ein hervorragendes Eis in der Eisdiele Zero Grado gönnen. Mit dem Bus, der direkt vor der Banca Monte dei Paschi di Siena an der SP 25 hält, fahren wir zurück nach La Zanca.

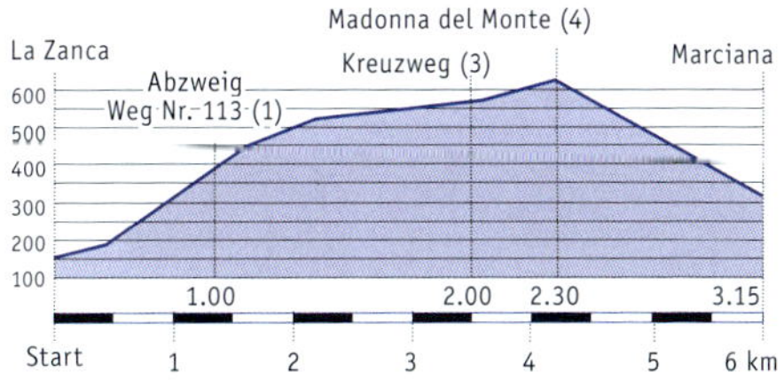

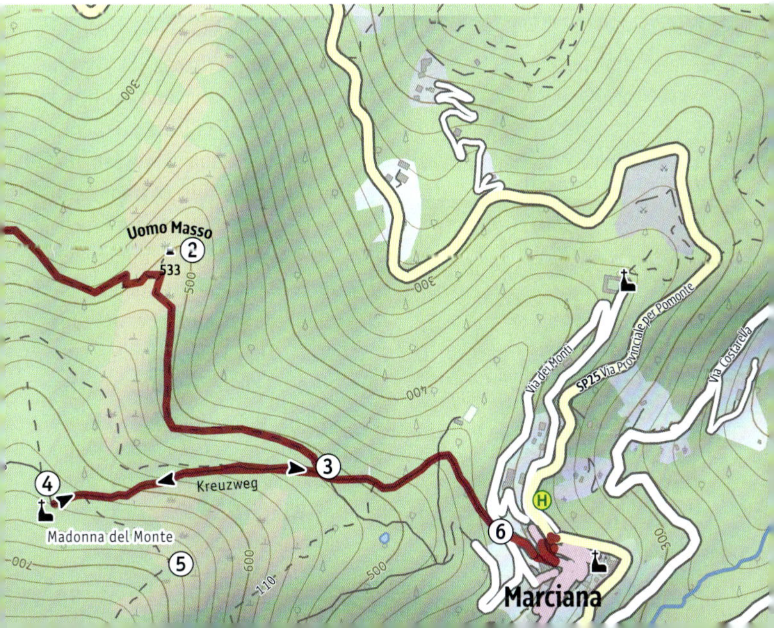

»Was wächst denn da?«
Die Pflanzenwelt auf Elba und in der Toskana

Einst bedeckten ausgedehnte Steineichenwälder die Insel Elba und einige Teile der toskanischen Küste. Sie wurden bereits in der Antike von den Menschen gefällt und wirtschaftlich genutzt. Holz brauchte man vor allem für die Verhüttung von Eisenerzen. Für 100 Kilo Eisen benötigte man 300 Kilo Holzkohle, und dafür wurden 400 Kilogramm Steineichenholz verarbeitet.

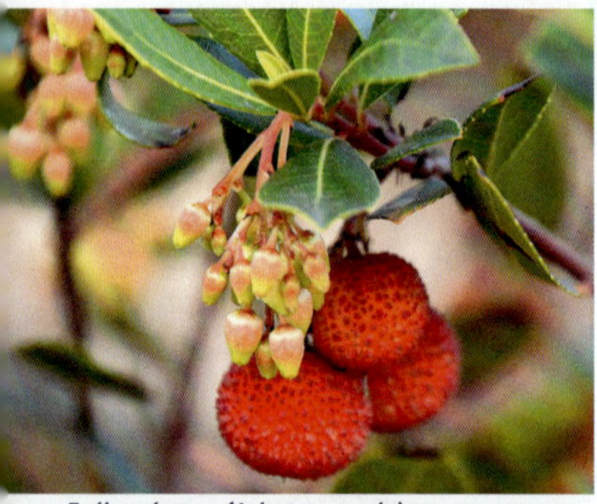

Erdbeerbaum (Arbutus unedo)

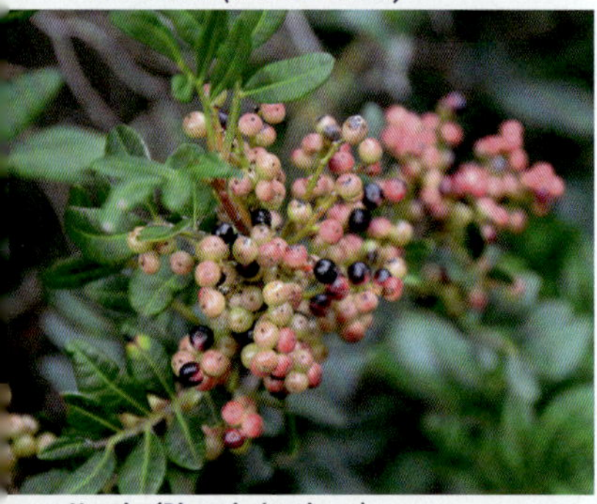

Mastix (Pistacia lentiscus)

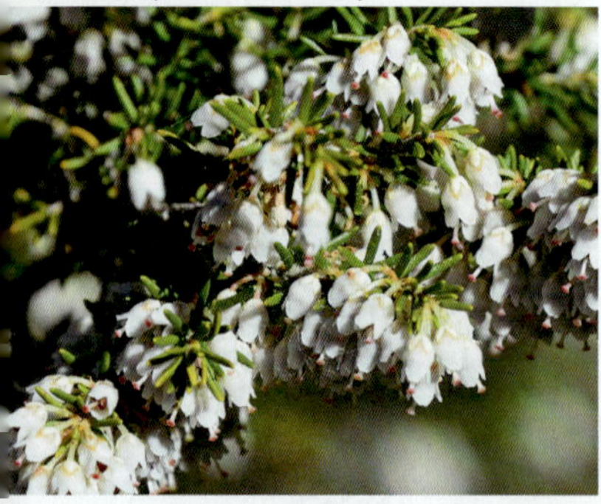

Baumheide (Erica Arborea)

Auf den abgeholzten Gebieten, die nicht mehr aufgeforstet wurden, wuchsen zähe, anspruchslose Sträucher, Kletterpflanzen und Baumsträucher nach. So entstand nach und nach die **Macchia**. Am häufigsten begegnen wir bei einem Spaziergang durch die Macchia Baumheide, Wacholder, Mastix-Strauch und Myrte, sowie dem Ginster. Über die Büsche hinaus ragen der Erdbeerbaum und die Steineiche. Die meisten Pflanzen der Macchia sind immergrün.

Mastix und Myrte tragen ihre Blüten und Früchte im Winter und im Frühjahr, und auch die kugeligen, knallroten Früchte des Erdbeerbaumes werden erst im Dezember reif. Er trägt dann gleichzeitig Blüten und Früchte. Zu dieser Zeit finden wir auch die langen, schmalen Eicheln der Steineiche am Boden. Sie sind dunkler als unsere Eicheln. Ihre Blätter behält die Steineiche, genau wie die in der Macchia häufig vorkommende Korkeiche, auch im Winter. Im Frühjahr steht die Macchia dann in voller Blüte.

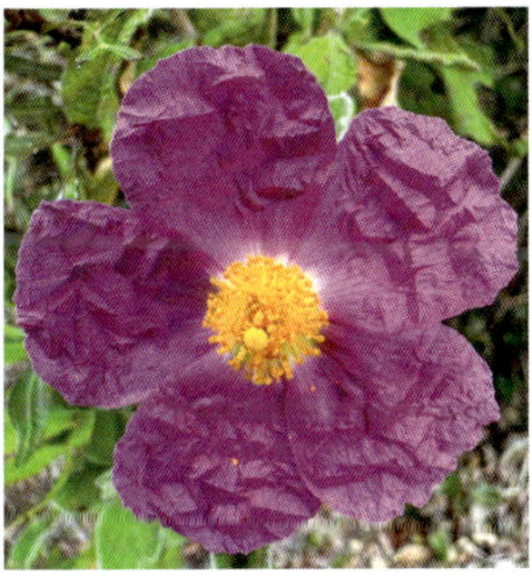

Immer leicht verknautscht: die Zistrose

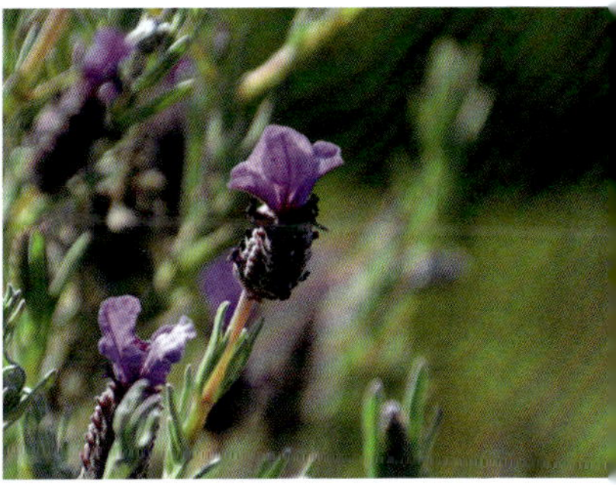

Lavendel blüht in der Macchia im Frühjahr

Auf kargeren Böden, die meist mit großen Steinbrocken durchsetzt sind, siedelt sich die niedrigere **Garrigue** an. Hier sind Zistrose, Rosmarin, Thymian, Lavendel und verschiedene Salbei-Arten zu Hause.

Ganz anders ist die Vegetation auf den Wiesen, wie wir sie am Monte Labbro oder auch einigen Regionen der Insel Elba durchwandern. Am Wegesrand treffen wir auf Affodill, verschiedene Orchideen und Ragwurz. Häufig sieht man auch die Immortelle, die gelb blühende italienische Strohblume.

In der südlichen Toskana findet man bis zu 30 Orchideenarten. Wilde **Orchideen** sind teilweise winzig, die bizarren Blüten leuchten dafür jedoch in den intensivsten Farbtönen, sodass man sie kaum übersehen kann. Die Blütezeit geht je nach Art von April bis Juni.

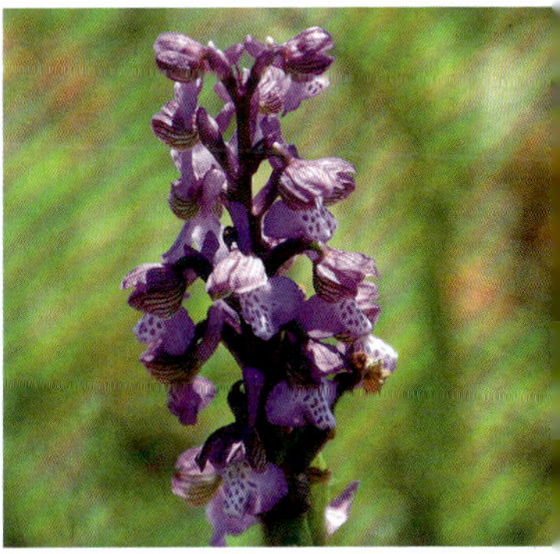

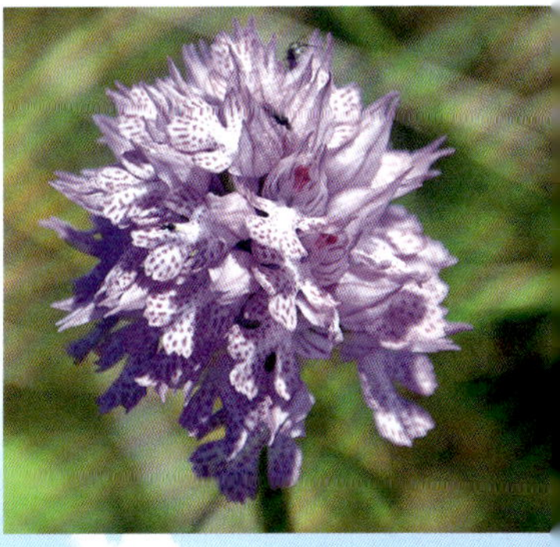

Das Knabenkraut ist eine der häufigsten heimischen Orchideenarten und kommt in vielen verschiedenen Formen vor.

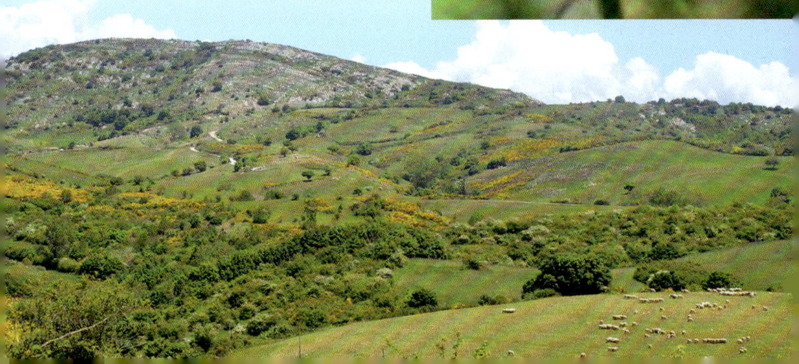

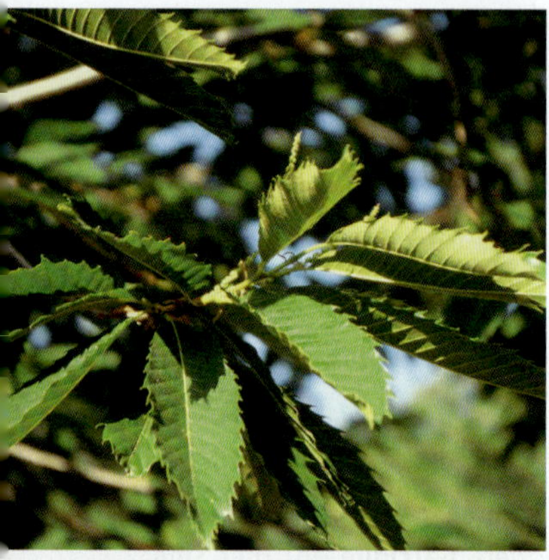

Esskastanie (Erica Arborea)

An den nördlichen Hängen des Monte Capanne auf Elba findet man noch große **Esskastanienwälder**, die jedoch nun immer mehr verwildern. Die Bäume werden bis zu 200 Jahre alt. Vom Mittelalter bis zur Mitte des 20. Jahrhunderts war die Esskastanie auch in den Bergregionen Elbas ein wichtiges Grundnahrungsmittel. Die Edelkastanie ist aber keine heimische Pflanze. Sie wurde im 14. Jahrhundert vor allem wegen ihres harten Holzes eingeführt und großflächig angebaut.

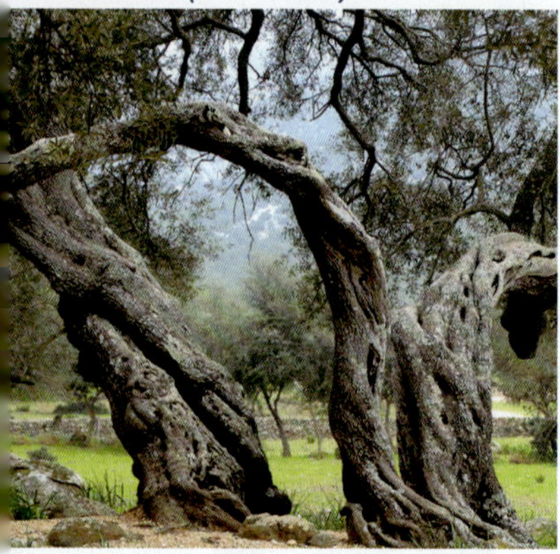

Ölbaum oder Olivenbaum (Olea europaea)

Auch der **Olivenbaum** ist in der Toskana weit verbreitet. Der halbhohe Baum wird schon seit dem 4. Jahrtausend v. Chr. kultiviert. Die Römer brachten ihn auch nach Elba. Das aus den Früchten gewonnene Olivenöl kann auf der Insel und auf dem Festland bei vielen Produzenten direkt ab Hof gekauft werden. Oliven- oder Ölbäume wachsen sehr langsam und entwickeln dabei knorrige, verzwirbelte Stämme. Den besten Ertrag bringt ein Baum im Alter von etwa 20 Jahren. Olivenbäume können aber viel älter werden und je älter so ein Baum ist, desto interessanter sieht er aus. Als ältester Olivenbaum gilt ein Exemplar in Griechenland. Der Baum ist inzwischen über 4000 Jahre alt.

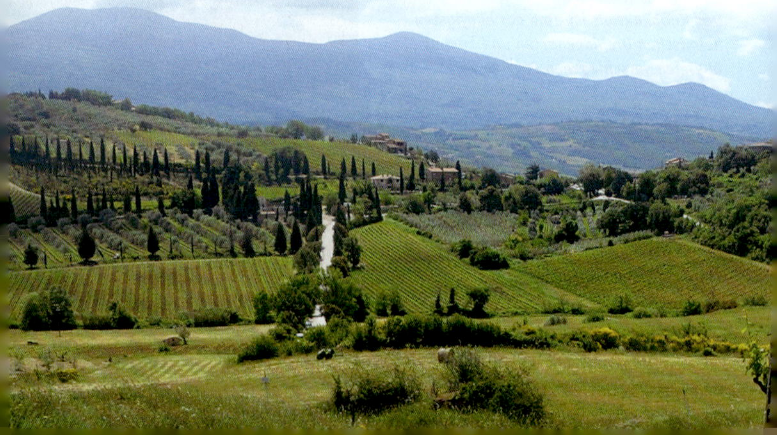

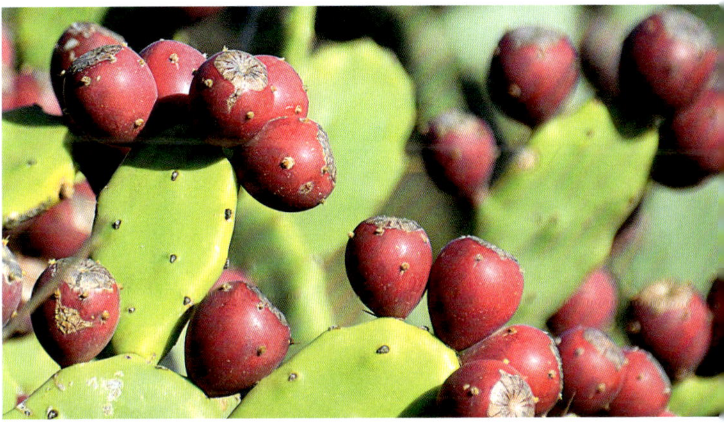

Zahlreiche Pflanzen, die heute zum typischen Bild der Toskana gehören, wurden vom Menschen eingeführt. An den Küsten gibt es ausgedehnte Gebiete mit Pinienbeständen und auf Elba ist auch der aus Australien stammende Eukalyptus anzutreffen. In den wärmeren und trockeneren Gebieten wachsen riesige Agaven und der aus Südamerika eingeführte **Feigenkaktus**, der auch als Opuntie bekannt ist. Schon die Azteken kultivierten die Kakteen zur Herstellung karminroter Farbe. Basis für die begehrte Farbe war aber gar nicht die Pflanze selbst, sondern die auf ihr lebende Cochenilleschildlaus, die getrocknet dazu verwendet wurde, Stoffe in einem ungewöhnlich intensiven Rot zu färben. Die Früchte der Opuntie sind übrigens essbar – wenn man weiß wie. Das Ganze ist eine stachelige Angelegenheit.

Im Landesinneren prägen **Zypressenalleen** und **Weinreben** das Klischee der typischen Toskanalandschaft, die in der Südtoskana allerdings nur im Orciatal und südlich von Siena anzutreffen ist. Die Zypresse kam bereits in der Antike in die Toskana. Sie gilt als anpassungsfähig und dürreresistent und wächst zudem sehr schnell – alles gute Voraussetzungen, um in den trockenen Sommern der Toskana zu überleben. Ihr Holz ist von Natur aus resistent gegen viele Pilze und Insekten und wird daher gerne im Außenbereich und als Bauholz verwendet.

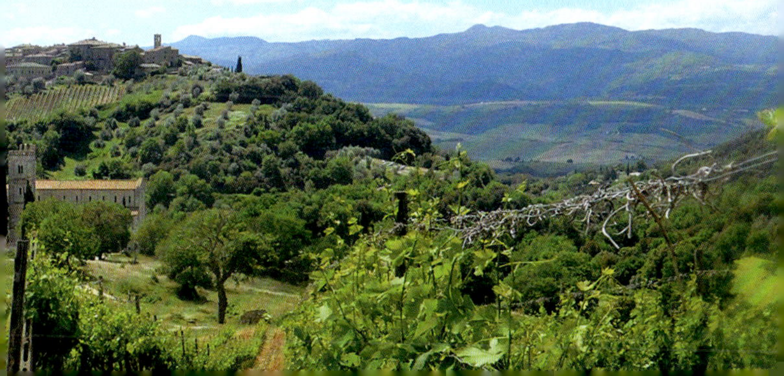

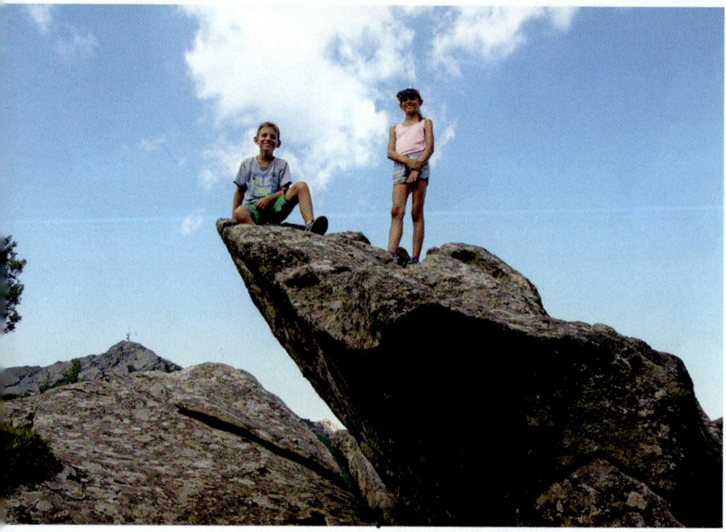

180 m

STRECKE 4,5 km

2 h

ab 4

Tour 34: Im Paradies der Schmetterlinge

Der Schmetterlingspfad am Monte Maolo

Kurze und spannende Bergwanderung auf einen aussichtsreichen Bergrücken mit dicken Granitblöcken und vielen Schmetterlingen, die hauptsächlich im Frühsommer in bunten Scharen den Wegrand schmücken. Schön gestaltete Infotafeln helfen beim Bestimmen der Schmetterlinge und informieren über deren Lebensgewohnheiten.

Je nach Jahreszeit und Blüte können wir in der dichten Macchia am Wegrand zahlreiche Schmetterlinge entdecken. Es sollen sich bis zu 50 verschiedene Arten angesiedelt haben. Der gesamte Weg wurde in Zusammenarbeit mit der Umweltschutzorganisa-

TOUREN-STECKBRIEF

Anfahrt: Über Marina di Campo auf der SP 25 und dann SP 29 oder ebenfalls auf der SP 25 nach Poggio und dann über SP 37 möglich. Ausgangspunkt ist der Picknickplatz des Monte Perone bei **GPS N 42°46'37.8",E 10°11'59.8"**, wo man das Auto schön schattig parken kann.

Bus: Keine direkte Busverbindung

Anspruch und Charakter: Eine sehr schöne kurzweilige Wanderung auf abwechslungsreichem Bergpfad mit wunderbaren Ausblicken auf den Monte Capanne und das Meer. Der Aufstieg ist meist sonnig und anfangs etwas steil auf einem breiten, teils rutschigen Sandweg, der aber bald zu einem sehr schönen Bergpfad wird.

Ausrüstung: Feste Schuhe mit griffiger Sohle, Sonnenschutz und Sonnenhut nicht vergessen!

Highlights: Schmetterlinge und riesige Kletterfelsen, auf denen wir auch gut mit Weitblick picknicken können.

Einkehr: Picknick und ausreichend Wasser mitnehmen.

In der Nähe: Eis essen in Marciana.

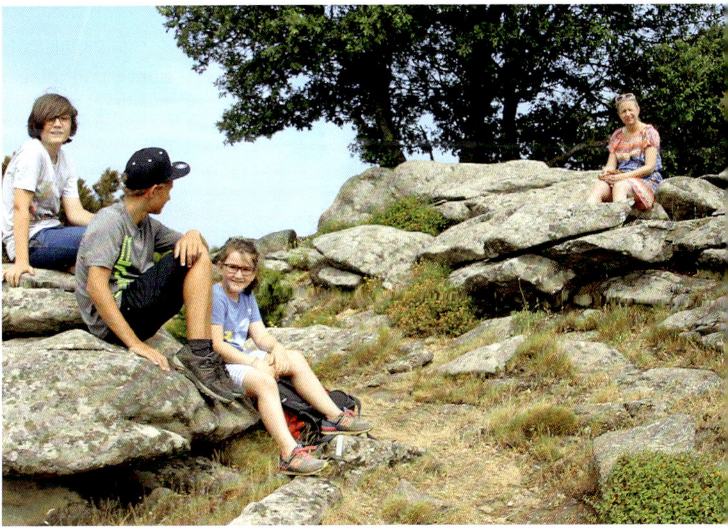

tion Legambiente Arcipelago als Lehrpfad beschildert. Das Paradies der Schmetterlinge ist der auf Elba lebenden Naturfotografin und Naturforscherin Ornella Casnati gewidmet, die maßgeblich an dessen Entstehung beteiligt war.

Wanderung: Oben am Picknickplatz ist es auch im Hochsommer angenehm kühl. Ein leichter Wind weht, es duftet nach Pinien, und knorrige alte Picknickbänke, die auf dem gesamten Gelände verteilt sind, laden ein, gleich Rast zu machen. Der einst künstlich angelegte Pinienwald am **Monte Perone** liegt auf 630 Metern und ist eine richtige grüne Oase und eine Wohltat, wenn man vor der Hitze im Tal geflohen ist.

Wir gehen trotzdem los, denn schließlich gibt es auf unserer Wanderung viel zu entdecken. Der »Schmetterlingsweg« verläuft auf dem Wanderweg, der als **GTE** ausgewiesen ist, am Nordost-

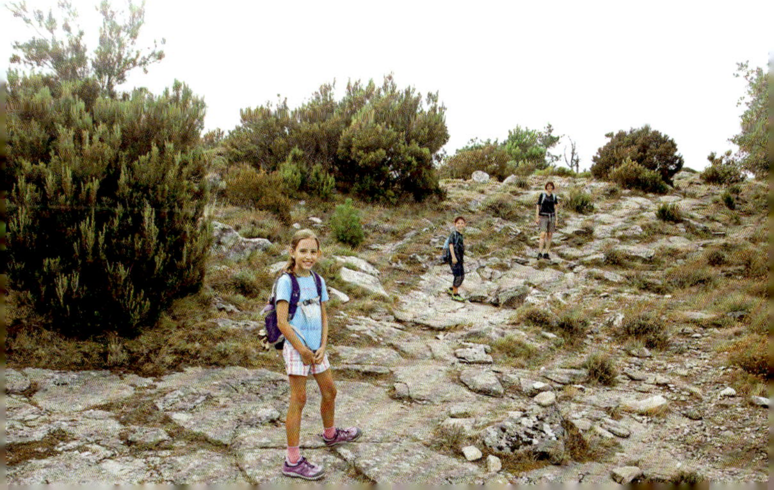

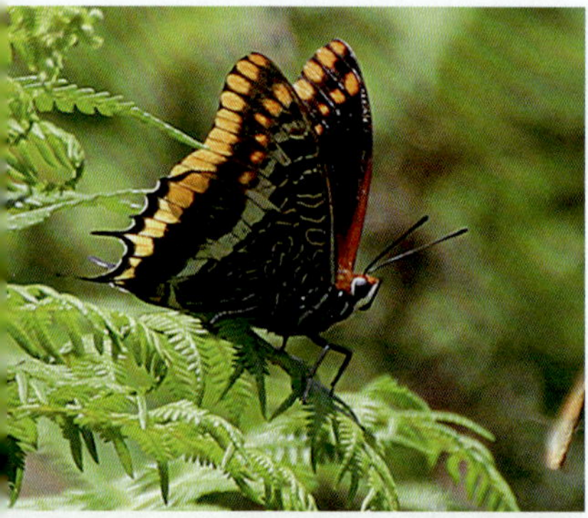

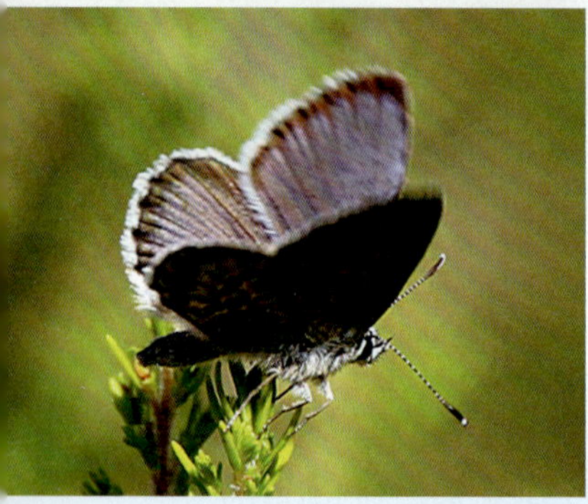

hang des Monte Capanne entlang. Zuerst geht es auf einem breiten, aber steilen Sandweg bergauf. Schon im Wald sind die ersten Infotafeln aufgebaut. Im Schatten tummeln sich vor allem der Zerynthia, Pyronia und der Karstweisling. Bereits nach etwa 30 Minuten erreichen wir einen **Aussichtsplatz** ① auf etwa 750 Metern Höhe.

Auf der **Hochebene** bieten die malerisch aussehenden Felsentürme viele Klettermöglichkeiten. Hier kommen ganz junge Wanderer vielleicht auf den Geschmack, die Tour in ein paar Jahren bis auf den Monte Capanne auszudehnen.

Ginster, Strohblumen und Gräser säumen nun den Weg und dementsprechend leben hier auch andere Schmetterlings-

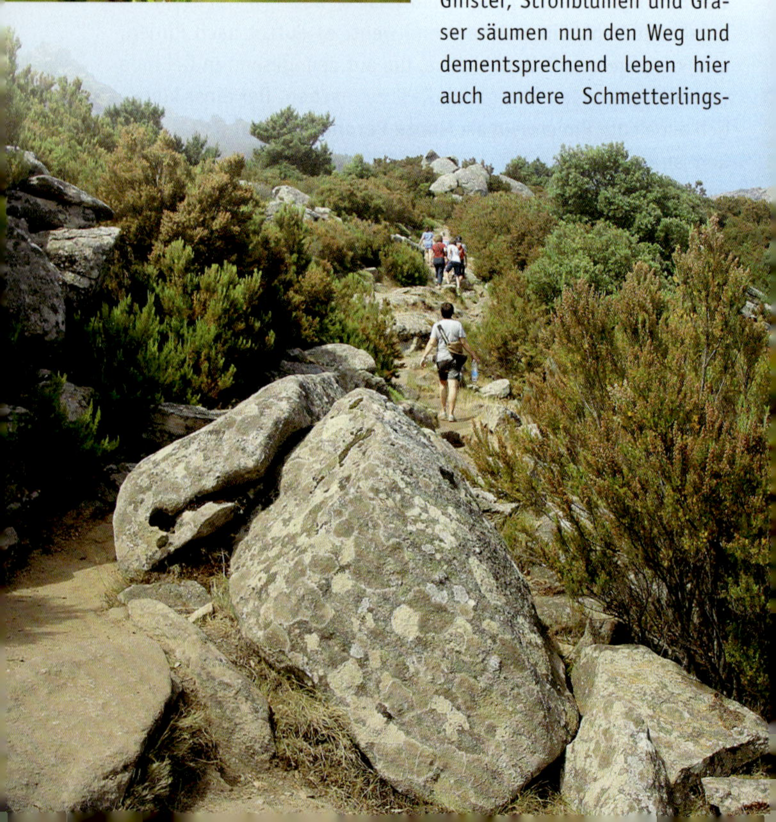

arten. Die meisten heimischen Schmetterlinge ernähren sich vom Nektar der Strohblumen. Deshalb tummeln sich auf diesem Wegabschnitt besonders viele in allen Farben. Der mit Steinen und Gräsern durchsetzte Pfad führt weiter auf dem Bergkamm entlang bis zu einer **Weggabelung auf etwa 760 Metern ②**, dem höchsten Punkt der Wanderung. Nach links geht es auf dem Weg 100 steil und teilweise ausgesetzt auf den Hügel Le Calanche, unser **Wegweiser des GTE Nord** zeigt jedoch nach rechts hinunter in den Buschwald mit mediterraner Macchia. Im Wald müssen wir schon genauer hinschauen, um noch Schmetterlinge zu entdecken.

Am häufigsten sieht man den blauen Eichenzipfelfalter. Nach 2,4 Kilometern (Höhe 727 Meter) folgt wieder eine **Weggabelung ③**, an der ein Pfad von unten hinaufkommt. Hier endet unsere Schmetterlingstour und wir gehen auf demselben Weg wieder zurück. Geradeaus ginge der Weg als GTE Nord und 101 weiter in Richtung Monte Capanne. Er führt jedoch teilweise über große Blockfelsenfelder, deshalb ist diese Passage nur für geübte, trittsichere Wandernde geeignet!

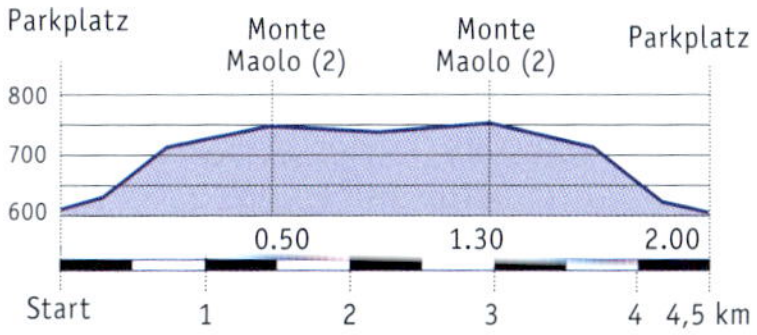

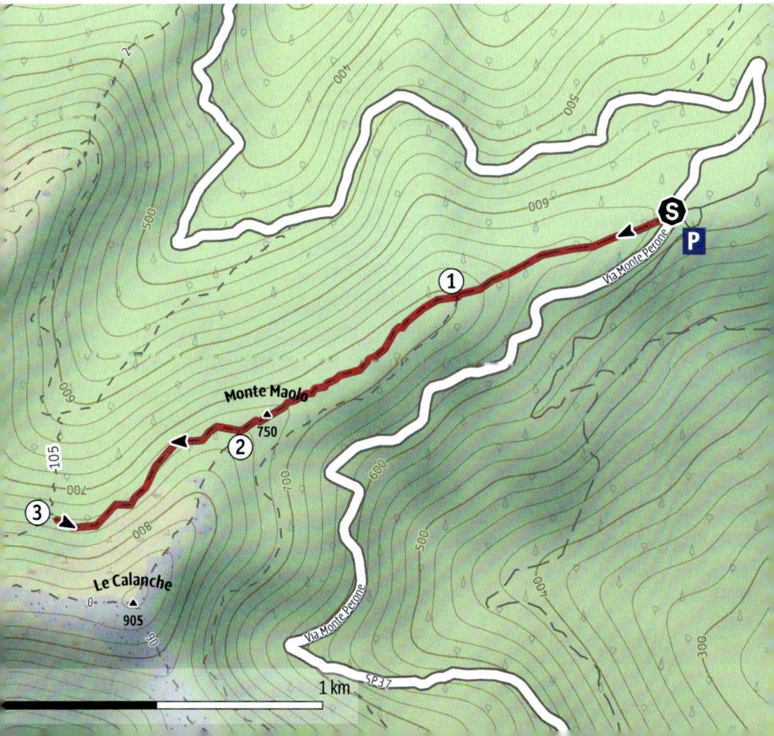

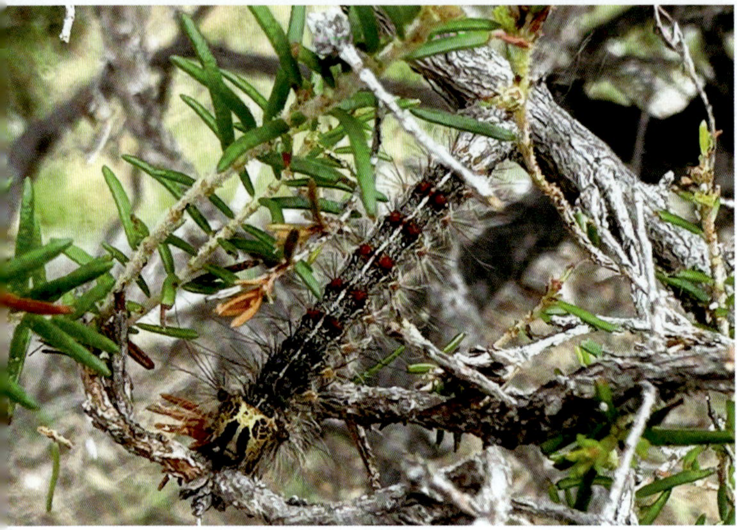

Die kleine Raupe Nimmersatt
Eichenprozessionsspinner auf Elba

Die Raupen des Eichenprozessionsspinners, eines unauffälligen grauen Falters, schlüpfen Anfang Mai und beginnen dann hungrig zu fressen. Ihr erkennt die Raupen auch daran, dass sie oft in einer langen Reihe unterwegs sind, um wie ein größeres Tier zu wirken und so Fressfeinde abzuschrecken.

Die Raupenart verbreitet sich zurzeit in ganz Europa. Seit einigen Jahren fressen sie sich auch durch die Steineichenwälder Elbas. Zurück bleiben kahlgefressene Bäume, die jedoch zum Glück nicht absterben, sondern im Herbst und im Frühjahr wieder austreiben – bis zur nächsten Invasion. Deshalb sind die von uns beschriebenen schattigen Wälder, mitunter sehr lichtdurchlässig.

Außer kahlen Bäumen verursachen die Raupen aber auch noch ein anderes Problem: Kurz bevor sie sich verpuppen, entwickeln Eichenprozessionsspinner Brennhaare, die ein Nesselgift enthalten und bei Menschen allergische Reaktionen wie Hautausschläge, Augen- oder Bronchienreizungen verursachen können. Falls ihr eine Raupe oder deren verlassenes »Nest« an einem Zweig entdecken solltet: Bitte nicht anfassen! Die Haare der Raupe bleiben im Nest zurück, wenn der Falter ausfliegt. Ihr Gift kann bei Menschen einen allergischen Schock auslösen!

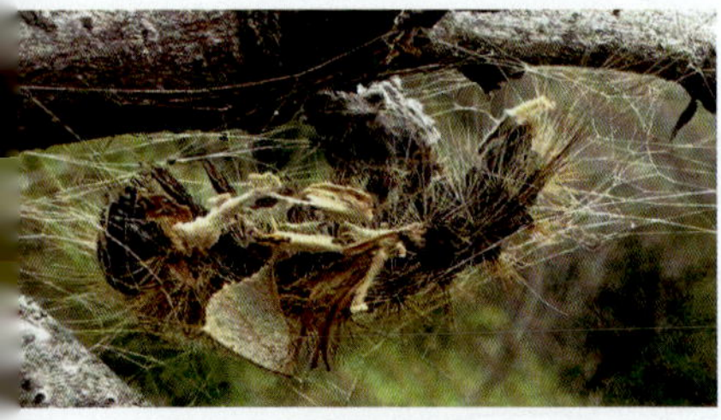

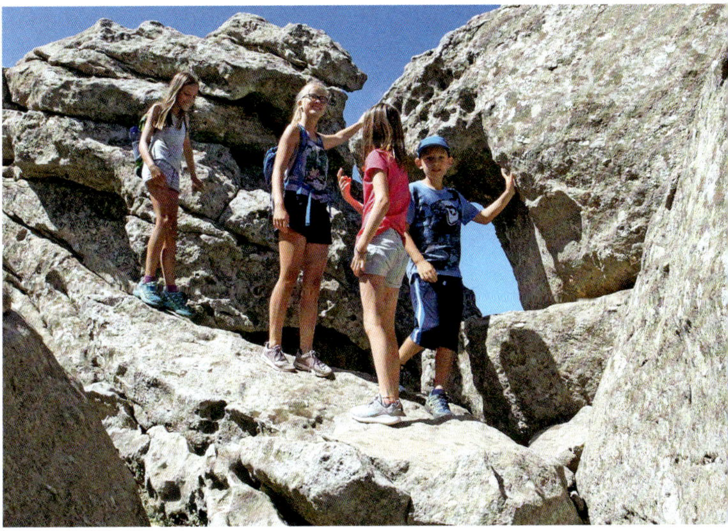

Tour 35: Il Condor, Elefanti und Napoleons Pferd

250 m

STRECKE 4 km

2 h

ab 6

Auf dem Kreuzweg von Marciana zu den Tafonifelsen

Diese kurzweilige Tour führt zu ungewöhnlichen, von der Natur geformten Steinskulpturen. Anfangs wandern wir auf dem steilen, teils sonnigen Kreuzweg, später geht es auf schönen kleinen Pfaden weiter, die auch etwas Klettergeschick erfordern. Belohnt wird der Aufstieg mit tollen Ausblicken und der Begegnung mit vielen steinernen Fantasiewesen. Ein kurzer Abstecher bringt uns außerdem zur Einsiedelei Madonna del Monte.

TOUREN-STECKBRIEF

Anfahrt: Anfahrt via Marciana Marina oder Marina di Campo über die SP25 bis Marciana. Am besten parken wir für diese Tour oben bei der Fortezza Pisana bei **GPS N 42°47'21.2", E 10°10'02.7"**.

Bus 116: Von Portoferraio oder Marina di Campo kommend bis zur Haltestelle Marciana fahren. Direkt an der Bushaltestelle befinden sich das Rathaus, eine Bank mit Geldautomat sowie ein schöne alte Apotheke.

Anspruch und Charakter: Der Weg ist technisch unkompliziert, aber nicht ganz unanstrengend. Vor allem der Pilgerweg, auf dem wir auch bis zur Kapelle Maria del Monte gelangen, hat es in sich. Hier gibt es nur wenig Schatten und der Weg ist steil und mühsam. Ablenkung bieten die von Künstlern gestalteten Kreuzwegstationen.

Highlights: Kletterfelsen und Tafoni. Zusätzliche Zeit zum Klettern einplanen.

Einkehr: Picknick mitnehmen, Restaurants und Cafés in Marciana am Beginn der Wanderung. Läuft man weiter bis zur Kapelle, gibt es dort auch eine Quelle.

In der Nähe: Besichtigung der Fortezza Pisana und Rundgang durch das schöne Bergdorf Marciana mit seinen vielen verwinkelten Gässchen.

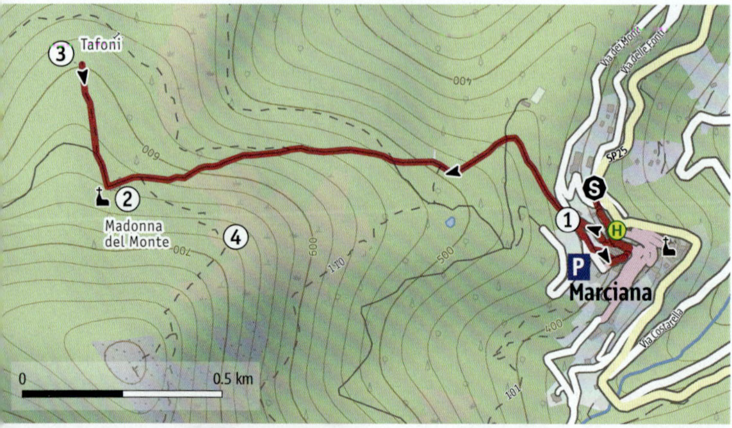

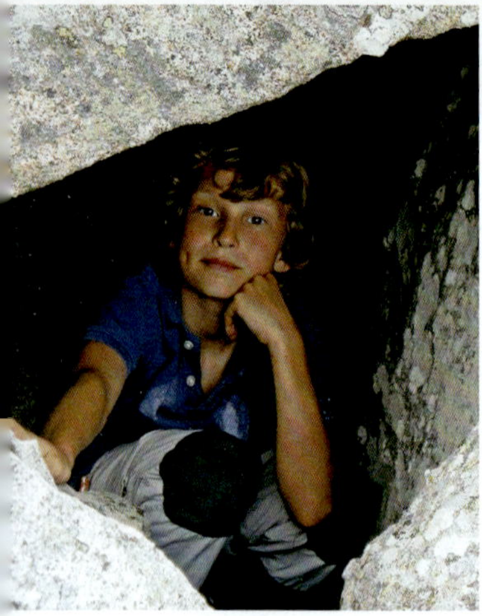

Wanderung: Wir wandern vom Parkplatz der Fortezza Pisana auf der Via del Monti in Richtung Westen und bleiben auf der Straße, bis wir nach rund fünf Minuten, dort wo die Via della Madonna von unten auf die Straße trifft, an einen schmalen Weg kommen. Links steht hier eine Infotafel zu den »Tafoni«, auf der die Steinfiguren erklärt werden, und hier beginnt auch der Aufstieg auf dem **Kreuzweg** ①.

Nach etwa einer Stunde erreichen wir die **Kapelle Madonna del Monte** ②. Nach einer ausgiebigen Pause unter den schattigen Kastanien auf einer der Picknickbänke folgen wir zunächst hinter der Kapelle dem **Weg 103** in Richtung Chiessi/Pomonte. Nach etwa 300 Metern zweigt dieser nach Westen ab, wir gehen hier geradeaus weiter und folgen dem **grünen Holzschild** zu den Felsformationen Il Condor und Elefanti.

Der Weg wird nun zu einem abenteuerlichen, mit Felsen durchsetzten Pfad, und schon bald erreichen wir die ersten »tafoni«. Die Umgebung ist für trittsichere Kinder, die gerne kraxeln, ein idealer Naturklettergarten. Etwas Vorsicht ist jedoch geboten. Stellenweise sind die Felsen abschüssig, ein Erwachsener sollte vorangehen und vorab sicherstellen, dass es auf der anderen Seite nicht zu steil hinuntergeht! Im **Felslabyrinth** ③ finden wir auch einen Kondor und einen steinernen Elefanten, der am Wegrand zu schlafen scheint. Wer aufmerksam schaut, entdeckt sicher weitere Gestalten. Interpretationsmöglichkeiten gibt es viele.

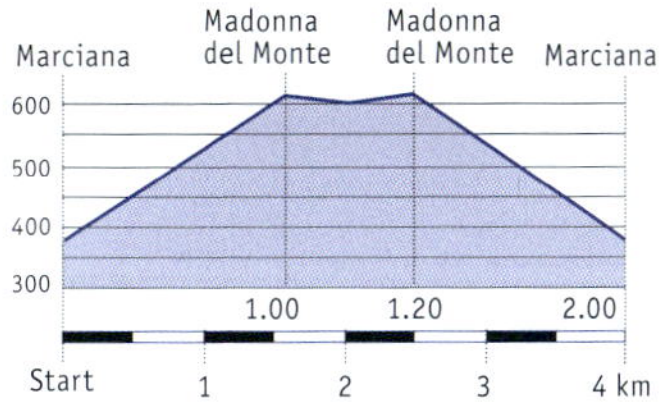

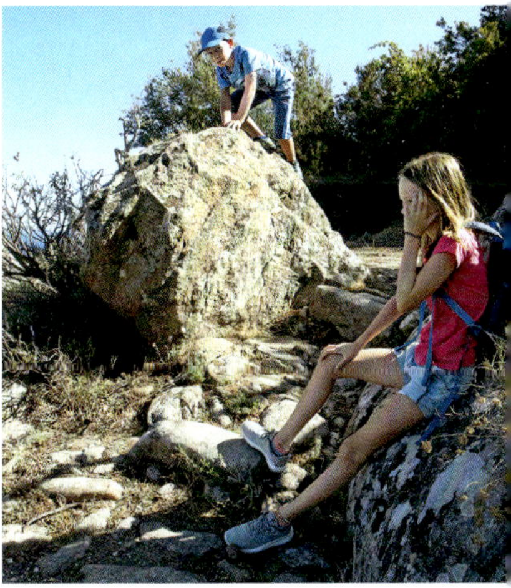

Zurück geht es auf dem gleichen Pfad und dann auf dem Kreuzweg wieder hinunter. Bei Station 14 haben wir noch die Möglichkeit, zum **Pferd des Napoleon** ④ hinaufzuklettern. Der schmale Weg führt durch das Unterholz zügig bergauf, bis wir nach etwa 30 Minuten und 80 Höhenmetern die Felsformation erreichen. Daneben steht auch noch ein Caprile, eine Hirtenunterkunft aus prähistorischer Zeit. Auch von hier genießen wir eine tolle Aussicht.

Was sind eigentlich Tafoni?
Die bizarren Felsformationen entstehen durch Wind- und Regenerosion. Sickerwasser löst dabei den Stein von innen auf, so bilden sich die charakteristischen Löcher. Manche Bestandteile des Gesteins zerfallen schneller als andere, sodass dabei recht ungewöhnliche Formen entstehen. Dieses Phänomen ist auch auf den Nachbarinseln Korsika und Sardinien verbreitet. So kommt der Name Tafoni aus dem Korsischen: Das Wort »taffonare« bedeutet durchlöchern und Tafoni heißt ganz einfach »durchlöcherte Steine«.

Auf dem bekannten Weg laufen wir dann bergab nach Marciana, wo wir den Tag mit einem Bummel durch die Gässchen, einem Besuch der Fortezza Pisana oder einem Besuch der Eisdiele »Zero Grado« ausklingen lassen können.

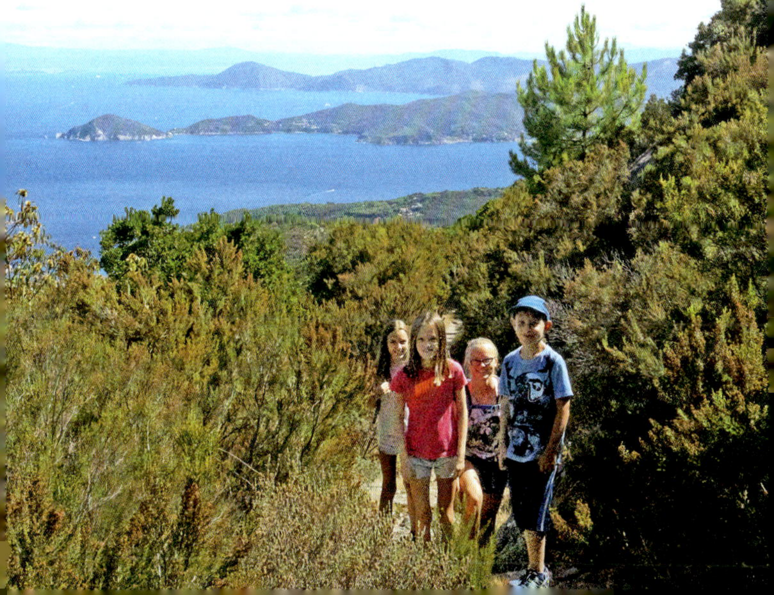

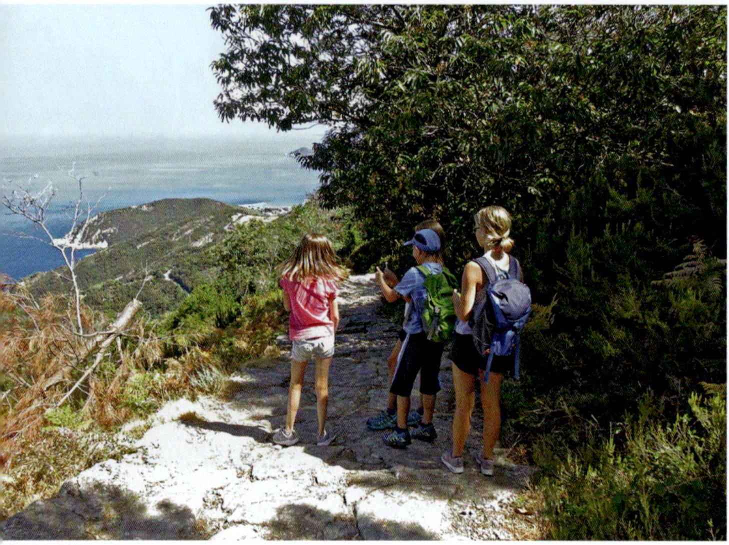

260 m

490 m

STRECKE 5,5 km

2 h 45

ab 8

Tour 36: Auf dem Höhenweg

Wanderung mit Weitblick von Marciana nach Patresi

Landschaftlich ist diese Tour eine der schönsten Wanderungen auf der ganzen Insel. Am Anfang der Tour beflügeln die bizarren Felsformationen am Tafoniweg die Fantasie, und der Rastplatz mit Quelle an der Einsiedelei Madonna del Monte lädt zur Pause ein. Dann wandern wir auf einem sehr komfortablen Höhenweg mit weitem Ausblick weiter. Unterwegs gibt es zahlreiche schöne Plätze zum Ausruhen und Spielen und richtig viele Felsen zum Klettern.

Wanderung: Von der Bushaltestelle an der Piazza di For di Porta, folgen wir der Beschilderung zu Casa del Parco und steigen die Treppenstufen hinauf. Zuerst geht es auf der Via Santa Croce am Rathaus vorbei und dann rechts die Stufen Via di Grondola stets treppauf. Durch ein Tor laufen wir nach links auf die Via del Fosso und gleich wieder rechts zur Piazza della Rimembranza, am **Soldatendenkmal** vorbei, über die Via della Madonna bis zur

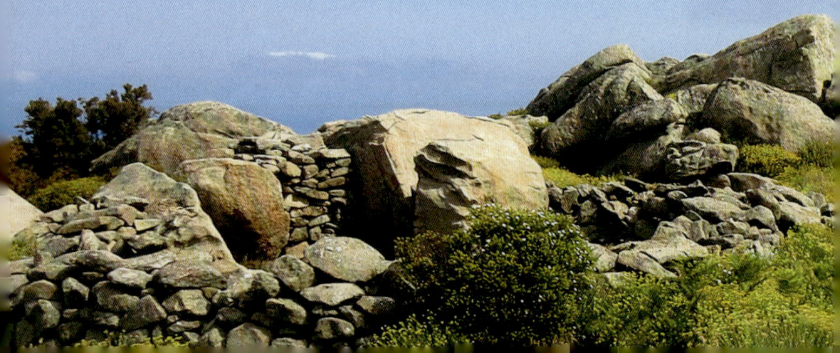

Straße. Diese überqueren wir und sehen nun schon eine große Infotafel zu den »Tafoni«, den Steinmonstern. Wir gehen rechts daran vorbei und befinden uns nun bereits auf dem **Pilgerweg ① mit** seinen 14 von Künstlern ausgestalteten **Kreuzstationen**. An mehreren Stellen des Kreuzweges befinden sich Tafeln, die auf die »Steinmonster« hinweisen. Eines davon ist der **l'Aquila,** ein Adler, den man sehr gut erkennen kann. So ist der doch mühsame, meist sonnige Aufstieg sehr kurzweilig und lässt Kinder die Anstrengung schnell vergessen.

Nach etwa einer Stunde erreichen wir schließlich die Einsiedelei **Madonna del Monte ②**. Knorrige alte Kastanien spenden Schatten und urige Rastbänke bieten genügend Sitzplätze. Hinter der Kirche können wir aus zwei Löwenköpfen sprudelndes Quellwasser trinken und die Trinkflaschen auffüllen. Schließlich ist hier die Wanderung noch lange nicht zu Ende, und unterwegs gibt es keine Quelle und keine Einkehrmöglichkeiten!

Rechts an der Kirche vorbei verläuft der Weg Nummer 103 Richtung Chiessi und Pomonte. Wer mag, erkundet noch den **Il Condor**, den wir geradeaus auf einem kleinen Pfad über Felsstufen erklimmen können (30 Minuten). Der Weg Nummer 103 bringt

TOUREN-STECKBRIEF

Anfahrt: Von Marciana Marina oder Marina di Campo über die SP25 bis Marciana. Am besten parken wir für diese Tour oben bei der Fortezza Pisana bei **GPS N 42°47'21.2", E 10°10'02.7"**.
Bus 116: Von Portoferraio oder Marina di Campo kommend bis zur Haltestelle Marciana unterhalb vom Rathaus (Municipio). Direkt bei der Bushaltestelle befinden sich auch eine Bank mit Geldautomat sowie ein schöne alte Apotheke.
Anspruch und Charakter: Der Weg ist technisch unkompliziert, aber nicht ganz unanstrengend. Vor allem der Pilgerweg, auf dem wir zur Kapelle gelangen, hat es in sich. Hier gibt es nur wenig Schatten und der Weg ist steil und mühsam. Ein wenig Ablenkung bieten die von Künstlern gestalteten Kreuzwegstationen. Der Höhenweg Nummer 3, den wir ab Madonna del Monte gehen, ist breit und komfortabel angelegt, teilweise sieht man unter dem Sand noch Pflastersteine.
Highlights: Kreuzweg und Taffonifelsen, Löwenquelle an der Einsiedelei Madonna del Monte, Picknickplatz Serra Ventosa
Einkehr: Picknick mitnehmen. Bei der Madonna del Monte gibt es eine Quelle, in regenarmen Monaten kann diese jedoch auch versiegen.
In der Nähe: Fortezza Pisana.

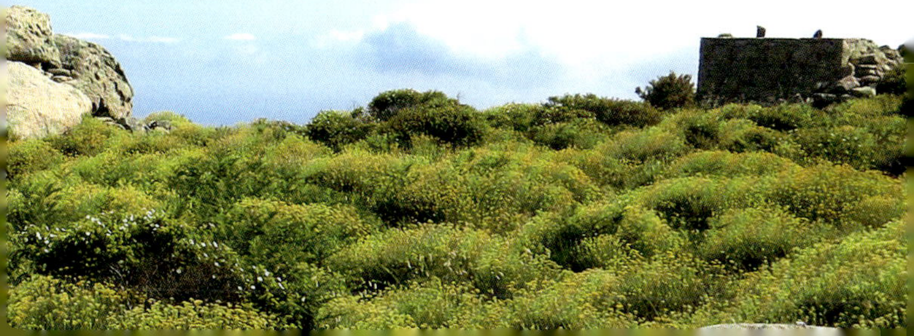

> **La Raggio Verde – der Grüne Strahl**
> Auf dem Höhenweg können wir manchmal ein seltenes Naturphänomen beobachten. Für einen kurzen Augenblick, meist nur für den Bruchteil einer Sekunde, blitzt über der untergehenden Sonne ein grüner Lichtschein auf. Einer alten schottischen Legende zufolge kann sich, wer das grüne Licht über dem Meer gesehen hat, in Liebesdingen nicht mehr irren. Jules Vernes hat das Phänomen zu seinem Roman »Der grüne Blitz« (Le rayon vert) inspiriert.
>
> Naturwissenschaftlich erklärt, klingt das Ganze etwas nüchterner: Geht die Sonne unter, verschwindet zuerst der rote Anteil des Lichts, da dieser am schwächsten gebrochen wird. Beim grünen und blauen Anteil sind die Bahnen stärker gekrümmt. Das Licht kann der Erdkrümmung länger folgen und ist aus diesem Grund auch länger zu sehen. Blaues Licht wird in der Erdatmosphäre stark gestreut und ist daher nicht sichtbar. So kann wenige Sekunden nach Sonnenuntergang der Fall eintreten, dass nur der grüne Anteil des Lichts übrig bleibt. Dann kommt es zu einem grünen Aufblitzen, dem grünen Leuchten.

uns dann nach links auf den **Höhenweg**, der bis Pomonte und Chiessi führt. Vor dem Bau der großen Panoramastraße in den 60er-Jahren, die nun am Meer entlang führt, war dies die einzige Verbindung zu den Küstenorten im Westen von Elba. Die Vegetation ist vielfältig: Bäume, Sträucher, Baumerika, wilde Lupinen, Orchideen, Zistrosen und Ginster säumen je nach Jahreszeit den Weg. Ein Landschaftsgärtner hätte das nicht besser gestalten können. Auf dem **Höhenweg** ist es schön kühl und meist weht ein leichter Wind, was das Gehen gleich noch viel angenehmer macht. Man hat einen wunderbaren Blick auf die Bucht von Sant'Andrea und nach Zanca. Die Vegetation wird artenreicher, und es duftet nach Macchia. Nach etwa einer halben Stunde erreichen wir bereits den Picknickplatz **Serraventosa** ③ – ein sehr schönes Gelände zum Spielen.

Hier gabelt sich nun der Weg. Auf dem Weg Nummer 103 Richtung Süden geht es weiter nach Pomonte und Chiessi. Vom Pick-

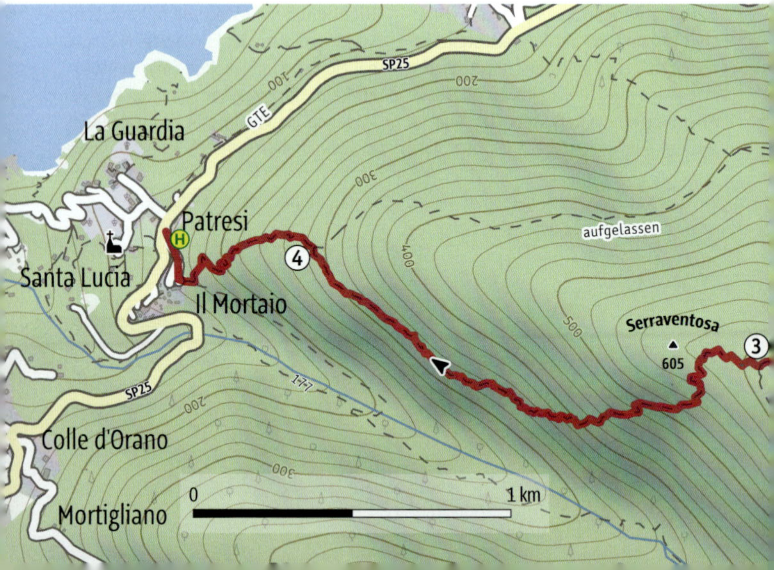

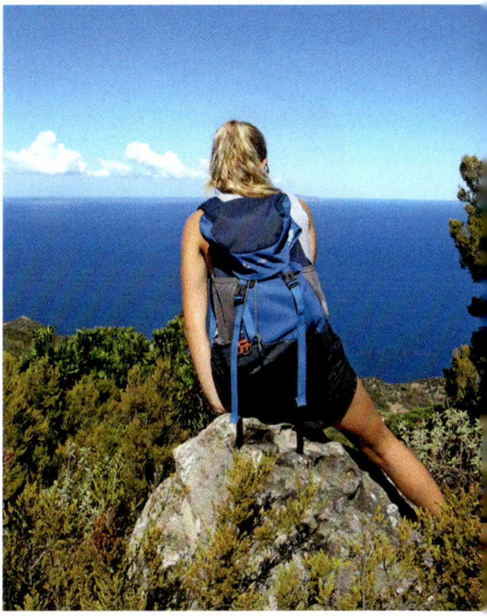

nickplatz gesehen geradeaus durch die Macchia und quasi direkt auf das Meer zuhaltend weist ein Holzschild nach Patresi. Wir wandern durch dichte Macchia. Manche Wegweiser sind dadurch etwas versteckt, aber der Weg ist eigentlich immer gut erkennbar. Auf diesem Abschnitt können wir uns auch an den **rot-weißen GTE Markierungen** orientieren. Bald geht es zügig bergab, und vor allem nach der **Kreuzung** ④ mit dem Weg 114 wird der Weg steil und stellenweise durch den trockenen Sand recht rutschig. Man erreicht **Patresi** und die Bushaltestelle Bel Mare vom Picknickplatz in etwa 1,5 Stunden. Von der Haltestelle Bel Mare aus fährt der Bus 116 zurück nach Marciana.

Sollte gerade kein Bus kommen, empfiehlt sich die Einkehr im **Il Faro** direkt an der SP25, etwa 500 Meter weiter auf der rechten Seite. Man überquert die Straße am Zebrastreifen und geht rund 50 Meter nach rechts an einem Parkplatz vorbei auf einen Wiesenpfad, der parallel zur Straße verläuft. Der Weg endet nach 500 Metern an einer Stichstraße, die ans Meer führt, und man sieht dort rechts oben die Pizzeria.

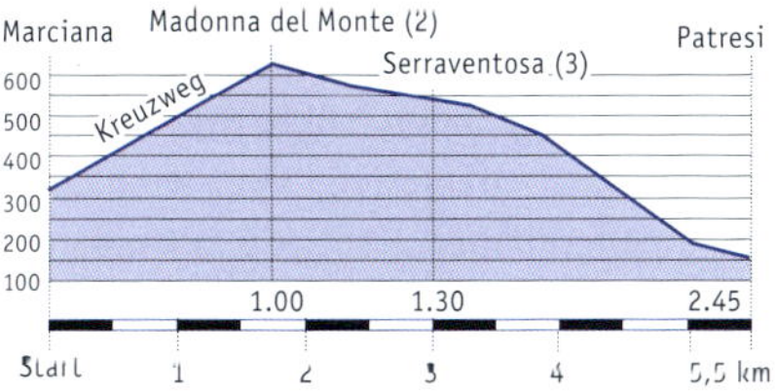

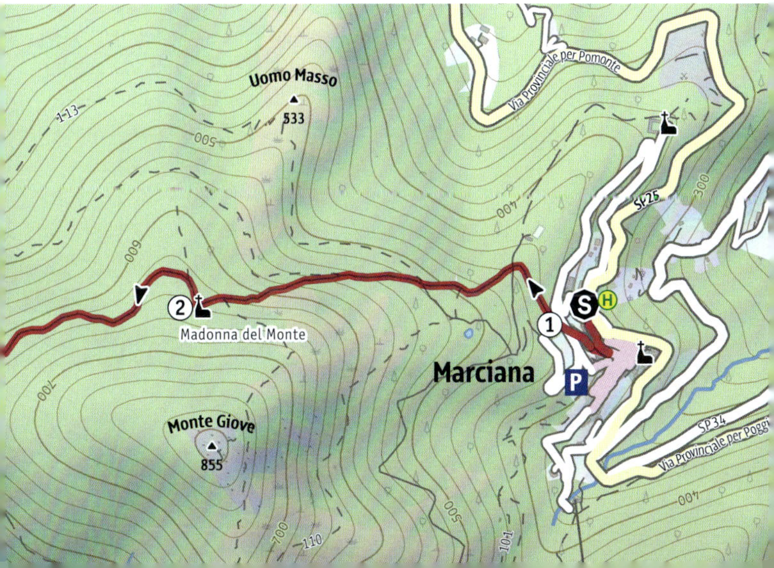

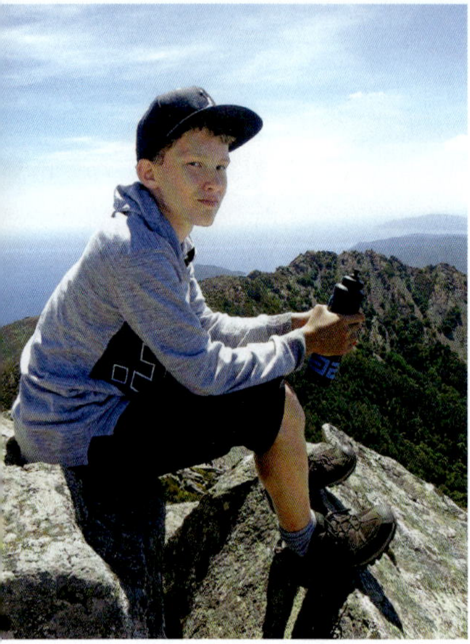

Tour 37: Vom Dach der Insel nach Marciana

Aussichtsreicher Abstieg von Elbas höchstem Gipfel

Die einzige Seilbahn auf Elba fährt auf den Monte Capanne, den höchsten Gipfel der Insel. Es handelt sich allerdings nicht um eine gewöhnliche Seilbahn. Die Passagiere schweben hier in einem offenen gelben Metallkorb bergan, in dem maximal zwei Personen Platz finden. Die Sicht vom Gipfel ist an klaren Tagen grandios: Die ganze Insel liegt uns hier zu Füßen.

160 m

730 m

STRECKE 7 km

3 h

ab 8

Wanderung: Wir starten mit der **Cabinovia**, die uns jeweils zu zweit über 700 Höhenmeter in 15 Minuten bewältigen lässt. Die Körbe sind ziemlich eng, deshalb muss man große Rucksäcke oder Kraxen eventuell separat transportieren lassen. Zuerst schweben wir noch recht nah am Boden durch eine Waldschneise über viel Grün. Weiter oben wird es luftiger und deutlich karger. Der gelbe Ginster bildet einen schönen Kontrast zum blauen Himmel und sorgt für Ablenkung.

Oben angekommen nehmen wir zuerst über Stufen und Betonplatten, dann auf einem Weg, den eigentlichen **Gipfel** in Angriff. An schönen Tagen ist hier mit viel Gegenverkehr zu rechnen. Viel Platz für eine Rast mit schöner Aussicht bieten der Hubschrauberlandeplatz oder einer der vielen Felsen, die auch zum Kraxeln einladen. Die gefährlichen, abschüssigen Stellen sind abgezäunt.

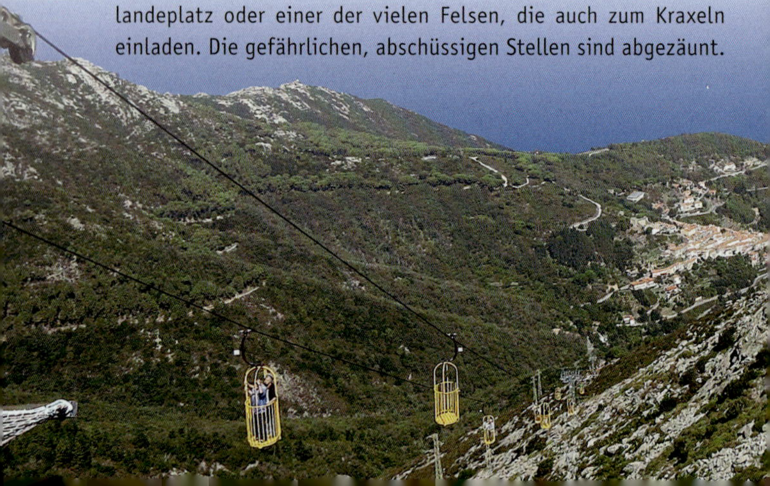

TOUREN-STECKBRIEF

Anfahrt: Von Portoferraio oder Marciana Marina kommend auf der SP25 über Poggio zur Cabinovia fahren. Startpunkt ist der Parkplatz der Cabinovia-Bahn zwischen Marciana und Poggio bei **GPS N 42°47'10.5", E 10°10'03.2"**.

Mit dem Bus 116: Von Portoferraio oder Marina di Campo kommend bis zur Haltestelle Marciana. Von dort sind es 20 Minuten zur Talstation der Cabinovia.

Fahrzeiten der Cabinovia: Juni bis September 10 – 17.30 Uhr. Letzte Talfahrt 17.30 Uhr. April, Mai, Oktober 10-17 Uhr. Letzte Bergfahrt 17 Uhr.

Bergfahrt € 12 pro Person.

Ticket Info: Biglietteria dell'impianto funiviario, Tel. 0039 0565 901020.

Anspruch und Charakter: Der Weg auf den Berg ist bequem, aber doch abenteuerlich. Die luftigen Gitterkörbe, in denen wir eine Viertelstunde stehen, muss man mögen. Der Weg bergab ist sonnig und führt anfangs über steile Blockfelsen. Rutschfeste Schuhe gehören ebenso zur Ausrüstung wie eine Kopfbedeckung.

Highlights: Die abenteuerliche Fahrt im »Körbchen« nach oben ist schon der erste Kick, oben auf dem Gipfel können wir die gesamte Insel bestaunen. Grandiose Aussicht fast auf dem ganzen Weg hinunter.

Einkehr: Self-Service an der Bergstation der Cabinovia.

In der Nähe: Altstadt Marciana.

Wer es komfortabel mag, kehrt in der **Selbstbedienungs-Bar an der Bergstation** mit schöner Aussichtsterrasse ein. Nachdem der Gipfel erkundet ist, beginnt nun die eigentliche Tour. Wir nehmen den Weg unterhalb der Bar, der mit Weg 101 und GTE ausgeschrieben ist. **Weg Nummer 101** führt nach Marciana, der GTE Nord und der Weg 105 dagegen nach Poggio, anfangs laufen diese zusammen. Über Blockfelsen geht es südseitig und daher recht sonnig und heiß steil bergab. Auf etwa 760 Meter **verzweigt sich der Weg** ①. Nummer 101 führt nun nach links steil hinab in den Wald direkt nach Marciana. Wir haben uns jedoch für die längere, weil schönere Variante entschieden und bleiben auf dem **GTE in Richtung Poggio**. Immer das Meer im Blick geht es auf einem Bergrücken auf schönem nun halbschattigen Pfad stetig hinab bis auf der Höhe von 650 Metern wieder ein **Ab-**

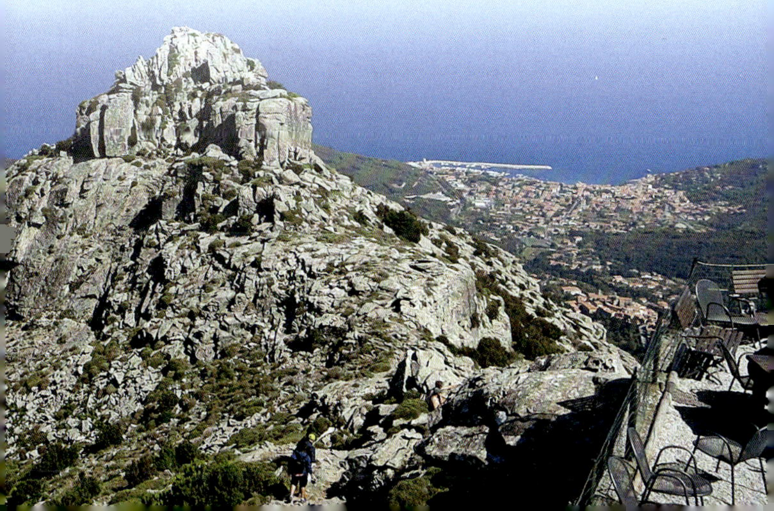

zweig ② mit Hinweisschildern folgt.

Geradeaus führt der Weg Nummer 105 hinunter nach Poggio. Nach links kommen wir nun auf den **GTE Nord**. Nun wird es erst einmal gemütlicher, da wir parallel zum Hang nur leicht bergab und im Schatten laufen. Der Wald lichtet sich nach etwa 15 Minuten wieder und wir haben wieder wunderschöne Aussichten auf das Meer und die Umgebung. Der Weg kreuzt nach etwa 1000 Metern die **Cabinovia-Bahn** ③. Die Gondeln fahren so nah am Weg vorbei, dass wir den Insassen fast die Hände schütteln könnten.

Der Weg schlängelt sich am Hang entlang, bis wir nach etwa 15 Minuten auf einen **Bach und kleine Tümpel** mit Kaulquappen treffen, die zur Rast einladen. Es geht im weiteren Wegverlauf noch ein gutes Stück bergauf. Auch an einer **Kreuzung im Wald** ④ bleiben wir auf dem **GTE Nord**, der weiterhin parallel zum Monte Capanne Massiv verläuft. Mit seinen übergroßen schönen Farnen spendet der Wald kühlen Schatten, es bleibt außerdem erst mal relativ eben und so ist der

Variante 1: Wer mit dem Auto unterwegs ist und sich den Rückweg von Marciana zur Cabinovia sparen möchte, wählt den direkten und kürzesten Abstieg. Der Abzweig liegt auf etwa 825 Metern und führt erst parallel zum Hang und dann steil bergab teilweise direkt unter der Bahn entlang. Er kreuzt nach der Unterquerung der Bahn den Weg Nummer 101, dem wir jedoch nur kurz folgen. Auf Höhe von etwa 400 Metern geht es rechts in der Nähe der Bahn hinunter.
Diese Variante ist fast zwei Stunden kürzer, aber auch nur halb so schön.

Variante 2: Auf Höhe von 760 Metern den Weg Nummer 101 wählen und direkt nach Marciana absteigen. Diese Variante ist rund eine Stunde kürzer. **[› Tour 38]**

Variante 3: Alle, die mit dem Bus gefahren sind, bleiben auf dem GTE nord/105 und steigen nach Poggio ab. Von dort fahren Busse zurück nach Marciana Marina oder Richtung Pomonte. Die Wartezeit lässt sich mit einer Einkehr in der Trattoria Sciamadda in der Via del Carmine überbrücken. Die Bushaltestelle befindet sich an der SP25 in Sichtweite des Feinschmecker-Restaurants Publius. Diese Variante ist eine gute Stunde kürzer.

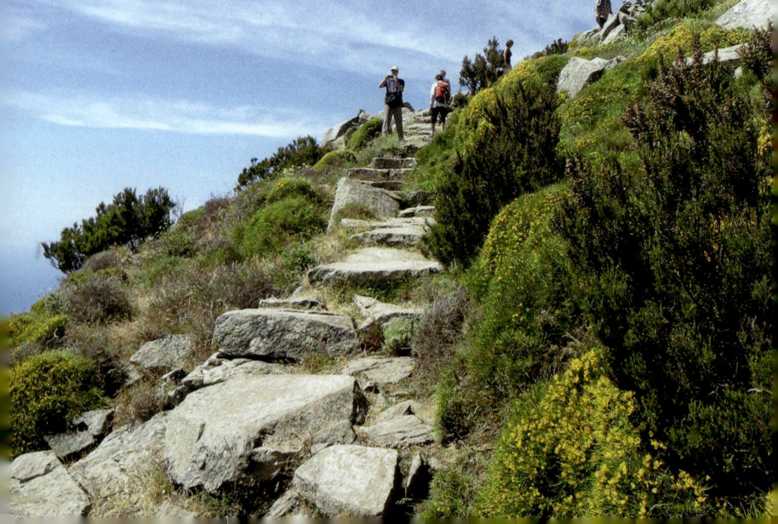

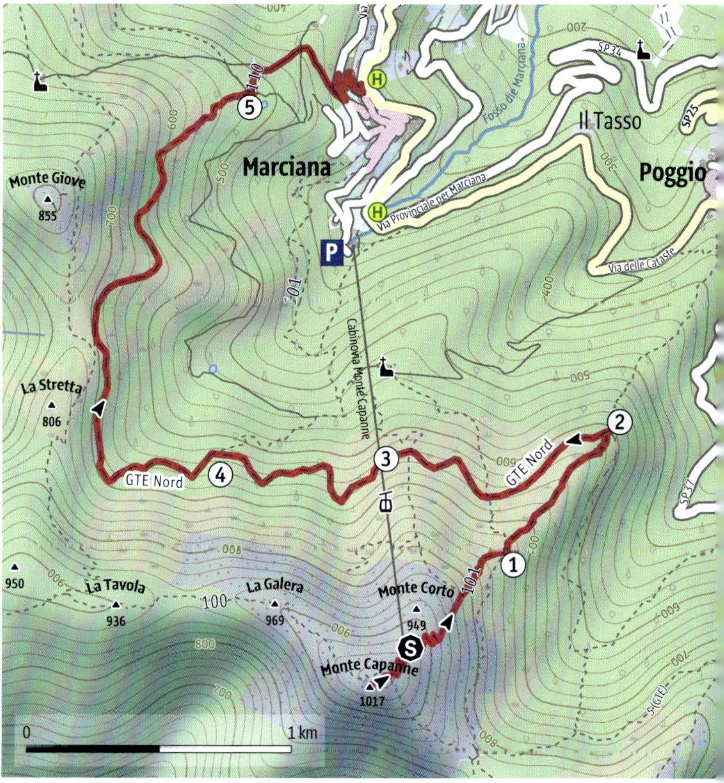

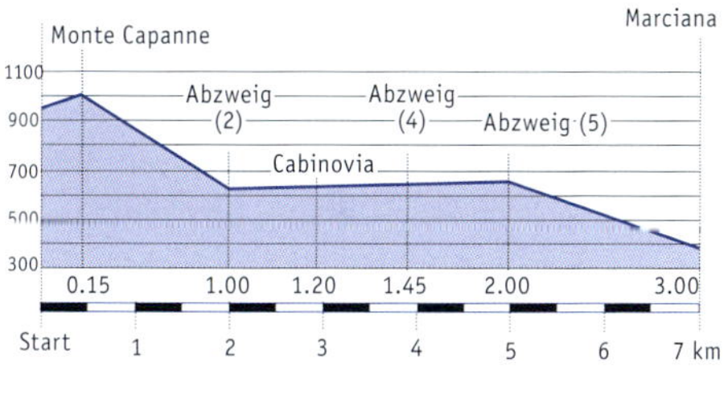

»Umweg« nicht schlimm. Der **GTE Nord** führt uns direkt auf den **Weg Nummer 110** (5), der uns rechts in Richtung Marciana bringt. Der Boden wird weicher, es duftet schon nach Pinienwald, und auf dem Weg liegen dicke Pinienzapfen. Auf dem Kreuzweg und vorbei an einem schönen **Picknickplatz** geht es dann hinab nach **Marciana**. Am Ende des Kreuzweges queren wir die Straße und gehen geradeaus weiter ins Dorf. Über verschiedene Gässchen und Treppenstufen gelangen wir zur Piazza di For di Porta. In der **Eisdiele Zero Gradi** gibt es hervorragendes Eis in teilweise recht ausgefallenen Sorten.

Autofahrer, die das Auto an der Talstation geparkt haben, gehen auf der Via Roma und später auf der Via della Rena aus dem Ort heraus und an der Asphaltkehre links hinunter zum Parkplatz. Wer mit dem Bus gekommen ist, steigt in Marciana an der Haltestelle vor der Banca Monte Dei Paschi an der SP 25 in den Bus 116.

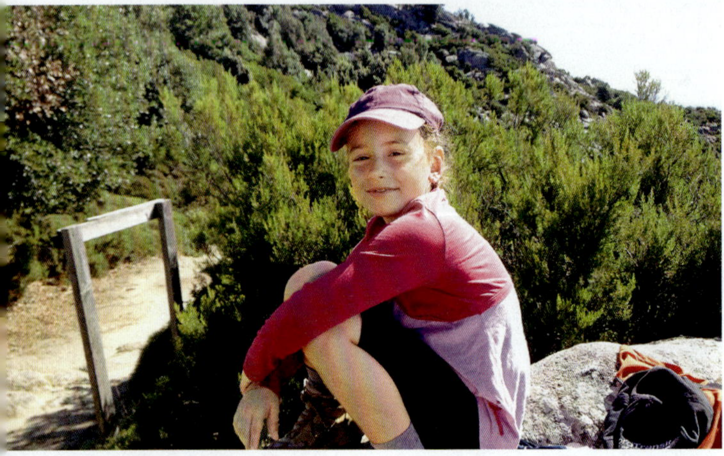

650 m

600 m

STRECKE 7 km

4 h

ab 10

Tour 38: Bergtour auf den Monte Capanne

Ohne Seilbahnhilfe auf das Dach der Insel

Sportlich ambitionierte Wandernde werden bei dieser Tour ihre Freude haben. Von Beginn an führt der Weg direkt und steil nach oben, sodass wir die Höhenmeter, fast wie auf Treppenstufen, zügig überwinden können. Ein gutes Training für die Oberschenkelmuskulatur und eine kleine Herausforderung für fitte junge Gipfelstürmer.

Wanderung: Der **Weg Nummer 105** Richtung Monte Capanne beginnt etwa 20 Meter hinter der Bushaltestelle auf Höhe des Zebrastreifens und liegt, von Marciana aus gesehen, auf der rechten Straßenseite. Hier führen schmale, mit Efeu bewachsene Treppenstufen direkt nach oben. An der Mauer sehen wir bereits den **rot-weißen Wegweiser mit der Nummer 105**, dem wir nun etwa zwei Stunden in Richtung Monte Capanne folgen.

Bereits nach ungefähr 20 Minuten erreichen wir ein **Caprile** ① aus prähistorischer Zeit, noch schön schattig gelegen und eine ideale Stelle, um eine kleine Trinkpause einzulegen, bevor es weiter steil bergauf geht. Der Wald wird lichter und der Weg sonniger und wir haben einen schönen Blick hinab nach Poggio und Marciana. Nach etwa 50 Minuten erreichen wir eine **Wegkreuzung zum GTE Nord** ②, auf dem wir relativ flach am Hang entlang nach Osten auf den Monte Perone oder Monte Maolo gelangen, oder nach Westen nach Marciana, was nach der Anstrengung sehr verlockend wäre. Wir steigen jedoch unbeirrt immer weiter geradeaus steil nach oben. Unser Ziel, den Monte Capanne, haben wir jetzt fest im Blick. Über einen Bergrücken und Blockfelsen zieht sich der Weg weiter beständig nach oben.

TOUREN-STECKBRIEF

Anfahrt: Mit dem Auto auf der SP25 bis Poggio. Parken am Dorfrand von Poggio bei **GPS N 42°47'11.3", E 10°11'04.9".** Alternativ könntet ihr auch an der Talstation der Cabinovia in Marciana bei **GPS N 42°47'10.5", E 10°10'03.2"** parken und zuerst mit dem Bus nach Poggio fahren. Transfer zwischen Marciana und Poggio mit dem Bus 116, der im Stundenrhythmus fährt.
Mit dem Bus 116 aus Richtung Portoferraio oder Marina di Campo kommend, bis zur Haltestelle Poggio.
Anspruch und Charakter: Für Kinder mit Bergerfahrung und guter Kondition. Eine Bergwanderung, die vom Gelände her einer Tour in den Alpen schon sehr ähnlich ist. Wanderschuhe und Trittsicherheit erforderlich!
Anfangs einsam und landschaftlich, wie alle Touren in diesem Teil der Insel, eindrucksvoll und abwechslungsreich.
Ausrüstung: Kaum Schatten, daher ausreichend Trinkwasser und Proviant für unterwegs sowie Sonnenschutz und Kopfbedeckung nicht vergessen!
Highlights: Schöner Bergpfad, spannende Herausforderung für Kinder mit Bergerfahrung.
Einkehr: In Poggio, an der Bergstation des Monte Capanne und in Marciana.
In der Nähe: Eis essen in Marciana.

Auf Höhe von 750 Metern stoßen wir auf den **Weg Nummer 101** ③ der von Marciana hinaufführt. Für die letzten 250 Höhenmeter bis zum Gipfel folgen wir dem Weg Nummer 101. Im Frühjahr ist der Pfad gesäumt mit gelbem Ginster, Zistrosen und Lavendel und ein wahrer Duftgarten. Auch der Ausblick wird nun immer grandioser.

Oben angelangt, sind wir zunächst etwas ernüchtert vom Anblick des verbauten **Gipfels** ④ und der vielen Menschen, die aus den gelben »Körbchen« quellen. Aber es ist doch noch Platz genug für alle, und wir finden noch einen schönen Aussichtsplatz auf den vielen kleinen Felsen. Das Gelände ist gut abgesichert. Solange wir uns hinter den Absperrungen aufhalten, ist der Platz auch für Kinder ungefährlich.

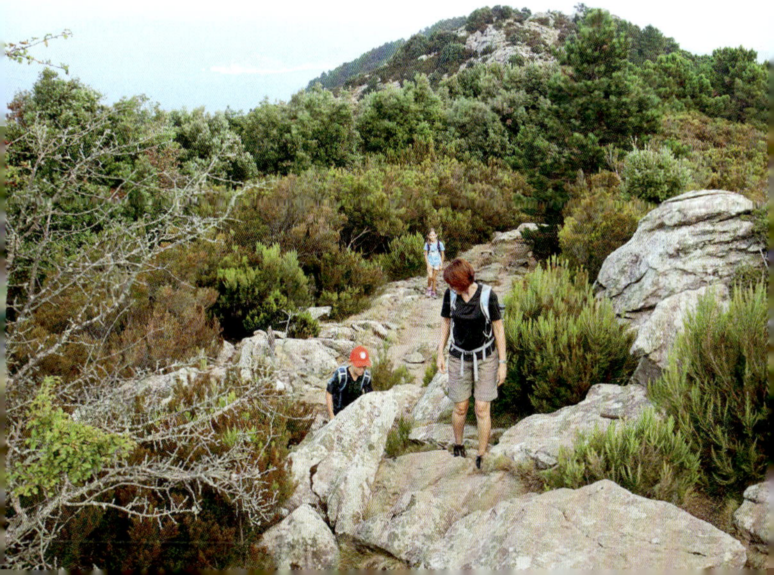

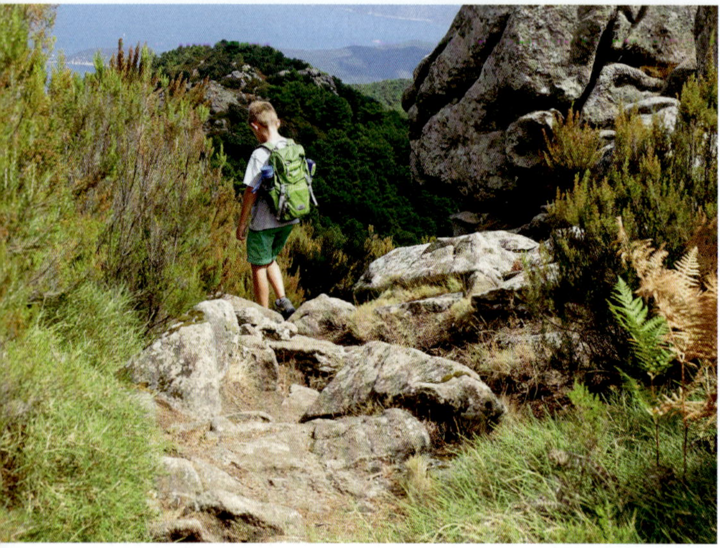

Ein besonders beliebter Platz für Selfies ist hier oben der Hubschrauberlandeplatz, der zwar optisch nicht so richtig in die schöne Landschaft passt, aber eine ideale und sichere Plattform bietet, um diese ausgiebig zu betrachten.

Der Abstieg erfolgt auf dem **Weg Nummer 101** ③. Wir folgen diesem weiter, wenn er auf der Höhe von 750 Metern links steil bergab durch den Wald Richtung **Einsiedelei San Cerbone** ⑤ führt. Hinter der Einsiedelei unterqueren wir die Seilbahn und gehen auf einem breiten Wanderweg bis zur nächsten Gabelung auf etwa 520 Metern Höhe. Hier führt unser Weg Nummer 101 von der Seilbahn weg in Richtung Marciana. Kurz vor dem Ziel müssen wir nochmals aufpassen: Nach etwa 30 Wegminuten kommen wir auf etwa 460 Metern Höhe erneut an eine **Gabelung** ⑥. Hier wählen wir den linken Weg Nummer 101 in Richtung Marciana. Geradeaus ginge es jetzt, solltet ihr dort euer Auto geparkt haben, zur Talstation der Cabinovia. Nach etwa 2,5 Stunden Abstieg kommen wir oberhalb der **Fortezza Pisana** bei Marciana an. Ein kleines Stück entlang der Straße Via de la Rena

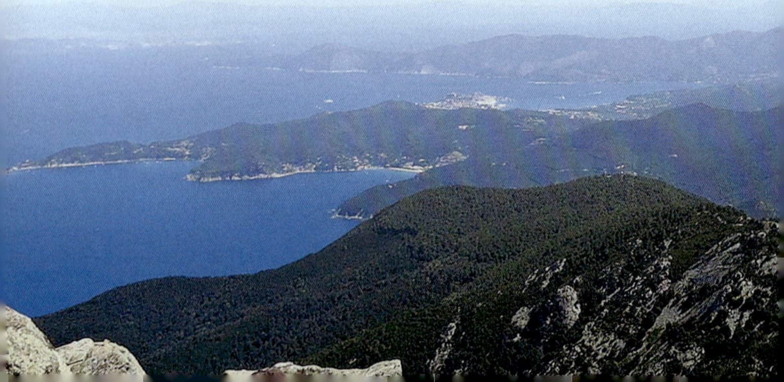

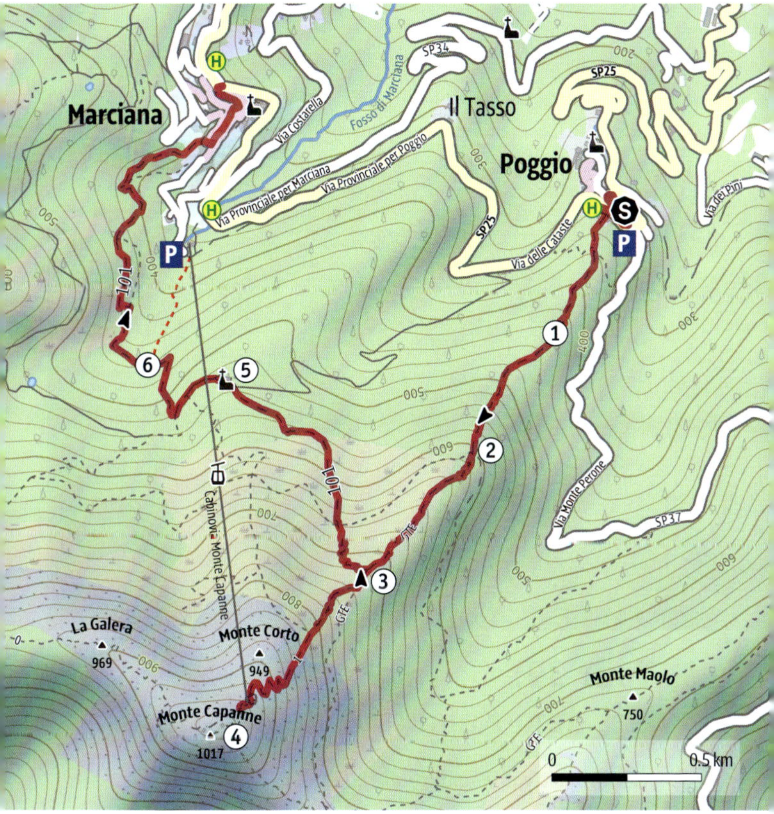

geht es hinunter in den Ort, wo es schöne Einkehrmöglichkeiten gibt. Die Bushaltestelle befindet sich direkt an der SP 25 unterhalb vom Rathaus bei der Bank.

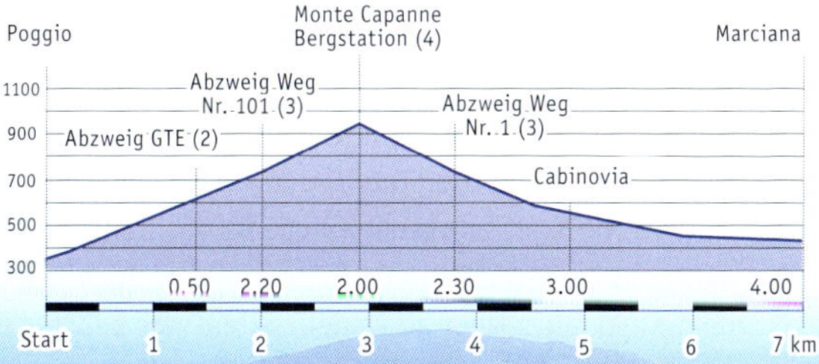

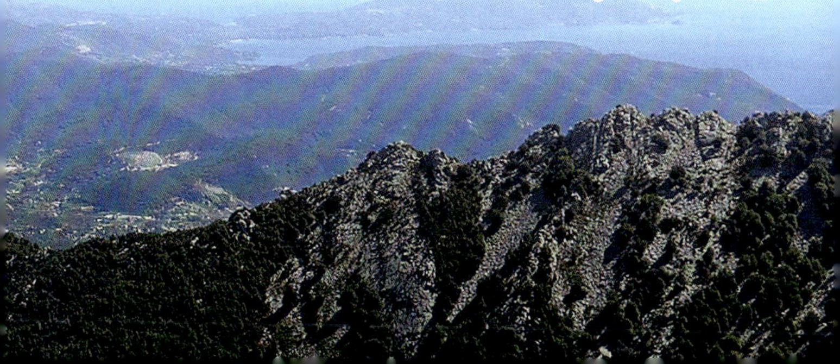

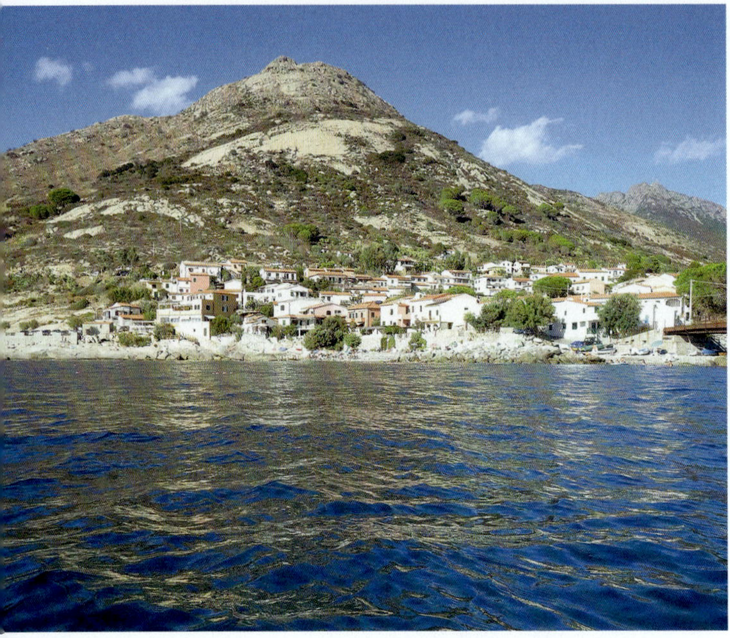

STRECKE 3 km

1 h 30

ab 8

Tour 39: Mit dem Kajak auf dem Meer

Küstenfahrt von Pomonte nach Chiessi

Traumhaft klares Wasser, durch das wir bis zum Grund blicken können, eine tolle Felskulisse und ein nettes, sehr ursprünglich gebliebenes Fischerdorf als Ziel sind hier Ansporn genug, um zur Abwechslung mal die Arme zu bewegen! Bei ruhiger Brandung und wenig Wind eignet sich die überschaubare Strecke auch für einen ersten Paddelversuch auf dem Meer.

Kajaktour: An der Station in Pomonte werden offene Sit-on-Top Kajaks verliehen, die stabil im Wasser liegen und auch in niedrigen Wellen gut zu steuern sind. Da das Boot oben offen ist, ist auch das Beherrschen der Eskimorolle nicht nötig, um sich mit dem Kajak aufs Meer zu wagen. Allerdings sollte das Wetter unbedingt stabil sein, da Wind und höhere Wellen auch im offenen Kajak schnell ungemütlich werden. Kinder gehören bei Paddeltouren auf dem Meer immer ins Kajak der Eltern, die möglichst auch schon ein bisschen Erfahrung im Kajak gesammelt haben sollten. Paddler im Kajak sollten sich immer nahe am Ufer halten und auf Bootsverkehr und Taucherbojen achten!

Bei ruhigem Wetter ohne stärkeren Wind erreichen wir mit dem Kajak die schöne Felsbucht von Chiessi in etwa 45 Minuten. Man

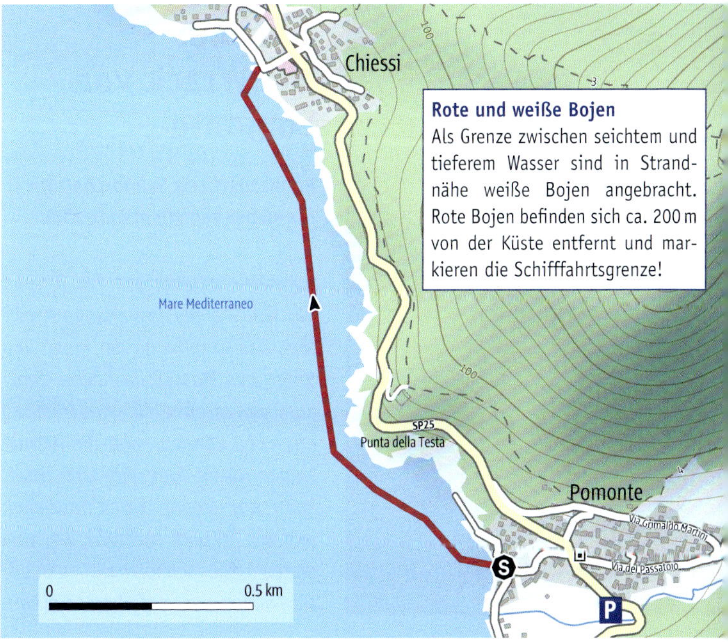

Rote und weiße Bojen
Als Grenze zwischen seichtem und tieferem Wasser sind in Strandnähe weiße Bojen angebracht. Rote Bojen befinden sich ca. 200 m von der Küste entfernt und markieren die Schifffahrtsgrenze!

paddelt dabei durch glasklares Wasser, am Dorf vorbei und unterhalb einer imposanten Felsküste entlang. Je nachdem wie lange wir uns das Kajak ausleihen möchten, bietet sich in der Bucht von Chiessi eine kleine Pause am Ufer an. Aber auch vom Meer aus können wir den Blick auf die schöne Bucht genießen.

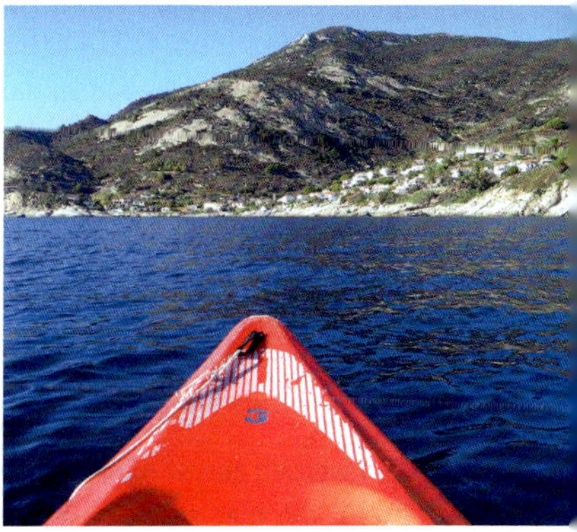

TOUREN-STECKBRIEF

Anfahrt: Von Marciana Marina oder Marina di Campo auf der SP 25 bis Pomonte, dem südlichsten Strand ganz am Ende der Bucht. Gebührenpflichtiger Parkplatz am Ortsrand bei **GPS N 42°44'51.2", E 10°07'20.2"**. Fußweg zum Strand etwa zehn Minuten.

Kajakverleih: Verleihstation am Strand, Zweierkajak € 10 pro Stunde.

Anspruch und Charakter: Schöne einfache und kurze Küstenfahrt durch glasklares Wasser vorbei an imposanten Felsabstürzen. Nur bei ruhigem Seegang und wenig Wind empfehlenswert. Kinder gehören auf der Tour mit in das Kajak eines Erwachsenen. Nur für Kinder, die gut schwimmen können!

Ausrüstung: Badeanzug, Badeschuhe, Kopfbedeckung, T-Shirt, gut eincremen! Wasserdichte Uhr. Kinder (und am besten auch Erwachsene) müssen im Kajak eine Schwimmweste tragen, die man an der Station ausleihen kann.

Highlights: Im Kajak der eigene Kapitän sein, Badepause am Strand von Chiessi.

Einkehr: Strandbars in Pomonte.

In der Nähe: Wrack der Elviscott in der Bucht von Pomonte.

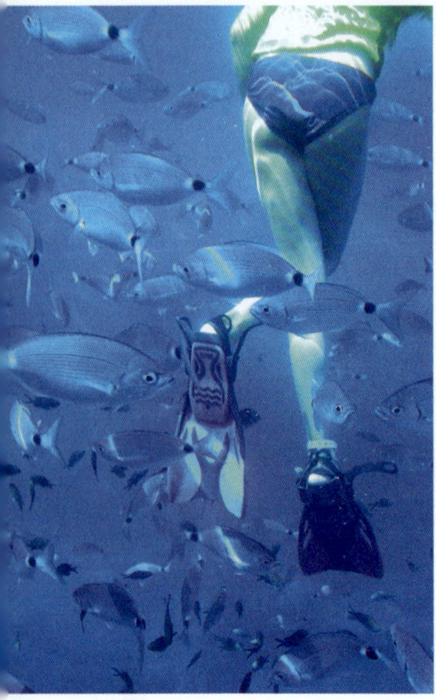

Tour 40: Am Wrack von Pomonte

Abenteuerliche Schnorcheltour für sicher schwimmende Kids

Hunderte neugieriger Fische und das Wrack eines gesunkenen Frachters, das so nahe an der Küste und unter der Wasseroberfläche liegt, dass wir es ohne Tauchausrüstung erreichen können, sind die Attraktionen dieser Tour. Wer sich traut, kann auf eigene Faust losziehen und ein Tretboot chartern. Wer zum ersten Mal schnorchelt, schließt sich lieber einer geführten Tour an.

2 h 30

ab 8

Andrea Romoli und seine Kollegen von der Tauchschule Careno Diving führen ihre Gäste behutsam in die Unterwasserwelt ein. Allerdings sollten die Kinder dazu schon etwas Englisch verstehen. Professionelle Schnorchel, Flossen und Neoprenanzüge können ausgeliehen werden und sind im Preis inbegriffen. Die Fahrt mit dem Motorschlauchboot von der Bucht Sant'Andrea zum Wrack dauert etwa 20 Minuten und ist schon das erste Erlebnis, wenn man diesen Küstenabschnitt noch nicht vom Meer aus kennt. Geankert wird in direkter Nähe des Wracks des 1972 untergegangen Frachters Elviscott.

Nun werden zuerst einmal die Fische gefüttert (altes Brot einpacken), die hier zahlreich zu sehen sind. Sie tummeln sich rund um den mit Algen bewachsenen Frachter, der als grünlich dunkles gespenstisches Gerippe in nur zehn Metern Tiefe deutlich zu erkennen ist. Bevor es ins Wasser geht, werden alle Teilnehmer genau instruiert, auf was beim Verlassen des Bootes und beim Wiedereinstieg zu achten ist. Anhand von Schaubildern bekommen die Kinder erklärt, welche Fischarten es zu entdecken gibt. Ein Tauchlehrer ist immer in der Nähe und führt auch eine Boje zum Festhalten mit, falls die Kräfte nachlassen oder Panik auf-

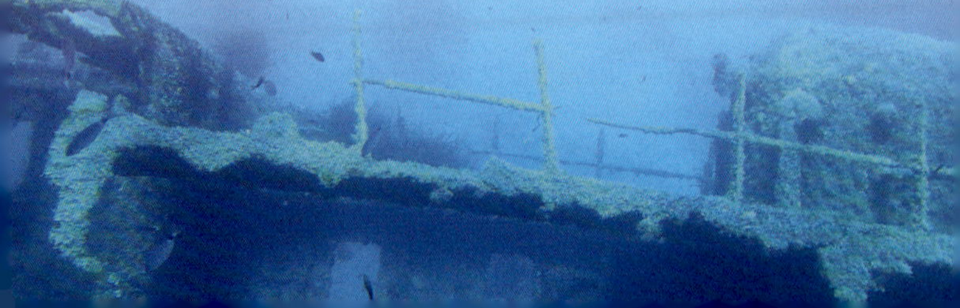

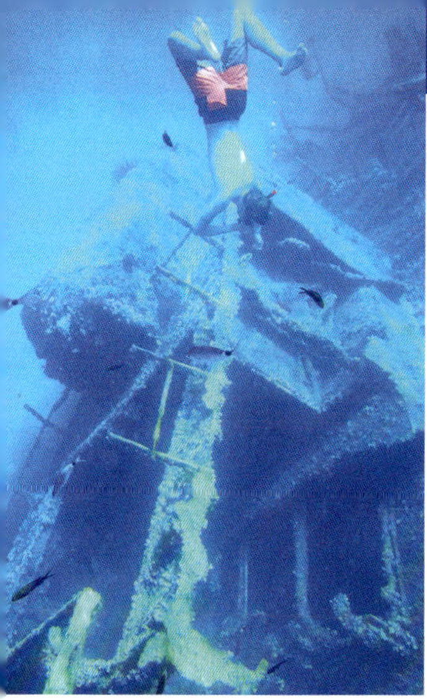

Mit dem Tretboot zum Wrack
Wer schon Erfahrung mit dem Schnorcheln hat und eine eigene Ausrüstung besitzt, kann diese Schnorchel-Tour auch auf eigene Faust unternehmen. Vom Strand von Pomonte legen wir mit dem Tretboot bequem die 200 Meter bis zum Frachter zurück. Die aus dem Wasser ragende Klippe Scoglio dell'Ogliera (vom Strand aus gesehen 20 Meter rechts vom Frachter) ist bei Tauchern und Schnorchlern sehr beliebt und ein idealer Platz, um sich auszuruhen. Bei viel Wind und Strömung werden keine Tretboote verliehen. Dann sollte auch besser darauf verzichten werden, die 200 Meter zum Wrack schwimmend zurückzulegen!
Leider sind sich die Tretbootverleiher an diesem Strandabschnitt ihrer Monopolstellung bewusst und, im Vergleich mit dem Rest der Insel, deutlich teurer. Ein Tretboot kostet €15 pro Stunde.

kommt. Für Anfänger kann es schon etwas unheimlich werden: Die Wellen, die vielen anderen Boote und Taucher um uns herum, auf die wir auch noch achten müssen, und schließlich der unheimliche Schatten des Frachters unter uns. Manchmal kann man vor lauter Sauerstoffblasen, die aus den Taucherflaschen von tief unten nach oben streben, gar nichts mehr erkennen. Die Fische sind jedoch furchtlos und lassen sich fast schon von Hand füttern. Ein tolles Erlebnis und vom Preis her angemessen, gerade wenn man sich so eine Unternehmung auf eigene Faust nicht zutrauen würde.

Bei der Rückkehr der geführten Bootstour nach Sant'Andrea bieten drei nette Strandbars Snacks und Drinks für den frühen Abend an, weiter oberhalb gibt es auch Restaurants für ein richtiges Abendessen.

TOUREN-STECKBRIEF

Anfahrt: Die organisierte Tour beginnt am Careno Diving Center an der Piazza del Mare in Sant'Andrea.
Wer auf eigene Faust starten möchte, fährt auf der SP25 bis Pomonte, dem südlichsten Strand ganz am Ende der Bucht. Gebührenpflichtiger Parkplatz am Ortsrand bei **GPS N 42°44'51.2", E 10°07'20.2"**. Fußweg vom Parkplatz zum Strand etwa zehn Minuten.
Careno Diving Center: Bei mindestens sechs Personen kostet die Tour mit dem Motor-Schlauchboot von Sant'Andrea zum Wrack von Pomonte €35 pro Person. Anmeldung unter Tel. +39 348 9714995 (Oscar Lambardi) oder +39 339 3029777 (Andrea Romoli). www.ilcareno.it
Anspruch und Charakter: Besonders spannender Ausflug für Kinder, die sehr sicher schwimmen.
Highlights: Fahrt mit dem Motor- oder Tretboot. Fische füttern und unter Wasser beobachten, größere Kids können zum Wrack hinuntertauchen.
Ausrüstung: Wer selbst organisiert, braucht Schnorchelausrüstung, für den Strandaufenthalt sind Badeschuhe und Sonnenschirm zu empfehlen.
Einkehr: Pizzeria und sehr gute Eisdiele in Pomonte.

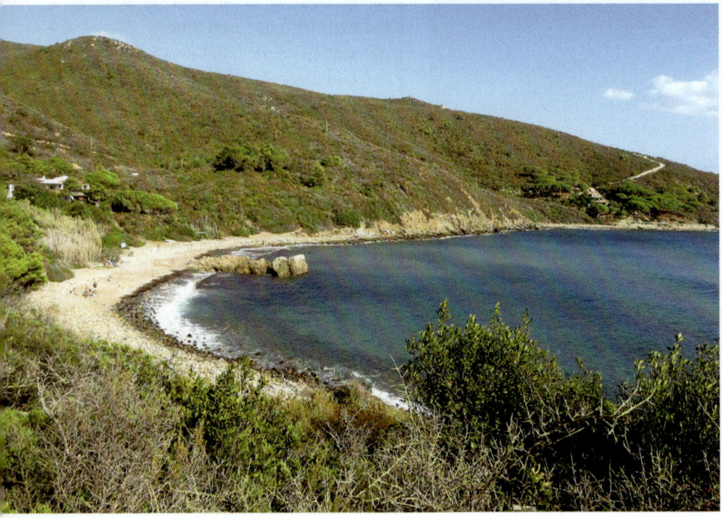

105 m

STRECKE 6,5 km

3 h

ab 6

Tour 41: Sentiero della Storia

Historischer Küstenweg von Marina di Campo zur Spiaggia Fonza

Historischer Küstenweg mit dramatischen Tiefblicken auf eine wilde Felsküste und türkisblaues Meer. Schöne Bademöglichkeiten unterwegs mit kleiner Kraxeleinlage und als Ziel ein noch wenig besuchter Strand als idealer Rast- und Picknickplatz für die ganze Familie. Auch Hunde sind hier gestattet.

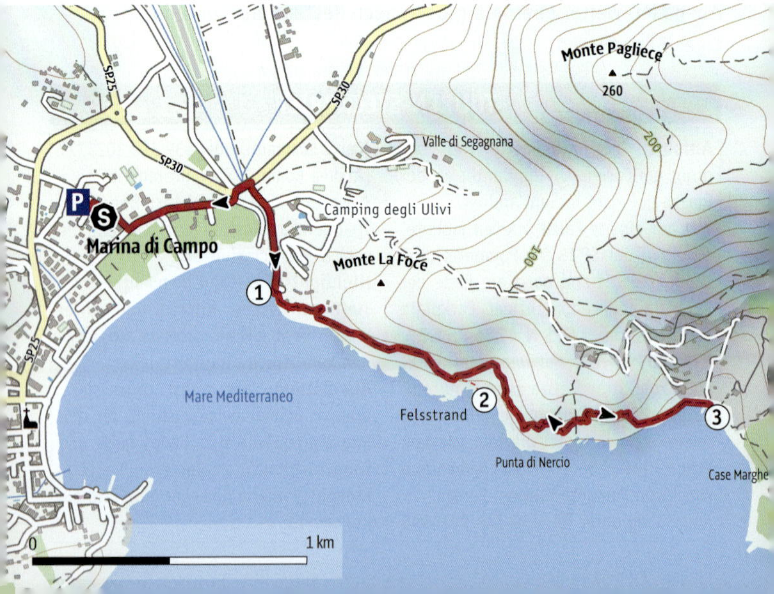

> **Was hat es mit den »Sentieri della Storia« auf sich?**
> Die Bucht, die wir durchwandern, ist ein Ort mit Geschichte, und an diese erinnert dieser Themenwanderweg. Während des Zweiten Weltkrieges war Elba einige Zeit in der Hand der Nationalsozialisten. 1944 eroberten dann französische und englische Truppen die kleine Insel in strategisch wichtiger Lage. Von Elba ließ sich der Seeweg durch die Meerenge von Piombino kontrollieren. Die Operation der Alliierten begann am 17. Juni 1944 und trug den Namen Brassard. Der Strand von Fonza wurde dabei als Fallback-Punkt genutzt, um sich bei Schwierigkeiten beim Angriff auf das deutsche Flakschiff »Köln«, das im Hafen von Marina di Campo lag, zurückzuziehen. Ab dem 20. Juni 1944 befand sich dann die gesamte Insel Elba in den Händen der alliierten Truppen.

Wanderung: Wir gehen am Nordende des Strandes von Marina di Campo am **Campingplatz La Foce** vorbei in Richtung Ristorante Golfo. Kurz hinter dem Ristorante scheint der Weg an einer **Mini-Felsbucht** ① zu enden. Dort entdecken wir an einem Felsen die rot-weiße Blumenmarkierung des Themenweges. Vier Steinstufen bringen uns hinauf, dann geht es auf einem Steinplattenweg geradeaus an Ferienhäusern vorbei.

Wir folgen der Wegmarkierung weiter bergan und an der Siedlung vorbei. Rechter Hand sehen wir am Hang eine inzwischen etwas zugewachsene **Hinweistafel** für den »Sentiero della Storia«. Beim Anwesen »Eden« biegen wir dann nach rechts ab und folgen weiter der rot-weißen Markierung. Nach diesem etwa zehnminütigen »Zustieg« befinden wir uns auf einem neu ausgebauten Küstenweg mit tollem Blick zurück nach Marina di Campo und geradeaus auf die imposante Felsenküste.

Nach weiteren 40 Minuten bietet sich die erste Möglichkeit einer Badepause an einem schönen **Felsstrand** ②, der vom Weg aus

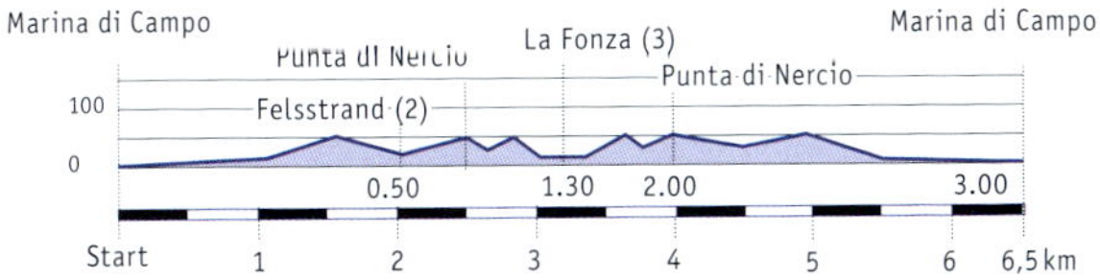

TOUREN-STECKBRIEF

Anfahrt: Mit dem Auto auf der SP 25 bis Marina di Campo und dort einen Parkplatz suchen. Gut liegt zum Beispiel der Parkplatz bei **GPS N 42°45'06.3", E 10°14'16.1"**. Weitere Parkplätze findet ihr am südlichen Ende der Bucht zum Beispiel bei **GPS N 42°44'45.4", E 10°13'58.8"**.
Mit dem Bus 116 von Portoferraio oder Marciana Marina. Bushaltestelle beim Kreisverkehr.
Anspruch und Charakter: Einfacher Küstenpfad, der stetig auf und ab führt. Am schönsten am späten Nachmittag, wenn die Sonne nicht mehr so brennt. Der grobe Kiesstrand am Ziel bietet kaum Schatten!
Highlights: Einsame Bucht, Bade- und Kraxelpause unterwegs an der Felsküste, kleine gut sichtbare Stichpfade weisen den Weg.
Einkehr: Nur in Marina di Campo, unterwegs keine. Getränke und Essen selbst mitnehmen!
In der Nähe: Besuch der Eselfarm und Eseltrekking mit Luca Giusti.

Für Neugierige:
Der Weg setzt sich am Ende der Bucht fort, und wir könnten über den Monte Fonza weiter nach Lacona gehen. Der Pfad ist begehbar, aber teilweise steil und rutschig, da von Mountainbikern »ausgefahren«. Für Wandernde ist die Strecke daher nicht allzu reizvoll. Man läuft außerdem die ganze Zeit in der Sonne.

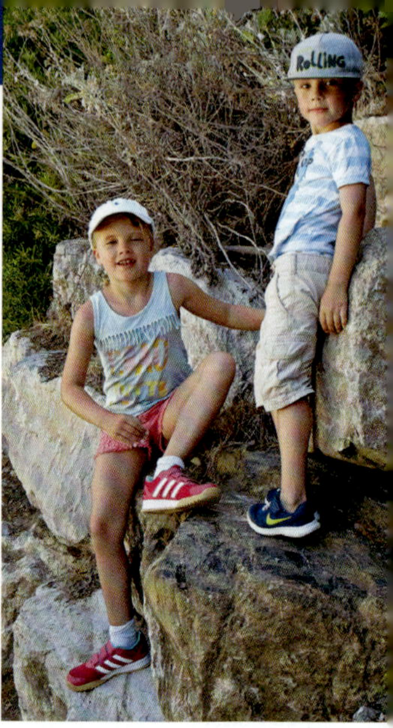

gut zu sehen und der für trittsichere, klettergewandte Kinder gut zu erreichen ist.

Ansonsten gehen wir weiter geradeaus an einem Zaun und an einem Anwesen vorbei, folgen dem **Holzschild** in Richtung Fonza und dann dem rechten Weg, um nahe an der Küste zu bleiben. Dann kommt ein kurzer steiler Anstieg über Geröll und Schotter, und es geht weiter durch schattigen Wald, immer dem Wegweiser 248/Fonza folgend. Durch einige steile Serpentinen wandern wir auf etwas rutschigem Sandboden stetig bergauf und bergab durch die Macchia, bis wir nach etwa eineinhalb Stunden Gehzeit den **Strand von La Fonza** ③ erreichen.

Die einsam gelegene Bucht mit grobem Kiesstrand ist naturbelassen und das Wasser glasklar, aber je nach Wetterlage kommt es vor, dass man erst durch Seegras waten muss, um ins Meer zu kommen. Auf jeden Fall ist die Bucht meist einsam, und wir müssen sie nicht mit vielen Badegästen teilen.

Zurück geht es dann auf dem gleichen Weg, da der schattenlose, staubige Fahrweg, der weiter oben am Berg direkt zum Camping degli Ulivi zurückführt und eine Alternative darstellen könnte, zum Wandern nicht empfehlenswert ist.

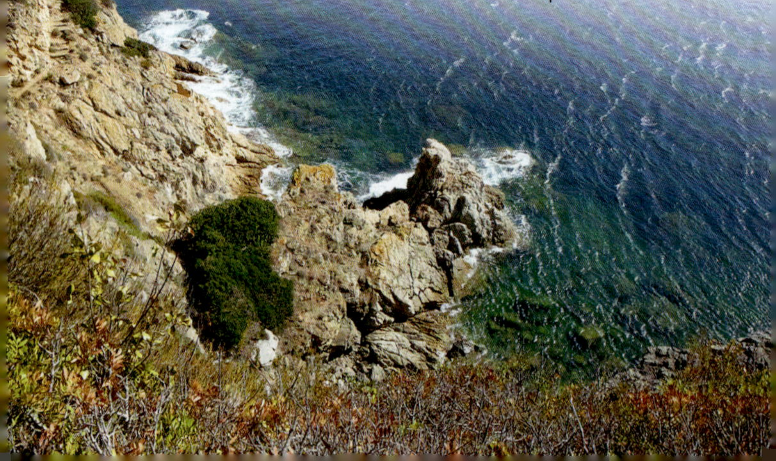

Tour 42: Aufstieg zum Leuchtturm

Von Marina di Campo auf den Monte Poro

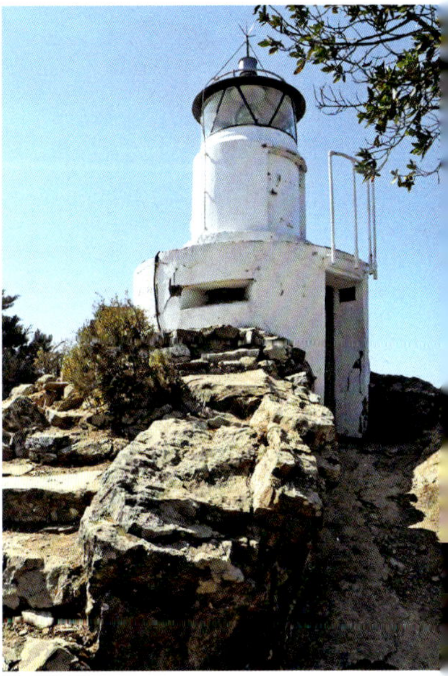

Kurze, meist schattige Wanderung entlang der Küste zu einem ungewöhnlichen Leuchtturm mit Schützengraben, Stollen und atemberaubendem Ausblick. Am Ende der Tour können wir die Wanderung an einer schönen ruhigen Badebucht ausklingen lassen.

180 m

STRECKE 5 km

2 h 30

ab 6

Wanderung: Wir steuern zuerst den Strand an und spazieren dann nach rechts in Richtung Fischerhafen und bis zur **Piazza Giovanni di Verrazano**. Hier können wir an einem öffentlichen Trinkwasserspender die Trinkflaschen auffüllen, und hier beginnt auch der Küstenweg zum Leuchtturm.

Man geht entweder über die kleinen Treppen die Via Bellavista oder über die Gässchen Via Nino Bixio oder Via Nicoloso an den Häusern vorbei nach oben. Wir folgen dem Hinweisschild **Weg Nummer 139/Faro**, bis wir an einer **Kreuzung** (1) oberhalb der Häusersiedlung ankommen. Hier haben wir bereits einen schönen Blick nach Marina di Campo und folgen weiter der Beschilderung Faro/139. Wir befinden uns nun auf einem Schotterweg, der sich bald bei einer **einzeln stehenden Pinie** (2) gabelt. Wir biegen hier rechts ab in Richtung Faro. Der Küstenweg führt an einem schön gelegenen Ferienhaus vorbei, wir durchwandern grüne Macchia und kommen dann etwas weiter unten in einen

TOUREN-STECKBRIEF

Anfahrt: Mit dem Auto auf der SP 25 bis Marina di Campo und dort einen Parkplatz suchen. Wenige Plätze am alten Hafen, größerer Parkplatz in Hafennähe bei **GPS N 42°44'31.3", E 10°14'01.5"**. **Mit dem Bus 116** von Portoferraio oder Marciana Marina. Bushaltestelle beim Kreisverkehr.
Anspruch und Charakter: Abwechslungsreiche Wanderung mit vielen abenteuerlichen Tiefblicken und schönen Spielmöglichkeiten. Von Kindern gestaltete Masken aus Naturmaterialien an den Bäumen im Wald. Viel Schatten.
Highlights: Leuchtturm mit Schützengraben und begehbarem Stollen. Atemberaubender Ausblick und immer ein kühles Lüftchen. Einsame Badebucht.
Einkehr: In Marina di Campo und an der Spiaggia la Galenzana.
In der Nähe: Schöner Badestrand in Marina di Campo.

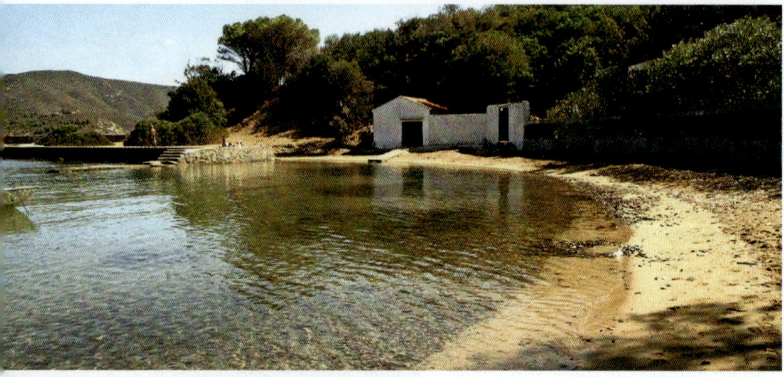

lichten Steineichenwald und zu einem verfallenen **Gebäude** in einer Senke.

Danach geht es wieder leicht bergauf und aus dem Wald hinaus. Oben auf dem Bergrücken müssen wir etwas aufpassen, damit wir uns nicht durch ausgetretene Pfade in die Irre führen lassen. Sobald wir Blick aufs Meer haben, halten wir uns eher links in Richtung Osten. Der Weg ist größtenteils gut markiert. Der **Leuchtturm** ③ an dessen Ende und eine alte **Geschützplattform** sind ideal zur Rast und echte Abenteuerspielplätze für Kinder. Die ehemaligen Schützengräben sind noch erhalten und können stellenweise erkundet werden. An den abschüssigen Stellen muss man jedoch aufpassen!

Zurück gehen wir auf dem gleichen Weg bis zur Weggabelung bei der Pinie, wo ein Pfad zur **Spiaggia di Galenzana** ④ und zur verdienten Abkühlung führt.

Mutige Wandernde wählen den auf der Karte gestrichelt eingezeichneten Weg, marschieren oben beim Leuchtturm einfach geradeaus und folgen dem markierten Pfad steil bergab an einem verfallenen Haus vorbei. Stellenweise erschwert rutschiger Sand den Abstieg. Dafür haben wir sehr schöne Tiefblicke nach Marina di Campo und auf die Felsküste. So kommen wir ganz am Ende der schönen Bucht La Galenzana an der Punta Bardealla heraus. Leider müssen wir hier ein wenig improvisieren, da ein Grundstück am Küstenweg neuerdings in privater Hand ist. Da der Zaun bis zum Wasser reicht, müssen wir vorne vorbei durchs Wasser waten, um an den offiziellen Strand La Galenzana zu gelangen. Hier gibt es auch einen Kiosk und den

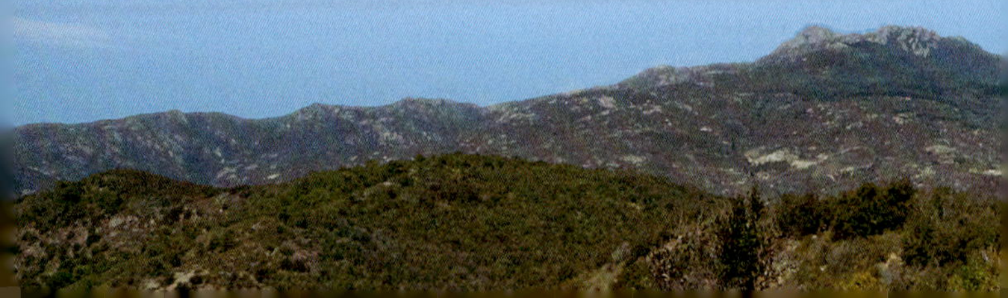

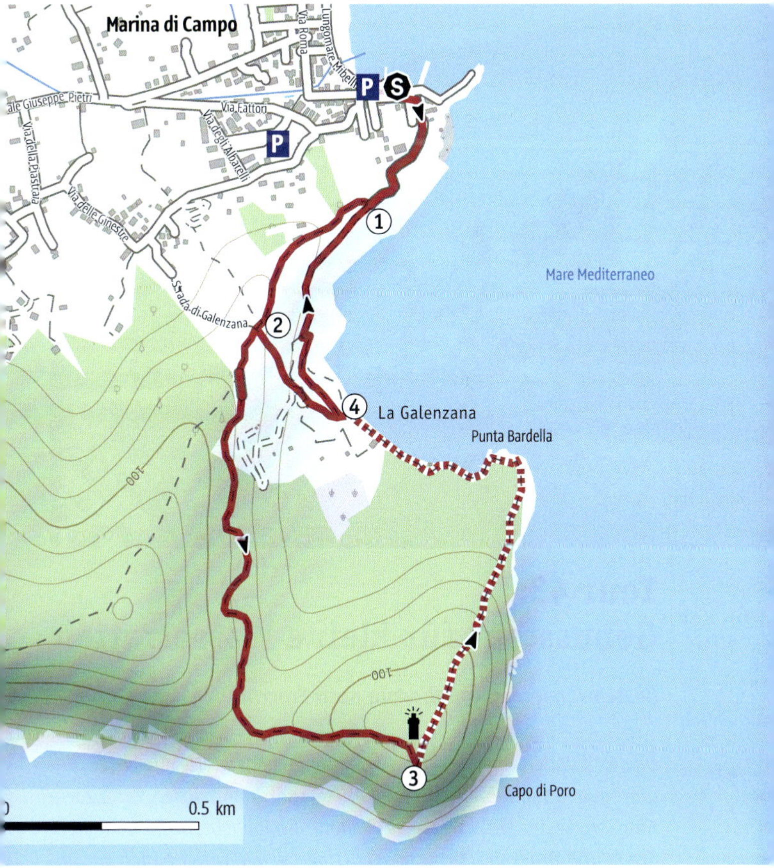

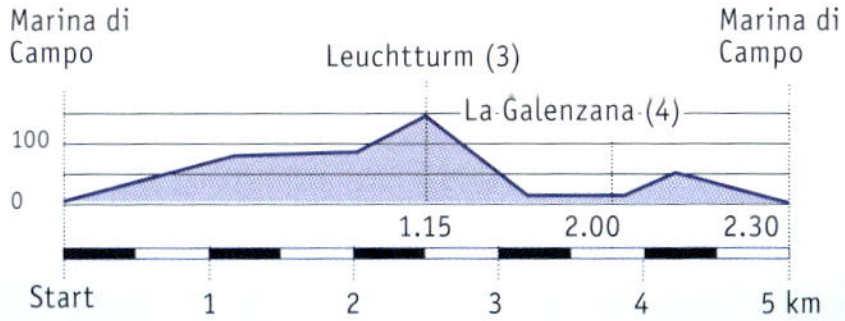

üblichen Strandliegenverleih, aber es ist alles sehr überschaubar und noch relativ ruhig. Vom Strand wandern wir dann immer in Ufernähe zurück nach Marina di Campo.

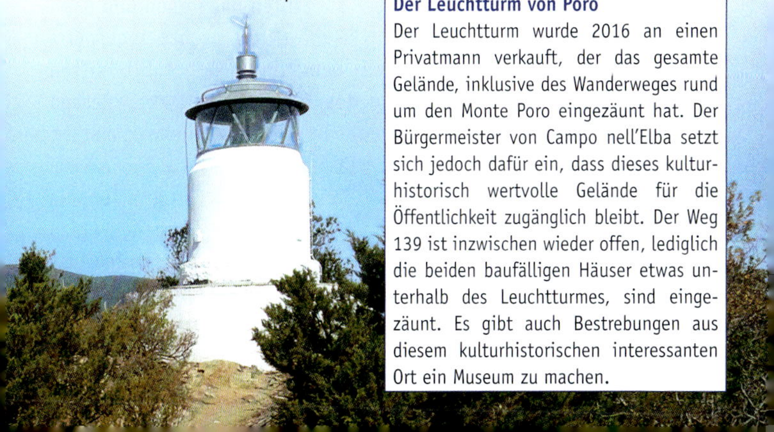

Der Leuchtturm von Poro

Der Leuchtturm wurde 2016 an einen Privatmann verkauft, der das gesamte Gelände, inklusive des Wanderweges rund um den Monte Poro eingezäunt hat. Der Bürgermeister von Campo nell'Elba setzt sich jedoch dafür ein, dass dieses kulturhistorisch wertvolle Gelände für die Öffentlichkeit zugänglich bleibt. Der Weg 139 ist inzwischen wieder offen, lediglich die beiden baufälligen Häuser etwas unterhalb des Leuchtturmes, sind eingezäunt. Es gibt auch Bestrebungen aus diesem kulturhistorischen interessanten Ort ein Museum zu machen.

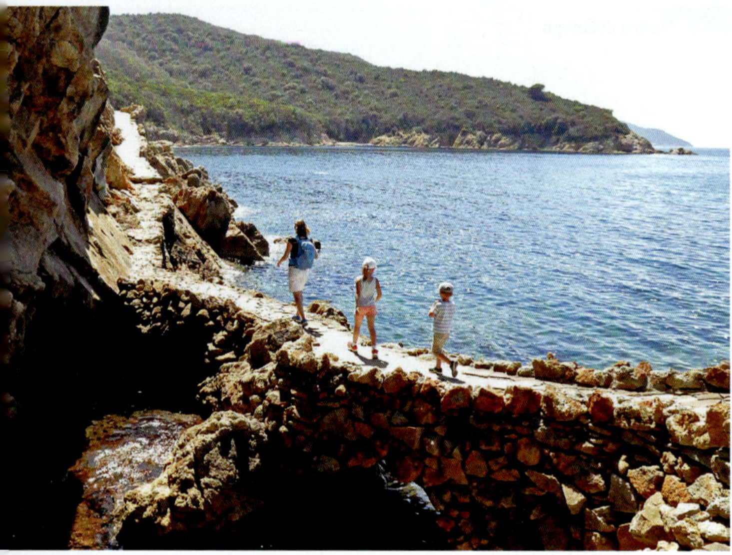

150 m

STRECKE 7 km

2 h 45

ab 6

Tour 43: Genusstour für kleine Wasserratten

Küstenwanderung von Biodola nach Procchio

Dieser Wanderung hat alles, was Kinder begeistert. Gleich zu Beginn geht es durch einen Bergstollen, später entdecken wir bizarre Kunstwerke im Wald und zwei schöne Badebuchten. Es geht über Stege und Brücken, und vom schattigen Wanderpfad haben wir immer wieder schöne Ausblicke auf das Meer.

Wanderung: Die Tour beginnt am südlichen Ende der **Badebucht von Biodola** bei der Bootsanlegestelle am Hotel Hermitage, das wir vom Parkplatz am schönsten über den Strand erreichen. Am besten, wir ziehen gleich die Schuhe aus und spazieren nahe am Wasser auf dem etwas festeren Sand bis ans Ende der Bucht. Beim Bootsverleih geht es über die Stufen nach oben und dann gleich nach rechts durch ein Eisentor, das nachts zugesperrt wird. Jetzt wird es spannend, denn unser Weg führt mitten durch den Berg. Am **Eingang des Tunnels** ① stehen dessen Öffnungszeiten, die ihr euch unbedingt für den Rückweg merken solltet, damit ihr dann keinen lästigen Umweg machen müsst. Steht das Holztor des Tunnels offen, können wir bedenkenlos hineingehen, der Stollen ist ausgeleuchtet. Auf halbem Weg gibt es einen Ausgang mit kleiner Aussichtsplattform. Nach etwa

Wer nicht gleich am Anfang der Tour nasse Füße bekommen möchte, geht auf der Palmenallee, die parallel zum Strand verläuft, zum Hotel Hermitage und dann zwischen den Strandbars hindurch zum Ende der Bucht und zur Bootsanlegestelle.

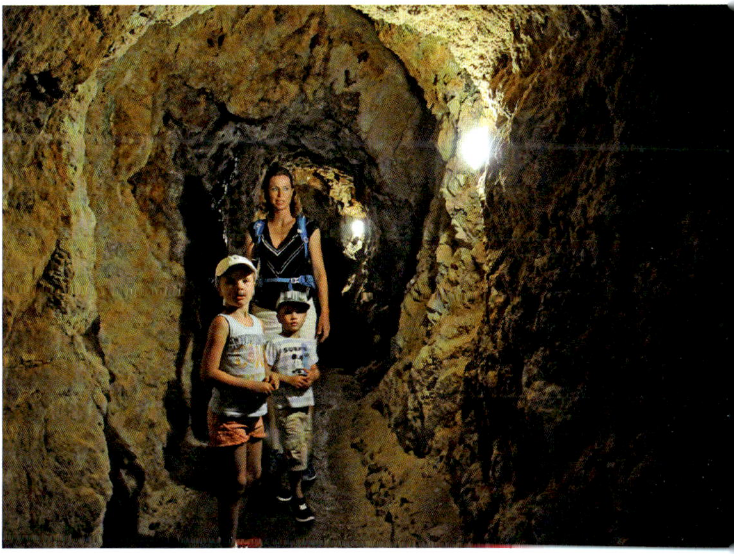

130 Metern erreichen wir schon wieder das Tageslicht, und unser Küstenpfad führt schmal, aber unkompliziert zur ersten **Badebucht von Porticiollo** ②.

Wir laufen zum Strand hinab und bis ans andere Ende der Bucht. Dort weist ein Holzwegweiser nach links auf den **Weg Nummer 245** in Richtung Procchio. Es geht wieder leicht bergauf und dann schattig und eben durch einen märchenhaft lichtdurchfluteten Wald. Schon nach etwa 15 Minuten leuchtet es wieder türkis durch die Bäume, und wir sehen hinunter zur **zweiten Bucht von Porticiollo** ③. Auch hier steigen wir hinab und spazieren bis ans andere Ende der Bucht. Hier scheint der Weg zu Ende. Dem ist aber nicht so. Ein Blick nach oben, und wir sehen die bekannte rot-weiße Markierung mit der Zahl 245.

TOUREN-STECKBRIEF

Anfahrt: Auf der SP 25 von Portoferraio bis zum Abzweig Biodola. Parken beim Kreisverkehr am Strand von Biodola bei **GPS N 42°48'05.4", E 10°16'10.4"** oder oben an der Straße.
Mit dem Bus 116 von Marciana Marina oder Portoferraio bis zum Abzweig Biodola. Dann die Fahrstraße nach Biodola ca. 15 Minuten bergab gehen bis zum Strand.
Anspruch und Charakter: Einfache Tour mit viel Abwechslung. Da der Weg meist im Schatten verläuft und viele Bademöglichkeiten bietet, ist sie auch für wärmere Tage gut geeignet. Rutschfeste Schuhe und eine Kopfbedeckung sind empfehlenswert.
Highlights: Weg durch den Bergstollen, zwei einsame kleine Badebuchten und als Ziel die große Bucht von Proccio mit langem Sandstrand und der üblichen Infrastruktur. Die Badestrände bei Biodola sind feinsandig und die Buchten sehr geschützt, es geht überall sehr seicht ins Wasser. Sie sind somit auch für Schwimmanfänger gut geeignet.
Einkehr: Strandbars in Proccio.
In der Nähe: Markt mit regionalen Erzeugnissen am Wochenende in Biodola.

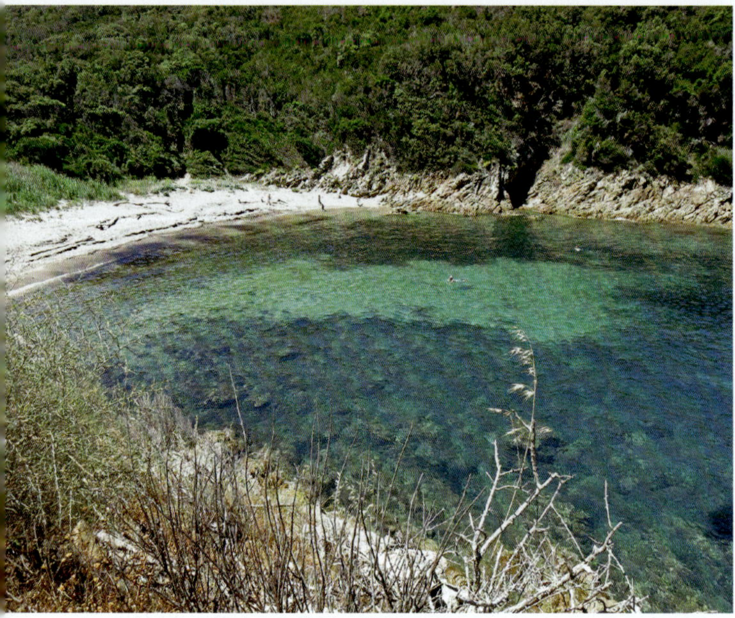

Wer nicht gerne klettert, nimmt bei der zweiten Bucht von Porticiollo den bequemeren Weg. Man steigt auch bis zur Bucht hinab und hält sich gleich am Anfang der Bucht links, bei den Mülleimern weist etwas versteckt im Gestrüpp ein Wegweiser Richtung Procchio.

Hier ist nun etwas Kraxeln angesagt. Der gelbliche Fels ist griffig und wir erreichen nach ca. 80 Höhenmetern einen zunächst etwas sandigen und deshalb rutschigen, dann aber wieder gut begehbaren Pfad. Man hält sich im Wald links und bleibt auf dem Weg Nummer 245 bis zu einem Abzweig mit Fahrradsymbol. Diesem folgen wir und kommen zu einigen **Gartenstühlen und Tischen** mitten im Wald, die zum Rasten einladen.

Dann halten wir uns im Wald immer links und orientieren uns an den Wegschildern Nummer 245 und den Fahrradschildern. Schließlich gelangen wir auf eine **Teerstraße** ④, folgen dieser etwa für 100 Meter und biegen dann wieder links in den Wald ab. Zwischen den Bäumen entdecken wir hier filigrane **Metallskulpturen**, die nicht so recht in diesen Wald passen wollen.

Wir gehen weiter bergab und halten uns immer links. Wir kommen an einem alten Brunnen vorbei und steigen hinter diesem rechts zum Strand hinab. Der Weg geradeaus wäre direkter, ist aber privat und der Durchgang ist verboten! Treppen führen zum Strand und über Holzstege an diesem entlang bis zur **Bucht von Procchio** ⑤. Die Bucht ist um einiges größer als die von Biodola, und so finden wir gut ein ruhiges Plätzchen mit oder ohne Liegestuhl oder einen freien Platz in einer der netten Strandbars.

Zurück geht es auf demselben Weg am Strand entlang bis zur **Strandbar La Guardiola**. Dort führen Treppen hinauf in den Wald auf den Weg Nummer 245. Bis zum **Abzweig** zur zweiten Bucht nach etwa 1500 Metern kehren wir auf dem Hinweg zurück. Am Abzweig steigen wir nicht links hinab, sondern bleiben oben auf dem Weg mit dem grauen Sand. Wird der Weg bergab vom Sandbelag her gelblich, sollte man besser umkehren. Bergab klettert es sich nicht so gut! Der »graue Sandweg« führt uns ebenso und viel bequemer zurück zur zweiten Bucht, die wir durchqueren. Dann geht es wieder hinauf und auf dem bereits bekannten Weg durch den **Stollen** ① zurück an den Strand von Biodola.

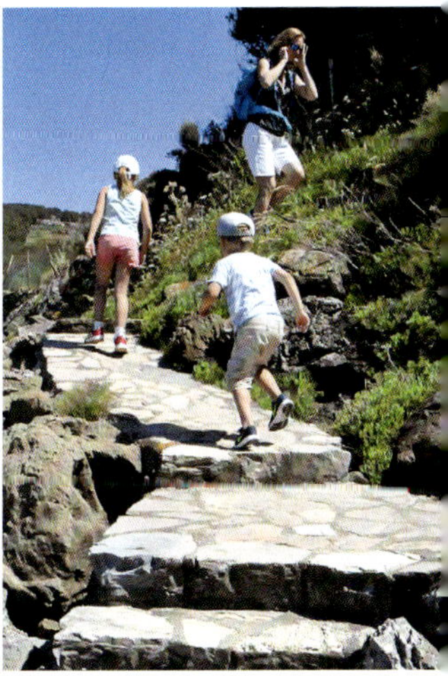

Variante für Kinder ab 4 Jahre
Wenn ganz kleine Füße schon müde sind, können wir von Procchio auch mit dem Bus nach Biodola zurückkehren. In der Hauptsaison fährt dieser fast stündlich.

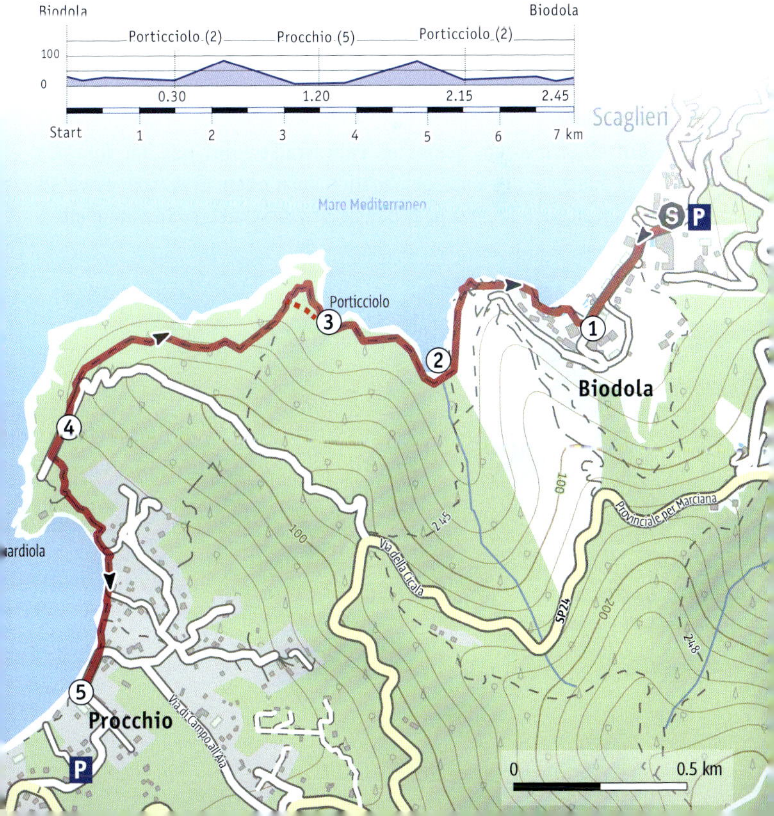

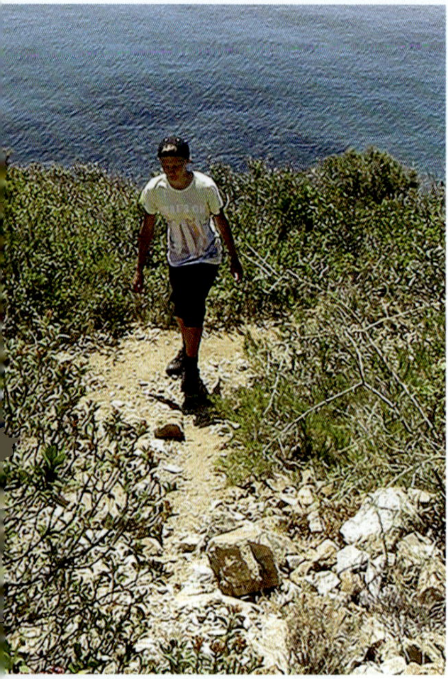

Tour 44: Capo d'Enfola

Weitblick vom Kap

Eine kurze, spannende Wanderung mit Bergstollen und Badebucht und viel Spielpotenzial für Kinder. Ein richtiges Abenteuer wird daraus, wenn wir erst zum Sonnenuntergang losmarschieren.

210 m

STRECKE 4,5 km

2 h

ab 6

Wanderung: Im Ort **Capo d'Enfola** scheint die Zeit stehen geblieben. Ein schmales Sträßchen führt kurvenreich zur Landenge zwischen den beiden Stränden von Enfola. Grün und rund ragt der Monte Enfola aus dem blauen Meer. Das nur 15 Autominuten entfernte trubelige Portoferraio scheint sehr weit weg. Der Weg 208 beginnt vom Parkplatz aus gesehen rechts neben der ehemaligen Thunfischfabrik. Infotafeln geben Aufschluss über den Thunfischfang, der dort bis in die Mitte des 20. Jahrhunderts praktiziert wurde, und über die Flora der Insel.

Auf einer breiten, gekiesten **Fahrstraße** führt uns der Weg auf der Südseite des Kaps gemächlich nach oben. Erst nach etwa 30 Minuten spenden ein paar Bäume etwas Schatten. In einem alten

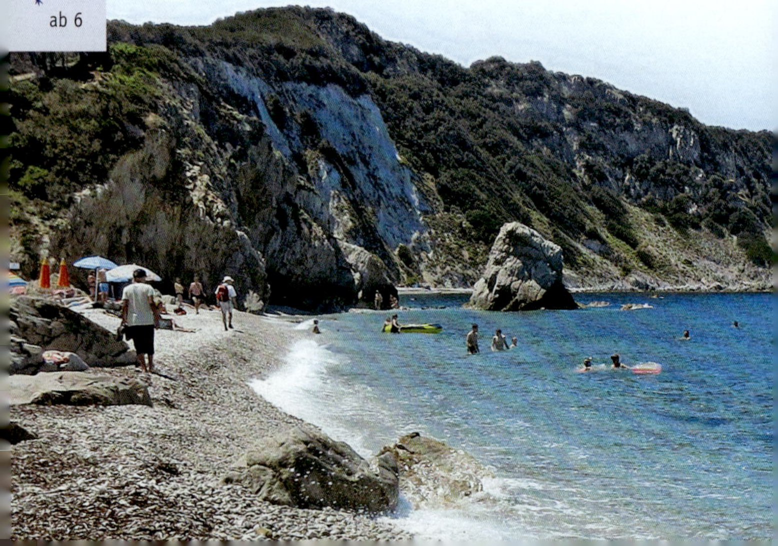

TOUREN-STECKBRIEF

Anfahrt: Mit dem Auto von Portoferraio kommend auf der SP27 Richtung Viticcio Enfola. In Enfola links zum Parkplatz vor der ehemaligen Thunfischfabrik bei **GPS N 42°49'30.5", E 10°16'08.5"**, heute befindet sich hier der Sitz der Nationalparkverwaltung.

Busse von Portoferraio, fahren vor allem in der Nebensaison nur selten.

Anspruch und Charakter: Für jüngere Kinder eine sehr spannende Tour auf unkompliziertem, aber deshalb anfangs auch etwas langweiligem Weg. Der Aufstieg erfolgt südseitig auf einer geschotterten Fahrstraße. Leider gibt es dort keinerlei Schatten. Die Wanderung ist deshalb an heißen, sonnigen Tagen nur bedingt zu empfehlen. Spannender und deutlich kühler gestaltet sich die Tour, wenn wir erst abends losgehen und den Sonnenuntergang abwarten. Der ist von diesem Teil der Insel besonders schön zu sehen. Stirnlampen oder Taschenlampen gehören dann aber unbedingt zur Ausrüstung – einmal für die Begehung des Stollens und des Bunkers, außerdem aber auch für die Rückkehr im Dunkeln.

Highlights: Begehbarer Stollen, Klippen voller Möwen und ein atemberaubender Sonnenuntergang.

Einkehr: Strandrestaurant und Bar des Campingplatzes in Enfola.

In der Nähe: Kiesstrände Sorgente und Sansone an der Porzellanküste.

Militärbunker ①, der nach etwa 40 Minuten am Wegesrand auftaucht, können wir die erste Rast einlegen. In der Dämmerung ist es hier besonders spannend, wenn die Sonne brennt, haben wir zumindest einen kühlen Rastplatz.

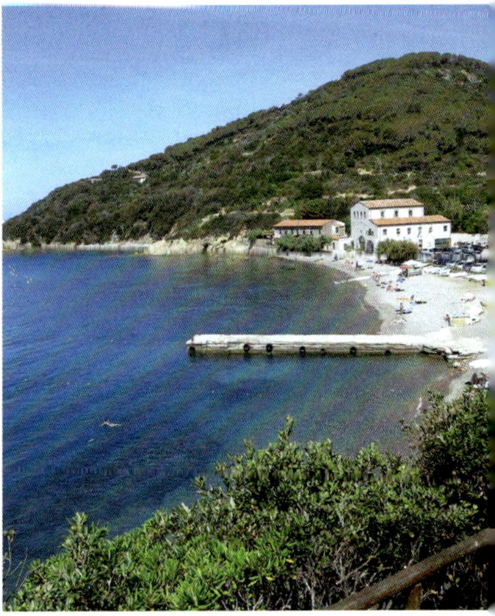

Etwa zehn Minuten nach dem Bunker-Rastplatz taucht ein blau gestrichener **Stolleneingang** ② auf. Wer sich traut, geht hinein. Am anderen Ende gelangen wir wieder auf den Weg und haben etwas abgekürzt.

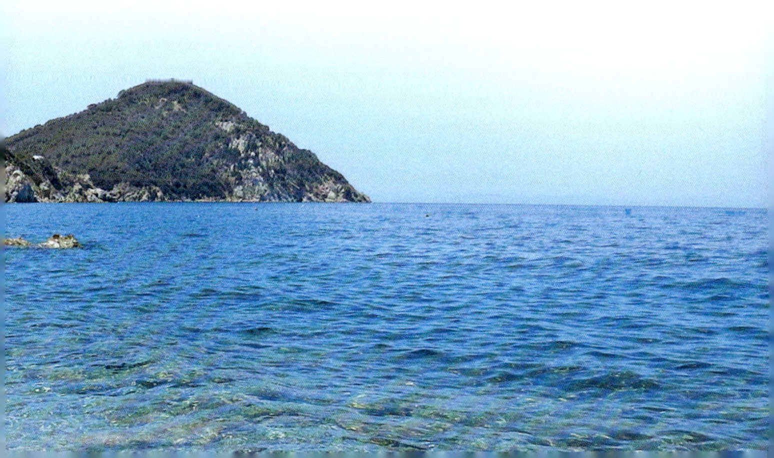

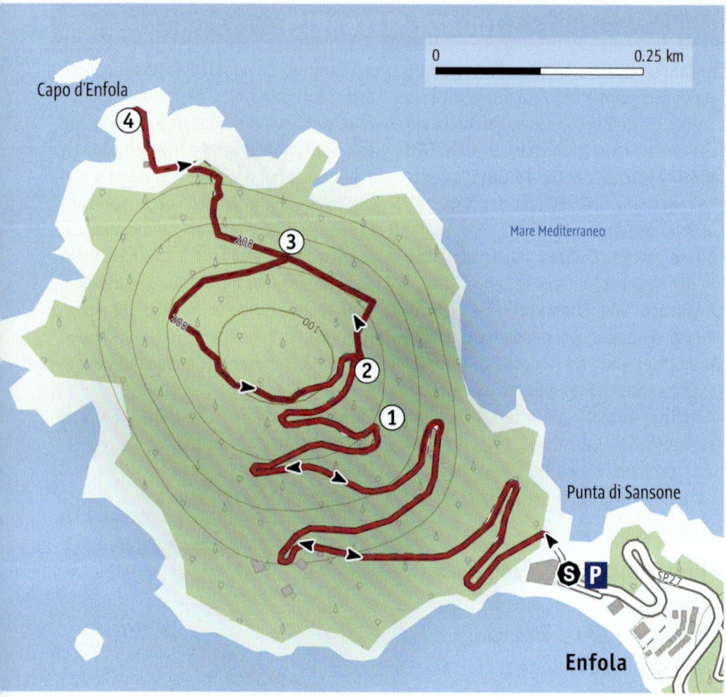

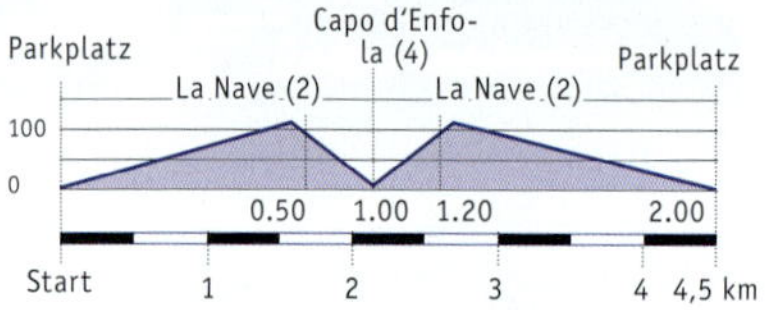

Wir sind jetzt auf dem Rundweg, der nun zu einem schönen schattigen Waldpfad wird, und umrunden die Gipfelkuppe. Hierbei entdecken wir einen weiteren, nicht begehbaren **Stollen**. Wir bleiben daher auf dem Weg bis zum **Abzweig »la Nave«** ③. Hier können wir einen **Abstecher zum Meer** ④ machen, der Weg ist jedoch steil und erfordert Trittsicherheit. Unten angelangt schauen wir zur winzigen Insel La Nave hinüber und sehen den Möwen beim Segeln zu. Auf gleichem Weg steigen wir wieder hinauf und wandern weiter in Richtung Norden und durch den Wald, bis der Pfad uns wieder auf den bereits bekannten Fahrweg nach Enfola führt.

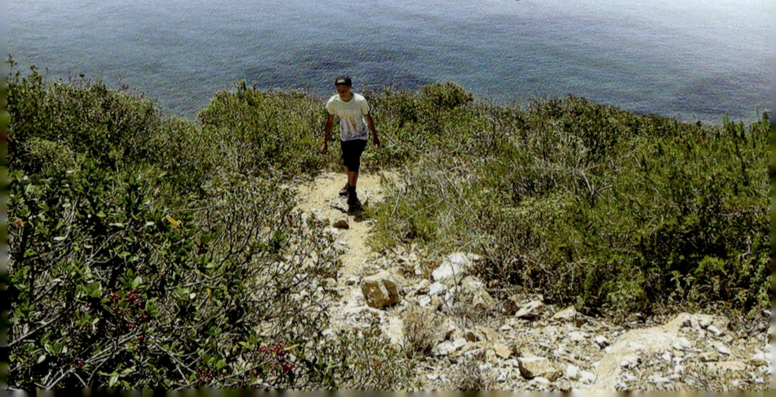

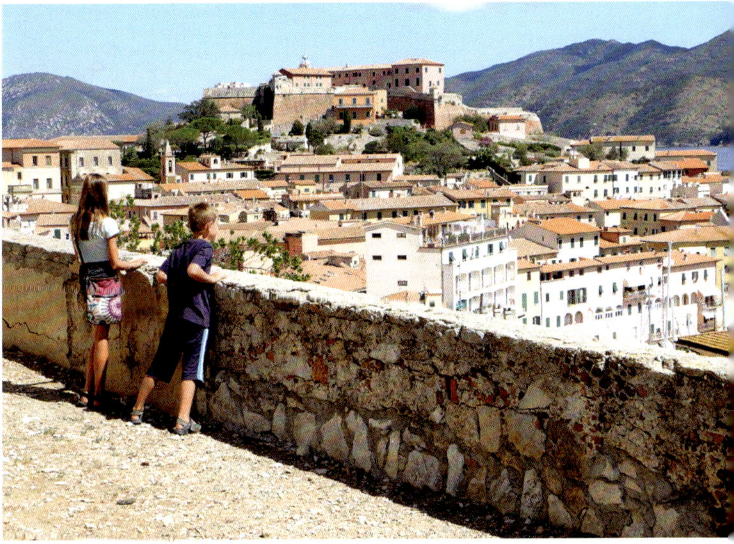

Tour 45: Portoferraio

Stadtrundgang zur Festung Fortezza di Medici und zur Spiaggia Visto

70 m

STRECKE 3 km

2 h

ab 4

Kurzweiliger Stadtspaziergang durch verwinkelte Gässchen mit vielen Treppchen und der Möglichkeit, eine längere Spielpause am Stadtstrand »Spiaggia le Viste« einzulegen. Ein sehr schöner Aussichtspunkt ist das Forte Falcone, von dessen Wehrgängen sich ein fantastischer Blick über das Meer bietet. Wer wissensmäßig tiefer graben möchte, geht noch ins archäologische Museum, das sich ganz am Ende des Hafens im ehemaligen Gebäude der Salzlagerhäuser befindet.

TOUREN-STECKBRIEF

Anfahrt: Mehrere gebührenpflichtige Parkplätze am neuen Hafen, der ein guter Ausgangspunkt für den Rundweg durch die Altstadt ist.
Bushaltestelle in der Viale del Elba direkt am neuen Hafen.

Sehenswürdigkeiten: Wenn ihr außer der Medici-Festung Forte Falcone weitere Museen der Stadt besuchen möchtet, lohnt sich das Kombiticket »Cosmopoli Card«. Die Karte ist sieben Tage gültig und gilt für die Fortezze Medicee, Forte Falcone, Teatro di Bigilanti, Area archeologica della Linguella und die Villa Romana delle Grotte und kostet € 12, für Kinder 9 bis 18 Jahre € 10.

Anspruch und Charakter: Stadtspaziergang mit vielen Variationsmöglichkeiten für alle Altersgruppen und Interessen. Hier kommen Wissensdurstige, Konsumfreudige und Badelustige auf ihre Kosten.

Highlights: Aussicht vom Forte Falcone, Badestrand mit Blick auf das Fort und die Leuchtturminsel.

Einkehr: Am Strand Le Visto kleines Restaurant/ Bar.

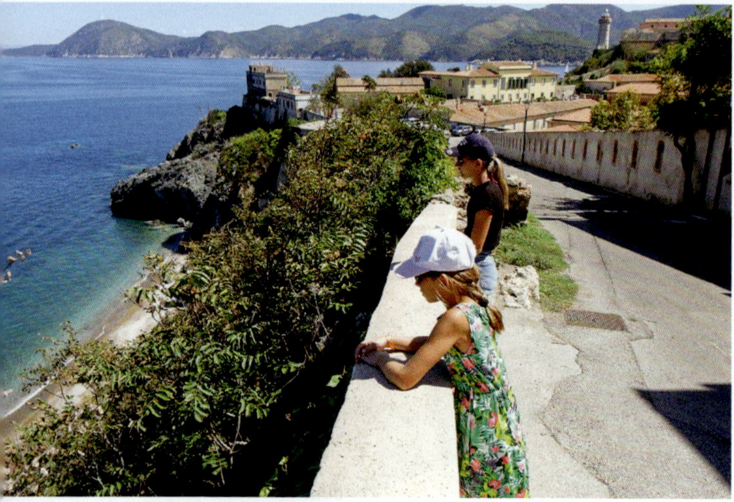

Portoferraio besitzt einen natürlich geschützten Hafen, den die Bewohner Elbas schon in der Antike nutzten. Die Etrusker verschifften von Argoos, wie Portoferraio früher hieß, Eisenerz nach Populonia im Golf von Baratti. Zur Zeit der Römer, in der sich die Stadt Fabricia nannte, legten große Schiffe mit Luxusgütern für die Besitzer der Villen an. Unter den Pisanern und den Appiani zog man sich von den Küstenorten in das vor Piraten besser geschützte Landesinnere zurück. Erst im 16. Jh. begann mit dem Medici Cosimo I. der Aufstieg Fraraias, wie Portoferraio im Mittelalter hieß. Um Elba besser vor den türkischen Korsaren zu schützen, ließ der Großherzog 1548 die Festungen **Forte Stella** und **Forte Falcone** errichten, die bereits 1552 fertiggestellt wurden. Die türkischen Korsaren, die im folgenden Jahr Portoferraio plündern wollten, waren so beeindruckt, dass sie tatsächlich unverrichteter Dinge wieder abzogen.

Rundweg: Vom Busbahnhof erreichen wir das **alte Hafenbecken** ② auf dem Fußweg, der direkt an der Hafenmole auf der Calata

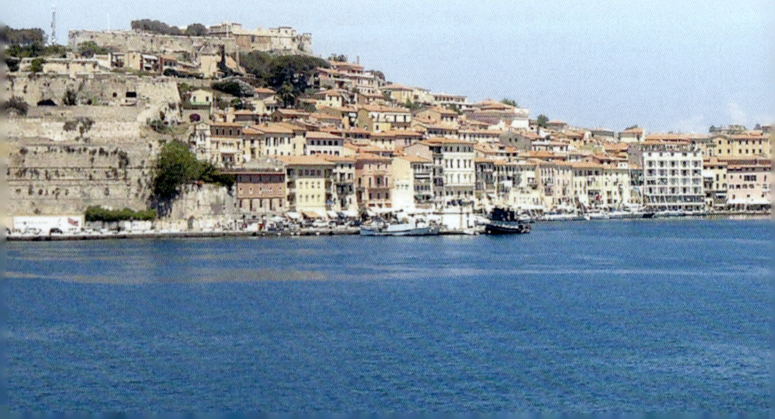

Mazzini entlangführt. Allerdings ist Vorsicht geboten, wenn gerade eine Fähre an- oder ablegt, dann ist dort viel Autoverkehr. Am ① **neuen Hafen** legen nicht nur die Fähren an, mit etwas Glück sehen wir auch große Jachten und dazwischen ein Fischerboot, an dem man frischen Fisch kaufen kann.

Langsam rückt der alte natürliche Hafen immer näher. Auf der linken Fußgängerseite bummeln wir an Geschäften und Cafés vorbei, auf der Hafenseite können wir Motor- und Segeljachten bestaunen, deren Besitzer gerne an Deck tafeln. In der Mitte des Hafenbeckens führt auf der linken Seite die ② **Porta a Mare** in die Altstadt. Dieses Tor, das zusammen mit den Festungsbauten um 1548 errichtet wurde, war damals der einzige Zugang in die ganz von Mauern umgebene Stadt. Möchte man jedoch zuerst zum ② **Archäologischen Museum**, bleibt man am Hafen und spaziert über die Calata Matteotti und Calata Buccati zur **Linguealla** (Zünglein), auf der das Museum steht. Das Museum ist didaktisch gut aufgebaut und gibt einen Überblick über Elbas Geschichte zwischen dem 8. Jahrhundert vor und dem 2. Jahrhundert nach unserer Zeitrechnung.
Öffnungszeiten Archäologisches Museum: Mitte Juni bis Mitte September 9.30 – 13 und 17.30 – 24 Uhr, Mitte April bis Mitte Juni und Mitte September bis Oktober 10 – 13 und 15.30 – 19.10 Uhr. € 4.

Vom archäologischen Museum aus erreichen wir den ⑤ **Linguella-Turm** aus dem 16. Jahrhundert, der aufgrund seiner Form auch Torre del Martelle (Hammerturm) genannt wird. Er wurde im 16. Jahrhundert im Auftrag von Cosimo I. de Medici zur Verteidigung von Stadt und Hafen errichtet. Ab 1550 wurde neben dem Turm eine 135 Meter lange Kette über die Hafeneinfahrt zum Molo del Gallo gespannt, die als Sperre für die Schiffe und zur Einholung der Zölle diente. Bis in die zweite Hälfte des 18. Jahrhunderts diente der Turm vorwiegend als Salz- und Thunfischlager, danach erlangte er als Gefängnis traurige Berühmtheit. In den Weltkriegen wurde er schwer beschädigt und danach wieder

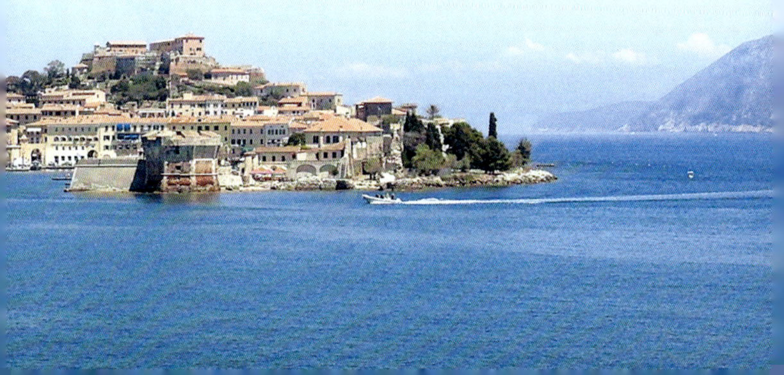

aufgebaut. Bei Restaurierungsarbeiten in den 1970er-Jahren wurden neben dem Turm Überreste der Grundmauern einer römischen Villa entdeckt, die halb umspült im Meer liegt.
Öffnungszeiten Area Archeologica della Linguella: Der Turm war Ende 2023 wegen Wartungsarbeiten geschlossen Mitte. Ansonsten geöffnet April bis Mitte Juni und Mitte September bis Anfang November 10–13 Uhr und 15.30–19.10 Uhr, Mitte Juni bis Mitte September 9.30–13.30 und 17.30–21 Uhr. €5, Kinder €3.

Entscheiden wir uns gleich für Stadt und Strand, gelangen wir vom alten Hafen über die Piazza Cavour zur Piazza della Republica und zum im Jahr 1554 geweihten ⑥ **Dom,** der zur gleichen Zeit erbaut wurde wie die Stadtmauer. Über Treppen geht es dann weiter hinauf zum vom Architekten Camerini errichteten ⑦ **Forte Stella**. Von dort haben wir eine fantastische Aussicht auf die gesamte Bucht.

Dann spazieren wir weiter zum ⑧ **Forte Falcone.** Ein Besuch der Fortezza ist auf jeden Fall lohnenswert. Das Gelände ist sehr weitläufig, und wir haben von allen Seiten einen sehr guten Ausblick auf die Dächer der Stadt und auf die Küste. Mandelbäume bieten ein schattiges Plätzchen für ein Picknick auf historischem Grund.
Öffnungszeiten Fortezza: Ostern bis Mai 10–18.40 Uhr, Juni bis Mitte September 9.30–22 Uhr, letzter Einlass 45 Minuten vor Schließung. Eintritt €7, Kinder €4.

Je nach Wissensdurst können wir auch noch die wenige Minuten entfernte **Villa di Mulini** besuchen, die an der Piazzale Napoleone nahe der Via del Falcone liegt. In diesem Stadtpalais verbrachte Napoleon Bonaparte von 1814 bis 1815 sein zehnmonatiges Exil auf Elba. Heute ist hier das Nationalmuseum untergebracht.

Blick auf das Forte Falcone

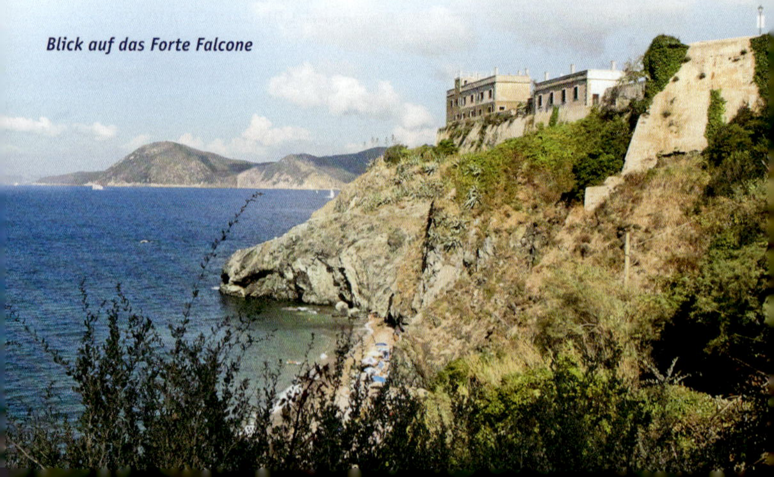

Öffnungszeiten Villa dei Mulini: Mo, Mi bis Fr 8.30–19 Uhr, So und Feiertag 8.30–13 Uhr, Di geschlossen. €5, Kinder und Jugendliche bis 18 Jahre frei. www.museiarcipelago.it/musei/palazzina-dei-mulini

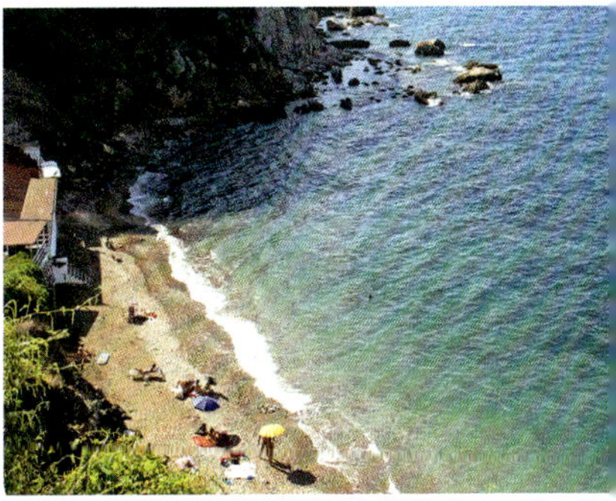

Nach so viel Kultur ist eine Pause am Strand ⑨ **Spiaggia le Viste** angebracht. Von der Villa dei Mulini aus gesehen wenden wir uns wieder nach rechts und laufen auf der Via di Padiglione weiter, die in die Via del Falcone übergeht, bis wir nach etwa fünf Minuten auf einen Parkplatz stoßen. Hier sehen wir auch Wegweiser an der Mauer. Wir gehen die Stufen hinab und dann einen gepflasterten, schön schattigen Weg hinunter zum Strand. Der Kiesstrand liegt sehr geschützt, hoch oben sehen wir das Fort und im Wasser die Mini-Leuchtturminsel «Lo Scoglietto die Portoferraio«, die etwa eineinhalb Kilometer vor der Küste liegt. Zurück schlängeln wir uns »auf eigene Faust« durch die kleinen Gässchen zum Hafen, wo wir wieder über die Calata Mazzini zurück zum Parkplatz oder zur Bushaltestelle gelangen.

Portoferraio mit der Cosmopoli Card

Die Cosmopoli Card ist ein Kombiticket für alle Sehenswürdigkeiten der Stadt. Sie ist sieben Tage gültig, sodass wir genug Zeit haben, uns alles in Ruhe anzusehen.

Die Karte gilt für die Fortezze Medicee, Forte Falcone, Teatro di Bigilanti, Area archeologica della Linguella und die Villa romana delle Grotte und kostet €12, für Kinder 9 bis 18 Jahre €10, Familie mit mindestens 3 Personen €7.

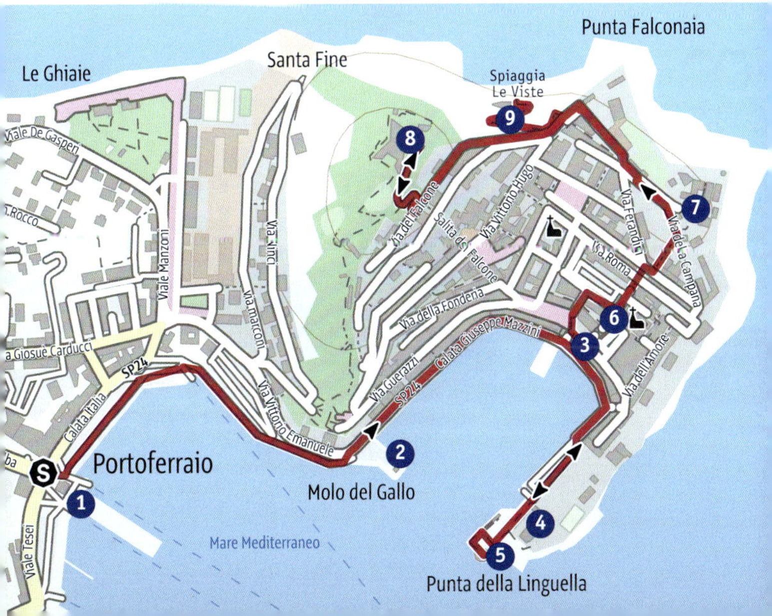

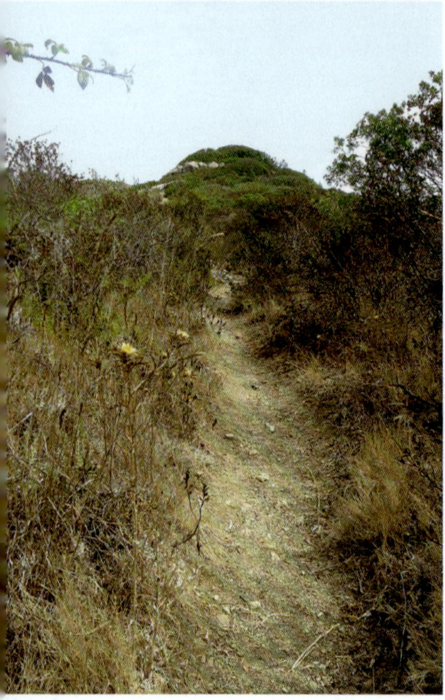

Tour 46: Monte Serra und Rio nell'Elba

Querfeldein am Monte Serra

Einsame Wanderung auf einen Bergrücken, von dem wir bei gutem Wetter fantastische Sicht nach Portoferraio, Rio Nell'Elba, Nisporto, Cavo und auf die Mini-Insel Isola dei Topi genießen. Spannend wird die Tour dadurch, dass wir ein kleines Stück auf unmarkiertem Weg über Steinplatten und durch Macchia aufsteigen. Guter Orientierungssinn ist deshalb eine gute Voraussetzung für diese Wanderung.

240 m

STRECKE 6 km

2 h 30

ab 8

Wanderung: Auf der SP 33 gehen wir im Kreisverkehr um die Friedhofskapelle herum und folgen der wenig befahrenen Straße bergauf in Richtung Nisporto. Nach etwa einer Viertelstunde kommen ein kleiner **Parkplatz** und ein Schild in Sicht, das Richtung Einsiedelei Santa Caterina weist. Wir folgen dem Schild mit der Wegnummer 203 und biegen am einzigen **Abzweig** (1) rechts auf den Feldweg Richtung Einsiedelei ab.

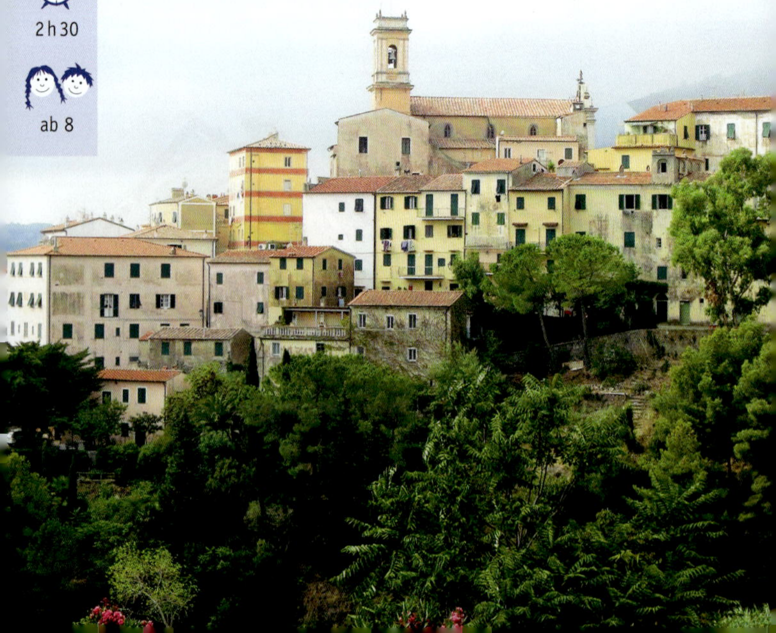

Stehen wir vor der **Einsiedelei Santa Caterina** ②, geht es links vorbei und hinauf zu einem hübschen kleinen botanischen Garten. Dann folgen wir dem ansteigenden Pfad, der oberhalb des Gartens weiterführt. Nach fünf Minuten wird der Weg wieder eben und wir gehen am Hang entlang, bis wir nach weiteren zehn Minuten zu einer Senke mit bläulichem Gestein gelangen. Dort sind am linken Wegrand Steinmännchen aufgebaut, die den »Weg« nach oben andeuten. Es geht nun auf einem gut erkennbaren Sandpfad und über Steinplatten steil bergauf.

Nach etwa 15 bis 20 Minuten erreichen wir den **Weg 202** ③, auf dem wir nun nach rechts in Richtung Norden den Hang queren, bis wir auf **Strommasten** treffen. Dort führt der Weg nach links und direkt unter den Stromleitungen bergauf. Der Weg ist ab hier wieder gut markiert.

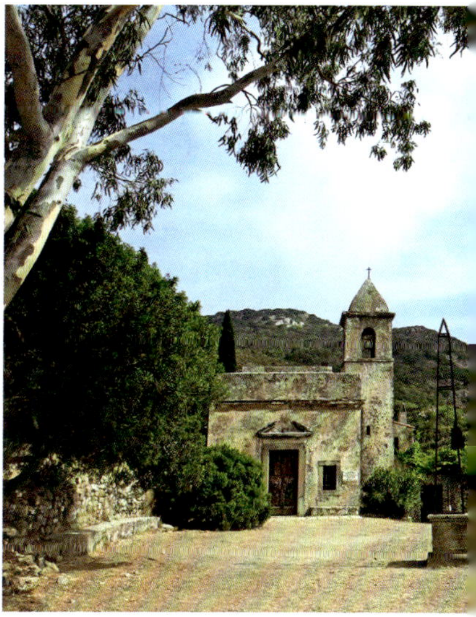

Nach weiteren 30 Minuten erreichen wir den Bergrücken des **Monte Serra** ④ mit tollem Ausblick nach Cavo, Rio Elba und Porto Azzuro. Vom Gipfel des Monte Serra führt ein markierter **Mountainbike-Trail** wieder zurück nach Rio nell'Elba. Wir folgen hier immer der Markierung. Der MTB-Trail endet bei einem **Wanderparkplatz** ⑤.

Hier gehen wir nach links ein kurzes Stück auf der kaum befahrenen Straße bergab bis zu einer kleinen **Siedlung** ⑥. Bei den Häusern führt uns ein weiterer ausgeschilderter Mountain-

TOUREN-STECKBRIEF

Anfahrt: Auf der SP33 nach Rio Elba und entweder an der Straße bei der Friedhofskapelle parken oder mit etwas Parkplatzglück bei **GPS N 42°48'55.8", E 10°24'00.5"**. Dieser Parkplatz liegt am nächsten am Startpunkt der Tour.
Mit dem Bus von Portoferraio mit der Linie 117 Richtung Porto Azzuro/Cavo. Haltestelle Rio nell'Elba bei der Friedhofskapelle/Kreisverkehr.
Anspruch und Charakter: Die Wanderung verläuft teilweise auf breiten, gut markierten Wegen, teilweise aber auch weglos durch niedrige Macchia, was gutes Orientierungsvermögen erfordert.
Highlights: Idyllisch gelegene Einsiedelei aus dem 17. Jahrhundert, spannender, teils wegloser Aufstieg, als Belohnung für die Anstrengung ein Rastplatz fast mit »Rundumblick« über die Insel.
Einkehr: Rio nell'Elba.
In der Nähe: Waschhaus und archäologisches Museum in Rio nell'Elba.

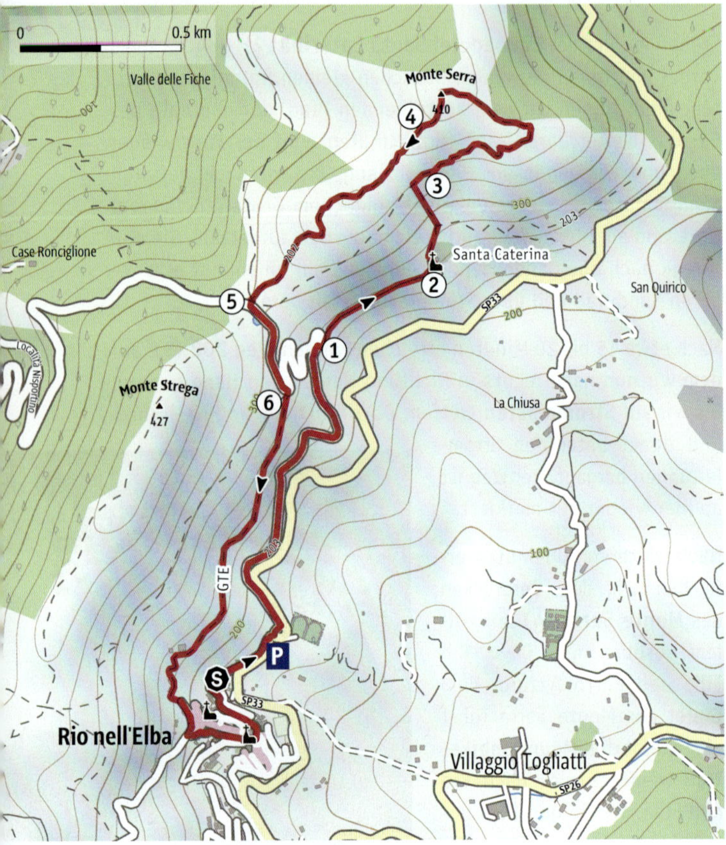

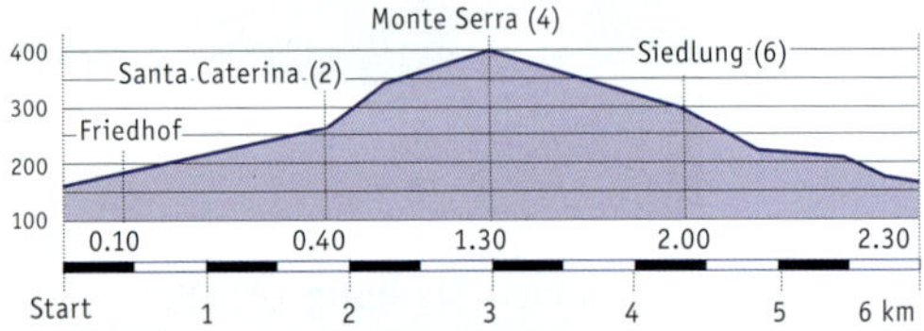

bike-Trail, ebenfalls als Weg 202 markiert, nach rechts vorbei an riesigen Agaven, zurück nach Rio nell'Elba. Man kommt direkt oberhalb der Ortschaft heraus und ist in wenigen Minuten unten im **Dorfzentrum** bei der Kirche, beim Café oder wieder am Auto oder der Bushaltestelle. Als Abrundung der Tour lohnt ein Besuch des alten Waschhauses, das sich oberhalb der Panoramastraße und in der Nähe der Bushaltestelle befindet.

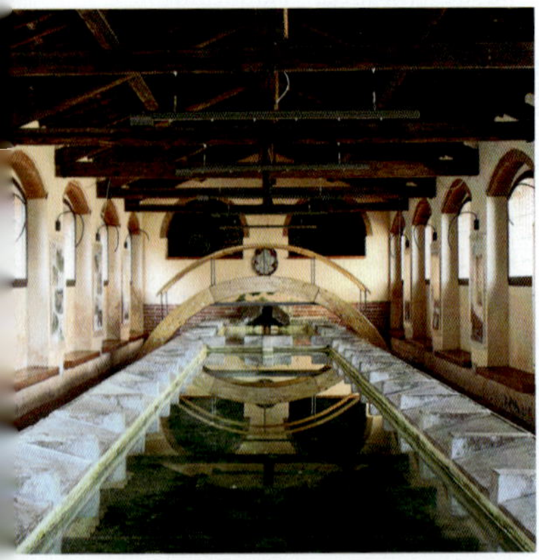

Tour 47: Mausoleo Tonietti

Ein Familiendenkmal hoch über Cavo

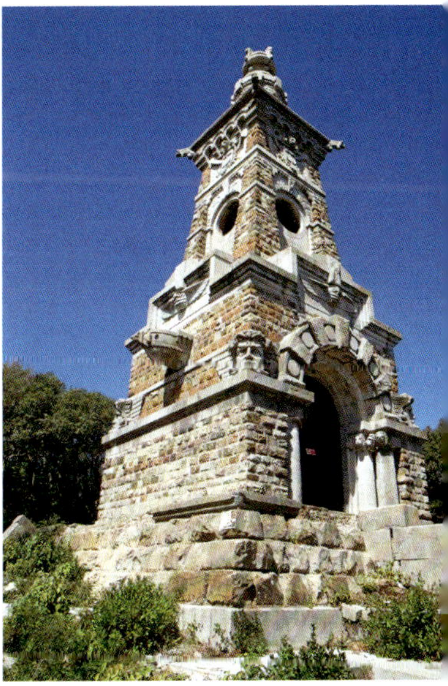

Stille, einsame und meist schattige Küstenwanderung zu einem monumentalen Familiendenkmal hoch über dem Meer im Nordosten der Insel. Verschlungene Pfade im lichten Steineichenwald wechseln sich ab mit einem Küstenweg mit Blick auf das Meer. Hoch oben auf dem Hügel lockt die verwunschene Landschaft am Mausoleo zu einer längeren Pause.

Wanderung: Wir spazieren an der Strandpromenade entlang und an einladenden Restaurants und Cafés vorbei. Den Cafébesuch heben wir uns für die Rückkehr auf und durchqueren vorerst die **Bucht** bis zu ihrem Ende. Nun gehen wir ganz kurz auf einer Asphaltstraße bergauf in Richtung Nordstrand Forsano. Schon nach

115 m

STRECKE 6 km

2 h

ab 6

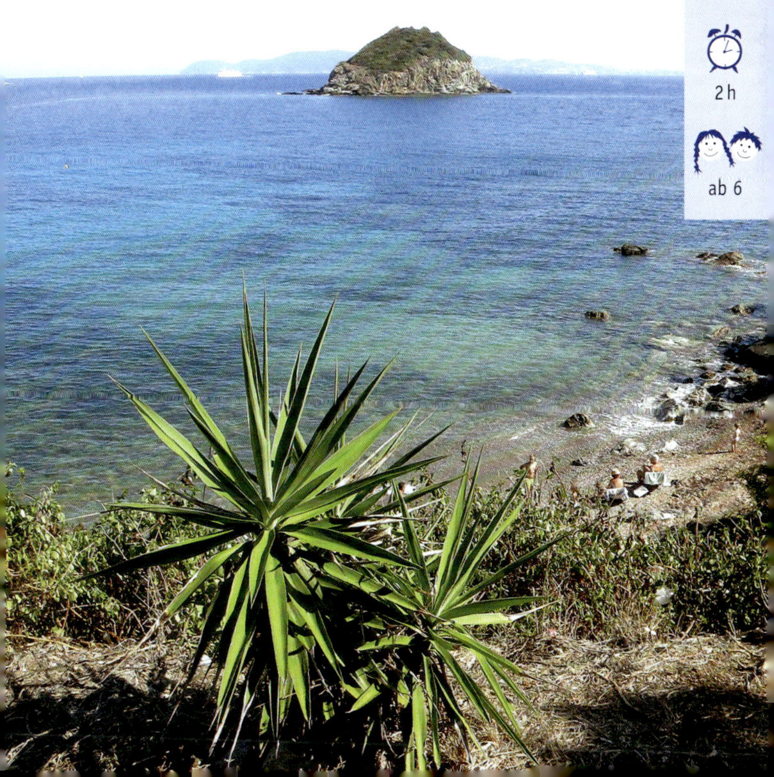

TOUREN-STECKBRIEF

Anfahrt: Am besten parken wir in Cavo im Schatten auf den Parkplätzen an der Spiagga Forsano, dann haben wir es nach der Tour nicht mehr so weit zum schönen Strand. Kleiner Parkplatz bei **GPS N 42°51'51.0", E 10°25'11.6"** am nördlichen Ende der Bucht. Weiterer größerer Parkplatz am südlichen Ende der Bucht bei **GPS N 42°51'38.2", E 10°25'12.5"**.
Mit dem Bus 117: von Portoferraio bis Cavo Hafen (Fahrtzeit 1,5 h). Alternativ kann man auch von Portoferraio aus mit dem **Tragflächenboot** nach Cavo übersetzen. Das spart viel Zeit und viele Kurven. Die Überfahrt von Portoferraio nach Cavo dauert nur etwa 20 Minuten und kostet pro Person € 13,10.
Anspruch und Charakter: Sehr schöner, gut begehbarer Küstenweg, teilweise schattig.
Highlights: Turm mit Weitblick und schmaler, spannender Küstenpfad.
Einkehr: Cafés in Cavo.
In der Nähe: Strand von Cavo.

Das Mausoleo Tonietti

Das Mausoleum auf der Bergkuppe wurde vom Architekten Adolfo Coppedè zwischen 1899 und 1906 als Familiengrab für die Familie Tonietti errichtet. Tonietti war einer der ersten Minenpächter auf Elba. Für den Bau des Turmes wurde Granit aus Elba verwendet. Als Grab durfte das Denkmal dann jedoch gar nicht genutzt werden. Optisch erinnert das Mausoleum, das weithin sichtbar aus dem Steineichenwald ragt, an einen Leuchtturm. Schaut man dann genauer hin, kann man an der Fassade viele symbolische Motive entdecken: Bedrohliche Fratzen, Wappen mit Seefahrersymbolen und Symbole, die an die der Freimaurer erinnern. Ursprünglich war der Turm von einer Marmorbalustrade umgeben, und schmiedeeiserne Tore gewährten Einlass. Diese gibt es jedoch nicht mehr und auch die Eingangstreppe beginnt bereits zu zerfallen.

wenigen Minuten sehen wir einen **Parkplatz unter Pinien** ① und einen Kiosk. Kurz vor dem Parkplatz zweigt links eine Straße nach oben ab, der wir folgen. Hier sehen wir bald die ersten vertrauten rot-weißen Wegweiser des Weitwanderweges GTE sowie einen Wegweiser zum Mausoleo Tonietti.

Anfangs ist der Weg breit und geschottert und wir wandern in der Sonne. Nach etwa 30 Minuten wird er dann schmaler und entwickelt sich zu einem verwunschenen Pfad, der sich durch dschungelartige Vegetation an der Küste entlang schlängelt. Ab und zu erhaschen wir einen Blick auf das Meer. Einige **Stichpfade in Richtung Wasser** könnten einen glatt ans Meer »verführen«.

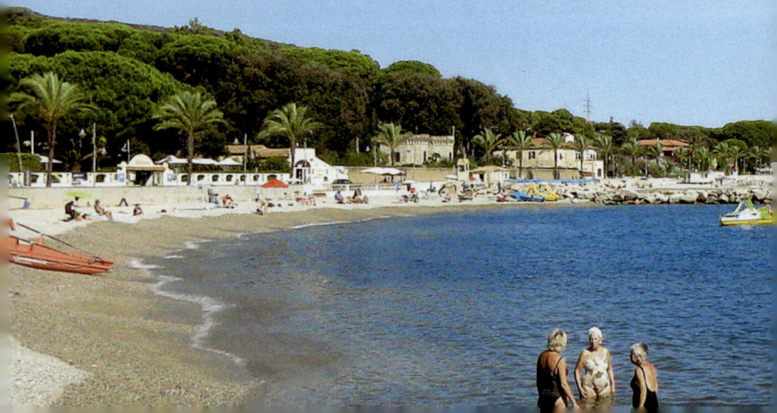

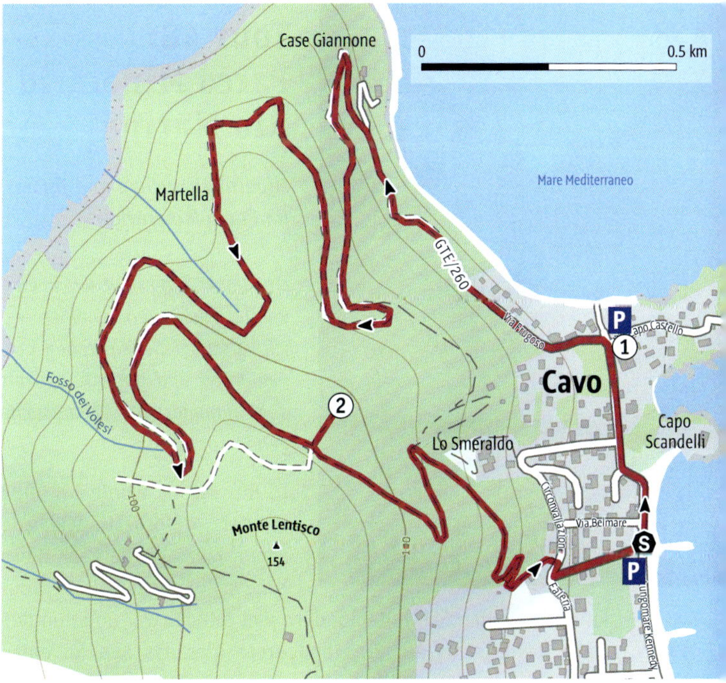

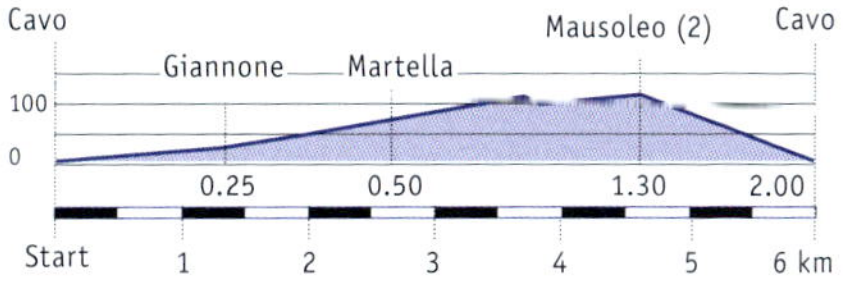

Wir folgen dem Wanderweg weiter durch Hohlwege aus Steineichen, vorbei an Erdbeerbäumen, Wacholder, Myrthe und duftendem Rosmarin, bis wir nach etwa eineinhalb Stunden einen schattigen Picknickplatz erreichen, von dem es nur noch wenige Schritten zum **Mausoleo** ② sind.

Wir folgen dem Wegweiser in Richtung Cavo auf einen breiten Sandweg und gehen bergab, bis wir auf eine kleine Straße stoßen. Hier biegen wir rechts und gleich wieder links ab (Via Bellariva). Es geht steil hinunter und wir sehen von weit oben das Meer blau leuchten. Der Weg endet am **Parkplatz am Meer**. Von hier aus marschieren wir zu unserem Auto zurück oder machen es uns am gepflegten Kiesstrand oder in einem der Strandcafés gemütlich.

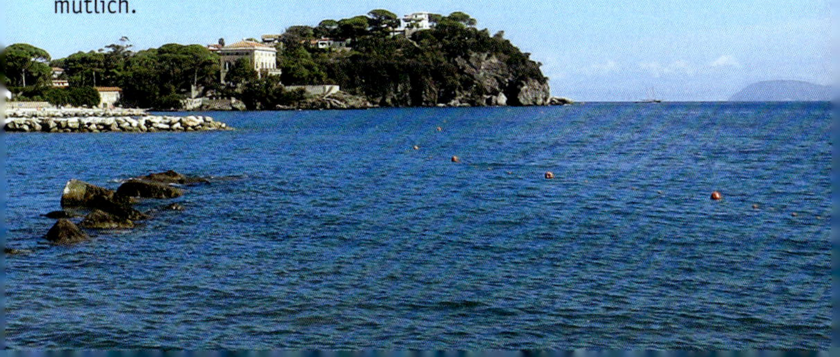

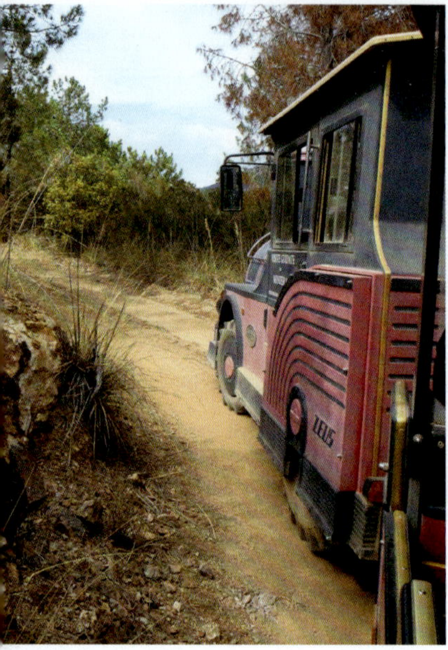

Tour 48: Parco Minerario Rio Marina

Mineralien suchen und finden im Parco Minerario

Ein kleiner Zug bringt uns in eine der aufgelassenen Erzminen, wo wir verschiedene Mineralien kennenlernen und dann selbst mit dem Hammer auf Schatzsuche gehen können.

1h30

ab 6

In Rio Marina wurde bis 1982 Eisenerz gefördert. Wie alle Minen Elbas wurde auch diese Mine stillgelegt, weil die Konkurrenz aus den Schwellenländern viel billiger war und nun den Markt beherrscht. Auf Elba bedeutete dies das Aus für einen Jahrtausende alten Wirtschaftszweig. Schon die Etrusker förderten hier Eisenerze. Viele Minen werden nun Touristen zugänglich gemacht, was bis vor wenigen Jahren noch nicht denkbar war. In Rio Marina dürfen wir auch selbst ans Werk gehen und glitzernde Steine aus dem Fels klopfen. Damit wir auch erkennen, was wir gefunden haben, lohnt vorab ein Besuch des Museo di Minerali Elbani. Sämtliche dort ausgestellten Exponate stammen aus Elba, ein detailliertes Merkblatt ist auch auf Deutsch erhältlich. Danach können wir die geführte Exkursion durch den Mineralienpark antreten. Ein Mini-Zug fährt die interessantesten Stellen an und hält an den markanten Punkten, damit Zeit zum Schauen ist. Wir fahren dabei durch ein weitläufiges, karges Gebiet, das stellenweise einer Mondlandschaft gleicht.

Die Erläuterungen zu den einzelnen Haltepunkten erfolgen zwar auch auf Deutsch, aber der Lautsprecher ist so schlecht und verzerrt und die Diesellok so laut, dass wir kaum etwas verstehen. Am besten liest man sich vorab selber ein und lässt im Zug einfach nur die fantastische Minenlandschaft auf sich wirken.

Nach etwa 30 Minuten Fahrt erreichen wir eine Mine, bei der wir auch aussteigen dürfen. Jeder Fahrgast erhält einen schweren Hammer und eine kleine Tüte für seine Schätze. Das Hämmern, Suchen und Finden macht vor allem den Kindern einen Riesenspaß! Der Fahrer hilft hier und dort beim Klopfen und erklärt die beste Technik, allerdings nur auf Italienisch.

Meistens findet man in dieser Miene Hämatit und Pyrit. Nach 20 Minuten Sammlerglück geht es wieder in den Zug und zurück nach Rio nell'Elba.

Im Museum können wir noch schöne Fundstücke aus allen Teilen der Erde begutachten. Im Kellergeschoss ist auch eine kleine Mine nachgebaut. Die Ausstellung ist schon ein bisschen in die Jahre gekommen, aber als Ausflug bei bedecktem Himmel dennoch empfehlenswert. Für ältere Kinder bietet sich statt der Zugfahrt eine coole Tour mit dem Safari-Jeep an. Im Prinzip entspricht der Ablauf dem der Zugfahrt, der Ausflug ist dann nur etwas rasanter und man besucht auch eine Mine, die man mit dem Zug nicht erreichen kann.

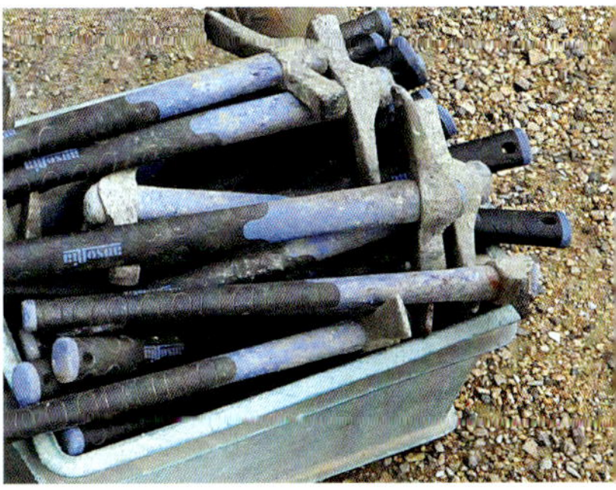

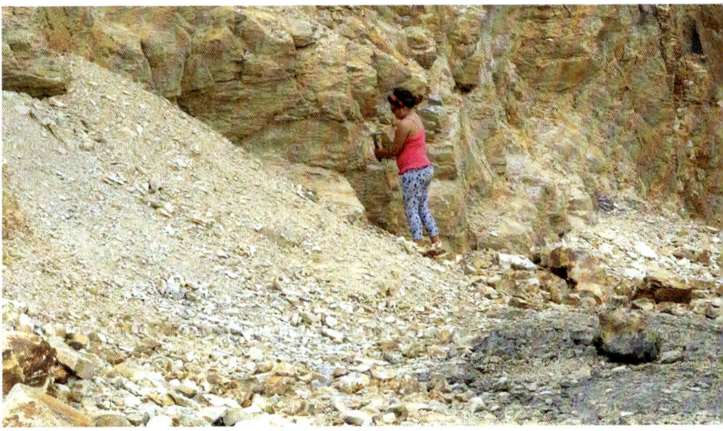

TOUREN-STECKBRIEF

Anfahrt: Mit dem Auto erreichen wir Rio Marina von Portoferraio aus auf der SP 24 und SP 26 in etwas mehr als 30 Minuten, wenn wir direkt über Magazzini fahren. Parken kann man in Hafennähe oder Richtung Rathaus an der Straße.
Mit dem Bus 117: Ab Portoferraio Richtung Porto Azzurro/Cavo. Ca. 1 ¼ Stunde Fahrzeit bis Rio Marina. Die Bushaltestelle befindet sich am Hafen.
Führungen: Täglich jedoch nur mit Vorbestellung, Tel. 0039 0565962088, Preise einschließlich Museumsbesuch €21, Kinder 4 bis 12 Jahre €11,50. Palazzo del Burò, Via Magenta 26. www.parcominelba.it
Anspruch und Charakter: Ideal für einen kühlen, bedeckten Tag. Sehr staubige Tour, Zug ist überdacht, trotzdem ist eine Kopfbedeckung empfehlenswert. Bei Regen findet die Fahrt nicht statt.
Eine Exkursion auf eigene Faust ist aus verschiedenen Gründen leider nicht mehr möglich.
Highlights: Fahrt mit dem Mini-Zug und selbst nach Mineralien suchen.
Einkehr: Keine.
In der Nähe: Porto Azzuro.

Elbas glitzernde Steine – Mineralogie für Anfänger

Geologisch gesehen ist Elba in zwei Teile geteilt. Der Westen ist von Granit geprägt, der Osten von Eisenerz. Zwischen Porto Azzurro und Cavo ist die Erde rötlich gefärbt, in der Gegend um Rio nell'Elba wurde bis 1982 Eisenerz abgebaut. Seitdem die Minen dort stillgelegt sind, dürfen auch Hobbymineralogen klopfen und schürfen. Im Westen rund um den Monte Capanne sticht der weiße Granit ins Auge. Da nicht jeder Kristall in jedem Gestein vorkommt, sollten angehende Mineraliensucher ein paar Grundkenntnisse erwerben. Es ist zum Beispiel sinnlos, in Rio nell'Elba nach einem Turmalin zu suchen. In der Eisenerzregion an den Küsten zwischen Porto Azzurro und Rio Marina findet man hauptsächlich Pyrit, Hämatit und Ilvait, dem die Insel übrigens ihren Namen verdankt. Eisenglimmer mit seinen schönen rosa Kristallen gibt es in der Gegend um Rio nell'Elba, Ilvait und Magnetit rund um den Monte Calamita. Im Osten der Insel tut man sich beim Finden der schönen Glanzstücke etwas leichter, da durch die Minenarbeit schon gute Vorarbeit geleistet wurde und Gesteinsbrocken, in denen sich ein schönes Fundstück befinden könnte, bereits herumliegen und leicht abzuklopfen sind.

Auf der »Granitseite« können wir zwar auch nach Steinen schauen, dürfen sie aber nicht mitnehmen, denn wir befinden uns hier im Naturschutzgebiet. Kristalle wie den Turmalin findet man in Granitsteinen, die mit einer dicken, weißen Ader durchzogen sind, dem Pegmatit. Hier kann es sich lohnen, zu suchen. Am besten nehmt ihr etwas Wasser mit und machen den Stein damit nass. Erst dann sieht man die bunten Kristalle in der Sonne glänzen. Sie sind allerdings winzig, sodass zur Grundausstattung zum Mineralien sammeln außer einem kleinen Hammer auch eine gute Lupe gehört. Hier und da werdet ihr bereits lockeres Gestein entdecken, wo schon mal ein Vorgänger gearbeitet hat. Diese Stellen eignen sich meist gut zum Weiterklopfen. Verlasst eine Fundstelle immer, wie ihr sie vorgefunden habt, damit niemand auf die Idee kommt, die Wildschweine hätten ihr Unwesen getrieben.

Familien mit jüngeren Kindern sind im Osten der Insel bei den ehemaligen Minen von Rio nell'Elba besser aufgehoben. Dort können wir geführte Touren zu den aufgelassenen Minen buchen **[› Tour 48]** und die Suche führt schnell zum Erfolg, was Kindern einen erheblichen Motivationsschub gibt. Mit älteren Kindern, die bereits ein echtes Interesse an der Mineralogie entwickelt haben, nimmt man am besten an einer sachkundig geführten Tour teil, die über das Museum MUM in San Piero gebucht werden kann.

Die wichtigsten Mineralien

Pyrit, Hämatit und Magnetit sind Eisenverbindungen und die typischen Mineralien in Elbas Osten. Auf diese Mineralien werdet ihr wahrscheinlich auch bei ihrer ersten Schatzsuche in den aufgelassenen Minen um Rio nell'Elba treffen.

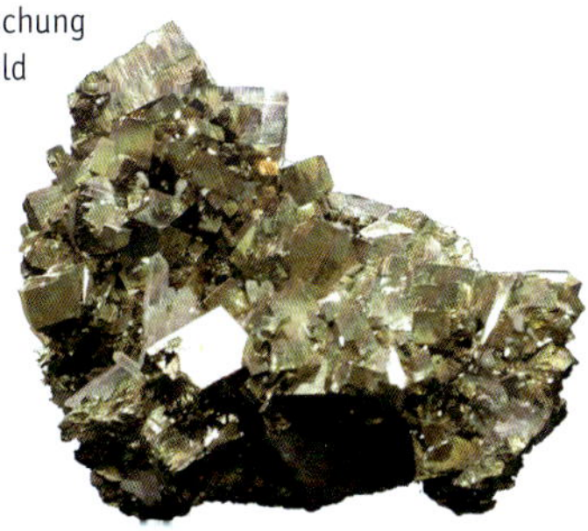

Pyrit ist chemisch gesehen Eisensulfit, eine Mischung aus Eisen und Schwefel, und auch als Katzengold bekannt. Der Stein ist undurchsichtig und bildet kantige, glänzende Kristalle. Pyrit ist eines der am häufigsten vorkommenden Mineralien und sieht sehr interessant aus. In der Steinzeit machte man Feuer, indem man mit einem Feuerstein Partikel von einem Pyritstein abschlug. Durch die Reibung bei diesem Vorgang entstehen Funken, mit denen man leicht brennbares Material entzünden kann.

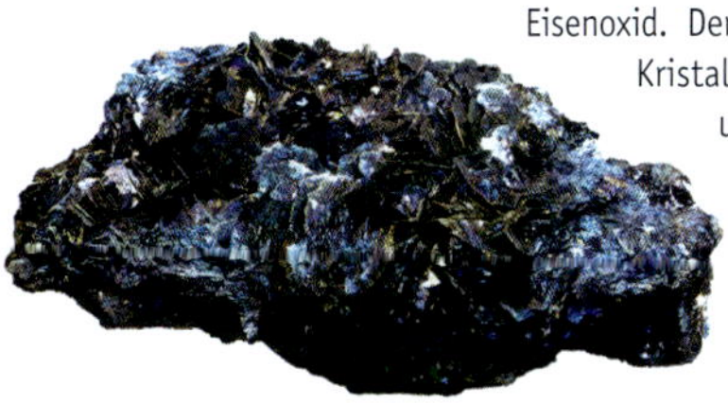

Hämatit ist ebenfalls eine Eisenverbindung, nämlich Eisenoxid. Der Stein bildet wie auch Pyrit kantige Kristalle, ist aber dunkelgrau oder schwarz und glänzt metallisch. Mit der Zeit können die Oberflächen sich auch rötlich verfärben. Hämatit enthält bis zu 70 Prozent Eisen und ist neben Magnetit das zur Eisengewinnung am besten geeignete Erz.

Auch **Magnetit** ist ein Eisenoxid, hat aber einen etwas anderen chemischen Aufbau als Hämatit. Er bildet Kristalle in Form eines Oktaeders. Wegen seiner guten magnetischen Eigenschaften ist er ein begehrter Rohstoff in der Elektroindustrie. Ebenfalls bei Rio Marina zu finden ist der leicht durchscheinende, schwarze Ilvait und, seltener, die blau-grün schimmernden Chrysokolle.

Mineralien, die im Granit vorkommen, sind chemisch ganz anders zusammengesetzt und meist Silikatmischungen wie Quarz, Beryll oder der bereits erwähnte Turmalin. Optisch wirken sie glasartig durchscheinend und sie werden vor allem als Schmucksteine geschätzt.

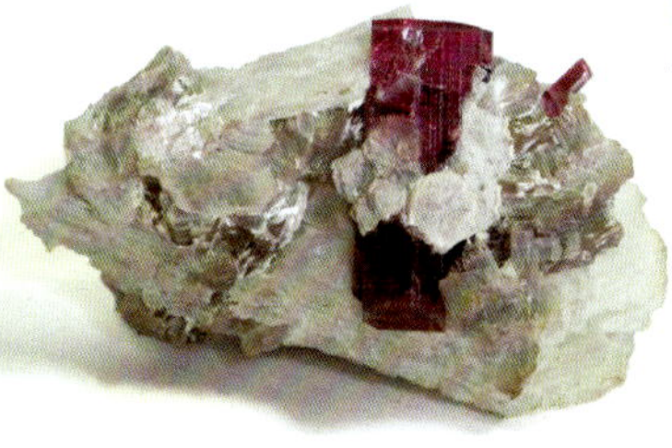

Ein selbst gefundener **Turmalin,** sei er auch noch so winzig, wird sicher zum Prunkstück in jeder Mineraliensammlung. Turmalin kommt in etlichen Farben vor. Er ist durchscheinend, sehr hart und gehört aufgrund dieser Eigenschaften zu den Edelsteinen.

REISEINFORMATIONEN

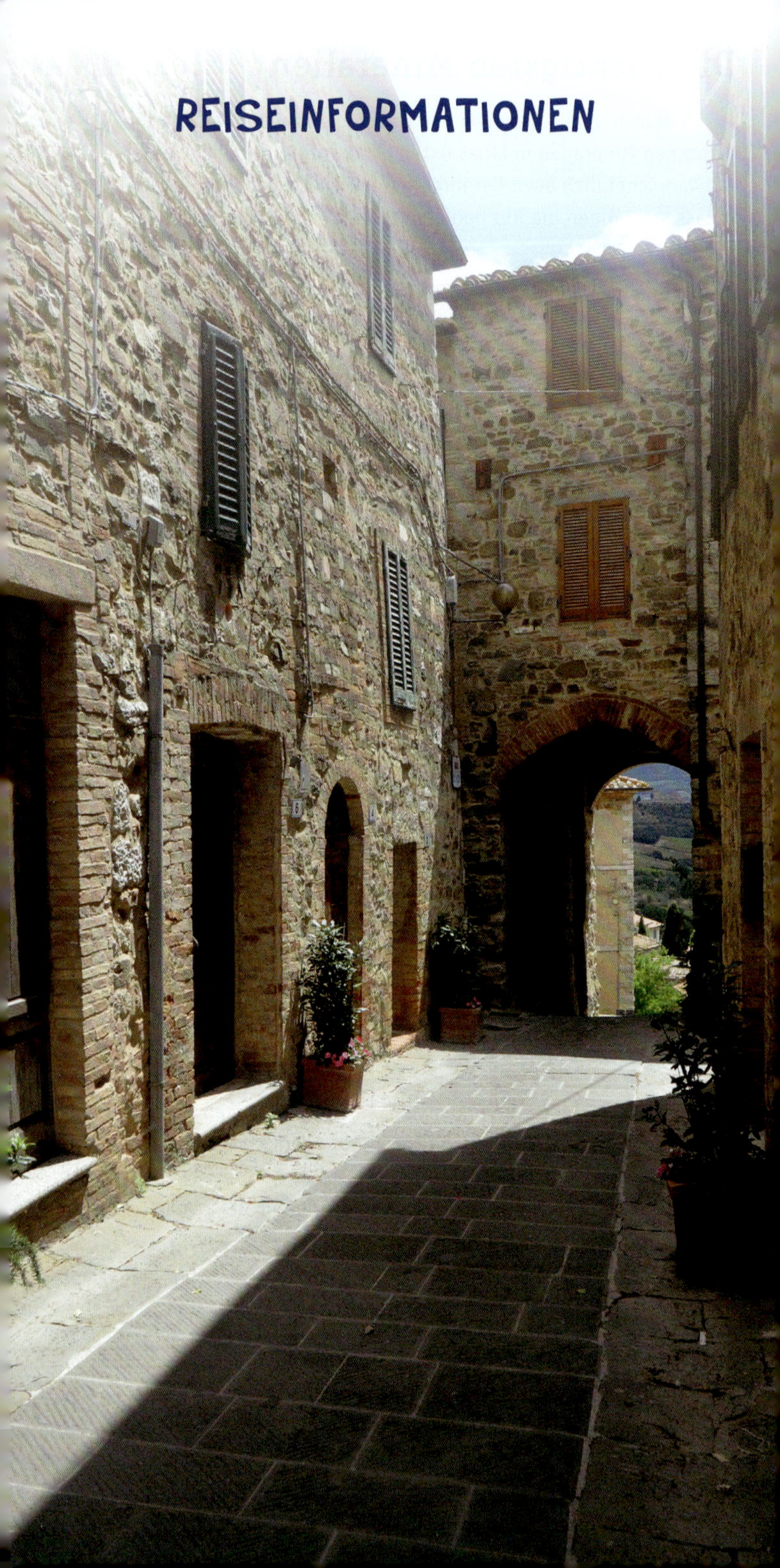

Einkaufen und Essen

Einkaufen

Große Supermärkte haben ganztägig und oft auch am Sonntagvormittag geöffnet. Ansonsten pflegt man überall in Italien die Sitte der Siesta. Ab spätestens 13 Uhr und bis mindestens 16 Uhr sind kleinere Läden geschlossen, und die Geschäftsstraßen der Orte wirken wie ausgestorben.

Typische Produkte der Toskana

Das italienische **Gelato** hat für die Kinder ganz sicher die erste Position dieser Liste verdient. Mindestens eine Gelateria gibt es in jedem größeren Ort. Sie motiviert zum Stadtbummel und rettet an manchen Tagen die gute Stimmung.

Die guten toskanischen Weine sind wohl das Pendant für die Eltern. **Weinanbau** hat in der Toskana eine lange Tradition. Mit den Orten Montepulciano und Montalcino liegen zwei der renommiertesten Anbaugebiete Italiens in der Südtoskana. Auch auf Elba wird schon seit Jahrhunderten guter Wein gekeltert.

Ein mindestens genauso traditionsreiches Produkt der Region ist das **Olivenöl**, das der Mittelmeerküche ihren unverwechselbaren Geschmack verleiht. Kaufen kann man die Öle oft direkt beim Erzeuger. Die beste Qualität des Öles erhält das Prädikat »extra vergine«.

Pizzeria und Ristorante Essen gehen in Italien

Die in der Toskana übliche Küche ist eher leicht. Es wird mit viel frischem Gemüse gekocht. Eine wichtige Rolle spielen durch die Nähe zur Küste Frutti di Mare und Fisch. Fleisch wird oft und gerne auf dem Holzkohlegrill zubereitet.

Essen im Restaurant hat in Italien erst einmal ungewohnte Regeln. Gutes Essen spielt eine wichtige Rolle und ein Besuch in einem Ristorante ist eine würdige Angelegenheit, zu der man sich auch passend kleidet. Wer in Wanderhosen und Turnschuhen erscheint, fällt zumindest auf.

In Italien isst man wie in allen südlichen Ländern später als bei uns. Einen Tisch reserviert man frühestens ab 20 Uhr, und vor 19 Uhr bekommt man überhaupt kein Essen.

Die übliche Speisefolge besteht aus Antipasto, Primo, Secondo und Dolce. Nach dem Essen trinkt man dann einen Likör oder einen Espresso. Ein Antipasto, das Wort ist inzwischen auch bei uns ein Begriff, ist eine Vorspeise. Das »Primo« besteht normalerweise aus einem Nudelgericht. Erst zum »Secondo« gibt es Fleisch oder Fisch. Die Beilagen (contorni) wie Gemüse oder Kartoffeln bestellt man dabei einzeln dazu.

Zum Essen trinkt man Wein, aber auch Bier ist überall zu bekommen. Die bei uns für Kinder übliche Fruchtsaftschorle ist in Italien unbekannt. Eine Flasche Wasser mit Gläsern für alle ist da eine gute Lösung. Softdrinks wie Fanta und Cola gibt es natürlich auch.

Geht es dann ans Bezahlen, kommt zu den Speisen noch ein auf der Speisekarte ausgewiesener Betrag für das Coperto – das leere Gedeck – hinzu. Zwischen zwei und drei Euro pro Person sind üblich und völlig normal. Trinkgeld rundet man nicht wie bei uns oft gängig bereits beim Bezahlen auf, man wartet auf das Wechselgeld und lässt die passende Summe beim Gehen auf dem Tisch zurück.

Ein komplettes Essen à la carte kostet pro Person etwa ab €30 aufwärts. Betrachtet man das Preis-Leistungs-Verhältnis, ist das durchaus angemessen. Wenn aber drei, vier oder sogar fünf Personen am Tisch sitzen, ist die 100-Euro-Grenze bei einem Essen schnell überschritten, und das selbst dann, wenn man den einen oder anderen Gang auslässt. Für die meisten Familien wird ein Essen im Ristorante wohl eher ein besonderes Ereignis als tägliche Normalität sein.

In Urlaubsgebieten wird inzwischen häufiger unter dem Begriff »menu turistico« ein Menü zum Festpreis angeboten, was das Essengehen für Touristen unkomplizierter macht.

Alternativen zum italienischen Menü

Pizza – in Deutschland der Inbegriff italienischer Küche – ist in Italien eher am Abend üblich. Wo das anders ist, steht meist ein Extra-Schild **Pizza a pranzo**. Die Preise liegen knapp unter dem deutschen Durchschnitt. Aber auch hier kommt noch der übliche Betrag fürs Coperto hinzu. Die Sparversion – eine Pizza zum Mitnehmen (Pizza da asporto), gibt es in fast jeder Pizzeria. Die nudelorientierte Form der Pizzeria – eine Spaghetteria – findet man am ehesten in den Städten.

Weit weniger nobel und auch eingerichtet auf die Gewohnheiten von Touristen sind die **Restaurants auf Campingplätzen.** Manchmal haben sie eher gehobenes Snackbar-Niveau, auf vielen Plätzen kann man aber auch richtig gut essen.

Kleinere Gerichte gibt es mittags auch in Bars und Cafés. Zumindest **Panini** sind immer im Angebot. Man bekommt sie auch außerhalb der üblichen Essenszeiten und mit verschiedenen Brotsorten – vom Toast bis zum gängigen Brötchen – und in warm (caldo) oder kalt (freddo). In Bäckereien oder im Supermarkt kann man oft Foccaccia kaufen – ein dickes, luftiges, leicht salziges und öliges Brot, das mit Tomaten- oder Gemüsebelag besonders lecker schmeckt.

Wie kommt man am besten in die Toskana und nach Elba?

Am bequemsten ist die Anreise in die Südtoskana mit dem eigenen Auto. Nur bei kürzeren Reisen und weiter Anreisestrecke ist die Variante Flug und Leihwagen eine sinnvolle Alternative. Florenz oder Pisa sind dann meist der beste Ausgangspunkt. Beide Städte erreicht man aber auch gut mit der Bahn. Während die Startpunkte unserer Wanderungen auf dem Festland (Tour 1 bis 25) nur mit einem eigenen Fahrzeug zu erreichen sind, kommt ihr auf Elba, vor allem während der Sommersaison, auch mit öffentlichen Verkehrsmitteln zurecht.

Flugzeug

Wer mit dem Flugzeug in die südliche Toskana reisen möchte, landet meist auf den Flughäfen Pisa oder Florenz, die von allen deutschen Großstädten angeflogen werden. Hier steigt man dann am besten auf einen Leihwagen um, um weiter nach Süden zu kommen.

Wer nach Elba möchte, kommt mit dem Flugzeug nicht direkt ans Ziel. Auf dem Flughafen von Marina di Campo können nur kleine Maschinen starten und landen. Es gibt keine Direktverbindungen aus Deutschland und Österreich.

Vom Flughafen Pisa gibt es einen Shuttleservice mit Minibus nach Piombino. Die anschließende Überfahrt mit der Fähre ist nicht inbegriffen.
www.elba-shuttle.com

Mietwagen

Wer mit dem Flugzeug anreist und einen Mietwagen möchte, bucht am besten schon von zu Hause aus. So klappt dann die Übernahme am Flughafen reibungslos, und das gewünschte Fahrzeug ist auch verfügbar. Erst in der Toskana zu buchen, bringt meist keine Vorteile. Die Preise für eine Woche liegen für einen Kleinwagen etwa bei €150. Braucht man etwas mehr Raum, muss man für einen Kombi mit gut €200 rechnen. An den Flughäfen stehen Fahrzeuge aller gängigen Anbieter. Es kann auch sinnvoll sein, Flug und Mietwagen zusammen zu buchen: Es gibt oft Kooperationen zwischen Fluglinien und Autovermietungen, die den Kunden zu guten Preisen verhelfen.

Elba ohne Auto

Wer nur nach Elba möchte, kann auch ganz ohne Auto reisen. Mit dem Inselbus (at-bus.it) kommt ihr zum Startpunkt fast aller unserer Wanderungen auf Elba. Den Fährhafen Piombino Marittima erreicht ihr dann am besten über Florenz. Der Regionalzug von Florenz nach Piombino braucht etwa drei Stunden, die Reisebuslinie der Gesellschaft Tiemme ist in der Hauptsaison etwas schneller und sehr komfortabel. Wir haben es ausprobiert! www.tiemmespa.it

Anreise mit dem Auto

Aus Süddeutschland sind Siena und der Fährhafen nach Elba in Piombino auch gut mit dem Auto zu erreichen. Von München fährt man auf der Brennerroute etwa 700 Kilometer nach Siena, nach Piombino sind es ungefähr 800 Kilometer. Von Stuttgart erreicht man Piombino nach 880 Kilometer und fährt dabei durchgehend auf der Autobahn.

Mit der Fähre nach Elba

Die Fahrt von Piombino nach Portoferraio dauert eine gute Stunde. In Cavo oder Rio Marina sind wir etwas schneller. Im Hafen liegen Autofähren von vier Gesellschaften und ein Schnellboot für Fußgänger. Im Sommer fahren die Fähren fast stündlich und selbst im Winter werden Abfahrten im Zwei- bis Dreistundenrhythmus garantiert. Trotzdem solltet ihr eine Überfahrt mit dem Auto in den Ferien, an Wochenenden und rund um Feiertage vorab buchen. Wenn ihr ein Fahrzeug mit Überhöhe fahrt ist eine Reservierung immer sinnvoll. Wer preisgünstig übersetzen möchte, wählt nicht unbedingt den Samstag.

Marktführer sind die Reedereien **Toremar** und **Moby Lines**, die zwar Fähren mit eigenem Logo bereitstellen, aber eigentlich zusammengehören. Man kann beide über Moby Lines buchen.

Noch recht neu auf dieser Strecke ist **Corsica Ferries** mit einer Schnellfähre für Fahrzeuge, die für die Überfahrt nur 45 Minuten braucht. Die gelben Fähren fuhren bisher nur nach Korsika und Sardinien.

Schwieriger zu finden sind die Abfahrten der vierten Gesellschaft **Blue Navy**, deren Fähren außerhalb des Sommers nicht jeden Tag auslaufen. Da diese aber recht günstige Tarife anbietet, lohnt es sich danach zu suchen.

Eine Fährpassage buchen:
Am einfachsten und meist am billigsten geht das Buchen der Fähre online. Eine Übersicht über alle Fährverbindungen mit Preisen bekommt man auf Portalen wie www.aferry.de
www.traghettilines.it
www.faehreonline.com
oder www.directferries.de.

Dort kann man die Fähre auch buchen. Dazu braucht ihr eine Kreditkarte, oder ihr zahlt sicher und schnell per Paypal.
Manchmal ist es günstiger, die Überfahrt auch direkt bei den Fährgesellschaften zu buchen. Moby Lines (www.mobylines.de) und Corsica Ferries (www.corsicaferries.com) haben gut strukturierte deutschsprachige Internetseiten. Das Buchungsportal von Blue Navy (www.blunavytraghetti.com) ist etwas unübersichtlicher.

Für Fußgänger erübrigt sich die Buchung. Sie können vom Zug oder Bus einfach auf die Fähre gehen und das Ticket direkt an Bord kaufen.

Autofahren in der Toskana

In Italien ist die Geschwindigkeit auf Autobahnen auf 130 km/h begrenzt. Achtung! Auf Schnellstraßen und Landstraßen gilt eine Geschwindigkeitsbegrenzung von 90 km/h. In Ortschaften reduziert sich das Tempo auf vertraute 50 km/h.

Außerhalb der Ortschaften gilt ganztägig Scheinwerferpflicht. Die Grenze für den Alkoholgehalt im Blut liegt bei 0,5 Promille.

An vielen Kreuzungen ist die Vorfahrt durch Kreisel geregelt. Wenn nicht anders ausgeschildert, gilt hier die Regel rechts vor links. Weniger vertraut sind uns die Markierungen zum Parkverbot. Hier stehen keine Schilder, sondern die Farbe des Bordsteines entscheidet: An weißen Bordsteinen parkt man kostenlos, an blauen ist Parken gebührenpflichtig, an gelben Streifen parken nur Taxis, und schwarzgelb signalisiert Parkverbot. Ähnliches gilt bei farbig markierten Parkplätzen. Parkbuchten mit gelber Umrandung sind Anwohnern vorbehalten (das heißt für uns Parkverbot!). Hat euer Parkplatz blaue Eingrenzungen, geht auf Suche nach dem Parkscheinautomaten. Nur auf der Straße weiß markierte Parkplätze sind kostenlos und für alle frei verfügbar.

Eine weitere italienische Besonderheit ist die Pflicht zum Mitführen einer gelben oder orangen Sicherheitsweste für jede Person im Auto. Die Westen müssen greifbar untergebracht sein und beim Verlassen des Autos bei Pannen und Unfällen auf allen Straßen außerhalb geschlossener Ortschaften getragen werden.

Alle Gegenstände, die über das Fahrzeug hinausragen, müssen mit einem genormten rot-weißen Metallschild markiert sein. Das gilt auch für Fahrradträger und Ähnliches! Das passende Schild bekommt ihr im Autozubehör oder beim ADAC. Eventuell ändert sich die Gesetzeslage 2024. Informiert euch vor der Einreise, Verstöße können teuer werden!

Orientierung

Um mithilfe der im Tourensteckbrief angegebenen GPS-Koordinaten stressfrei zum Beginn der Wanderung zu navigieren, braucht ihr ein ganz normales Navi, bei dem ihr auch Koordinaten eingeben könnt. Stellt bei eurem Navi unter Einstellungen das hier im Buch verwendete GPS-Format (Grad, Minuten, Sekunden) ein. Ein Navi ist aber nicht zwingend notwendig, um den Startpunkt zu finden. Es geht auch mit der Anfahrtsbeschreibung.

Ob mit oder ohne Navi empfehlen wir zur grundlegenden Orientierung unbedingt eine gute Straßenkarte. Auch wegen ihres robusten Materiales ist die Toskanakarte des World Mapping Project (Reise Know How Verlag) eine gute Wahl.

Wie findet man eine geeignete Unterkunft?

Ferienwohnungen

Ferien im Hotel sind mit Kindern nicht nur teuer, sondern auch ziemlich unpraktisch. Besser geeignet ist ein Ferienhaus oder ein Apartment. Beides findet man sowohl an der Küste, als auch im Landesinneren. Größere Anlagen mit Animation und Kinderbetreuung gibt es in der Toskana ausschließlich an der Küste.

Viele kleinere und private Vermieter bieten ihre Objekte über Internetplattformen an. Unter folgenden Adressen findet ihr gut sortierte Angebote:

www.fewo-direkt.de
In diesem Forum findet man Wohnungen und Häuser privater Vermieter. Die meisten Wohnungen liegen nicht in großen Ferienanlagen. Von der Hütte bis zur Villa ist alles dabei. Fewo-direkt bietet weltweit an und hat in der südlichen Toskana und auf Elba viele Objekte zur Auswahl.

www.to-toskana.de
Hier werden ausschließlich Ferienhäuser und Wohnungen in der Toskana vorgestellt. Es gibt auch eine Rubrik »familienfreundliche Unterkünfte«.

www.maremma-toskana.de
Unterkünfte ausschließlich in der Maremma, gut untergliedert in Wohnungen und Häuser am Meer oder auf einem Agriturismo oder einem Weingut im Landesinneren.

Weitere Angebote gibt es unter:

www.toskana-fewo.com
www.casamundo.de
traumhaftes-italien.de
www.mittelmeerblick.com
www.interhome.de
www.tripadvisor.de/Rentals

Und natürlich auch über *www.booking.com*.

Agriturismo

Ein Agriturismo bietet zwar Unterkünfte auf einem Bauernhof, ist aber mit dem bei uns üblichen Bauernhofurlaub kaum zu vergleichen. Meist sind die Höfe nicht mehr voll bewirtschaftet, haben aber immerhin noch ein paar Tiere oder produzieren in kleinem Rahmen Olivenöl oder Wein. In der Maremma haben sich auch einige Agriturismi auf Reittourismus spezialisiert. Die Höfe liegen fast immer außerhalb der Orte, manche in außergewöhnlich schöner Lage. Viele werden biologisch bewirtschaftet und verpflegen ihre Gäste mit eigenen Produkten. Das Essen ist vielfach ausgezeichnet und für Hausgäste vergleichsweise preiswert. Es gibt kaum einen besseren Ort, die regionale Küche kennenzulernen, als einen gut bewirtschafteten Agriturismo. Mit Kindern seid ihr meist in

Mehrbettzimmern, seltener in Apartments oder Ferienwohnungen untergebracht.

Urlaub im Agriturismo ist Urlaub bei Einheimischen. Nirgendwo sonst kommt man besser in Kontakt mit Land und Leuten. Das Meer ist allerdings meist ein Stück entfernt und die Unterkünfte sind auch nicht unbedingt preisgünstig.

Einen guten Überblick bekommt ihr unter **www.agriturismo.it**. Die Seite lässt sich auch auf Deutsch umstellen.

Minibungalows und Mietzelte

Eine Unterkunft, die die ungezwungene Atmosphäre eines Campingplatzes mit dem Komfort einer Ferienwohnung verbindet, sind die Bungalows, die auf fast jedem italienischen Campingplatz vermietet werden. Die Häuschen haben meist ein eigenes Mini-Bad und eine kleine Küche, sind mit etwa 25 bis 30 Quadratmetern aber nicht viel größer als ein Hauszelt. Teilweise werden auch voll ausgestattete Hauszelte oder Wohnwagen angeboten. Meist werden diese Unterkünfte wochenweise vermietet. Die Preise beginnen bei rund 60 Euro pro Tag in der Vorsaison und steigen in der italienischen Hochsaison Anfang August auf geradezu astronomische Summen.

Ein neuer Trend auf den Plätzen an der Küste der Maremma sind voll ausgestattete, edle Safarizelte, die meistens unter dem stylischen Begriff »Glamping« zu finden sind. Preise und genauere Beschreibungen findet ihr auf den Internetseiten der Campingplätze.

Camping

Wer auf Elba und in der Toskana mit dem Zelt unterwegs ist, möchte seinen Urlaub vermutlich am liebsten mitten in der Natur und vielleicht sogar direkt am Strand verbringen, mit den Füßen im Wasser sozusagen. An der Maremmaküste gibt es tatsächlich etliche Campingplätze direkt am Meer. Diese sind allerdings nicht gerade als naturnah zu bezeichnen. Es handelt sich meist um gut ausgestattete Feriendörfer. Ruhiger sind die Campingplätze im Landesinneren und am Lago di Bolsena. Auch auf Elba gibt es noch ein paar kleinere, einfachere Geheimtipps.

Reisen mit dem Wohnmobil

Ist man mit dem Wohnmobil unterwegs, spielt ein Regentag nicht so eine große Rolle wie im Zelt, und man reist flexibler als beim Urlaub in der Ferienwohnung. Italien ist grundsätzlich ein entspanntes Reiseland für den Urlaub im Wohnmobil. Es gibt an der Küste und in den Kulturzentren im Landesinneren neben den Campingplätzen auch noch etliche offizielle Wohnmobilstellplätze. Ist mal gar nichts zu finden, wird in Italien an vielen Orten auch eine freie Übernachtung toleriert – vorausgesetzt, man lässt Tisch und

Stühle im Auto und die Markise eingerollt.

Die Fortbewegung ist unkompliziert. Die Straßen sind auch im hügeligen Inland meist gut ausgebaut und ohne Schwierigkeiten befahrbar. Vorsicht braucht es nur bei engen Ortsdurchfahrten – vor allem in der lebhaften Zeit am Vormittag und Abend. Nebenstraßen innerhalb von Ortschaften werden meist extrem eng und sind mit dem Wohnmobil unbedingt zu meiden! Viele Strandzufahrten und Parkplätze sind im Sommer für Wohnmobile gesperrt. Höhenschranken sorgen dafür, dass die Verbote auch eingehalten werden.

Um die besten wohnmobiltauglichen Badeplätze und Stellplätze im Landesinneren zu finden, ist das Buch »**Entdeckertouren mit dem Wohnmobil: Toskana und Elba**« von Ralf Gréus (WOMO-Verlag) sehr zu empfehlen.

Camping auf italienisch

Die Hauptreisezeit der Italiener geht von Ende Juli bis Ende August (bis etwa. 24.08.). Höhepunkt der Reisewelle ist der italienische Feiertag Ferragosto am 15.8. In dieser Zeit sind alle Plätze an der Küste und auch auf Elba gestopft voll. Ohne Reservierung erntet man an der Rezeption schon gegen Mittag nur noch ein mehr oder weniger bedauerndes Schulterzucken.

Die Wünsche italienischer Urlauber unterscheiden sich deutlich von dem, was die meisten deutschen Familien suchen. Gereist wird oft in großen Gruppen. Selbst Wohnmobile tauchen gerne im Pulk auf. Auf den Stellplätzen entstehen dann regelrechte Wagenburgen, in denen bis in die Nacht lebhaft getafelt wird. Animation auf dem Campingplatz ist üblich, beliebt und gehört einfach dazu. Selbst das Gefühl für den notwendigen Abstand von Handtuch zu Handtuch im Sand scheint anderen Normen zu unterliegen. Diesem italienischen Lebens- und Feriengefühl wird man im August nicht entgehen. Wer das nicht mag, sollte eine andere Reisezeit wählen.

Schaut man im europäischen Vergleich, ist Camping in Italien eher teuer. Die Preise, die im August auf Campingplätzen am Meer verlangt werden, sind jedoch geradezu astronomisch und sprengen jedes angemessene Preis-Leistungs-Verhältnis. Preise zwischen 50 und 65 Euro pro Nacht für eine Familie im Zelt sind ziemlich normal. Der sanitäre Standard ist sehr unterschiedlich. Sanitärhäuschen sind aber auf den meist nur im Sommer geöffneten Plätzen eher luftig angelegt. Klopapier bringt man, wie in fast allen südlichen Ländern, selber mit.

Italienische Urlauber sind fast ausschließlich in der knappen

Sommersaison unterwegs. Im Mai, Juni und September oder Oktober sind die Campingplätze und Strände auch in der Maremma halb leer. Animation gibt es dann fast nirgendwo, allerdings ist oft auch der Rest der Infrastruktur wie Supermarkt und Restaurant geschlossen. In der Vor- und Nachsaison sind auch die Preise wieder auf reelle Summen geschrumpft.

Der Aufbau eines Familienzeltes kostet Kraft und Zeit. Die Auswahl eines geeigneten Platzes bekommt damit ein ganz besonderes Gewicht. Täglich weiterziehen ist einfach nicht drin. Die folgende Übersicht mit Beschreibungen der Campingplätze soll bei der Orientierung und Auswahl helfen. Die Tarife der Campingplätze sind sehr unterschiedlich zusammengesetzt. Meist gibt es einen Preis für Erwachsene und einen für Kinder. Kinder unter drei wohnen normalerweise kostenlos, reduzierte Tarife gibt es maximal bis zwölf Jahre (teilweise auch nur bis neun oder zehn). Der Preisnachlass entspricht dabei selten echten 50 Prozent. Zu den Personengebühren kommt der Stellplatz, manchmal gestaffelt nach großem oder kleinem Zelt oder Camper, und manchmal auch noch ein Betrag für das Auto.

Um die Preisangaben überschaubar zu halten, haben wir als Richtpreis die Summe für zwei Erwachsene mit Auto und großem Zelt gewählt und geben den Kinderpreis zusätzlich an. Der niedrigere Betrag gilt für die Vorsaison, der höhere ist der Spitzenpreis. Diese Preise sind natürlich nur eine Momentaufnahme, aktuelle Zahlen findet ihr auf den zugehörigen Internetseiten.

Camping Südtoskana

LIVORNO-KÜSTENREGION

1 International Camping Etruria

GPS N 43°11'16.7", E 10°32'30.3"
Großzügige, gepflegte Anlage mit Zugang zum Sandstrand. Markierter Strandbereich für Familien mit flachem Zugang zum Meer. Plätze im Pinienwald oder am Meer. Restaurant, Supermarkt, Spielplatz, Kinderanimation in der HS, große Poolanlage, WLAN gratis. Bungalows, stilvolle Safarizelte.
Geöffnet Ende April bis Mitte Oktober. Platz inkl. 2 Pers. €25–48, weitere Person €8–15, Kinder 2 bis 8 Jahre €0–9, Tel. 0039 0565 744254. www.campingetruria.it

2 Agriturismo Eucaliptus

GPS N 43°12'04.0", E 10°36'49.2"
20 großzügige Plätze auf einem Bauernhof und Weingut etwa zehn Kilometer von der Küste entfernt, WLAN im Restaurant, Direktverkauf von Obst, Gemüse, Wein, Olivenöl, Marmeladen, eingelegtes Gemüse, Käse und Salami, im Restaurant werden eigene Produkte verarbeitet. Kleiner Spielplatz und Kinderbereich im Pool, Safarizelt, Ferienwohnungen.
Geöffnet März bis Oktober. Platz inkl. 2 Pers. €30, weitere Person €15, Kinder 3 bis 8 Jahre €8, Tel. 0039 379 2679978. www.agriturismoeucaliptus.com

3 Camping Le Pianacce

GPS N 43°09'52.9", E 10°36'57.8"
Bei Castagneto Carducci am Hang gelegen. Sechs Kilometer vom Meer entfernt, schattig, großer Wasserspielplatz, großer Pool, Shuttleservice zum Strand, Supermarkt, kostenloses WLAN. Umfangreiche Kinderanimation von Ende Mai bis Anfang September, auch auf Deutsch. Restaurant, Minimarkt, Fahrradverleih, Bungalows, Safarizelte.
Geöffnet Ende April bis Mitte September. Platz inkl. 2 Pers. €19–48, weitere Person €4,70–13,30, Kinder 1 bis 9 Jahre €1–10,50.
Tel. 0039 0565763667.
www.campinglepianacce.it

4 Camping Village hu Park Albatros

GPS N 43°01'42.3", E 10°32'3.7"
Sehr großer, lebendiger Platz in der Nähe von San Vincenzo. Große Stellplätze, am Rand ruhiger. Schöner Strand in ein Kilometer Entfernung, kostenloses WLAN, Kinderanimation, Abendprogramm mit Livemusik, große Poolanlage, Spielplatz, Kletterpark, Imbiss, Restaurant, Supermarkt, Fahrradverleih, viele Bungalows.
Geöffnet Ende April bis Mitte September. Platz inkl. 2 Pers. €30–88, weitere Person €8–21, Kinder 3 bis 11 Jahre €4–16.
Tel. 00 39 0565701018.
parkalbatros.huopenair.com

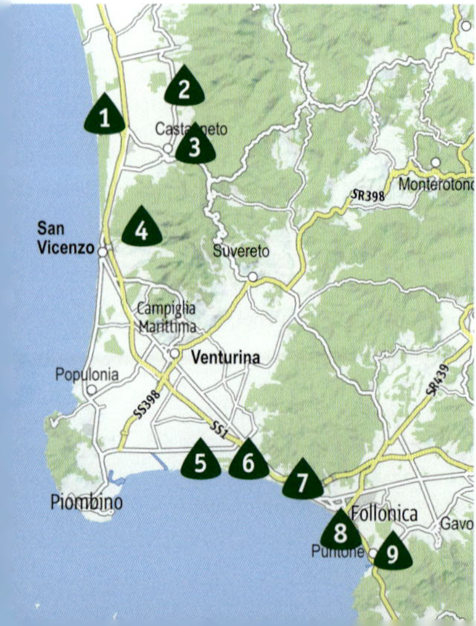

MAREMMAKÜSTE

5 Camping Campo al Fico

GPS N 42°58'0.8", E 10°39'00.0"
Ruhige Plätze auf einer Wiese unter hohen Pinien und Eukalyptusbäumen, in der Nähe des Naturparks Sterpaia, Blick auf Elba, 1,8 km zum schönen Strand auf einem Fahrradweg erreichbar, Shuttleservice, Pool, einfache Sanitäranlagen, Spielplatz, Lagerfeuerplatz, Pool, Minimarkt, Pizzeria, Imbiss, Fahrradverleih, Wohnwagen im Retro-Style und vollausgestattete Wohnzelte.
Geöffnet Ende April bis Mitte September. Platz inkl. 2 Pers. €28–73, weitere Person €6–18, Kinder 4 bis 10 Jahre €0–12, Tel. 0039 0565 21008.
www.campingcampoalfico.com

6 Pappasole Camping Village

GPS N 42°57'02.7", E 10°41'11.9"
Etwa 400 Meter vom Sandstrand Carbonifera entfernt. Gepflegter Platz, teils ohne Schatten, Bahnlinie sehr nahe, große Poolanlage mit Whirlpool, Spielplatz, (Kinder-) Animation von Pfingsten bis Anfang September, Sportangebote, Supermarkt, Fischgeschäft, Restaurant, Fahrradverleih, Bungalows, Caravans. Erst ab Preiskategorie B kann das Auto am Platz geparkt werden.
Geöffnet Mitte April bis Oktober. Platz inkl. 2 Pers. €20–85, weitere Person €8–24, Kinder 3 bis 7 Jahre €5–14. Tel. 0039 0565 20414.
www.pappasole.it

7 Camping Tahiti Follonica

GPS N 42°56'08.4", E 10°43'37.0"
Schattig im Pinienwald gelegen, direkter Zugang zum Strand, Follonica ist fußläufig erreichbar, flach ins Meer abfallender Strand, für Kinder gut geeignet. Minimarkt, WLAN-Spot, Spielplatz, Fahrradverleih, Animation im Juli und August, Restaurant, Bungalows und Roulottes.
Geöffnet Mitte Mai bis Mitte September. Platz inkl. 2 Pers. €26–56, weitere Person €8–18, Kinder 3 bis 6 Jahre €5–12, Tel. 0039 0566 260255.
www.campeggiotahiti.it

8 Camping Riva dei Butteri
GPS N 42°54'39.5", E 10°46'27.8"
Einfacher Platz in Strandnähe, schattig unter Akazienbäumen gelegen, einfache Sanitäranlagen, Animation im Juli und August, Miniclub, Babysitter-Service auf Anfrage, Grillplätze, Supermarkt, Restaurant, Fahrradverleih, Holzbungalows.
Geöffnet Ende März bis September.
Platz inkl. 2 Pers. €25–54, weitere Person €8–15, Kinder 3 bis 9 Jahre €0–8, Dusche €0,70,
Tel. 0039 0566 54 006.
www.camping-bungalows.com

9 Camping Piper
GPS N 42°53'27.9", E 10°47'19.2"
Traditionsreicher, familiengeführter, ruhiger und einfacher Platz. Direkter Zugang zum sanft abfallenden Strand, der leider oft nicht sehr sauber ist. Unaufdringliche Animation, Minimarkt, gutes Restaurant, Bungalows.
Geöffnet Ende April bis Mitte September.
Platz inkl. 2 Pers. €33–52, weitere Person €10–16, Kinder €8–11,50,
Tel. 0039 0566 866145.
www.campingpiper.it

10 PuntAla Camping Resort
GPS N 42°50'32.3", E 10°46'39.4"
Naturnaher, sehr komfortabler Platz auf weitläufigem Gelände unter Pinien in Alleinlage. Große Stellplätze, in die Landschaft integriert, diverse Umweltschutzzertifizierungen. Auch in der Hochsaison viel Platz. Direkt am schönen, flach abfallenden Strand, kostenloses WLAN, gutes Restaurant, Supermarkt, Boots- und SUP-Verleih am Strand, Segelschule, eigener kleiner Hochseilgarten. Kinderanimation von Juni bis Anfang September, Hauszelte für bis zu 6 Personen.
Geöffnet Ende April bis September.
Platz inkl. 2 Pers. €23–80,
Tel. 0039 0564 922294.
www.campingpuntala.it

11 Camping Baia Verde
GPS N 42°50'01.3", E 10°46'47.1"
Unparzellierter, weitläufiger Platz mit Zugang zum schönen Strand PuntAla. Schön gelegen in altem Pinienwald. Kinderanimation, Abendprogramm mit Live-Musik, Spielplatz, Babyclub für Kinder von vier bis acht Jahren, Pool, Supermarkt, Fahrradverleih, Mobilhomes, Wohnwagen.
Geöffnet Ende April bis Mitte Oktober.
Platz inkl. 2 Pers. €26–57, weitere Person €8,50–17, Kinder 3 bis 9 Jahre €5–11,
Tel. 0039 0564 922298.
www.baiaverde.com

12 Campeggio Stella del Mare
GPS N 42°46'37.2", E 10°47'35.7"
Schöne Lage, nahe am oberen Ende des langen Sandstrandes La Rochette, allerdings ist der öffentliche Strandbereich davor sehr klein, bis zum nächsten größeren Bereich muss man 10 min Fußmarsch auf sich nehmen. Schattig, Sanitäranlagen renovierungsbedürftig. Platz etwas struppig. WLAN kostenlos. Animation Mitte Juni bis September, große Poolanlage mit Kinderbereich, Restaurant, Minimarkt, Bungalows.
Geöffnet Ende April bis Mitte Oktober.
Platz inkl. 2 Pers. €33–81,
Tel. 0039 0543 24108.
www.stelladelmarecampingvillage.com

13 Camping Village Rocchette und **Camping Village Baia Azzurra Club**
Beide Plätze liegen einige Gehminuten vom flach abfallenden Strand entfernt und verfügen über einen privaten Strand, dessen Plätze jedoch kostenpflichtig sind. Es gibt auch öffentliche Bereiche. Schattig unter Pinien gelegen. Plätze in verschiedenen Größen/Preisen. Der Rochette liegt näher an der befahrenden Straße. Große Poolanlage, Kinderanimation. Restaurant, Supermarkt, Bungalows, Mobilhomes, neue Lodge-Zelte im Rochette.
Geöffnet Ende März bis Mitte Oktober.
Village Rocchette: *Platz inkl. 2 Pers. €18–60, weitere Person €5–20, Kinder 3 bis 5 Jahre €0–10,*
Tel. 0039 0564 941123.
www.rocchette.com

Baia Azzurra:
Platz inkl. 2 Pers. €32–60,
Tel. 0039 0564941092.
www.baiaazzurra.it

14 Camping Rosmarina

GPS N 42°43'35.8", E 10°58'22.7"
Einfacher Strandcamping im alten Pinienwald von Marina di Grosseto, durch Straße vom Meer getrennt. Flach abfallender Strand, Sanitäranlagen einfach, aber sauber. Freundliche Atmosphäre, Pizzeria, Minimarkt.
Geöffnet Ende April bis Mitte September. Platz inkl. 2 Pers. €28–50, weitere Person €9–15, Kinder 2 bis 8 Jahre €6–11, Tel. 0039 0564 36319. www.campingrosmarina.it

15 Camping La Principina

GPS N 42°42'15.9", E 11°00'19.7"
Im alten Pinienwald gelegen, etwa 15 Minuten Fußmarsch zum schönen, flach abfallenden Strand. Einfach und älter, aber gepflegt. Unaufdringliche Animation, einfacher Spielplatz, Restaurant, Minimarkt, Mietzelte.
Geöffnet Mitte April bis Anfang Oktober. Platz inkl. 2 Pers. €20–47, weitere Person €5,50–13, Kinder 4 bis 11 Jahre €2,50–6,50, Dusche €0,50. Tel. 0039 0564 31347. www.principinacampeggio.it

16 Camping Village Talamone

GPS N 42°33'55.2", E 11°08'22.5"
Stellplätze am Hang und im Kiefernwald. Wenig attraktiver, aber seichter Strand in 500 Meter, im Sommer Shuttle zum Sandstrand. Pool mit Babybereich, Outdoorangebote, Kinderanimation, Restaurant, Minimarkt. Man kann auch ein Family-Glamping-Tent mit Hydromassage-Dusche buchen.
Geöffnet Mitte April bis Mitte September. Platz inkl. 2 Pers. €25–53, weitere Person €9–19, Kinder 1 bis 8 Jahre €5,50–11,50, Tel. 0039 0564 1838489. www.talamonecampingvillage.com

17 Campeggio Acapulco Albinia

GPS N 42°32'13.5", E 11°10'55.7"
Kleiner, einfacher, ruhiger Camping im Pinienwald, direkter Zugang zum Sandstrand, familiäre und freundliche Atmosphäre, Sanitäranlagen nicht neu, aber sauber, Bar, kleiner Markt, Mobilehomes.
Geöffnet Ende April bis Mitte September. Platz inkl. 2 Pers. €20–36, weitere Person €6–11, Kinder 1 bis 8 Jahre €4–6, Tel. 0039 0564 870165. www.campeggioacapulco.com

18 Il Gabbiano Camping Village

GPS N 42°31'57.0", E 11°11'08.0"
Netter Platz in dichter, alter Pineta, direkter Zugang zu schmalem, flach abfallendem Sandstrand, freundliches Personal, Kinderanimation in der HS, kostenloses, nicht immer stabiles WLAN, Pool mit Wasserspielen, Spielplatz, Fahrradverleih, Restaurant, Minimarkt, Kanu-, Tretbootverleih.
Geöffnet Mitte Mai bis September.

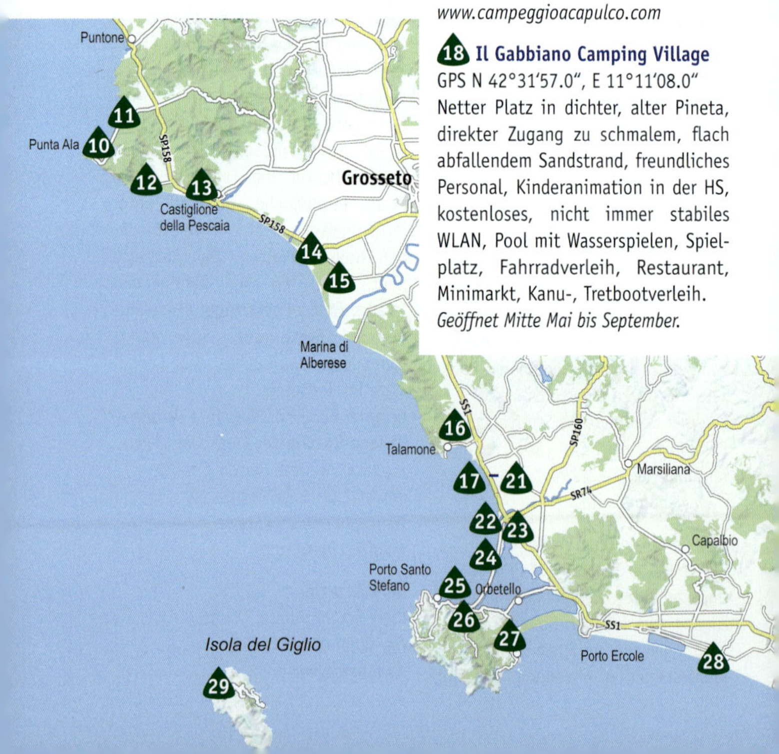

Platz inkl. 2 Pers. €25–53, weitere Person €9–19, Kinder 1 bis 8 Jahre €5,50–11,50, Tel. 0039 0564 1838415. www.ilgabbianocampingvillage.com

19 Camping Village Africa
GPS N 42°31'43.6", E 11°11'15.4"
Ebenfalls im alten Pinienwald gelegen, Strandzugang zum schmalen Strand. Kinderanimation, Motorbootausflüge zu den Inseln Giglio und Giannutri zweimal wöchentlich, gutes Restaurant, Minimarkt, Grillplatz, Spielplatz, WLAN, Holzbungalows.
Geöffnet April bis September.
Platz inkl. 2 Pers. €20–46, weitere Person €6–14, Kinder 1 bis 7 Jahre €4–8, Tel. 0039 0564 870245. www.campingvillageafrica.it

20 Camping Village Voltoncino und **Camping Village Marina Chiara**
GPS N 42°31'39.1", E 11°11'16.2"
Die Plätze liegen nebeneinander im Pinienwald und gehören auch zusammen. Schattig mit Zugang zum schmalen Strand, familienfreundlich, unaufdringliche Animation, Restaurant, Minimarkt, Bungalows.
Geöffnet Ende April bis September.
Platz inkl. 2 Pers. €28–42, weitere Person €9–13, Kinder 1 bis 8 Jahre €4–7. www.voltoncino.it

21 Camping Village Oasi
GPS N 42°31'09.7", E 11°11'32.1"
Camping direkt am langen Sandstrand mit Blick auf den Monte Argentario, im 100-jährigen dichten Pinienwald, flacher Zugang zum Meer, Kinder- und Babyclub ab 3 Jahre, Strandspiele Restaurant, Mini-Market, Spielplatz, Holzbungalows.
Geöffnet Ende April bis Ende September.
Platz inkl. 2 Pers. €17–38, weitere Person €5–11, Kinder 1 bis 7 Jahre €3–6, Dusche €0,30, Tel. 0039 0564 871588. www.campingvillageoasi.it

22 Campeggio Bocche d`Albegna
GPS N 42°30'00.0", E 11°11'39.0"
Gepflegter Platz am Beginn der Landzunge zum Monte Argentario, direkt am Strand (Zaun), dichter Baumbestand sorgt für Schatten, Minimarkt, Restaurant, gute Pizza, Fahrradverleih, Kinderanimation, Strandspiele, Spielplatz, Ferienwohnungen.
Geöffnet April bis September
Platz inkl. 2 Pers. €32–54, weitere Person €7–14, Kinder 1 bis 6 Jahre €4–8, Tel. 0039 34717 89885. www.bocchedalbegna.com

23 Camping Village Argentario
GPS N 42°29'45.1", E 11°11'38.6"
Großes Feriendorf mit direktem Zugang zum Strand, im alten Pinienwald gelegen. Kostenlose Benutzung von Kanus und Tretbooten, WLAN kostenlos, Animation teilweise sehr laut und bis spät am Abend, Tauchkurse für Kinder und Erwachsene, Poolanlage mit Whirlpool und Kinderbereich, Spielplätze, Restaurants, Supermarkt, Bungalows.
Geöffnet Mitte Mai bis September.
Platz inkl. 2 Pers. €30–56, Person €9–19, Kinder 1 bis 8 Jahre €5–10, Tel. 0039 0564 18 38 523. www.argentariocampingvillage.com

24 Orbetello Camping Village
GPS N 42°27'47.9", E 11°11'10.3"
Auf der Nehrung zum Monte Argentario gelegen, teilweise Schatten, durch vielbefahrene Straße vom Meer getrennt. Flach abfallender Strand. Große Poolanlage mit Kinderbecken, Spielplatz, Kinderanimation, Animation in der HS sehr laut, kostenloses WLAN in öffentlichen Bereichen, Grillstelle, Restaurant, Minimarkt, Fahrradverleih, Safarizelte, Mobilehomes.
Geöffnet Ende April bis September.
Platz inkl. 2 Pers. €33–60, weitere Person €11–18, Kinder 5 bis 9 Jahre €5–10, Tel. 0039 0564 820201. www.orbetellocampingvillage.it

25 Giannella Camping
GPS N 42°27'23.0", E 11°11'2.8"
Einfacher Platz direkt auf der Nehrung zum Monte Argentario inmitten eines alten Pinienwaldes. Sanft abfallender, windgeschützer acht Kilometer langer Strand, durch Durchgangsstraße, die leider sehr laut ist, vom Platz getrennt. Sanitär schon älter, in der HS oft nicht ganz so sauber. Tauchbasis

auf dem Gelände, Restaurant, Minimarkt, kostenloses WLAN, Mobile homes.
Geöffnet Ostern bis Mitte Oktober.
Familienpreis 2 Pers. plus 2 Kinder €20–55 (Achtung Mindestaufenthalt!), weitere Person €6–12,50, Kinder 3 bis 9 Jahre €0–8, Tel. 0039 0564 820054.
www.giannellacamping.com

26 Parco Sosta Lanini

GPS N 42°25'59.2", E 11°09'34.9"
Eher ein Stellplatz, am Ende der nördlichen Landzunge zum Monte Argentario gelegen. Mit Hecken einfasste Plätze, insgesamt gepflegt, aber etwas in die Jahre gekommen.
Geöffnet März bis Oktober.
Platz inkl. 2 Pers. €37, weitere Person €11, Kinder €8.
Tel. 00 39 0564 820102
lanini.it

27 Campeggio Feniglia

GPS N 42°24'34.4", E 11°12'29.9"
Kleiner einfacher Platz am Fuße des Monte Argentario im Pinienwald, mit Zugang (über Straße) zum sieben Kilometer langen Sandstrand, sehr schattig und ein bisschen dunkel, freundliches Personal, keine Animation, Restaurant, Minimarkt, Holzbungalows.
Geöffnet April bis Mitte Oktober.
Platz inkl. 2 Pers. €26–56, weitere Person €8–16, Kinder 2 bis 9 Jahre €5–10, Tel. 0039 0564 831090.
www.campingfeniglia.it

28 Il Campeggio di Capalbio

GPS N 42°22'49.0", E 11°26'56.1"
Schöne Lage unter Pinien und direkt in den Dünen unter Sonnenschutz. Etwas in die Jahre gekommen. Direkter Zugang zum schönen langen Sandstrand, Spielplatz, Supermarkt, Restaurant, Fahrradverleih, keine Animation, schöne neue Lodge-Zelte.
Geöffnet Juni bis Anfang Oktober.
Platz inkl. 2 Pers. €35–60,
Tel. 0039 0564 890101.
www.ilcampeggiodicapalbio.it

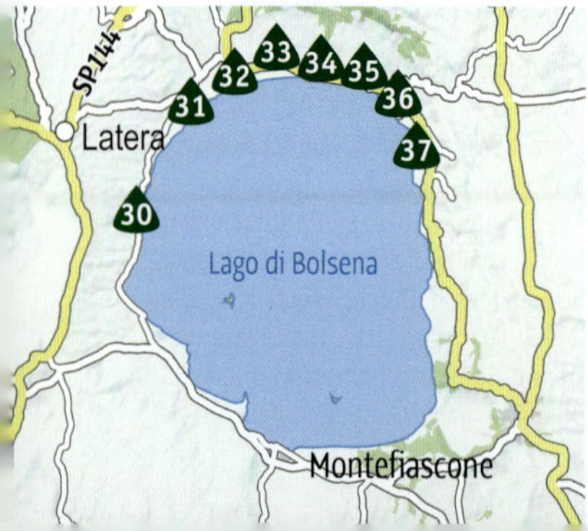

29 Camping Baia del Sole

GPS N 42°22'24.0", E 10°53'00.5"
Einziger Camping auf der Insel Giglio, schöne Terrassen mit Meerblick über felsiger Küste, tolle Sonnenuntergänge, teils schattig. Sanitäranlagen problematisch. Restaurant, Minimarkt, kostenpflichtiges WLAN, kleine Tukul-Bungalows für max. drei Personen in schöner Lage.
Geöffnet Mitte Mai bis September.
Platz inkl. 2 Pers. €37–52, weitere Person €10–14, Kinder 3 bis 12 Jahre €6–9, Tel. 0039 0564 804036.
www.campeggiobaiadelsole.com

LAGO DI BOLSENA

Rund um den Lago di Bolsena gibt es viele Campingplätze. Das hier sind unsere Favoriten:

30 Camping Vallegara

GPS N 42°36'19.3", E 11°52'2.5"
Sehr einfacher, familiengeführter Campingplatz direkt am Bolsena See. Freundliche Besitzer, Bar.
Geöffnet Ende April bis September.
Platz inkl. 2 Pers. €23–26, weitere Person €8–9, Kinder 2 bis 8 Jahre €4, Tel. 00 39 347 3578182.
www.vallegara.it

31 Camping La Grata

GPS N 42°38'09.0", E 11°53'11.5"
Ruhige Lage am See, vulkanischer, schwarzer Strand, vom Platz durch Straße getrennt. Sehr gutes Restaurant, eigentlich ein Restaurant mit zugehörigem Campingplatz, angenehme Atmosphäre, deutschsprachig, WLAN neben der Bar, Frühstücksservice, nächster Supermarkt etwa vier Kilometer entfernt.
Geöffnet Juni bis Oktober.
Platz inkl. 2 Pers. €25–30.
Tel. 0039 0761 456552.
www.lagrata.it

32 Campeggio Mario
GPS N 42°38'55.8", E 11°54'34.3"
Charmanter Platz mit italienischem Flair, Sanitär alt, aber sauber, direkt am See, viele Stammgäste, deutschsprachig, schattige Plätze, WLAN auf dem ganzen Platz, Spielplatz, gutes, Restaurant, Minimarkt.
Geöffnet März bis Oktober.
Platz inkl. 2 Pers. €25–30, weitere Person €7–8, Kinder 2 bis 8 Jahre €3–4, Tel. 0039 0763727485.
www.campingmario.it

33 Camping Valdisole
GPS N 42°39'12.9", E 11°55'51.8"
Naturbelassener, ruhiger, unparzellierter Camping direkt am See. Bar mit gutem Essen, Sanitär wird Stück für Stück renoviert und ist sauber, Minimarkt, Boote zu vermieten.
Geöffnet Ende April bis September.
Platz inkl. 2 Pers. €32–46, weitere Person €7–11, Tel. 0039 334 9952575.
www.campingvaldisole.it

34 Camping Massimo
GPS N 42°39'11.1", E 11°56'41.0"
Naturbelassener Platz direkt am flachen Sandstrand, schattig unter alten Bäumen, deutschsprachig. Gute Sanitäranlagen, Bar, Bungalows, Apartments und Frühstücksservice.
Geöffnet Mai bis Mitte September.
Platz inkl. 2 Pers. €44, weitere Person €15, Kinder 3 bis 6 Jahre €8, Sonderpreise in der Neben-saison, Tel. 0039 335 7686 945.
massimo.info/de

35 Campeggio La Cappelletta
GPS N 42°39'08.2", E 11°56'46.1"
Ruhiger, familiengeführter Platz direkt am See, etwa drei Kilometer von Bolsena entfernt, teilweise schattig, gute Gastronomie, Sanitär alt, aber sauber, viele Stammgäste, kostenloses WLAN.
Ganzjährig geöffnet.
Tel. 0039 0761 799543.
www.cappellettacampingbolsena.it

36 Camping Pineta
GPS N 42°38'38.8", E 11°58'36.9"
Am Ende der Uferpromenade von Bolsena, wenig Schatten, einfache Sanitäranlangen. Winziger Strand über die Straße erreichbar, Spielplatz, Fußballfeld, Grillplatz, WLAN kostenlos, Bar mit Brötchenservice.
Geöffnet Mai bis September.
Platz inkl. 2 Pers. €26, weitere Person €7, Kinder €3, Dusche €0,50, Tel. 0039 0761 796905.
www.campingpinetabolsena.it

37 Campeggio Il Lago
GPS N 42°38'18.9", E 11°59'03.5"
Kleiner, ruhiger, familiengeführter Platz in Bolsena direkt am kleinen Strand, 400 Meter zur Altstadt, Bar, Restaurants und Pizzerien in der Nähe.
Geöffnet April bis September.
Platz inkl. 2 Pers. €22–31, weitere Person €6–8,50, Kinder 3 bis 6 Jahre €3,50–5, Aufpreis für Plätze am See. Tel. 0039 0761 799191.
www.campingillago.it

HINTERLAND

38 Camping Fattoria Franciola
GPS N 42°45'13.7", E 11°48'54.8"
Kleiner, ruhiger Agricamping in offener Landschaft, beim Naturschutzgebiet Monte Rufeno. Menü auf Bestellung, kostenloses WLAN im Gemeinschaftsraum, Apartments.
Geöffnet Mitte April bis September.
Platz inkl. 2 Pers. €20, weitere Person €7, Kinder €3,50, Tel. 0039 338 4194797.
www.agriturismofattoriafranciola.com

39 Agrisosta Fabbrini
GPS N 42°52'33.3", E 11°41'28.5"
Kleiner impovisierter Wohnmobilstellplatz mit netter Atmosphäre an einem Bauernhof. Kleines Restaurant, viele Tiere, tolle Aussicht. Bei schlechtem Wetter schwierig zu befahren.
Ganzjährig geöffnet.
Platz €15.
Tel. 00 39 333 728 8881.

40 Camping Lucherino
GPS N 42°52'56.5", E 11°28'36.0"
Zwischen Grosseto und dem Monte Amiata. Einfacher, gepflegter, terrassenförmig angelegter Platz unter alten Eichen und Kastanien, tolle Aussicht,

ruhig und freundlich. Pool, Spielplatz, gutes Restaurant, Mobilhomes.
Geöffnet Ende April bis September.
Platz inkl. 2 Pers. €27–37,
weitere Person €8–10,50,
Kinder 2 bis 12 Jahre €4–6,50.
Tel. 0039 0564 1760178.
www.campinglucherino.net

41 Camping Agricampeggio Cetona

GPS N 42°55'05.7", E 11°54'55.7"
Kleiner, ruhiger Camping unter Olivenbäumen und Eichen, großzügig angelegte Plätze, Restaurant.
Geöffnet Mitte April bis September.
Platz inkl. 2 Pers. €30,
Tel. 0039 349 2334359.

42 Parco delle Piscine

GPS N 42°59'15.3", E 11°51'53.2"
Platz beim mittelalterlichen Bergdorf Sarteano in schöner sienesischer Hügellandschaft. Großzügige Plätze in parkähnlicher Anlage, Pool mit Kinderbereich, sehr sauber und freundlich, Animation, gutes Restaurant, Minimarkt, Mobilehomes.
Geöffnet Mitte April bis September.
Platz inkl. 2 Pers. €35–70, weitere Person €12–22, Kinder 3 bis 13 Jahre €9,50–15, Tel. 0039 0578 26971.
www.parcodellepiscine.it

43 Camping Il Treccolo

GPS N 43°08'42.6", E 11°34'58.7"
Ruhiger Platz 20 Kilometer von Pienza entfernt mitten in der Natur. Pool, Bar.
Geöffnet Mai bis Oktober.
Platz inkl. 2 Pers. €28–37, weitere Person €9–12, Kinder 4 bis 7 Jahre €5 Kinder 8 bis 12 Jahre €6,
Tel. 0039 339 2728805.
www.camping-iltreccolo.it

44 Camping Le Soline

GPS N 43°09'18.6", E 11°19'55.2"
Gepflegter Platz 20 Kilometer von Siena entfernt auf einem Hügel gelegen, halbschattig unter Olivenbäumen terrassenförmig angelegt, Pool. Restaurant, Eisdiele, Minimarkt, Mobilehomes und Bungalows.
Ganzjährig geöffnet.
Platz inkl. 2 Pers. €32, weitere Person €12, Kinder 2 bis 10 Jahre €8,
Tel. 0039 0577 817410.
www.lesoline.it

SIENA

45 Camping Colleverde

GPS N 43°20'13.1", E 11°19'52.8"
In Siena, große schattige Stellplätze auf Terrassen, schön angelegt. Pool, freundliches Personal, gute Sanitäranlagen, gutes Restaurant, Minimarkt, WLAN, Buslinie in die historische Altstadt, Mobilehomes.
Geöffnet März bis Oktober.
Platz inkl. 2 Pers. €38–48,
weitere Person €11–14, Kinder 3 bis 11 Jahre €5–7, Auto €8,
Tel. 00 39 0577 334080.
www.sienacamping.com

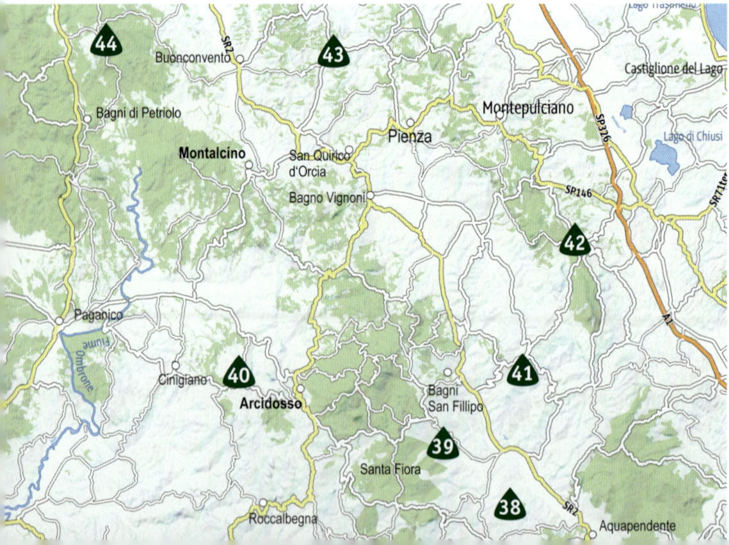

46 Agriturismo Il Sambuco

GPS N 43°21'09.8", E 11°17'36.5"
Kleiner Zelt- und Camperplatz auf einem Bauernhof, der Weine und Öle produziert, vier Kilometer vom historischen Zentrum von Siena enfernt. Pool, WLAN, Osteria mit Vorbestellung (hausgemacht), Wohnungen. Busverbindung ins Zentrum.
Ganzjährig geöffnet.
Platz inkl. 2 Pers. €28 33,
Tel. 0039 0577 1653011.
www.campingsiena.eu

47 Campeggio La Montagnola

GPS N 43°16'50.9", E 11°13'08.3"
Kleiner, einfacher, ruhiger und gepflegter Waldplatz, liegt an der Endhaltestelle der Buslinie nach Siena, Mietcaravans.
Geöffnet Ostern bis September.
Platz inkl. 2 Pers. €29, weitere Person €9,50, Kinder 2 bis 10 Jahre €5,
Tel. 0039 0577 314473.
www.campinglamontagnola.it

48 Agricampeggio Podernuovo BP

GPS N 43°17'42.3", E 10°54'12.9"
Schone Plätze auf dem Gelände eines Bauernhofes mit Bio-Anbau von Getreide, Gemüse, Wein, Oliven. Hühner und Enten werden auch gezüchtet. Nette Besitzer, Restaurant (eigene Bioprodukte), Pool, Grillplatz. Fünf Autominuten zum nächsten Ort. WLAN am Haus, Ferienwohnungen.
Geöffnet Ende März bis September.
Platz inkl. 2 Pers. €42–47, weitere Person €9,50, Kinder 2 bis 12 Jahre €7,50,
Tel. 0039 320 780 5364.
www.podernuovobp.it

Camping Elba

PORTOFERRAIO UND UMGEBUNG

49 Camping Enfola

GPS N 42°49'28.1", E 10°16'13.4"
Kleiner Campingplatz auf der einsamen Landzunge Enfola etwas erhöht mit schönem Blick auf das Meer. Die Stellplätze auf dem terrassenförmig angelegten Gelände liegen morgens noch im Schatten, nachmittags und abends wärmt die Sonne von

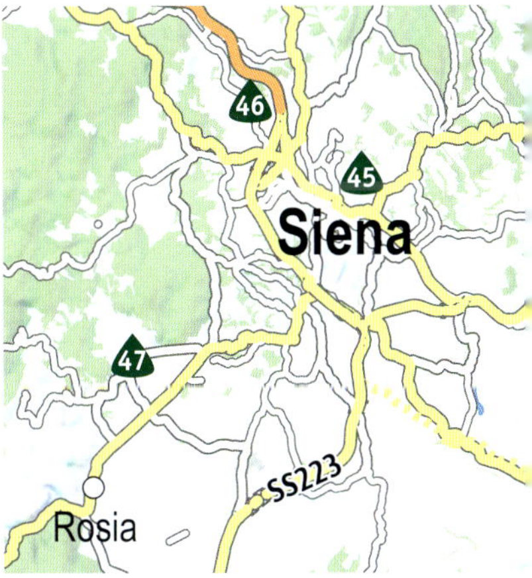

Westen. Es gibt schöne gemauerte windgeschützte Parzellen als Stellplatz für Zelte mit direktem Blick auf das Meer. Insgesamt ist die Ausstattung nicht mehr ganz auf dem aktuellen Stand, aber in Ordnung. Für Ruhesuchende ein idealer Ort. Freies WLAN gibt es in den Abendstunden für etwa 30 min. Restaurant, Minimarkt, E-Bike-Verleih. Bungalows.
Geöffnet Mitte April bis Anfang Oktober.
Platz inkl. 2 Pers. €35–62, weitere Person €8–15,50, Kinder 3 bis 5 Jahre €5,50–11, Kinder 6 bis 11 Jahre €6,50–14, Bungalow €70–240. Tel. 0039 0565 939001.
www.campingenfola.it

50 Camping la Sorgente

GPS N 42°49'19.6", E 10°16'50.2"
Sehr schöner, etwas abgelegener schattiger Platz an der »Porzellanküste« mit direktem Zugang zum Meer mit Kiesstrand und glasklarem Wasser. Es gibt komfortable Bungalows oder Mobilheime und Stellplätze für Caravans und Zelte. Man campt ruhig im Grünen unter Akazien und Eukalyptusbäumen. Kinderanimation findet man hier keine. Am Strand gibt es auch SUPs zum Ausleihen! WLAN gratis, Minimarkt, Bar.
Geöffnet April bis Oktober.
Platz inkl. 2 Pers. €31–55, weitere Person €9,50–18, Kinder 4 bis 7 Jahre €4–10, Kinder 8 bis 12 Jahre €7–14. Tel. 0039 0565 917139.
www.campinglasorgente.it

51 Acquaviva Village
GPS N 42°49'19.5", E 10°17'09.8"
Großer Campingplatz, der eher einem kleinen Dorf gleicht, ebenfalls an der schönen Küste mit den weißen Kieseln unweit von Portoferraio.
Über 100 Stellplätze für Zelt, Wohnmobil, Cottages und Chalets in allen Preiskategorien. Planschbecken für Kinder und Schwimmbecken für die Erwachsenen sowie viele Animationsangebote für alle Altersklassen und Bedürfnisse. Kombiangebote für eine günstigere Überfahrt mit der Fähre. Supercomfort-Chalet 66 bis 145 Euro pro Tag in der Hauptsaison.
Geöffnet April bis Mitte Oktober. Platz inkl. 2 Pers. €30–54, weitere Person €8–12,50, Kinder 3–6 Jahre €2,60–12, Kinder 6 bis 10 Jahre €4,70–14. Tel. 0039 0565 919103. www.campingacquaviva.it

52 Campeggio Rosselba
GPS N 42°48'03.9", E 10°21'55.0"
Mitten im Botanischen Garten Ottone gelegener Drei-Sterne-Campingplatz. Animation und Sportangebote für alle Altersgruppen an Land und im Wasser. Restaurant, Minimarkt, Pool. Bungalows, Safarizelte.
Geöffnet Ende April bis Mitte Oktober. Platz inkl. 2 Pers. €25–61, weitere Person €7–18, Kinder 3 bis 8 Jahre €4–15, Tel. 0039 0565 933101. www.rosselbalepalme.it

BIODOLA

53 Camping Scaglieri Village
GPS N 42°48'13.0", E 10°16'15.9"
Terrassenförmig angelegter Campingplatz direkt am Meer mit schönem Sonnenuntergangsblick vom Zelt aus. Von der Ausstattung her schon etwas in die Jahre gekommen, aber sauber. Wer seinen Stellplatz nahe der Straße hat, hört leider nachts die nahe gelegene Discothek und morgens regelmäßig die Müllabfuhr. Kleine Chalets und Bungalows. Es gibt einen netten kostenlosen Miniclub, geführte Wandertouren und einen schönen Pool. Der Zugang zum Strand ist nur wenigen Minuten entfernt. WLAN gratis, Restaurant, Minimarkt.
Geöffnet Mitte Mai bis Mitte Oktober. Platz inkl. 2 Pers. €40–80, weitere Person €7,50–15,50, Kinder 1 bis 5 Jahre €3–9, Kinder 6 bis 11 Jahre €7–14, Tel. 0039 0565 969940. www.campingscaglieri.it

MARINA DI CAMPO

54 Camping Ville degli Ulivi
GPS N 42°45'06.8", E 10°14'41.9"
Riesiger Campingplatz am Ende der Bucht von Marina di Campo. Plätze auf teilweise in kleinen Stufen angelegtem Gelände unter Olivenbäumen, sehr schattig. Der Flugplatz La Pila ist nicht weit entfernt ist. Einen der längsten Sandstrände der Insel, Marina di Campo (1,4 km) erreicht man in wenigen Minuten über eine Anliegerstraße. Poolanlage, Kinderanimation, Spielplatz. Großes Zusatz-Angebot für Erwachsene und Kinder, z.B. Massageangebote, geführte Wanderungen, Mountainbike- und Kajaktouren sowie Tauchkurse in Zusammenarbeit mit der örtlichen Tauchschule. Restaurant.
Geöffnet Mitte April bis Mitte Oktober. Platz inkl. 2 Pers. €33–62, weitere Person €11–21, Kinder 0 bis 2 Jahre €0–4,50, Kinder 3 bis 9 Jahre €3–12, Tel. 0039 0565 976098. www.villedegliulivi.it

55 Camping La Foce
GPS N 42°44'58.6", E 10°14'43.4"
Der Camping La Foce liegt ebenfalls am Ostende der Bucht von Marina di Campo, neben dem Camping Ville degli Ulivi. Das in Terrassen angelegte Gelände ist ebenfalls sehr grün und schattig mit Pinien, hohen Pappeln sowie einigen Obstbäumen bestückt. Die Terrassenstandplätze sind nur für Zelte. Auch hier gelangt man über eine kleine Anliegerstraße den ca. 1,4 km langen und bis zu 50 m breiten Sandstrand. Bungalows für vier bis fünf Personen. WLAN, Minimarkt.
Geöffnet April bis Anfang November. Platz inkl. 2 Pers. €24–56, weitere Person €8–19, Kinder 0 bis 2 Jahre

€ 0–3,50, Kinder 3 bis 10 Jahre € 3–10, Tel. 0039 0565 976456. www.campinglafoce.com

56 Camping del Mare

GPS N 42°45'05.9", E 10°14'40.9"
Der Camping liegt am östlichen Rand der Bucht von Marina di Campo unweit vom Camping La Foce. Es gibt kleine Bungalows, schattig unter Pinien gelegen, sowie Stellplätze für Zelte und Camper/Autozelt.
Geöffnet Mitte April bis Mitte Oktober. Platz inkl. 2 Pers. € 26–56, weitere Person € 8–19, Kinder 0 bis 3 Jahre € 0–3, Kinder 3 bis 9 Jahre € 3–10, Tel. 0039 0565 976237. www.campingdelmare.it

LACONA CAPOLIVERI

57 Campeggio Laconella

GPS N 42°45'31.9", E 10°17'49.9"
Auf der Halbinsel von Punta Contessa, zwischen den zauberhaften Stränden von Lacona und Laconella. Ruhe, kristallklares Meerwasser und direkten Zugang zu zwei sehr schönen Sandstränden überzeugen hier den Naturliebhaber. Ganz bewusst wird hier, auf jede Art von Animation verzichtet.
Ein Teil der Zeltplätze hat Meerblick, abseits des Meeres zeltet man unter üppiger Vegetation. Restaurant, Fischladen, Minimarkt, Bootsverleih.
Geöffnet Mitte April bis Oktober. Platz inkl. 2 Pers. € 30–60, weitere Person € 7,50–15,50, Kinder 1 bis 9 Jahre € 5–10, Tel. 0039 0565 964228. www.campinglaconella.it

58 Camping Tallinucci

GPS N 42°45'36.6", E 10°18'3.1"
Direkt am 200 Meter langen Sandstrand von Lacona gelegen. Eukalyptus- und Nadelbäume spenden Schatten und am Strand sorgen Hecken für entsprechenden Windschutz. Die Sanitäranlagen werden umweltschonend mit einer Solaranlage und Wasserwiederaufbereitungsanlage betrieben, die in der kühleren Jahreszeit auch den Fußboden heizen.

Die Atmosphäre auf diesem seit Jahrzehnten familiengeführten Platz ist sehr herzlich und persönlich. Bootsausflüge, geführte Wanderungen, Outdoor-Fitnessgeräte, Massageangebote, Spielplatz, Minimarkt, Restaurant, WLAN, Bootsverleih.
Geöffnet Ende März bis Anfang November. Platz inkl. 2 Pers. € 35–64, weitere Person € 8–17, Kinder 1 bis 9 Jahre € 5–11, Tel. 0039 0565 964069. www.campingtallinucci.it

59 Camping Valle Santa Maria

GPS N 42°45'38.8", E 10°18'09.4"
Umgeben von Mittelmeerflora, erstreckt sich die Anlage über eine Fläche von 20.000 Quadratmetern. Sie ist von hohen Bäumen umgeben und ideal für Kinder, die hier gefahrlos spielen und toben können. Ein kleiner elektrisch betriebener Zug dreht mehrmals am Tag seine Runden. Die Sanitäranlagen werden hier ökologisch und effizient mit Hochleistungs-Solarzellen betrieben, sodass zu allen Tageszeiten heißes Wasser an Waschbecken und Duschen fließt. Der Platz steht unter familiärer Leitung und die Besitzer sind jederzeit für ihre Gäste da. Der Camping Valle Santa Maria gehört zu den Plätzen in Italien, die eine Auszeichnung mit dem Europäischen Umweltzeichen »Ecolabel« erhalten haben. Der Abfall wird getrennt. Für sportlich ambitionierte Urlauber werden geführte Mountainbiketouren und Wanderungen angeboten. Restaurant, WLAN.
Geöffnet Mitte April bis Mitte Oktober. Platz inkl. 2 Pers. € 31–60, weitere Person € 7,50–16, Kinder 2 bis 7 Jahre € 5–10, Tel. 0039 0565 964188. www.vsmaria.it

60 Camping Lacona Pineta

GPS N 42°45'37.6", E 10°18'48.3"
Der mit Pinien bewachsene, in Terrassen angelegte und etwas erhöht liegende Campingplatz befindet sich gleich neben dem Camping Tallinucci. Auch hier schöner Ausblick auf den Terrassenstandplätzen. Zum Strand von Lacona, der auch sehr gut für kleinere Kinder geeignet ist, sind es

nur 50 m. Poolanlage, Spielplatz, Restaurant, Kinderanimation von Mitte Juni bis Ende August.
Geöffnet Ende April bis Mitte Oktober.
Platz inkl. 2 Pers. € 27–65,
weitere Person € 8,20–19,
Kinder 3 bis 10 Jahre € 5–12,
Bungalows ab € 52 pro Nacht,
Chalets ab 60 pro Nacht,
Tel. 0039 0565 964322.
www.campinglaconapineta.com

61 Camping Lacona

GPS N 42°45'36.4", E 10°18'56.0"
»Mitten ins Grüne gebettet und nur zwei Schritte bis zum Meer«, wirbt der Anbieter auf seiner Website. Je nachdem, wo man seine Unterkunft hat, können es auf diesem riesigen Gelände auch ein paar mehr sein. Unternehmungslustige und sportliche Familien kommen hier auf ihre Kosten. Für jüngere Kinder gibt es tagsüber einen Miniclub, so dass die Eltern zwischendurch auch Zeit für sich haben. Größere Kids lernen Bogenschießen, Tauchen, Kajakfahren oder chillen am Pool.
Caravans und etwas komfortabler ausgestattete Cottages.
Geöffnet Mitte April bis Mitte Oktober. Platz inkl. 2 Pers. € 28–62, weitere Person € 9–19, Kinder 2 bis 10 Jahre € 6–13, Tel. 0039 0565 964161.
www.camping-lacona.it

62 Camping Stella Mare

GPS N 42°45'26.0", E 10°18'49.4"
Am Golf von Lacona liegt dieser weitläufige, in mehreren Terrassen angelegte, besonders für Familien geeignete Campingplatz. Der lange Sandstrand von Lacona und die von Felsen eingerahmte Bucht von Canata sind vom Platz über eine Treppe erreichbar. Stellplätze im Schatten von Pinien und Eukalyptusbäumen. Von Mitte Juni bis Ende August kostenlose Animation für Kinder sowie kostenfreie Surfschule für Anfänger. Pool mit Meerblick, Restaurant, Minimarkt.
Geöffnet Mai bis Mitte Oktober.
Platz inkl. 2 Pers. € 32–65, weitere Person € 11–18, Kinder 2 bis 9 Jahre € 6–12, Leihzelte ab € 65,
Tel. 0039 0565 964007.
www.stellamare.it

63 Camping Europa

GPS N 42°45'45.0", E 10°21'31.8"
Der Camping Europa liegt direkt an der Straße, die von Portoferraio nach

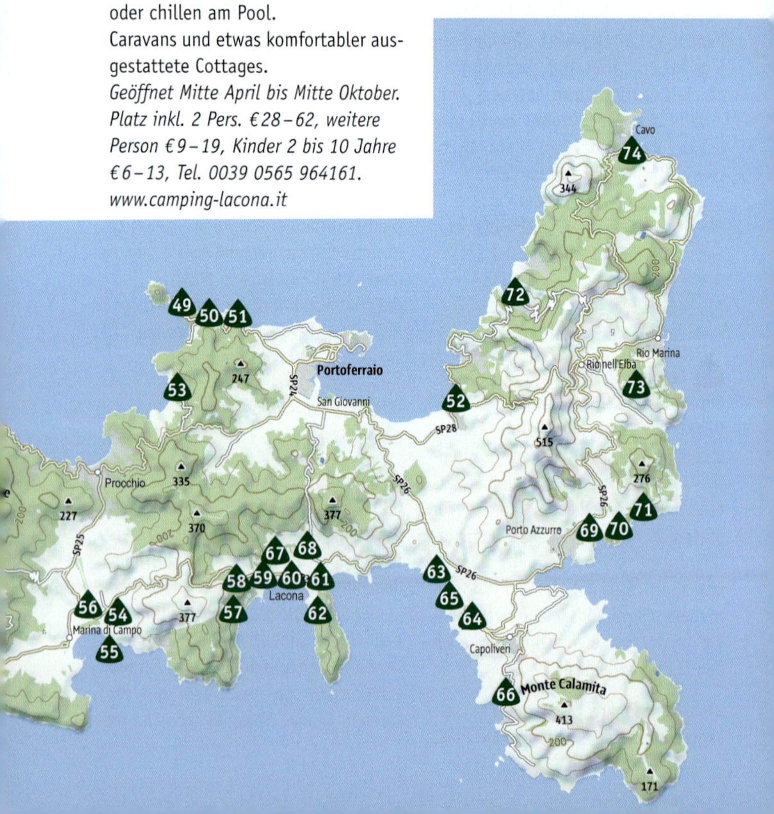

Porto Azzurro führt. Der Platz ist mit Laub- und Nadelbäumen sowie vielen Büschen begrünt. Schöner Blick von den Zelt-Terrassen. Zahlreiche Sportangebote, Pool mit Kinderpool, Minimarkt, Bar, WLAN.
Geöffnet Ende April bis Mitte Oktober. Platz inkl. 2 Pers. €36–66, weitere Person €11–19, Kinder 1 bis 5 Jahre €6–11, Kinder 6 bis 12 Jahre € 9–17, Mietcaravan ab €60, Tel. 0039 0565 940121. www.elbacampingeuropa.it

64 Camping le Calanchiole

GPS N 42°45'28.0", E 10°21'38.5"
Der am Stella Golf gelegene Campingplatz liegt in einem kleinen Park terrassiert am steilen Hang unter Eukalyptusbäumen, Strandkiefern und Pinien. Der Platz liegt direkt über dem Meer mit direktem Zugang über eine steile Treppe zum 120 Meter langen Privatstrand.

Die sanitären Anlagen sind sehr üppig ausgestattet. Nachts ist der Campingplatz sehr ruhig, die Animation endet um 23.30 Uhr. Ein freundlicher Ordner sorgt nachts dafür, dass es leise bleibt. Freundliche Rezeption. Es wird auch Deutsch gesprochen. WLAN, Restaurant, Minimarkt.
Geöffnet Mitte April bis Mitte Oktober. Platz inkl. 2 Pers. €33–66, weitere Person €10–19, Kinder 2 bis 7 Jahre €6–11, Tel. 00 9 0565 933488. www.lecalanchiole.it

65 Camping Lido

GPS N 42°45'37.0", E 10°21'22.3"
Direkt am Meer gelegen, in der Mitte des herrlichen Sandstrandes von Capoliveri. Stellplätze im Grünen unter schattenspendenden Eukalyptusbäumen. Schöne Panoramabar mit tollem Blick auf den Lido. Persönliche Atmosphäre. WLAN, Restaurant, Spielplatz, Caravans und Bungalows.
Geöffnet Mitte April bis Oktober. Platz inkl. 2 Pers. €25–56, weitere Person €9,50–17, Kinder 2 bis 7 Jahre €5,50–10,50, Tel. 0039 0565 933414. www.elbacampinglido.it

66 Campeggio Croce del Sud

GPS N 42°43'59.6", E 10°22'30.1"
Der Campingplatz liegt bei Morcone, 16 Kilometer von Portoferraio entfernt. Die Anlage ist eher schlicht. Die Umgebung ist dafür besonders schön, und am nahe gelegenen Strand sind alle möglichen Wassersportarten im Angebot. Auch wer mit Hund oder Katze anreist, ist hier willkommen! WLAN gratis, Minimarkt, Wohnwagen und Bungalows.
Geöffnet April bis Oktober. Platz inkl. 2 Pers. €23–40, weitere Person €7–12, Kinder 2 bis 8 Jahre €3,50–6, Tel. 0039 0565 968640. www.campingcrocedelsud.it

67 Camping Orti di Mare

(Biobauernhof bei Lacona)
GPS N 42°45'53.7", E 10°18'33.4"
Die »Entdeckung der Langsamkeit« im positiven Sinne wird hier groß geschrieben. Vittorio Rigoli, Gründer von Orti di Mare, von Kindheit an mit der Landwirtschaft und Natur verbunden, hat hier einen ganz besonderen Ort erschaffen. Das biologische Landgut ist für Campingfreunde eine idyllische Oase der Ruhe und Entschleunigung. Im Hofladen kann man regional und biologisch angebautes Obst und Gemüse kaufen und auch fertige, frisch zubereitete Gerichte erstehen. Es gibt hausgemachte Marmeladen, Kuchen, Hof-Eis, Wurst, Käse, Honig, Olivenöl und noch einiges mehr. Der Sandstrand von Lacona ist nur 400 m entfernt, in 10 Minuten ist man in Portoferraio. WLAN gratis, Frühstück und Abendessen im Hofladen-Café, Ferienwohnungen, Wohnmobilstellplatz auf extra Gelände.
Ganzjährig geöffnet. Platz inkl. 2 Pers. €31–54, weitere Person €15,50–27 (inkl. Stellplatz), Aufpreis für besondere Plätze. Tel. 0039 331 586 7805. www.ortidimare.it

68 Camping Casa dei Prati

GPS N 42°45'55.3", E 10°18'51.5"
Der familiär geführte Campingplatz liegt auf einem sehr weitläufigen Gelände, von Eukalyptusbäumen und

Strandkiefern beschattet. Ruhige Lage mit Blick auf die Bucht von Lacona, unweit von Portoferraio.
Pool, Miniklub, Kinderspielplatz, Fußball- und Volleyballspielfeld. Der Strand von Lacona ist 400 Meter entfernt und leicht zu Fuß über einen guten Weg erreichbar. Auch ein Shuttleservice wird angeboten (€1). Der sanft abfallende Sandstrand und das kristallklare Wasser sind ideal für Familien mit Kindern. WLAN gratis, Bar, Minimarkt, kostenlose Fahrräder für max. eine Stunde, Bungalows und Wohnungen.
Geöffnet Mitte bis Anfang Oktober.
Platz inkl. 2 Pers. €28–63, weitere Person €8–19,50, Kinder 3 bis 10 Jahre € 5–14,
Tel. 00 39 0565 964060.
www.casadeiprati.it

PORTO AZZURO

69 Camping Da Mario

GPS N 42°46'10.5", E 10°24'24.1"
Direkt am grobkörnigem Sandstrand und an einer Klippe gelegen, ideal zum Schnorcheln und Tauchen. Neue Sanitäranlagen mit behindertengerechtem Bad. Eine ebenfalls neue Bar und ein kleiner Supermercato runden das Angebot ab. Der schön begrünte und schattige Campingplatz befindet sich in ruhiger Lage, das Zentrum von Porto Azzurro, ist auf einem nachts beleuchteten Fußweg entlang der Küste in etwa 10 min erreichbar. Restaurant, Apartments.
Geöffnet April bis Oktober.
Platz inkl. 2 Pers. €28–58, weitere Person €8–18, Kinder 3 bis 9 Jahre, €4–9,50, Tel. 0039 0565 958032.
www.damario.it

70 Campeggio Arrighi

GPS N 42°46'14.2", E 10°24'26.5"
Direkt am Strand von Barbarossa liegt dieser Campingplatz auf einem großen, teils ebenen, teils terrassenförmig angeordneten Areal. Die schön angelegten Stellplätze sind umgeben von hohen Bäumen, duftenden Hecken, Oleander, und eine Vielzahl bunter Blumen. Porto Azzuro ist über einen schönen Panoramaweg in 20 Gehminuten erreichbar. Restaurant, Minimarkt und Tauchschule am Strand. WLAN auf dem ganzen Gelände, kostenlose Fahrräder. Bungalows und Ferienwohnung
Geöffnet Ende März bis Oktober.
Platz inkl. 2 Pers. €35–68, weitere Person €11–19,50, Kinder 0 bis 3 Jahre €1,50–5, Kinder 4 bis 11 Jahre €5–10, Tel. 0039 0565 95568.
www.campingarrighi.it

71 Camping Reale

GPS N 42°46'17.4", E 10°24'55.9"
Kleiner Camping auf einem flachen Grundstück in einer kleinen Bucht direkt am Strand von »Reale« gelegen, ideal zum Schnorcheln und Tauchen. Nette kleine Wanderung vom Camping zum Laghetto di Terranera, einem hübschen kleinen See mit schwefelhaltigem Wasser, der sich in einer ehemaligen Mineraliengrube gebildet hat und nur durch eine schmale Landzunge vom Meer getrennt ist. Schattige Plätze, WLAN gratis, Restaurant, Minimarkt. Mobilehomes und Mietzelte.
Geöffnet Ende April bis September.
Platz inkl. 2 Pers. €25–54, weitere Person €7–16, Kinder 3 bis 10 Jahre €5–10, Tel. 0039 0565 95678.
www.isolaelbacampingreale.com

NISPORTO

72 Camping Sole e Mare

GPS N 42°49'33.0", E 10°22'49.9"
Der Camping hat sich im Laufe der Jahre zu einem kleinen Feriendorf verwandelt und bietet neben den traditionellen Standplätzen auch Bungalows und Apartments an. Zum Strand mit Tauchschule und Bootsverleih sind es nur 50 Meter. Außerdem gibt es einen Mehrzwecksportplatz, kostenlosen Miniclub, sowie Animation für alle Altersklassen, Livemusik, Tanz- und Spielveranstaltungen. Restaurant, Minimarkt, kostenpflichtiges WLAN.
Geöffnet April bis September.
Platz inkl. 2 Pers. €26–54, weitere Person €11–17, Kinder 4 bis 12 Jahre € 2–10, Tel. 0039 0565 193 0550.
www.soleemare.it

RIO MARINA

73 Camping Canapai

GPS N 42°47'38.5", E 10°25'04.2"

Der Campingplatz liegt einsam am Waldrand im Osten der Insel. Zufahrt auf holpriger Piste. Die nächstgelegene Bucht von Ortano ist etwa 700 Meter entfernt. Das Gelände ist großzügig angelegt, schattig, großer Pool und Kinderbecken, Türkisches Bad mit Sauna, Spielplatz, Kinderanimation, Mountainbike-Workshops, Kajakexkursionen, Tauchkurse. WLAN gratis, Restaurant. Kein Minimarkt am Platz! Shuttleservice. Es werden Bungalows, Apartments, Caravans und große Familienzelte vermietet.

Geöffnet Mitte April bis September. Preise online nicht verfügbar. Tel. 0039 0565 939165. www.campingcanapai.it

74 ELBADOC Campingvillage

GPS N 42°51'12.2", E 10°25'15.9"

Schattig unter Steineichen, Pinien und Eukalyptusbäumen gelegen, unweit von Cavo an der nordöstlichen Spitze Elbas, naturnah und ruhig. Es werden vom Campingplatz aus Fahrräder, Motorroller und Autos günstig vermietet. Der nächstgelegene Strand von Cavo ist ungefähr ein Kilometer weit entfernt. Auf dem Gelände wachsen Obstbäume, deren reife Früchte für den Eigenbedarf gepflückt werden dürfen. Spielplatz, Miniclub im August, WLAN, Restaurant, Minimarkt, Fahrradverleih, Bungalows.

Geöffnet Ostern bis Anfang Oktober. Platz inkl. 2 Pers. €25–56, weitere Person €8–15, Kinder 2 bis 10 Jahre €5–10, Tel. 0039 0565 949966. www.elbadoc-campingvillage.it

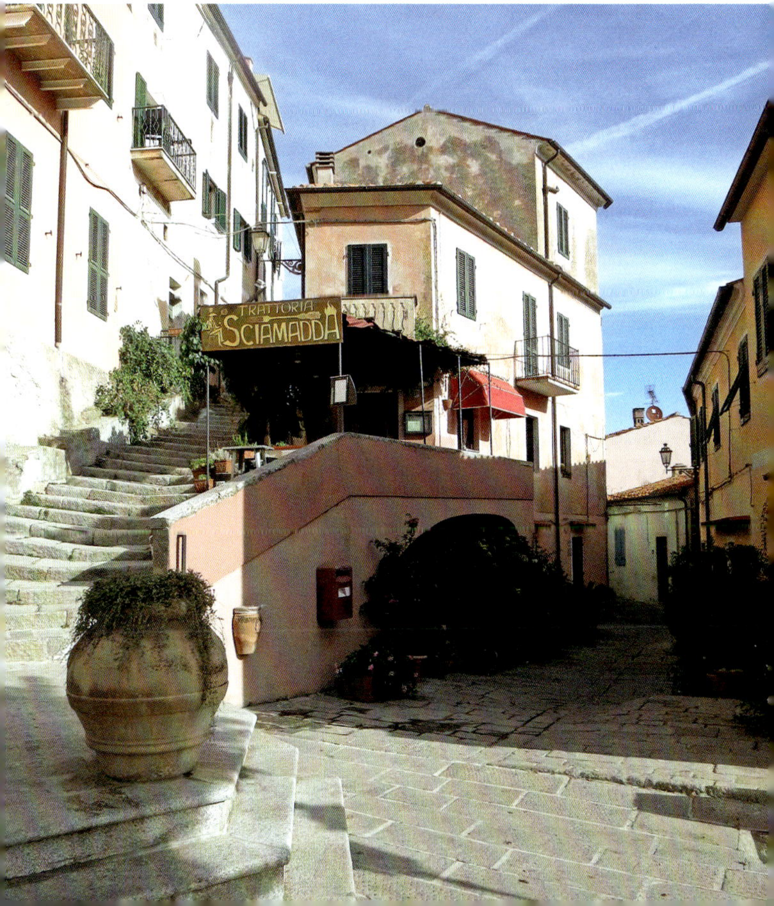

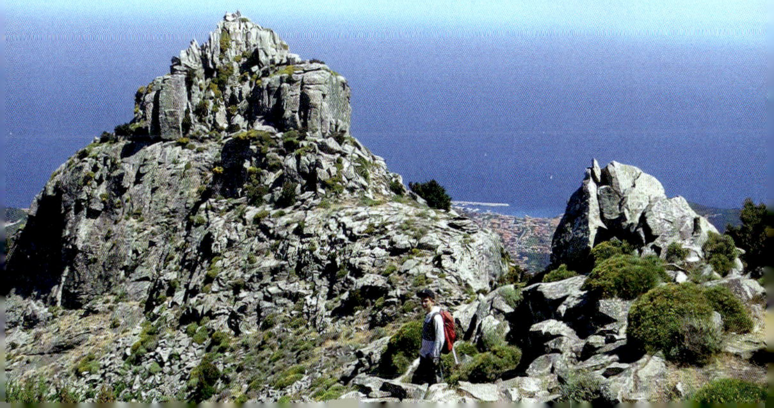

Naturzeit Wanderführer für Familien werden vor Ort recherchiert und natürlich auch aktuell gehalten. Alle Touren sind von den Autorinnen erwandert, viele davon mit Kindern. Das hier ist das Team, das für dieses Buch in der Südtoskana und auf Elba unterwegs war:

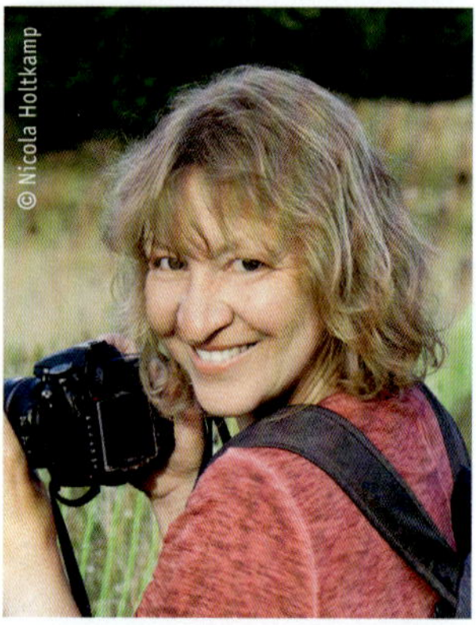

Stefanie Holtkamp

Grafik-Designerin, Autorin und Mutter von zwei inzwischen erwachsenen Kindern. Recherchiert, erwandert und schreibt seit über 15 Jahren Reiseführer für Familien.

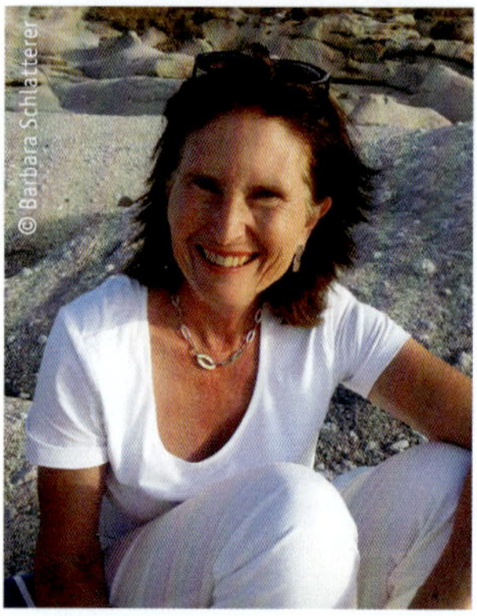

Inge Kraus

Freie Bildredakteurin und begeisterte Bergwanderin, liebt und bereist Elba seit vielen Jahren und hat mit ihrem Mann, dem gemeinsamen Sohn und befreundeten Familien inzwischen fast jeden Winkel der Insel erkundet.

An dieser Stelle möchten wir uns bei den Familien und Kids, die zum Gelingen dieses Buches auf unterschiedlichste Weise beigetragen haben, ganz herzlich bedanken!

FSC
www.fsc.org
MIX
Papier | Fördert gute Waldnutzung
FSC® C089473

2. Auflage 2024
Naturzeit Reiseverlag e.K.
82288 Kottgeisering
www.naturzeit-verlag.de
info@naturzeit-verlag.de

Vertrieb: Geo Center, 70794 Filderstadt
Satz und Gestaltung: Stefanie Holtkamp, Naturzeit Reiseverlag
Lektorat: Andrea Bergmann, Lena Marie Hahn
Druck: Beltz Grafische Betriebe, 99947 Bad Langensalza
Karten: Outdooractive Kartografie Geoinformationen © Outdooractive
© OpenStreetMap (ODbL) - Mitwirkende (www.openstreetmap.org/copyright)

GPS-Daten: GPX524ST510

Bildnachweis:
Covermotiv: iStock ©Imgorthand
Bildagentur Adobe Stock: Seite 170 Nfbiruza, Seite 143 Daniele Fiaschi Ph
Bildagentur istock: Seite 97 GlobalP, Seite 111 ffaber53
Bildagentur Shutterstock: Seite 127 M. Rohana, Seite 155 xphere.com, Seite 231 pixabay.com

Inge Kraus: Seite 7 oben, 8, 9, 11, 13, 15, 16, 34 oben, 36 unten, 54 oben, 84 unten, 90 oben, 91 oben, 96 oben, 97, 128, 132, 136, 138 unten, 139 Mitte, 140, 141, 144–147, 148 unten, 157, 158, 160–163, 164, 165, 167, 168, 171, 172, 174, 177 (Zistrose), 178, 181 oben, 182 oben, 184, 185, 186, 187, 188, 191, 192, 194, 198 unten, 200–216, 218 unten, 220, 221, 222, 223, 225–229, 255, 257.

Christoph Schalhorn: Seite 10 oben

Peter Sendlinger: Seite 10 unten, 19, 55, 173, 180, 197, 198 oben, 217, 218 oben

Lutz Reihlen: Seite 60 oben, 150, 151, 156 unten, 166, 196

Michaela Knoll: Seite 181, 182

Seite 12, 148 oben Segelzentrum Elba; Seite 14, 149 Eseltrekking Luca Giusti; Seite 138 oben und 139 oben R. Ridi/Visitelba.info; Seite 224 Roby Ferrairi / wikimedia.org

Alle weiteren Fotos: Stefanie Holtkamp

ISBN 978-3-944378-51-0

Mehr Natur, mehr Abenteuer, mehr Erholung …

Weitere Ziele für erlebnisreiche Familienferien zwischen Wasser, Wald, Bergen und Meer gibt es in diesen Bänden der Buchreihe *Naturzeit mit Kindern*.

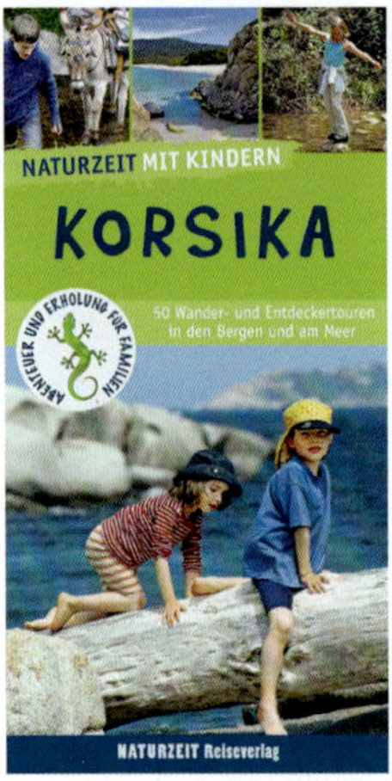

Stefanie Holtkamp

Naturzeit mit Kindern: Mallorca

Korsika mit Kindern – Wasserfälle, einsame Flußtäler, wild-romantische Berge, malerische Dörfer, weiße Strände mit feinem Sand und türkisblauem Wasser. Korsika hat alles. Nur wenige Kilometer vom schönsten Strand entfernt, kann man in unberührter Natur wandern. Ein optimaler Urlaubsort für Familien.

7. Auflage 2024, 312 Seiten, **€ 22,00**
ISBN 978-3-944378-39-8

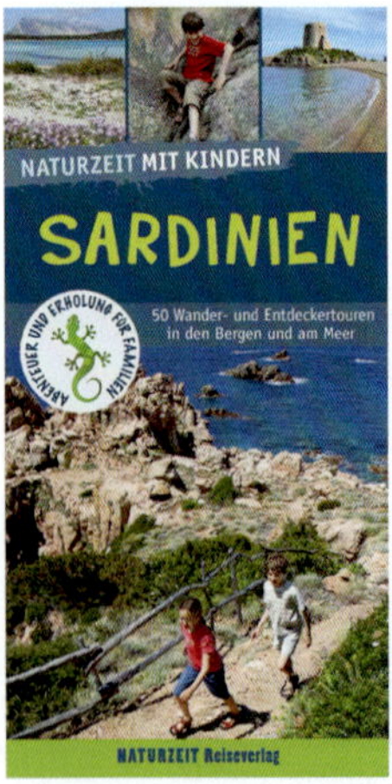

Stefanie Holtkamp

Naturzeit mit Kindern: Sardinien

Wildpferde beobachten und auf dem Fluss paddeln, eine Höhle erforschen oder die dunklen Gänge einer 4000 Jahre alten Nuraghenfestung. Über Felsen klettern, vom Berg hinunter schauen und zur Erfrischung ins Wasser springen. Ob nun bei einer Wanderpause am kühl dahinplätschernden Bach oder aber am Meer an einem der vielen Bilderbuchstrände. Sardinien bietet eine Vielzahl an Möglichkeiten für entspannte und spannende Familienferien.

5. Auflage Mai 2022, 360 Seiten, **€ 22,00**
ISBN 978-3944378-40-4

Alle weiteren Titel der Reihe und eine Leseprobe zu jedem Buch unter
www.naturzeit-verlag.de

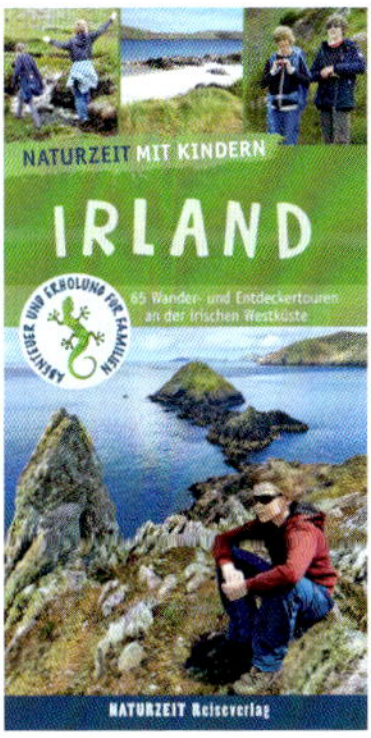

ISBN 978-3-944378-43-5
2. Auflage 2024, **€ 22,00**

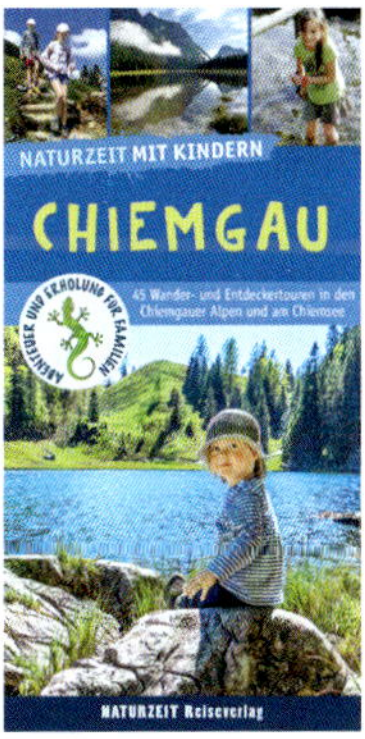

ISBN 978-3-944378-37-4
3. Auflage 2022, **€ 17,00**

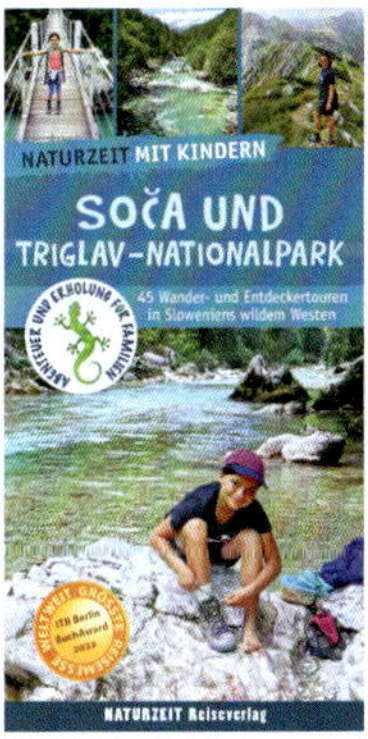

ISBN 978-3-944378-34-3
1. Auflage 2022, **€ 20,00**

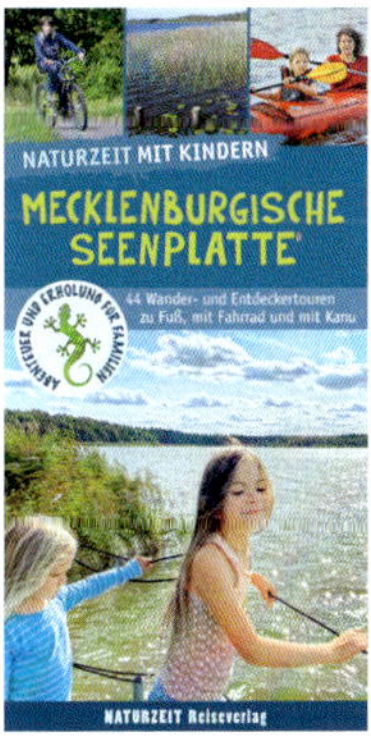

ISBN 978-3-944378-31-2
3. Auflage 2021, **€ 18,00**

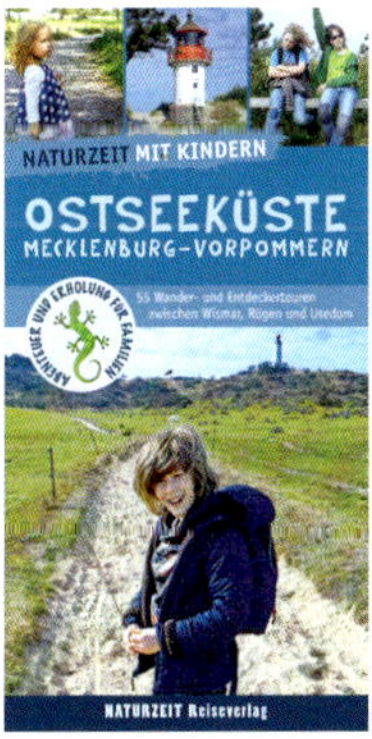

ISBN 978-3-944378-36-7
2. Auflage 2022, **€ 19,00**

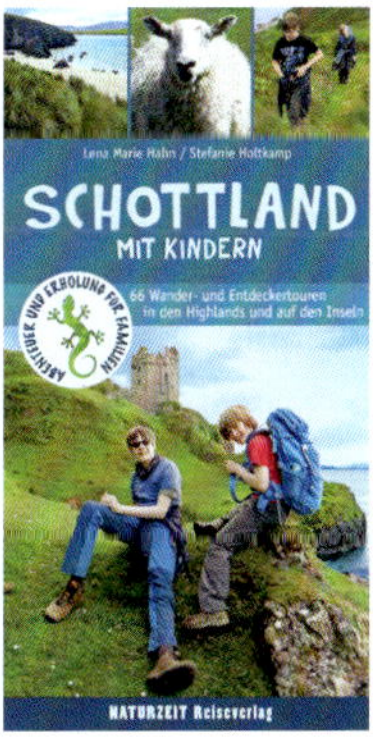

ISBN 978-3-944378-20-6
1. Auflage 2019, **€ 19,90**

Regina Stockmann, Stefanie Holtkamp,
Johanna Kraus

Trekkingträume für Familien

Vom Mikroabenteuer zur Trekkingtour

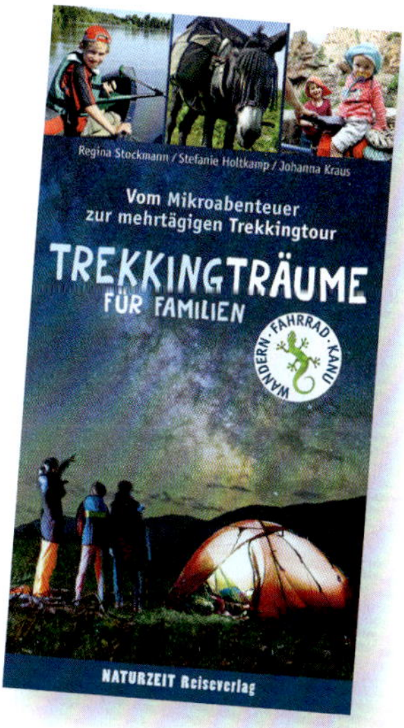

Gemeinsam raus in die Natur. Weit weg vom Lärm der Zivilisation, der Alltagshektik und vom Überfluss. Sich nur noch um elementare Dinge kümmern und ein bisschen langsamer leben. Draußen sein, kleine Abenteuer erleben, Neues entdecken, in die Sterne gucken, näher zusammenrücken und als Familie ganz viel Zeit miteinander verbringen.

Für Outdoor-Anfänger und erfahrene Outdoor-Fans, die vor der Herausforderung stehen, ihr liebstes Hobby mit ihren Kindern zu teilen.

1. Auflage 2020, 384 Seiten, **€ 19,90**
ISBN 978-3944378-25-1

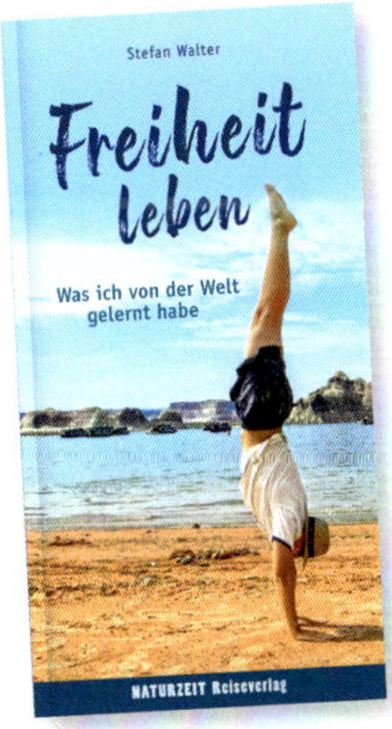

Stefan Walter

Freiheit leben

Was ich von der Welt gelernt habe

Was macht uns glücklich?
Wie sieht ein erfülltes Leben aus?
Wie finde ich meinen Weg dorthin?

Auf der Suche nach Abenteuer und Herausforderung lässt Stefan das sichere Vorstadtleben hinter sich, um bei einem Jahr Work & Travel mehr von der Welt zu sehen. In Australien wird ein uralter Kombi das Basisquartier für die große Freiheit: Sterne zählen an einsamen Stränden, am Lagerfeuer sitzen und am Meer einschlafen. Er treibt Kühe durchs Outback, erntet Avocados, verzweifelt beim Schafe scheren und lebt einen ganz neuen Alltag. Diese erste große Reise verändert Stefans Leben und von nun an reist er, um herauszufinden, auf was es im Leben wirklich ankommt.

ISBN 978-3-944378-33-6, **€ 16,00**

Regina Stockmann

Alles bleibt anders

Mit Kindern auf Abenteuer-Reisen

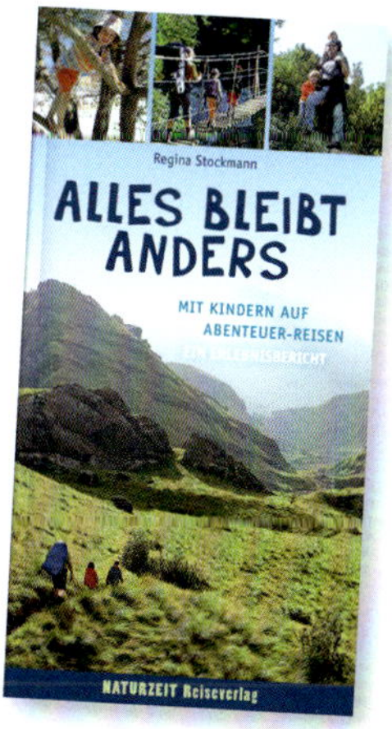

»Alles bleibt anders« erzählt von Familienreisen im Campingbus, mehrtägigen Trekkingtouren in Norwegen und im Val Grande, einer Kanufahrt auf der Loire und ersten Fernreisen nach Marokko und Südafrika. Ein Buch, das outdoorbegeisterten Eltern Spaß und Mut macht, Ideen liefert, Erfahrungen teilt und zum Reise-Träumen und Reise-Planen anregt.

ISBN 978-3-944378-12-1, **€ 15,90**

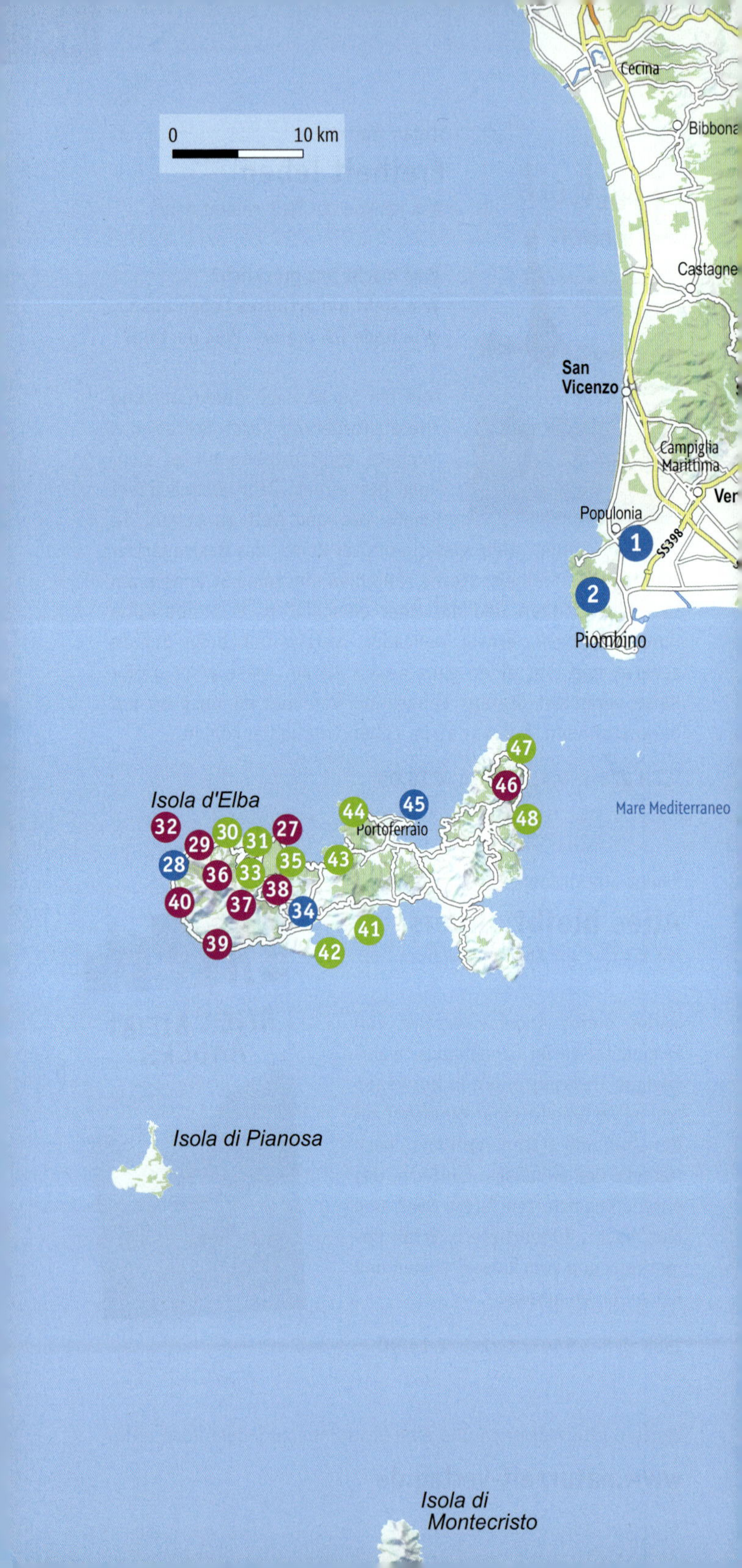

0
10 km
Cecina
Bibbona
Castagne
San Vicenzo
Campiglia Marittima
Ver
Populonia
SS398
1
2
Piombino
Isola d'Elba
Portoferraio
Mare Mediterraneo
27
28
29
30
31
32
33
34
35
36
37
38
39
40
41
42
43
44
45
46
47
48
Isola di Pianosa
Isola di Montecristo